普通高等教育规划教材

Haiyang yu Gangkou Chuanbo Fangwuran Jishu

海洋与港口船舶防污染技术

孙永明 主 编
许乐平 主 审

人民交通出版社

内容提要

本书全面、系统地介绍了有关海洋与港口船舶防污染的科学知识和技术，重点突出了新法规、新理论和新技术。全书内容丰富，注意理论联系实际。全书共分十二章，内容包括：防止海洋与港口污染的意义，船舶防污染国际公约和国家法规，船舶含油污水处理技术，船舶油污染的预防，油轮污染的预防，防止散装有毒液体物质的污染，防止船舶生活污水、垃圾污染，防止船舶造成大气污染，防止船舶噪声及其他污染，船舶安全与防污染管理，船舶防污染监督管理，港口及海洋污染的防治。

本书可作为高等航海院校船舶防污染课程的教学用书和高级船员的培训教材，也可作为从事海洋环境保护和船舶防污染管理等有关专业人员在实际工作中的参考书。

图书在版编目(CIP)数据

海洋与港口船舶防污染技术/孙永明主编. —北京：人民交通出版社，2010.8

ISBN 978-7-114-08607-6

I. ①海… II. ①孙… III. ①船舶管理－污染防治 IV. ①U698.7

中国版本图书馆 CIP 数据核字(2010)第 159127 号

普通高等教育规划教材

书　　名：海洋与港口船舶防污染技术
著 作 者：孙永明
责任编辑：钱悦良
出版发行：人民交通出版社
地　　址：(100011)北京市朝阳区安定门外外馆斜街 3 号
网　　址：http://www.chinasybook.com
销售电话：(010)64981400,59757915
总 经 销：北京交实文化发展有限公司
印　　刷：北京虎彩文化传播有限公司
开　　本：787×1092　1/16
印　　张：20.75
字　　数：524 千
版　　次：2010 年 9 月　第 1 版
印　　次：2024 年 8 月　第 6 次印刷
书　　号：ISBN 978-7-114-08607-6
定　　价：45.00 元

前言

海洋是人类存在与发展的资源宝库，也是人类文明和可持续发展的重要财富。保护海洋环境，防止海洋污染，已经成为全世界共同关注的焦点。

本书系统地介绍了有关海洋与港口船舶防污染的科学知识和技术，着重介绍了防止船舶污染的国际公约和国家法规，船舶油污水分离处理装置及检测，普通货船和油轮的污染预防，散装有毒液体物质、船舶生活污水、垃圾污染的预防，船舶造成的大气污染、噪声污染、有害涂料污染的预防，减少船舶压载水传播有害水生物和病原体的措施，国际船舶安全营运和防污染规则(ISM Code)和港口国监控(PSC)，限制和消除港口与海域油污染的技术措施以及港口与海上油污应急计划等内容。

本书可作为高等航海院校船舶防污染课程的教学用书和高级船员的培训教材，也可供从事海洋环境保护和船舶防污染管理等有关专业人员使用和参考。

本书由孙永明主编，许乐平主审。第一章、第二章、第六章、第九章、第十章、第十一章由孙永明编写，第三章、第五章由李国祥编写，第四章、第十二章由王海燕编写，第七章、第八章由王晓中编写。限于作者的水平，难免有不足和误漏之处，敬请广大读者、同行、专家批评指正。

本书在编写过程中，得到了上海海事局、交通运输部上海船员培训中心及兄弟院校等有关单位的领导和专家们的大力支持和热心指导，得到了上海海事大学商船学院同仁的帮助，本书的责任编辑为拙作技术加工费心费力，在此一并致以诚挚的谢意。

在本书的编写过程中，参阅了大量的国内外相关书籍和资料，在此向原作者深表谢意。

作　者

2010 年 7 月

目录

第一章　防止海洋与港口污染的意义

第一节　航运对海洋与港口环境的污染

人类迄今为止的探测和考察表明：地球是人类唯一最理想、最优越的生存发展基地，而占地球表面积71%的海洋则被喻为是生命的摇篮、风雨的故乡、食物的宝库、航运的通道。生命源于海洋，自古以来，海洋是地球上生命繁衍种类和数量最旺盛的地区，也是人类生态环境最重要的组成部分，它关系到人类的生存与发展。海洋在为人类的发展提供着丰富的资源的同时，也为大量运输物资和人员提供最廉价的方法。海上运输是世界各国人民经济、文化交流的重要手段，也是天然的交通大道，随着工业技术极大的发展以及人口快速的增长，海上货运量逐年大幅度增长，世界船舶总吨位和尺度也不断增加。

为了保证船舶的正常营运，不可避免会直接或间接地把一些物质或能量排入海洋，以至于产生损害海洋生物资源、危及人类健康、妨碍包括渔业活动在内的各种海洋活动、破坏海水质量等有害影响，造成了海洋污染。全球船舶数量和吨位的增加，进一步加大了从船舶排入海洋的各种物质的数量，因此，船舶对海洋及港口造成的污染正日趋严重。

船舶对海洋环境造成的污染有：船舶营运中操作性排放污染和船舶事故性排放污染。其中，船舶营运中操作性排放的污染物对海洋环境的污染主要有：

船舶冷却水的污染：为了保证船舶动力装置的正常运转，需要用水作为冷却介质。由于系统的不完善，必然会有部分冷却水漏泄到机舱舱底，与那里的各种污染物质（特别是油）相混合，形成了机舱舱底污水。这种含油的机舱舱底污水的排放是各类船舶都存在的污染源。

船舶货舱洗涤水的污染：为保证货舱、机舱和机械设备达到技术使用条件或货物运输条件规定的清洁程度，常需用水或洗涤剂清洗这些设施。清洗后的洗涤水可能含有不同成分和浓度的石油、化学品、有毒物质或去污剂等各种污染物质，因此洗舱水是船舶（尤其是油轮、散装液体化学品船等液货船）造成污染的一个主要污染源。

船舶压载水的污染：船舶压载水的污染分为含油压载水，以及有害水生物和病原体通过压载水传播对海洋环境污染两种。为保证船舶航行时的稳性，常需用舷外水作为船舶压载水。特别是液货船在空载航行时，一定要装相当数量的压载水。如果这些压载水装入未经清洗的货油舱，与舱内残留的货油或其他有害液体混合形成脏压载水，这样的脏压载水直接排入海洋会造成严重海洋环境污染。另外对带有有害生物和病原体的船舶压载水，在异地港口水域直接排放也会对海洋环境造成严重危害。

船舶生活和卫生用水的污染：为满足船员、旅客日常生活和卫生需要，船舶将产生大量的生活污水，这些船舶生活污水可能含有有机废物、各种致病微生物和寄生虫等。有机废物排放过多会破坏海水中氧的平衡。未经处理的船舶生活污水直接排放入海，将对海洋环境造成有害影响。

船舶垃圾物的污染：船舶生产中产生的垃圾（垫舱、包装材料、油泥、铁锈、油棉纱等），船员、旅客生活中产生的垃圾（食品残余物、包装物以及日用消费品的废弃物等），如果排放入海，对人和生活在海洋中的生物都是有害的。

船舶对大气环境的污染：船舶动力装置排出废气中含有未完全燃烧的微粒及带有各种有害化学成分的燃烧产物，货舱区域则可能排出挥发性碳氢化合物气体，耗损臭氧层的船用制冷剂和1301、1211 灭火剂等，这些不仅使大气环境质量下降，还会使大气受到热污染及噪声污染。另外，船舶在装卸货物时产生的有害挥发性物质、粉尘等都会对空气产生不同程度的污染。

除此之外，船舶事故性排放，更是造成海洋及港口水域污染的重要因素。事故性排放有两种情况：一种是为营救船舶、货物或人员生命安全而进行的应急排放；另一种是由于海损、机损事故造成船体或设备系统破坏而引起的事故性排放。特别是后者，所造成的污染有时会给海洋环境带来惨重后果，使沿岸国家经济受到严重损害。

就目前而言，船舶营运中对海洋环境造成污染主要有以下 7 个方面：

(1)船舶石油运输所造成的石油污染；

(2)散装液体化学品运输所造成的散装有毒液体物质污染；

(3)包装危险货物运输所造成的包装有害物质污染；

(4)船舶生活污水污染；

(5)船舶垃圾污染；

(6)船舶对空气的污染；

(7)船舶压载水和沉淀物污染。

显然，前 3 种是船舶运输的货物所引起的污染，后 4 种是船舶废弃物所引起的污染。船舶营运过程中对海洋环境的污染途径如图 1-1 所示。

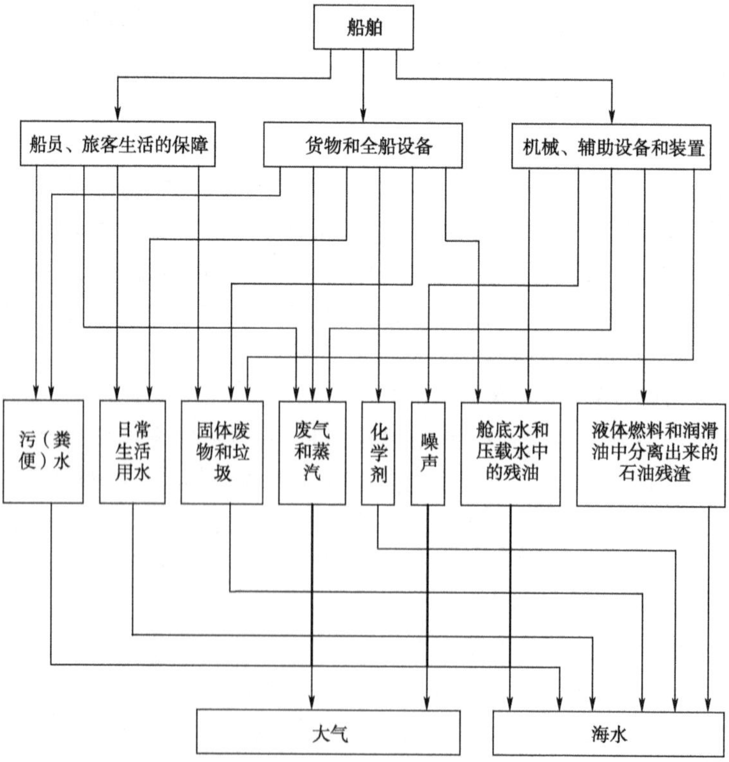

图 1-1　船舶营运过程中对海洋环境污染的途径

第二节　船舶石油运输所造成的油污染

一、石油及其制(产)品

1. 石油

石油是埋藏在几百至几千米地层下的一种油状液体物质。未加工的石油叫原油(Crude oil)。原油经炼制加工所得到的产品称为石油制(产)品,也叫成品油。

原油是含有1~60个碳、500多种有机化合物的混合物。其中主要是碳和氢,其次是氧、氮、硫等。原油含有烷烃、环烷烃和芳香烃等,也可能含有连在烃分子上的其他含硫、含氧和含碳的化合物。在提炼石油产品时,这些化合物通常需要除掉。随着原油产地的不同,所含化合物的成分可能有很大的差异。

海上运输的原油包括已经去除某些馏分后的原油和已经添加了某些馏分的原油。它可分为调制原油(Enriched crude oil)和含硫原油(Sour crude oil)两种。调制原油(也称添加原油)是指掺进石油气或其他烃类液体的原油,其调制一般在岸上进行。调制可以改变原油的性质特别是爆炸性和毒性。含硫原油(也称酸性原油)是指含有硫化氢超过0.001%的原油。

在MARPOL 73/78附则Ⅰ—防止油类污染规则中,“油类”的定义为:包括原油、燃料油、油泥、油渣和炼制品在内的任何形式的石油,但不包括石油化学品和液化气类物质。在该附则的附录Ⅰ中列出不完全的44种油类名单,大致分为8小类。

《国际油轮及油区安全指南》(IOTTSG)以石油的挥发性和燃烧性作为主要依据,根据不同的蒸气压和闪点,将各种液体石油分为非挥发性和挥发性两大类。但是,从安全操作上看,挥发性石油不一定具有蓄积静电的特性;而非挥发性石油,也并非一定不蓄积静电。因此,将挥发性、燃烧性与静电特性合并考虑才更全面。

2. 石油制(产)品

1)石油制(产)品

原油经脱盐脱水后送到炼油厂,进行分馏和加工(二次加工)得到制(产)品,叫石油制(产)品。如汽油、煤油、柴油、燃料油、润滑油以及石蜡和沥青等。

2)成品油的特性

石油制品易燃、易爆并有毒性,某些还具有易蓄积静电的特性。应该指出,轻质馏分的油,挥发性强,因此,闪点低、易爆、毒性大。而重质馏分的油(如重燃料油),危险性较前者次之。但是,不论是原油还是石油产品对海洋环境都具有污染性,其中所谓的持久性油类,如原油、重燃料油等污染危害性更大。

3. 石油制(产)品分类

1)通常分类

常用石油制(产)品大体上可分为燃料油和润滑油两大类。

(1)燃料油类,包括:

①汽油:有航空、车用和溶剂汽油等多种。

②煤油:有灯用煤油、动力煤油和矿用煤油等。

③柴油:分为轻柴油和重柴油。轻柴油常作各种高速柴油机(1 000r/min以上)的燃料用;重柴油则多用于中速和低速柴油机。

④燃料油:又叫重油,呈暗黑色液体,是原油蒸馏出汽油、煤油、柴油后在350℃以上直接蒸馏得到的油品,主要供船舶、工业和工厂锅炉作燃料用。

此外,还包括沥青、石油焦、液化石油气(LPG)等产品。

(2)润滑油类,包括:

①润滑油:是提取了汽油、煤油、柴油后剩下的重质油,采取减压蒸馏法制成的液体油品。主要用于机械设备的摩擦部位,起润滑作用,还可起冷却、密封、淬火、防锈、电气绝缘等作用。

②润滑脂:是一种半固体的膏状物,用于机械的摩擦部位,起润滑和密封的作用。

2)从船舶运输角度分类

运输中常把石油产品分为"白"油(清油,Clean oil)和"黑"油(Black oil)两类。一般说来,白油是灰色或淡色的精制品,是轻质馏分;黑油则反之,是重质馏分。黑油是已经提取精制润滑油后的燃料油,它是含有某种柴油和轻油等成分的暗色原油。润滑油尽管密度较大,与黑油相近,然而它需要在尽可能洁净的状态下运输,因此被列入清油。

3)从防污染角度分类

从油类对海洋环境的污染程度、油污损害赔偿角度,可将油类分为持久性油和非持久性油。

持久性油包括原油、燃料油、重柴油、润滑油等。"持久性"一词是指老化过程的速度,如蒸发、氧化、溶解和生物降解的速度慢,又与高温和波浪作用有关。粘块、薄膜、低温、掩蔽海域、平静水域或埋藏的油持久性增加,消失速度随风速、温度及油的种类而定。残余在海面的油密度高于原始的油,大多数原油在溢出最初的24h内损失其体积的1/2,而重质燃料油几乎不会挥发,即使在溢出几天后也很少挥发。轻质的精制产品,如汽油、煤油、轻柴油,在几小时内几乎全部挥发消失,但若在港口和码头封闭水域,将增加火灾的危险性。

非持久性油是指除持久性油类外的石油衍生品。

一般持久性油比较粘稠,难挥发,对海洋环境的影响比较严重。这种油进入海洋后,会沾结海鸟的羽毛、覆盖海水水面,最终,造成海鸟和鱼类的死亡。此外,这种油一旦上了海边的沙滩后,就粘在沙滩上,非常难清理。

二、油轮

由航运引起的石油对海洋污染的危害程度取决于石油在海上的运输量、运输距离和集装程度、营运油轮的数量和尺度以及油轮和石油码头的操作技术标准。

世界各地的石油储量分布极不均匀,中东占55%,亚洲其他地区占17%,非洲占10%,南美占6.5%,北美占6%,欧洲占4%,澳大利亚占3%,日本和西欧石油十分缺乏,美国也需进口1/4的石油才能满足需要。这就要依靠运输,其中海上运输是主要手段,每年约占开采量60%的石油是经海上运输的。再则,由于复杂的经济方面的原因,形成了既不在原油产地而又远离消费区建立石油加工厂的持续趋势。这不仅导致海上运油量的急剧增加,而且从本质上改变了其特性。在海上运输的石油成分中,原油运输量也逐年增加。原油是更稳定的污染源,这就进一步增加了由航运引起海洋污染的潜在危险。

油轮运输发展的另一个特点是吨位结构的变化。越来越多地使用VLCC(Very large crude carrier,16~40万吨级的巨型油轮)、ULCC(Ultra large crude carrier,40万吨级以上的超级油轮),是因为它每运输一吨石油的基本投资和经营费用比传统中等尺度的油轮要低。使用VLCC、ULCC比较经济,具有较好的竞争能力。根据CLARKSON(Clarkson Research Studies,是国际造船业权威咨询机构英国克拉克松研究公司,提供造船和海运的专业统计分析报告)统计数据,2007年,世界油轮船队共有油轮3870多艘,运力规模达到3.844亿载重吨,与2006年同比增长6.7%。截至2008年3月,全球VLCC、ULCC共498艘,1.47亿载重吨,其中,船龄在10年以下的有294艘,占比59%,船龄在15年以下的有402艘,占比81%。目前世界油轮船队订单同样处于历史最高水平,共1966艘,1.58亿载重吨。

油轮的种类很多,包括:油船、油驳、储油船、矿油两用船等。

油船一般具有:①尾机式船;②隔舱的划分,即货油舱与其他部分相隔而形成的一个整体;③舾装及甲板设备、舱口盖、舱口的观察孔、烟门等处设有防火网、火星熄灭器,甲板上的机械设备采用蒸汽为动力,步桥下安装甲板管路系统等总体布置特点。此外,油船还具有:①单层纵通甲板,货油舱的单层或双层底结构;②构件之间的连接性、强度性要求高;③高腹板桁,另加外筋和防倾肘板;④槽形的货油舱壁;⑤涂防腐层;⑥惰性气体系统和防火防爆系统等结构特点。

三、船舶造成石油污染的途径

船舶运输给海洋带来的石油污染有两种来源:操作性排放和事故性排放。

1. 操作性排放

操作性排放主要是指船舶机舱含油舱底水、油轮的含油压载水和洗舱水的排放。这些含油污水的形成与运输石油的操作工艺和船舶动力装置的技术管理有关。具体分为以下几种。

1)机舱舱底水

机舱舱底污水是机舱中机器(主机和辅机)和设备(泵、冷凝器、加热器等)及管路在船舶营运中泄漏的燃料油、润滑油、淡水、海水等混合在一起的油污水。

油轮与非油轮船舶均会产生机舱舱底水。舱底水的水量与船舶动力装置的技术状态有关,与船舶航行、停泊作业时间的长短、维修、管理状况有关。一艘船舶机舱舱底水的年发生量一般平均为该船总吨位的10%左右。舱底水成分复杂,含多种油,污水中的含油量可高达0.5%。全世界每年随机舱舱底水排入海洋的油类多达数万吨。这些含油污水在港内排放,造成大片港口水域长期被石油污染。

2)残油

残油(废油、油渣)几乎全部产生于机舱,如燃油与滑油分油机排出的残渣和水分,油水分离器分离出来的油,柴油机扫气箱泄放出的废油等。20世纪80年代以来,由于进一步采用劣质燃料油,油渣量由70年代的0.4%~0.5%提高到1%~3%。据此计算,2007年中远(集团)公司下属的830艘船舶耗油430万吨左右,所产生的油渣量就是一个不容忽略的数量。废油、油渣按国际防污公约规定,可在船上用焚烧炉烧掉,或存在污油舱中,抵港时交岸上接收装置处理。

3)压载水

油轮货油舱内的结构较复杂,货油舱卸空后,舷侧壳板、舱壁、顶板、舱底的内表面以及纵向、横向构架的金属结构上,滞留着部分原油或石油制(产)品形成的一片油层。此外,尚有相当一部分残留在货油泵及管系内,在油舱的底部积聚着石蜡、沥青树脂杂质、船体金属腐蚀剥落物、机械杂质、泥砂等,结果就形成难以抽汲的残油。

油舱内不可抽汲的残油量,取决于货油舱的大小和数量、货油的油品、卸油时货油的加热温度、货泵系统的技术状况以及货油舱内壁金属表面的腐蚀状况等因素。舱内不可抽汲的货油量通常可达到运输油量的0.3% ~0.6%。据测算,载重10万吨的油轮,与石油相接触的金属表面大约有80 000m^2,不可抽汲的残油可达500 ~600t。

油轮卸油后在回程途中,为了保证规定的适航性,避免砰击现象或空船振荡,必须加装压载水。沿海油轮所需压载水量为总载油量的20% ~25%,远洋油轮为35% ~40%,恶劣天气下为40% ~50%,特殊情况下高达50% ~60%。压载航行时货油舱内不可抽汲的残油与压载海(淡)水相混合形成含油污水。在进入装油港口之前,所有脏压载水都必须从油舱排出,以便接收新的货油。这时若无必要的措施,可能有30%以上不可抽汲的残油要被排放入大海。

4)洗舱水

除油船压载作业的污染是最严重的以外,油轮的洗舱水也是造成海洋污染的一大重要因素。当油轮调换装运油种或进厂修理时,需洗掉舱内的残油。油轮平均每年要洗舱6 ~8次。早期采用水洗舱,一艘2万吨级的油轮,洗舱水量每次约需4000t,占载重量的20%左右,洗舱水中主要含油、泥、铁锈和少量的酚。含油量平均为0.3%,大连远洋公司"巢湖"号油轮,载重吨为9.2万吨,用1.5 ~2.0万吨海水洗舱,洗出污油250t,污泥300余吨。其含油量为1.25%。此外,对船舶燃料舱、柜进行多次清洗所产生的洗舱水也是造成海洋污染的重大因素。

据国际海事组织的一份出版物估计,每年由各种污染源排入海洋环境的石油总量至少有320万吨,其中由于运输损失每年入海的有147万吨,包括卸油后留在船上的残余货油以及粘在舱壁上的货油70万吨,机舱油污水和燃油残渣的排放每年30万吨。因此操作性排放入海的石油约占入海石油总量的33%。

2. 事故性排放

1)油轮海损事故造成的重大溢油

油轮发生碰撞、搁浅、触礁等严重的船舶事故,使所载原油部分或全部溢入海中,造成严重的石油污染。重大航行事故导致油类溢出,经常使局部海域发生严重的污染,甚至引发生态灾难。世界上每年有几百艘船舶发生事故,惊天动地的也有若干艘。一艘现代化大型油轮所发生的事故性排放对海区的污染影响,比以往50年内世界全部船队所造成的污染还要大。现在每年因船舶事故性排放入海的石油量约为50万吨左右。

1977年召开的第七届海洋环境保护会议上,议定船舶溢油量超过100t/次,为重大溢油事故,现在已经调整为50t/次。

1967年3月18日,利比里亚籍大型油轮Torrey Canyon号曾以其特有的规模和后果发生了世界上第一次大规模海上溢油事故。该轮从波斯湾装载约11.7万吨科威特原油,驶向英国威尔士米尔福德港途中,在英国锡利群岛和地角之间公海上的七石礁处触礁。全船长度970英尺的1/2以上的船底部位陷于破损。2 ~3h内就流出原油3万吨,以后1周内,又有2万吨原油流出,事故后有关方面竭尽全力进行抢救,但由于风浪太大,26日该船龙骨断裂,又有5万吨原油流出,至此流出的原油已达10万吨左右。抢救工作也以失败告终。剩下的唯一办法是将残留在船上的约2万吨原油烧掉。28日起连续3天的轰炸击破了各油舱甲板,并对残存原油点火,实现了预定任务。同时,对海面溢油喷洒了250万加仑的消油剂,并对油污了的海滩使用了大量清洁剂。这次事故最终污染了包括英国的康沃尔半岛南北两岸、英吉利海峡内的加尔塞岛、法国的佛尔牛得半岛北部及东部,总计长达242n mile的海岸线,遭受原油污染区域达200平方英亩以上,使英法两国沿海的海洋生态遭到了严重的破坏,蒙受了巨大的经济损失。据估计这次事故所造成的经济损失达1050万英镑(其中英国为600万,美国为290万,清除费用160万)。

国际油轮船东污染联合会(International Tanker Owner Pollution Federation,ITOPF)统计了全世界1970年以来油轮的溢油事件(不包括战争行为所造成的泄漏)见表1-1。

1970~2002年度发生的油轮重大泄漏事件 表1-1

船　名	泄漏年份	泄漏地点	泄漏量(t)
Atlantic Empress	1979	Off Tobago, West Indies	287 000
ABT Summer	1991	700 nautical miles off Angola	260 000
Cast illo de Bellver	1983	Off Saldanha Bay, South Africa	252 000
Amoco Cadiz	1978	Off Brittany, France	223 000
Haven	1991	Genoa, Italy	144 000
Odyssey	1988	700 nautical miles off Nova Scotia, Canada	132 000
Torrey Canyon	1967	Scilly Isles, UK	119 000
Sea Star	1972	Gulf of Oman	115 000
Irenes Serenade	1980	Navarino Bay, Greece	100 000
Urquiola	1976	La Coruna, Spain	100 000
Hawaiian Patriot	1977	300 nautical miles off Honolulu	95 000
Independenta	1979	Bosphorus, Turkey	95 000
Jakob Maersk	1975	Oporto, Portugal	88 000
Braer	1993	Shetland Island, UK	85 000
Khark 5	1989	120 nautical miles off Atlantic coast of Morocco	80 000
Prestige	2002	Off the Spanish coast	77 000
Aegean Sea	1992	La Coruna, Spain	74 000
Sea Empress	1996	Milford Haven, UK	72 000
Katina P.	1992	Off Maputo, Mozambique	72 000
Exxon Valdez	1989	Prince William Sound, Alaska, USA	37 000

注:Exxon Valdez的油泄漏量大概排在第35位,但因其影响大,所以列入此表中。

就我国而言,近几年,随着我国石油战略储备方案的实施,船舶溢油事故呈现明显的增长势态。据我国交通运输部海事局统计表明,1973~2006年,我国沿海共发生大小船舶溢油事故2635起,其中溢油50t以上的重大船舶溢油事故共69起,总溢油量37 077t,平均每年发生2起,平均每起污染事故溢油量537t。其中,1994~2001年,深圳海域发生船舶漏油事故53起,最大的漏油量达200t,年漏油量超过1000t;经辽宁海事局统计,大连市平均每3年发生一起10t以上的漏油事件,每5年发生一起100t以上的漏油事件。以下举几例近年来发生在我国的重大油污泄漏事故:

(1)1995年,广州港,"檀家"号油轮漏油,造成巨大损失,引起国际海事组织的关注;

(2)1996年7月,上海港,"永怡"号与"通油1002"号碰撞,溢油159t;

(3)1999年3月24日,珠江口,"闽燃供2"号与"东海209"号碰撞,溢出重油590t,污染海域达300km^2,使珠海市海洋养殖场、风景旅游区、红树林等环境敏感资源受到严重污染;

(4)2001年6月,超大型油轮"沙米敦"号在距离青岛80n mile处抛锚,船底出现4cm长的裂缝,发生泄漏事故;

(5)2002年11月,渤海湾,"塔斯曼海"号油轮发生碰撞事故,大量原油泄漏到海面,经评估环境经济损失达1亿多元；

(6)2003年8月5日，上海吴泾热电厂码头，“长阳”号被撞，漏油85t，污染8km岸线；

(7)2004年12月7日，珠江口，巴拿马籍集装箱船“现代促进”号发生碰撞事故，导致1200多吨船舶燃料油溢出，成为我国船舶碰撞最大的一次溢油事故，造成珠江口海域严重污染。

2)船舶供受油作业中的跑、冒、滴、漏造成的油污染

此类油污事件发生于港口船舶正常作业，如装货、卸货和驳油期间。据统计每装卸1t油料将损失大约10g左右。尽管供受油作业中的跑、冒、滴、漏造成的污染其数量每次并不很大，但发生油污的频率却很高，因此累计总量就很大。以上海港为例，在1978～1984年的1013次油污事件中，因供受油作业引起的油污事件有370次，占总油污事件的37%。发生的原因大多由于责任心不强、技术不熟练、供受双方联系不够、管理混乱等人为因素，或是因船体倾斜、气温低造成油管冻结、输油管老化、法兰脱离等设备或环境方面因素等造成。

国际油轮船东污染联合会(ITOPF)统计了全世界1974～2008年发生的油轮溢油事故，并进行了原因分析，见表1-2。

1974～2008年油轮溢油原因分析 表1-2

泄漏原因		泄漏量(1000t)			泄漏总量(t)
		< 7t/次	7～700t/次	> 700t/次	
操作	装油/卸油	2825	334	30	3189
	供油	549	26	0	575
	其他操作	1178	56	1	1235
事故	碰撞	175	303	99	577
	搁浅	238	226	119	583
	船体失效	576	90	43	709
	起火及爆炸	88	16	30	134
其他		2188	152	26	2366
泄漏总量(t)		7817	1203	348	9368

从上述数据统计可知，近30多年来全球发生的油轮溢油事故具有以下特点：

(1)约84%泄漏事件的泄油量小于7t；

(2)30年来，超过700t的重大泄漏次数显著减少，20世纪90年代的次数只有70年代的约1/2；

(3)为数很少的重大泄漏事件的泄漏量占当年总泄漏量的大部分；

(4)大部分泄漏事件发生在港口和供受船的日常操作中；

(5)日常操作中，约91%的事故的泄漏量小于7t；

(6)碰撞和搁浅造成的事故中，约20%是超过700t的重大泄漏事件。

四、石油污染对海洋环境的影响

石油进入海洋后造成的危害是明显的，它对海洋生物的生长、渔业及海水养殖业和人类的海岸活动等多方面都有重大的影响，并且这种危害的周期往往很长。石油对海洋环境的损坏程度并不完全取决于溢入海中的石油量。在对石油比较敏感的区域内，少量溢油的损坏程度

将大于荒凉岩石海岸上的大量溢油的损害程度。

1. *石油对海洋生物的影响*

石油对海洋生物的影响包括由油的化学成分引起的毒害性和污染性影响两方面，同时还与生物系统的多样性、可变性及其对油污染的敏感性等复杂因素有关。

石油对海洋生物的影响，依油种和成分而有所不同。通常成品油毒性高于原油，低分子烃类毒害大于高分子烃类。各类烃的毒性一般按芳烃、烯烃、环烃、链烃的顺序依次降低。对生物的影响主要是破坏细胞膜的正常结构，干扰生物体内酶系的正常代谢。

浮游生物是最容易受污染的海洋初级生物，一方面它们对油类的毒性特别敏感，即使在油浓度很低的情况下它们也会被污染；另一方面浮游生物与水体是连成一体的，海面浮油会被浮游生物大量吸收，并且，它们又不可能像海洋动物那样避开污染区。另外，海面油膜对阳光的遮蔽作用影响着浮游植物的光合作用，也会使其腐败变质。生物会被油膜覆盖和窒息缺氧而死亡，石油的特殊气味伤害敏感的生物，影响生物回游路线，对初生和幼体生物更有伤害作用。生物接触油污会引起中毒而死亡。当水中石油含量达到 0.1ppm 时，低级微生物机体组织就会受到破坏。生物暴露在低沸点饱和碳氢化合物或某些非碳氢化合物、芳香族碳氢化合物的包围中，因挥发性毒性也将会中毒死亡。非致死剂量的石油进入生物体，会降低对传染病和外界刺激的抵抗能力。

这些危害可能会破坏生态平衡，促进生物体中的毒性积累。低水平油污可能会中断生物群落繁殖，破坏食物链中的某个环节，破坏高级生物的食物来源，破坏海洋生物资源营养价值。石油中的毒性会在生物体内积累，使生物和人类食物中混入芳香族碳氢化合物致癌物质。

进入海洋环境的石油，在氧化和溶解过程中可能导致海水中的溶解氧含量急剧下降，以及二氧化碳和有机质含量的增高。通常 1 升石油完全氧化需要消耗 4 万升水中的溶解氧。因此，一起大规模的油污染事件能引起大面积海区严重缺氧，对海洋生物造成严重危害。

海面上的溢油对聚集在海上或海岸线上繁殖、进食或换羽毛的鸟类危害最大。这些鸟包括海雀、海鸥和野鸭，而其他更多独居的鸟类，尤其是靠潜水寻食的鸟类，如鹈鹕、鸬鹚和塘鹫也会受到影响。虽然它们整理羽毛时吸入溢油损伤内脏也会死亡，但大多数情况是油使它们的羽毛脱落，然后溺水、饥饿和失去体温而死亡，因为粘上油的羽毛和羽绒会失去防水和隔热性能。石油对鸟蛋和孵化率也有很大影响。海洋油污染常常造成海鸟的大量死亡。1974 年智利麦哲伦海峡溢油事故，使几千只海鸟丧命。

溢油对海洋哺乳动物也有危害。海面上休眠或运动的海洋哺乳动物受溢油污染危害的情况是不同的，如鱿鱼、鲸鱼和海豚对油非常敏感，它们因游动非常迅速能及时逃离溢油水域，可以避免遭受污染。沿岸海域中的海洋哺乳动物如海豹和爬行动物如海龟，都特别易受到油污染的有害影响，这是因为它们需要到水面呼吸空气和离开水进行繁殖。水獭遭受油污染后，会因不愿离开栖息场所而窒息死亡。生活在近岸水域的成体鱼和在浅水繁殖场地的幼体鱼，也可能受到暴露于被扩散或被溶解油中的威胁。

底栖动物不仅受海水中石油的影响，而且也受沉降到海底的石油的影响。在比较大型的底栖动物中，棘皮动物对水质的任何污浊都十分敏感。新鲜原油和含有高比例有毒成分的轻质石油产品，可能对海草床以及对海蛤、海胆和海螺等各种海生动物产生局部损害。

油渗入沉积物之后可能在局部区域持续存留数年，玷污海产品而不产生致命影响。被风化的油会积聚于沉淀颗粒物中并沉入海底，可能损害海底生物。

在溢油事故发生后，如在溢油海域喷洒了溢油消油剂，且该水域的交换能力较差，那么，被分散的油对海洋生物的危害将更为严重。

2. *石油对渔业和海水养殖业的影响*

石油污染对渔业的影响，首先是对渔业资源遭受污染引起的。海洋油污染对成鱼并不产生明显的危害，因为成鱼有着非常敏感的器官，它们一旦嗅到油味，就会迅速从油污染海区游走，但是毒性大的燃料油却能大量杀死鱼类。溢油对成鱼的长期影响主要是鱼的饵料。油污染对幼鱼和鱼卵的危害非常大。油膜和油块能粘住大量鱼卵和幼鱼，在油污染的海水中孵化出的幼鱼大部分是畸形的。

其次，海上溢油还能直接损害捕捞或养殖海洋生物的船舶和工具，漂浮设备和散布于海面的固定渔网最容易被浮油污染，而潜在海底的渔网、渔笼、电缆和海底拖网只要不在油污染海面升起，通常是可以免遭其难的，但有时会受到沉淀油的影响。

人工养殖的海洋生物如海水养殖场的鱼、虾最容易受到溢油威胁。养鱼场网箱里的鱼因不会逃离，受溢油污染后不能食用。近岸养殖的扇贝、海带等也是如此。养殖设备受油污染后很难清洁，而成为扩散石油组分和污染海洋生物的污染源，只有自然淘汰这些被污染的设备才能彻底消除污染，防止污染海产品，这样的费用是十分昂贵的。养殖的海藻在感潮区特别容易受损害，因其在海水退潮时会受到油污染。

3. *石油对海岸活动的影响*

依靠连续供应清洁海水进行正常作业的工业部门可能会受到海上溢油事故的不利影响。特别是热电厂最易受到影响。发电站通常选址在海边，以获得大量冷却水。如果冷却水中混入油液，整个工厂设备系统会被污染，这将影响设备的安全运行，导致停工。海水淡化装置的正常作业也会由于油污染而停止工作，影响对用户供水并造成经济损失。

有滑道和干船坞的修、造船厂也会受到溢油影响，使未干油漆或新油漆的表面受到损坏，并对工作环境产生污染。溢油和溢油清除作业也会干扰航运，特别是溢油发生在港湾和港口入口处时。安置围油栏或关闭闸门来遏制油污染，这样就延误了船舶运输。突堤码头及系泊缆绳和船体受到直接污染也是常常发生的事。

码头和游艇停泊区对溢油也是非常敏感的，通常情况下要对被污染的游艇和船舶采取清洁措施，这种操作的费用是较高的。码头的其他日常活动如渡船服务和船坞作业等都可能受到溢油事故的干扰，特别是轻原油、汽油或其他易燃物质溢出后。当火灾危险还存在，焊接和使用可能产生火花的机械就必须停止工作。溢油可能引起火灾与爆炸，致使繁忙的港口中即使发生不大的溢油事故都可能受到较大的影响。

许多溢油事故的共同特点是使海岸边的旅游避暑胜地受到污染，影响人们游泳、划船、钓鱼、跳水等娱乐活动，旅馆和饭店经营者和以旅游贸易谋生者也会受到影响。尤其是在旅游季节到来之前或旅游旺季之中，不易挥发的油液及其残余物滞留在海滩上是最令人厌烦的事情。

遮蔽的岸线如沼泽、红树林和湿地等资源价值很高，溢油对其造成的危害是难以估量的，当落潮后，鸟类在此觅食，涨潮时又是幼鱼活动的场所，这种水域对油的净化能力又很弱，溢油影响周期很长。

第三节　船舶运输中的有毒有害物质污染

船舶运输中的有毒有害物质污染主要包括散装液体化学品和包装有害物质运输所造成的污染。

一、散装液体化学品有毒物质运输所造成的污染

液体化学品起初是装在木桶或其他桶中进行海上运输的。20 世纪 50 年代开始，液体化学品才被散装于船舱内运输。由于许多化学品是有毒或危险的，考虑到陆上运输对人类的危害和对环境的影响，而采用化学品液货船能从海上一次将大量的液体化学品远距离地、迅速安全地运送到目的地，因而，散装液体化学品的海洋船舶运输逐步得到发展。但是，与此同时，散装运输的液体化学品中的有毒液体物质，通过各种途径也造成了对海洋的污染。虽然进入海洋的有毒液体物质的数量没有石油那样多，但是其毒性却比石油大，对海洋生物和海洋环境造成的危害更严重。因此，这种有毒液体物质的污染很快引起了人们的关注。到了 1973 年，国际上开始制定相应的法规来进行控制。

1. 散装化学品

1）散装化学品定义和种类

所谓散装化学品，是指除石油和类似易燃品外的危险化学品液态的散装货物。包括具有重大火灾危险性的货品，其危险性超过石油和石油产品及类似的易燃品，还包括具有易燃性外，另有重大危险性的货品，或非易燃性的具有如毒性、反应性等重大危险性的货品。

目前，散装化学品仅限于 IBC 规则第 17 章最低要求一览表所示的液体物质（37.8℃其蒸气压不超过 280kPa 的液体）。凡经审查决定不列入 IBC 规则第 17 章的货品，则列入该规则的第 18 章中。

当今由化学品专用船运输的散装化学品，大致有以下 5 类。

（1）大宗重化工产品，如硫酸、硝酸、磷酸、盐酸和氢氧化钠；

（2）石化产品，如润滑油、溶剂、添加剂等；

（3）煤焦油产品，如苯、二甲苯等；

（4）糖类和醇类，如酒、啤酒等；

（5）植物油和动物脂。

2）散装化学品的一般特性和危险性特性

散装化学品的一般特性有：

（1）相对密度大，有的高达 2.4；

（2）粘度大；

（3）腐蚀性强；

（4）有毒；

（5）易燃烧；

（6）会发生自身反应；

（7）对热很敏感；

（8）需要高温，防止固化；

（9）对杂质极其敏感。

散装化学品的危险性特性有：

（1）火灾危险性。由其闪点、沸点、爆炸范围和自燃温度所确定。

（2）对健康的危害性。对健康的危害性，是通过对皮肤或器官的刺激、吸收或摄入的有毒作用来确定的，有下述三种中毒途径：

①有毒气体或蒸汽对皮肤、眼、鼻、喉和肺黏膜产生刺激或有毒作用；

②有毒液体物质对皮肤的刺激；

③通过皮肤吸收或口腔摄入，常用口服半致死剂量（LD_{50}）、皮肤半致死剂量（LD_{50}）和半致死浓度（LC_{50}）来确定。

(3)对水的污染危害性。这一危害性由对人的毒害性、水溶性、挥发性、气味和滋味，以及相对密度来确定。

(4)空气污染危害性。该危害性可由紧急情况暴露限度（E. E. L）或半致死浓度（LC_{50}）、蒸气压力、在水中的可溶性、液体或蒸汽的密度确定。

(5)反应危害性。由它与水反应、与其他化学品反应以及包括聚合、分解、结晶、自身氧化还原等反应来确定。

2. 化学品液货船

1)化学品液货船

化学品液货船系指建造或改建用来装运各种散装有毒的、易燃的或有腐蚀性的液体化学品物质的船舶。这些物质是散化规则第6章或国际散化规则第17章所列出的，必须满足它们最低要求的物质。

从20世纪50年代开始，美国和日本先后将油轮改装成化学品液货船，来运输散装液体化学品物质。此后，化学品液货船发展迅速，到1972年已达233艘，总载重量50万吨；1981年716艘，总载重量261.9万吨；1985年1297艘，701万总吨，1120万载重吨；至21世纪初期已发展到1500多艘。我国自20世纪70年代末期开始发展散化船运输，1983年有2艘散化专用船，载重量1.5万吨；以后有5艘，2.4万载重吨；至1991年初已有7艘；至21世纪初期发展到20多艘。

2)化学品液货船的分类

化学品液货船是液货船的一种。液货船的分类比较复杂，它包括油船、石油、成品液货船、多品种共装液货船、化学品液货船、多用途化学品液货船、液化气船等。其中，化学品液货船又有多隔舱化学品船、混合式化学品船、兼用化学品船和专用化学品船4种。

3. 散装液体化学品的污染途径

1970年，海上运输的散化货物为260种，共1650万吨。这一年，在船舶正常营运中，作为残液排到海里的有毒液体物质达1万吨，占运输货物量的0.06%。1988年全世界发生化学品泄漏事故4起，共漏出化学品3755t，挥发性化学品550t，有机化学品800桶。我国沿海或港口也出现过散装有毒液体物质污染事件。1978年，“大庆401”轮在上海港使178t桐油流入江中。

散装有毒液体物质污染海洋的途径大体如下。

1)压载水和洗舱水

有毒液体物质的数量大、品种多，而且大多数物质之间存在不相容性，因而绝对禁止相互混合。所以，每次更换品种，或者船舶进行修理时，必须洗舱。洗舱是在卸货后进行，有的清洗前要通风，用海水或淡水为工质的洗舱机洗舱。先预洗，然后用适当的化学添加剂主洗，再用海水或淡水冲洗，水温不超过70℃，连续清洗不超过2h，洗刷后及时将水排尽。为防止货舱生锈，要蒸发干燥，必要时还要进行局部清洗。

洗舱水中含有大量的有毒液体物质。在装载几十种货物的同一条船上，要分别处理含有不同有毒液体的污水是很困难的。早期由于缺乏充分的港口接受设备和严格的管理措施，这些脏洗舱水只能排放入海。

清除液货舱中有毒液体的工序相当复杂。这是因为有毒液体物质的密度有小于、等于或大于水的密度之分;它对海水的溶解度也有易、难和一般之别,其挥发性又有易挥发和难挥发的不同特征等。具有双层底的化学品船上,在清洗系统工作条件良好的情况下,卸完货并清扫之后,不可抽汲的货物残留量,对于低粘度制品占容量的 0.05%;对高粘度制品占容量的 0.1%。未设双层底的船上,在其他条件相同的情况下,其残留量相应为 0.1% 和 0.15%。对于压载水,若直接打入未清洗的舱中,水中有毒液体物质含量就十分高,排放入海后,污染自然是相当严重的。

2)货泵舱舱底水

装有有害液体装卸机械和设备的货泵舱中积聚的舱底水,也是散装液体化学品运输过程中值得注意的污染源之一。

3)用于清除有毒液体泄漏物的各种材料

用于清除船上泄漏的有毒液体物的各种材料,如锯木、擦布等。

4)船舶事故性排放

船舶因发生碰撞、搁浅、火灾、爆炸等海损事故,造成液货舱破裂,液体货物外溢。据统计,1975~1979 年的 5 年中,4.5 万载重吨以下的化学品船和液化气船,发生的火灾爆炸事故就有 60 起。

如 1995 年 3 月 4 日,装载液体化学品苯乙烯的韩国籍“春木一号”轮(M/V NO.1 CHUNGMU)在湛江港第 14 号灯浮附近与“昌通一号”轮(M/V CHON STONE NO.1)发生碰撞,泄漏 209t 有毒液体苯乙烯,污染海域范围达 160km^2,造成海水养殖业、渔业资源、旅游业等重大损失。

又如 2001 年 4 月 17 日,长江口外发生了一起严重的撞船海损事故,一艘韩国籍散化船“大勇”轮与香港籍散货船“大望”轮在浓雾中发生碰撞,“大勇”轮装载的 638t 化学品苯乙烯泄漏入海,尽管上海海事局及时出击,处理得当,但是,泄漏的化学品仍然严重污染了该海域的生物和环境,造成了重大损失。

此外,还有为了抢救船、船员和货物,或为了救助海上人命而进行的应急排放。

5)装卸作业中的跑、冒、滴、漏

进入海洋的有毒液体物质,因为其物理、化学性质的差别很大。所以,对海洋环境的影响和表现形式也各不相同。有的漂浮在海里,有的沉入海中,有的很快地与溶解于水中的物质起反应,有的非常迅速地在水中消散等。因此,不可能对排放入海里的有毒液体物质作出任何单一意义的结论。然而,这些有毒液体物质由船上排放入海的可能途径,以及入海后在海水中的扩散,还是有一定规律的。研究这些有毒液体物质的入海途径和在水体中的扩散模式,对于最大限度地防止和减小散装有毒液体物质污染是有意义的。因此,IMO 制定了 MARPOL 73/78 附则Ⅱ,规定了有毒散装液体物质的排放标准和控制措施。

4. 散装有毒液体物质的污染危害性

1972 年,海洋污染问题科学家小组(GESAMP)根据化学品船洗舱时将化学品排放入海对海洋环境的危害,对数百种化学品作了污染能力的研究。这套 GESAMP 系统主要从以下 4 个方面考虑。

1)生物对化学品的积聚

指水生物处于含化学品的水环境中比在一般海洋环境中积聚更大浓度的化学品,积聚程度主要由蓄积系数等指标来确定。

2)生活资源遭受破坏

由于化学品污染和毒害作用造成食物链的破坏,主要由 TLm(半致死浓度),即 LC_{50}/96h来确定。

3)对人类健康的危害

通过鱼类、贝类和水被人体摄取,通过其他途径的危害,如化学品蒸气对皮肤、眼睛和黏膜的刺激以及由皮肤吸收进入体内伤害内部器官。

4)损害环境的娱乐性和舒适性

指化学品对岩石或海滩的毒性程度和持久作用以及对风景和娱乐环境的破坏作用。

二、包装有害物质运输所造成的污染

1. 包装有害物质

船舶运输包装有害物质,是运输化学危险品的主要形式之一。这里所指的包装有害物质,包括包装件、集装箱、可移动罐柜或公路及铁路槽罐车装载的危险货物。它们可以用杂(干)货船、集装箱船、滚装船、载驳船等船舶运输。包装危险货物的品种繁多,交通运输中经常碰到的达 6 万种,最常见的有万余种。海上运输的包装有害物质数量也很大。这类货物具有燃烧、爆炸、毒害、腐蚀、放射性或污染等性质,在运输中能引起人身伤亡、财产受到毁损或造成环境污染。这些危害货物有化工原料、化肥、医药、化学试剂、炸药、放射性物质等。

为了确保包装危险货物的运输安全,IMO(当时为 IMCO)早在 1965 年就制定了《国际海运危险货物规则》,即 IMDG Code,简称《国际海运危规》。我国于 1982 年 10 月 1 日起,在外贸及国际航运中执行这个规则。该规则已经修改了 30 多次,特别是在 1989 年的修改中,加入了防止包装有害物质污染的内容,把危险货物的安全运输和防止包装有害物质污染这两者紧密地结合起来。该规则在各类货物明细表中,共列出 4800 种危险货物,目前这个数字已大为增加。我国从 1972 年 1 月 1 日起,对内执行我国制定的《危险货物运输规则》。根据多年的实践和参考《国际海运危规》的一些长处,于 1996 年 12 月起实施《水路包装危险货物运输规则》,简称《水路危规》。除了《国际海运危规》和国内危规外,世界上许多国家也制定了适合本国国情的包装危险货物运输的规则。所有这些规则,主要是对各类包装危险货物的性质、包装、标志、限量、积载、隔离、装卸、保管、消防和急救等作出科学而又详细的规定。它们对包装危险货物的安全运输起到了重要的保证作用,也对防止包装有害物质污染作出了贡献。

2. 包装有害物质的分类

在《国际海运危规》中,根据储物的危险特性和运输条件,将包装危险货物分为 9 类,有些类又分为若干小类。经修改的《1974 年国际海上人命安全公约》第四章 A 部分第 2 条,列明了各类不同的危险货物。就本规则而言,有必要将这些类别再细分,进一步明确定义,说明这些物质、材料和物品的特性与性质,以便将它们列入每一类或细分类。而且,按 MARPOL 73/78 附则Ⅲ中海洋污染物的选择标准,各类别中的一些危险货物也被判定为对海洋环境有害的物质(海洋污染物)。

第 1 类—爆炸品;

第 2 类—经压缩、液化、加压溶解和深度冷冻的气体(包括易燃气体、非易燃气体和有毒气体);

第 3 类—易燃液体;

第 4 类—易燃固体、易自燃物质和遇水放出易燃气体的物质;

第 5 类—氧化物质(氧化剂)及有机过氧化物;

第 6 类—有毒的(毒性的)物质和感染性物质;

第 7 类—放射性物质;

第 8 类—腐蚀品;

第 9 类—杂类危险物质和物品。

3. 包装有害物质的特性

1)燃烧性

货物是否具有燃烧性,可由其闪点、燃点或自燃点来决定。许多危险货物都具有燃烧性。

2)爆炸性

爆炸分物理爆炸、化学爆炸和核爆炸。海运包装危险货物运输中,着重讨论化学爆炸中的炸药爆炸和可燃性气体与空气形成混合物的爆炸。炸药爆炸的危险程度主要用感度等理化性能来衡量,而可燃气体与空气混合物的爆炸则主要用爆炸极限来描述。

3)腐蚀性

腐蚀性是指对人的皮肤或物品表面的损坏程度。查实某物质是否具有腐蚀性以及腐蚀的强弱程度,可通过动物试验或材料试验来决定。通常腐蚀品按腐蚀性能分为大、中、小三个等级。

4)放射性

人受到放射性物质的超标照射(外照或内照)会导致急、慢性放射性疾病,其危害程度一般由剂量当量率 H(mSv/h)衡量。运输的货物中如果有任何放射性比度大于 70kBq/kg 物质,就必须按规定做放射性物质申报。

5)污染性

包装危险货物中,有一部分是对海洋环境有害的物质。这些物质在《国际海运危规》1989 年第 25 次修正案中列为“海洋污染物”。

4. 包装有害物质的污染途径

1)在船上用以清除从包装中洒落或泄漏的有害物质的洗涤水和水溶液的排放

这是由于包装一旦破损,货物会洒落或泄漏、溢流在舱内、露天甲板、库房和装卸作业场所。为了清除,必须冲洗,此类水中含有有害物质,可能造成污染。

2)从有货物洒落或泄漏的舱室、库房、场所等处清除出来的垃圾、分离物或其他材料

因为这类垃圾、分离物或其他材料中混有有害物质,可能造成污染。

3)船舶事故

由于船舶事故,使包装有害物质落海(江),可能造成污染。上海港 1987 年发生桶装硫酸二甲醇落江和 1989 年发生桶装甲醛的翻船落江事故,就造成了很大面积的海洋污染。

4)装卸作业事故

由于装卸作业不慎,引起包装有害物质的落海(江)事故。在上海港和天津港都曾发生氰化钾包件因装卸作业时的操作失误而落江的事故。

为了防止包装有害物质污染,IMO 制定了 MARPOL 73/78 附则Ⅲ—防止包装有害物质污染规则来加以控制。国际海事组织制定的化学品污染处理手册的第二册,叙述有关失落在海中的包装货物的搜索和回收,特别是有关放射性物质和爆炸物的溢漏处理,均值得我们加以研究和应用。

第四节　船舶生活污水和垃圾污染

一、船舶生活污水造成的污染

1. 船舶生活污水

船舶生活污水是指：任何形式的厕所、小便池以及厕所排水孔的排出物和其他废弃物；医务室（药房，病房等）的面盆、洗澡盆和这些处所的排水孔的排泄物；装有活的动物处所的排出物；或与上述污水相混合的日常生活用水（洗脸水、洗澡水、洗衣水、厨房洗涤水等）和其他用水。

2. 船舶生活污水的污染成分及危害

船上排入海里的船舶生活污水（以前普遍使用的方法是抽海水冲洗，并通过船上已有的排泄系统把所形成的混合物排入海中）中存在矿物污染源、有机物污染源和细菌污染源。它们在污水中的含量是：有机物 58%，矿物质（其中 20% 是呈悬浮物粉状的不能溶解的物质）为 40%。

排泄未经处理的船舶生活污水含有 5 种主要污染成分：

(1) 使海洋生物和人感染的大量细菌、寄生虫，甚至病毒；

(2) 对水中的氧气有很高生化需要的、溶解于水中的有机成分和悬浮成分；

(3) 本身生化衰变时要消耗氧气的、沉淀于海底的、有机或无机的固体微粒；

(4) 对海滨浴场有严重影响的、呈单个小碎块或悬胶体的、浮在水面的浮游微粒（有机的或无机的）；

(5) 使吸收某些物质（主要是磷化物和氮化物）的海水饱和，并可能造成富营养化、高浓度的营养物质。

船舶生活污水排入水中后，其中的有机物经细菌等微生物氧化分解，需要消耗水中的溶解氧。水中的藻类利用分解产物通过光合作用，使自身生长，同时放出氧气，这就是水质的自然净化过程。水质的自然净化过程是一种平衡过程，为了保持这种平衡，起决定作用的是溶解于水中的氧有足够的浓度。若在过度地或经常性污染的情况下，会使水中的溶解氧的含量下降，破坏自然净化的变动过程，改变水域的整个生态特征。当水中有机物过多，其氧化作用所消耗氧气数量超过水体从大气中吸收的氧气数量时，水中含氧量将可能降得很低，导致水体严重缺氧。当水中含氧量低于 3 ~ 4mg/L 时，就会影响鱼类的正常生活。水中溶解氧耗尽后，有机物开始腐化发出臭气，出现黑臭现象。

适量的营养盐将增加海洋的肥沃度，给海洋生物的生长创造有利的条件。但是，如果植物营养素过于大量地倾注，那么，事物将改变原来的面貌而走向它的反面。因为在植物营养素过量存在的所谓“富营养化条件”下，可能使海洋中的一些藻类“疯长”，出现富营养化，降低水中的溶解氧，产生厌氧条件，使海洋植物群和动物群的高级形态（如鱼类）被低级形式（如多淤泥软体虫）所替代。这样，海滨浴场和渔场被污染后，将变为恶臭和传染病菌污秽之处。

未经处理的船舶生活污水（粪便水）中，每毫升含有千百万个细菌，而其中许多是致病的病原菌。这些细菌能引起伤寒、副伤寒疟疾、痢疾、胃肠炎，甚至霍乱等传染性疾病。船舶生活污水排放入海后正常情况下可以被水体净化而不构成污染，但是船舶集中在港口水域，无限制地排放，就会造成港口及近海水域溶解氧减少，水质富营养化，微生物大量繁殖，严重时水体会变黑发臭，而造成严重污染。因此，有必要对船舶生活污水进行处理，以免因不加控制任其排放，造成沿海港口水域污染。

3. 船舶生活污水的污染程度

为了确定污水的污染程度，需要有一些指标，这些指标，世界各国并不完全相同，有些数值甚至相差很大。IMO 在其制定的 MARPOL 73/78 附则Ⅳ—防止船舶生活污水污染规则中，规定了一个标准。在这个标准中所使用的指标项目包括：BOD_5（5 天生化需氧量，mg/L）、COD（化学需氧量，mg/L）、SS（固体悬浮物，mg/L）、大肠杆菌群（指数）（每升水中所含大肠杆菌的个数）等。IMO 制定的船舶生活污水的排放条件和排放标准等，在 MARPOL 73/78 附则Ⅳ中给以详细阐述。我国在《船舶污染物排放标准》中，也规定了船舶生活污水排放的最高允许浓度和排放条件。

防止船舶生活污水污染规则中所规定的排放标准的依据是生活污水中所含污染物质入海的情况，即被溶解或稀释的情况取决于排放污水时的船速，污水在尾流中流动的快慢和海浪的大小；浮游成分的分布取决于风向和水流；排放点和排出的污水量，引起海水颜色的变化；污水排放后海水净化的生化条件等。这些，显然与地理位置、排放量及排放率、污染物浓度、船速等因素有密切的关系。

为了说明问题起见，表 1-3 中列举了船舶不同污水源污染程度的资料，以供参考。

船舶不同污水源污染程度 表 1-3

污水种类	每人每天排量		污染程度		
	L	%	BOD_5	SS	病毒细菌
粪便水	37.8	25	最高（600mg/L）	最高（600mg/L）	最高（10^8/100mL）
包括固体物质的厨房废物	22.7	15	最高	最高	中等
洗脸水、莲蓬头和水池排水	90.8	60	最低（40mg/L）	中等	最低

二、船舶垃圾造成的污染

1. 船舶垃圾

船舶在营运过程中产生的垃圾，如各种日常用品、食品和工作用品的废弃物以及散杂货的残物，是船舶对海洋环境的又一污染源。船舶垃圾，主要是一些固体废弃物，其主要来源是：

（1）由于运输货物而产生的散落残物和捆扎用品。散装货物所形成的残物有油饼、葵花籽、煤、肥料、矿石等。货物的包装、捆扎用品和垫舱材料的废弃物有稻草席、胶合板、硬纸板、木板、铅丝、绳索以及泡沫塑料等。

（2）由于船舶维修和保养而产生的油漆废料（湿的和干的）、铁锈、破布、用过的包装材料（木头、纸板、玻璃、金属等）、索具的废物（钢质的、植物纤维的、合成的绳索与织物的断料）、修理机械和设备的废物（油烟、耐火砖、水垢、焦渣、用过的零件、纸板、金属板、金属条切屑碎料、纸板屑、木屑、各种天然的和合成材料等）。

（3）住舱和工作室日常卫生保健工作带来的一些日常生活垃圾和各种废物。

（4）船员和旅客的一些日常生活垃圾和各种废物（包装材料、食品废弃物等）。

在船舶运输货物过程中，产生垃圾的数量和性质变化范围很大，如在运输普通大宗杂货时，其废物主要是散落的包装材料，每 100～150t 货物中平均产生 1t。在运输散装货物时，每运输 100t，将产生 70kg 垃圾。而采用集装箱运输时，则不会产生垃圾。

美国的研究表明，如果除去在船上形成的含油废料和运输货物的废料，那么，船舶产生的其他干垃圾为0.15～1.5kg/(人·昼夜),处理食品的废物为1.4～2.0kg/(人·昼夜)。

美国科学院估计,船舶航运产生的垃圾为5600万吨/年。

2. 船舶垃圾的分类

1)船舶营运过程中所形成的垃圾分类

(1)污染港口、海滨浴场、休养区、禁区等的浮游垃圾;

(2)污染海底的沉淀垃圾,其中包括捕鱼区及其再加工区的污染;

(3)溶解于水的垃圾:这种垃圾完全不是海洋环境本身所特有的成分,它会改变水的颜色,并使海水充满需求氧气以供本身氧化的物质,从而使海水和所捕捞到的鱼沾有既难闻又难吃的气味和味道。

2)根据垃圾在物化和生物方面对海洋环境及海生物的影响分类

(1)对自然环境几乎无破坏作用的中性材料,如玻璃、瓷器、陶器等。

(2)能长期保持外形,而且对物化和生物过程实际影响很小的材料,如木材、橡胶制品、氧化铁皮、氧化很慢的金属等。

(3)变形很快,但其本身特性对化学和生物过程影响很小的材料,如纸品、纺织品等。

(4)具有中等氧化强度的材料,它们的有害作用受到氧气需要量的限制,如某些有机废物、钢铁物品等。

(5)在水中迅速氧化,且消耗大量氧气的物品,如脂肪、肉类和鱼制品的废渣、其他食品的残物等。

(6)对个别种类的植物群和动物群起有害作用的材料,如洗涤和清洁船舶设备的制剂残液、机舱产生的废料、油漆残渣、塑料等。

3)散装货物所形成的残物

(1)植物性货物。如油饼、谷物、糖、葵花籽等。

(2)焦炭、煤等。

(3)木料、纸(碎木片、纸浆、原木、锯材、纸品、矿浆、麻袋等)。

(4)动物性货物,如骨头、鱼粉等。

(5)肥料、盐和硫磺。

(6)矿石(磷灰石、铁钒土、水泥、菱镁矿、珠光石、沙子等)。

(7)矿石和重金属精洗矿(锰铁合金、铁矿石、镍矿石等)。

(8)钢铁(铸铁、废钢铁、桁材、成卷钢料和管子)。

上述各类货物残渣出现的机会各不相同。在经常运输同一种货物的船上,残渣会留在舱里,如要更换货物,则应该把上次货物的残渣从货舱内清除干净。通常,由于港口的作业时间有限,舱底的清洁工作经常在海上航行时进行。所以集中起来的残渣将倾倒到海里。

汇集在港口的垃圾,按其来源,不仅仅是在海上倾倒的垃圾,港区的垃圾相当数量是从码头沿岸掉下来的,或从港区外面被风和海流吹进来的。位于河口的港区更有这种特点。

3. 船舶垃圾的危害

船舶垃圾大部分本身无毒性,如腐烂的食品残渣、纸制品、塑料制品、罐头盒、玻璃制品等,但漂浮水面或沉于水下,将影响水域环境卫生,减少港口的吃水深度,有碍航行。船上倾倒垃圾对海岸线污染的程度,取决于船只航行密度、海区的风和流的状况。所造成的危害大小,取决于地势、该海区用作渔场的程度,水生动、植物的聚集度及作为人们休养区的使用情况。船舶垃圾的对海洋及港口的危害有:

(1)浮游垃圾污染港口、海滨浴场、休养区，恶化这些区域的卫生条件，引起疾病，影响美观。

(2)溶解于水的垃圾要消耗水中的氧气，改变水的颜色，使海水和所捕到的鱼类产品沾上异味。

(3)沉积垃圾会改变动、植物的自然生存条件，也可能是造成某种生物消失的原因。沉积垃圾会影响海上捕鱼，影响航道的吃水深度。

(4)塑料垃圾由于在海水中难以降解，而成为危害海洋环境的"首恶"。

据估计，每年约有2.6万吨塑料包装容器和15万吨报废的塑料渔具倾倒入海。这些塑料垃圾的最大受害者是海洋动物、鸟类、鱼类和哺乳动物等。大型海洋生物如鲸、海豚和海狮，有时会被渔网缠住而遇危险。据报道，海洋生物因误食塑料制品或被废弃渔网缠绕而死亡的信天翁、海鸭、海鸥、海燕等有100~200万只，还有10万头鲸鱼、海豚、海豹、海牛等海洋动物也因同样原因而死亡。

此外，塑料垃圾对船舶也会产生危害，如尼龙缆绳缠住螺旋桨，塑料袋填塞海底门等。据美国统计，每年营运在全世界的商船和渔船要向海洋倾倒2400多吨塑料包装材料，并丢失13多万吨的塑料捕鱼用具。世界各大洋正受到塑料垃圾的毒害，因此应当杜绝向海洋倾倒塑料垃圾。

第五节　船舶对空气及其他的污染

一、船舶对空气的污染

空气污染是指在空气中固有正常成分中增加了新的有害成分，从而造成对人类、动植物以及对环境的危害。目前，空气污染已成为社会和世界公害，尤其在工业发达国家成为严重的问题，促使人们对环境保护的重视。

船舶造成空气污染的原因主要有以下三方面：

1. 燃料燃烧

近30多年来，船舶越来越多地燃用劣质燃油。无论从技术还是从经济的角度考虑，都反映了航运事业的一大进步，但是这也带来了不可避免的副作用，即排放出一定量的污染大气的有害气体。例如，二氧化碳(CO_2)，一氧化碳(CO)，氮氧化物(NO_x)，硫氧化物(SO_x)，挥发性有机化合物(Volatile Organic Compounds，VOCs)，碳氢化合物(HC)以及微粒等。

2. 船舶使用的制冷剂、灭火剂、洗涤剂、发泡剂(隔热材料)等

在船舶营运、消防、演习、检修、拆装过程中，会将氟氯烃(CFCs)、卤烃(Halon)等耗损臭氧层的气体排入大气。

3. 液货中的烃类气化物或有害气体

液货船(油轮和散装液体化学品船)在装卸作业或航行途中，液货中的烃类气化物或有害气体有可能扩散到大气中去。

此外，为了防止船舶废弃物对海洋环境的污染，船上将油渣、垃圾、生活废弃物等用焚烧炉进行焚烧处理，废弃物中的有害成分，甚至剧毒成分在焚烧中化为气体排入大气中，造成空气污染。

归纳起来，船舶排放到大气中的污染物主要有：CO_2、CO、SO_x、NO_x、CH_4(甲烷)、VOCs、

CFCs、Halon 等有害气体。

大多数气体可以通过自然界的自净能力，即海洋、河流的吸收；土壤、植被的微生物活动、光合作用、化学反应转化；在对流层或平流层中的化学反应、自由基反应的转化；以及重力沉降、降水等过程予以去除。由于自然界的自净能力有一定限度，并不能无限制地吸收、净化前述的气体污染物。例如，氮氧化物在反硝化作用下产生的氧化亚氮（N_2O）可传输到平流层，与臭氧（O_3）作用，使臭氧层遭到破坏。

二、船舶的其他污染

1. 船舶压载水对海洋的污染

随着全球经济一体化的发展，各国间的贸易迅速增加。据统计，全球 90% 以上外贸货物是通过船舶进行运输的，为了保持船舶稳性和航行安全，以确保螺旋桨和舵机操作的有效性，避免船艉离开水面，同时避免船体产生过大的压力和张力（特别是在恶劣的海况下，这些压力和张力可能会导致船舶断裂或沉没），必须用水对船舶进行压载。船舶在空载时需注入大量的压载水，而在到达目的港装货之前，又必须把压载水排掉。因此，大量的水生物种和有害病原体通过船舶压载水就从一个海区迁移到另一个海区，危害当地有益的海洋生物，甚至危害人类的健康。据估计全球船舶每年携带的压载水量大约有数百亿吨，而船舶压载水所携带的水生物有 7000 ~ 10 000 种。船舶压载水排放对海洋环境的污染已经成为人类对海洋造成的四大危害之一。

船舶压载水所携带的外来物种对排放地的经济和环境将造成灾难性的后果。如澳大利亚由于大量出口矿石，空船返回带来大量压载水。为此，澳大利亚海域每年要接收 6000 万吨压载水，其中 50% 来自日本。目前至少已有 14 种海洋生物被证明是通过压载水迁移来的。原产于里海的欧洲斑马贝（Zebra Mussel）通过压载水在北美地区落脚，它们争食浮游动物从而影响自然食物链，影响当地生态功能，造成巨大的经济损失。现这种贝类已扩展到美国 50% 以上的河道，布满在当地水下建筑和管道，为清除这些贝类，美国政府在 20 世纪已花费数十亿美元。

船舶压载水作为媒介转移外来物种并造成污染危害的起因是不同水域间物种的差异。地球上的海洋虽然是相通的，但无论是盐度、温度等简单环境因子，还是物种、种群分布、群落构成这样的复杂生物因子都有相当大的不同。任何水域生态系统中的生存物种都是自然界长期演替进化形成的，所以许多物种分布带有严格的地域特征。外来物种的入侵，经常会使原来处于稳定状态的生态系统发生变化。快速的船舶意味着更高的货物运输经济效益，然而随着船舶吨位增大、航速提高、航线加长，在船舶缩短航行于两港之间所用的时间、航行范围加大的同时，生物将在货舱的"保护"下跨越靠自身、自然因素不可能逾越的屏障，进而增加了那些具有潜在破坏性的外来物种存活和传播的可能性。

外来物种入侵后，要与处于同生态位的本土物种争夺食物和栖息地，直接造成海产鱼类和贝类减产而使当地经济造成严重破坏；以压载水作为媒介传播病原体导致流行病蔓延，对人类的健康构成严重威胁。

海洋生物入侵的危害引起了国际社会的高度重视，由船舶压载水造成的生物入侵问题已引起国际社会的关注。1973 年国际海事组织（IMO）大会上，压载水问题被首次提出，经过 30 多年的讨论和准备，2004 年 2 月 13 日 IMO 在伦敦总部最终通过了《国际船舶压载水和沉淀物管理与控制公约》，公约中对船舶压载水管理、控制、标准、记录和报告程序、船舶与港口国程序、港口国强化实施和监控等分别作了相应规定。可见解决船舶压载水生物侵害是具有全球战略意义的问题。

2. 船舶防污底对海洋的污染

船舶在长期航行和长时间静止在港内或锚地中，船体表面水线以下浸入水中的部分尤其是船底表面由于长期浸泡在水中会生锈，并生长海藻植物类、贝类动物类及非生物类混合物等，致使船体水下部分脏污和粗糙，形成船舶污底。船舶污底(海生附着物)的存在不但对船舶产生极大的危害，所产生的阻力也是影响船舶航行的一个重要因素。同时，污底的存在还会增加船舶水下部分船体的腐蚀速度，进而影响船舶的使用寿命。

为了控制和防止船底海生物生长、附着，所有的船东都已普遍采用在水线以下船体表面及船底涂上具有控制、防止和杀伤力的防污漆等材料的方法，以达到杀死或驱散附着的海生物，使之不再附着在船体上的目的，减少了船舶由于污底而增加的阻力，减少了船舶的燃油消耗，缩短了船舶的营运周期，提高了船舶的营运效率，同时还减缓了船体的腐蚀速度。为解决此问题，船舶广泛采用防污底系统，即船舶用于控制和防止船底海生物生长、附着所使用的防护涂层、涂料(油漆)、表面处理、表面和装置。其中各种船舶防污涂料使用最为广泛。

为清洁船底，人们采用防污漆来驱除或杀死船壳上的附着生物。TBT(有机锡)作为防污底中的杀虫剂，曾经被广泛应用于防污底系统。但在过去的20多年中，各国政府和权威的国际组织的大量科学研究和调查表明某些用于船舶上的防污底系统，特别是含有三丁基锡(TBT)的防污底系统，有剧毒性并对水生生物及其栖息地，乃至整个生态系统产生显著的毒害作用，对于具有重要生态和经济价值的海洋生物构成严重的毒性危险和其他慢性影响，给海洋环境带来了严重危害。TBT是人为引入海洋的毒性最大的物质之一。

针对该类物质所引起的严重的环境污染问题，国际社会作了大量工作，禁止使用此类对环境构成重大危害的有害物质。为此，2001年在IMO外交大会上通过了《2001年控制船舶有害防污底系统国际公约》，并已于2008年9月18日生效。

3. 拆船对环境的污染

船舶拆解为退役船舶提供了一个可持续发展和环境友好的方式，船壳、机械、设备和配件乃至家具都可以被重新利用。按平均船龄20年计算，世界船舶报废量平均每年达3000万载重吨(600万轻吨)。因此，拆船业被称为“无烟冶金工业”。它变废为宝，与开采或进口矿石进行冶炼轧制相比，既节约了能源和矿藏资源，又减少了开采冶炼过程产生的环境污染。可以肯定地说，废船拆解是一项节约能源、资源得到循环再利用的十分有利的工程，同时也是解决国际上的报废船只对海洋污染的环保型产业。

目前，基本的拆船方式有：离岸水上抛锚拆解法、靠泊位拆解法、冲滩拆解法和船槽拆解法4种。典型的生产工艺流程为：废船→洗舱→排污→清舱→测爆→拆解→钢材。

废船在拆解中可能产生的污染物主要有：油污水、固体废物和生活垃圾。油污水由废油和污水组成，废油会给人类健康和环境带来危害，不仅污染环境和水域，还会给鸟类、哺乳动物带来严重危害；污水主要来源于压舱水、舱底水，污水中含有油脂状污染物和重金属，排入海洋会对海洋生物造成危害。固体废物主要有石棉、重金属、电石渣等，石棉对人体的呼吸系统和皮肤会带来严重威胁，可能导致肺癌、肠胃食道癌、间皮瘤、石棉疣等疾病；重金属尤其是汞、铅对人的神经、心血管有严重影响；电石渣会对环境带来影响。船上生活垃圾处置不当会造成环境污染。

虽然拆解船舶的初衷是好的，但是到目前为止对拆船厂的工作条件和环境条件的报告都说明，现有的拆船作业违背了这一原则。国际社会对拆船业造成的环境、健康和资源破坏问题的关注，说明在世界范围内建立统一的法律途径规范拆船业的行为迫在眉睫。为了减少拆船行业对环境、人体健康和安全的威胁，并能够使退役商船顺利拆解。为此，国际海事组织制定了国际拆船公约，并于2009年5月15日在香港特别行政区召开的外交大会上，正式审议通过了《2009年香港国际安全与无害环境拆船公约》。这是第一个以我国香港特区命名的国际公约，共有59个国家代表签署了公约的最后文件。这个公约的签署对世界拆船业具有划时代的意义，也必将影响中国拆船业的发展。

第六节　防止海洋与港口污染的意义

一、世界经济新的增长点——海洋

2001年，联合国首次提出“21世纪是海洋世纪”。在今后几十年内，海洋将成为国际竞争的主要领域。发达国家的目光已从外太空转向海洋，人口趋海移动趋势将加速，海洋经济正在并将继续成为全球经济新的增长点。

海洋是人类存在与发展的资源宝库和最后空间。人类社会正在以全新的姿态向海洋进军，国际海洋竞争日趋激烈。美国认为海洋是地球上“最后的开辟疆域”，未来50年要从外层空间转向海洋；加拿大提出发展海洋产业，提高贡献，扩大就业，占领国际市场；日本利用科技加速海洋开发和提高国际竞争能力；英国把发展海洋科学作为新世纪的一次革命；澳大利亚在未来的10~15年中将强化海洋基础知识普及，加强海洋资源可持续利用与开发。国际海洋竞争将主要表现在以下方面：发展、开发利用海洋新能源；勘探、开发新的海洋矿产资源；获取更多、更广的海洋产品；加速海洋新药物资源的开发利用；实现更安全、更便捷的海上航线与运输方式。

海洋石油工业、滨海旅游业、现代海洋渔业和海洋交通运输业组成的世界四大海洋支柱产业已经形成，发展前景看好。海洋石油工业：全球海上石油的探明储量为200亿吨以上，天然气储量为80万亿立方米；现已有100多个国家和地区从事海上石油勘探与开发，投入开发的经费每年达850亿美元；2000年海上石油产量约13亿吨，占世界油气总产量的40%。滨海旅游业：据世界旅游组织统计，滨海旅游业收入占全球旅游总收入的1/2，约为2500亿美元，比10年前增加了3倍；1998年全世界40大旅游目的地中有37个是沿海国家或地区，其旅游总收入达3573亿美元，占全球旅游总收入的81%。现代海洋渔业：传统的海洋捕捞业已发展为捕捞与加工并举的工业化渔业生产。近10年来，全世界海洋渔获量每年达8500多万吨，产值约2000亿美元。海洋交通运输业：全世界较大的海港有2000多个，国际货运的90%以上通过海上运输完成，1998年世界集装箱港口吞吐量约为1.5亿标准箱，海运收入1500亿美元。总之，海洋产业的发展已成为世界经济新增长点。

二、海洋环境污染形势日趋严峻

20世纪以来，随着全球沿海工业的发展和人口的增加，人类在开发海洋资源的同时，也向海洋排放了废水、废渣及其他各类有毒有害物质，使海洋造成了严重的污染。据联合国统计，人类活动使每年流失入海的石油多达1000万吨，约占世界石油年产量的0.5%。其中，由河流和沿海工业排入海洋的石油约占50%左右，由海底油田开发和油井事故流入海洋环境的石油占 10% 左右。石油进入海洋将消耗海水中的溶解氧,对鱼卵和幼鱼构成生命威胁,同时海鸟也无法逃脱厄运。石油进入海洋后,将对生物资源造成严重威胁,被视为海洋中的第一污染源和污染物。

除石油污染外,重金属、农药及多氯联苯、有机物质和营养盐(赤潮)、放射性废物、固体废物和余热等均对海洋造成不同程度的污染。据计算,全世界每年排入海洋的汞达 1 万多吨,比目前全世界的汞产量还要高;排入海的镉的数量更大,仅由日本神通河注入富山湾的镉每年就多达 3000 多吨;全世界每年排放入海的多氯联苯多达 2.5 万吨;以往制造的 150 万吨滴滴涕(DDT),现已有 100 多万吨进入并留在了海洋里;商业渔船每年倾倒入海洋的塑料包装物达 2.2 万吨,每年扔进大海的塑料网、绳和塑料救生衣达 13.6 万吨,由于塑料污染,致使每年有 100 万只海鸟、10 万只鲸类动物和海豹死亡。

综上所述,导致海洋污染的物质多种多样,这些物质进入海洋之后,呈现出扩散范围大、污染源广、持续性强、危害极大、控制复杂的污染特点。海洋的严重污染导致有的海域海水丧失自净能力;有的海域赤潮频繁发生;溶解氧大量减少;有的海域出现无氧区,鱼类大量死亡,渔民失业;有的海域海水变色变臭,斑疹、伤寒、肝炎、大肠杆菌等病菌大量繁殖,甚至连海水浴场亦受到污染;有的海底遍布倾倒的废弃物,致使拖网捕鱼作业难以进行。面对如此严重的海洋污染,科学家指出,如果不采取坚决而紧急的措施,波罗的海、地中海、日本海等许多海域将变为没有生命的“死海”。著名的法国学者查卡伊瓦克斯悲观地认为:“近 50 年来由于世界大洋的污染,成千种海洋生物已无影无踪的消亡,特别在近 20 年内,这个程度更加强化了。海洋空间如果继续污染下去,将给人类带来严重的后果,如果海洋死亡,人类便不能生存。”

虽然对海洋造成污染危害的污染物来自各个方面,但船舶是直接造成海洋污染的重要方面。1973 年全球由于船舶操作性和事故性排放入海的石油为 21 000 万吨,1986 年为 14 900 万吨。目前全球石油的海上运输总量在逐年增加,虽说排入海中的石油有所减少,这主要是由于采取了技术和行政措施的结果,但排入海中石油的总量仍是个相当大的数字。船舶作为流动污染源,具有这样一些特色:

(1)直接污染;

(2)流动,难以监测;

(3)数量密度大,单船数量可能不大,但总量较大。尤其是巨型油轮突发性事故的危害之大是其他污染源所没有的。

据我国海事部门统计表明:1978 ~ 2000 年,发生在我国沿海的溢油量 50t 以上的重大事故共 46 宗,溢油总量 17941t。海上船舶溢油事故呈现上升趋势。当前我国已经成为世界上仅次于美国的世界第二大进口国。随着石油外贸进口量大增。抵达中国沿海港口的大型油轮越来越多,专家认为,中国海域可能是未来船舶溢油事故的多发区和重灾区。

海洋本身具有一定的自净能力。虽然人类可利用这些自净能力去处理一些陆上难以处理的废弃物,排放一定浓度和数量的各类污水和其他废弃物,但海洋的自净能力是有限的,要防止因人类活动而使进入海洋的物质和能量超出海洋的自净能力造成污染。

三、海洋环境保护的可持续发展

人的认识往往滞后于客观自然界的发展。当烟雾、酸雨、毒雪在天空飘逸,超越国界,污染全球之时;当污浊的城市污水排放入海,污染海洋,富营养化造成赤潮之日;当温室效应持续,大气不断增温,导致全球性海面上升,氟氯烃造成臭氧层空洞之际,人们才意识到环境恶化不再是一国一地之事，而是全球人类共同的大事。

回顾人类的发展历程及其在发展中的社会经济行为，人们已逐渐认识到，那种通过高能耗追求经济数量增长和“先污染后治理”的传统模式已不再适应当代和未来发展的要求，必须代之以新的模式。1987 年，世界环境和发展委员会在其报告《我们共同的未来》中正式提出一个关键性的概念：可持续发展(Sustainable development)。这一战略思想在 1992 年环境与发展大会上得到了世界上绝大多数国家的认同，成为大家解决环境与发展问题、协调人与自然关系的最佳选择。

可持续发展是一个跨世纪的命题，通常解释为：既满足现代人的需求，同时又不损害后代人满足需求的能力；既要保证适度的经济增长与结构优化，又要保持资源的永续利用和环境优化，从而做到环境与经济相协调，实现持续共进，有序发展。

可持续发展理论的基本内容包括：

(1)根治贫穷，以便于制止资源的退化，同时要求社会经济政治体制的改革。

(2)推广清洁或更清洁的工艺以减轻环境污染，它要求研究与发展的投资和技术转变，要求对一切新方案的环境影响进行评估。

(3)人口增长放慢，以便减轻人口对自然资源的压力。

(4)环境成本内在化，以便减少有害排泄物的流出和危险废物的处理，使人类的生活方式在资源破坏和污染两方面都发生变化。

环境保护是实施可持续发展战略的关键。实施可持续发展战略是保护海洋环境的有力保证。环境保护现已成为我国的基本国策之一。

第二章　船舶防污染国际公约和国家法规

为了保护海洋环境，防止污染损害，各国通常采用行政、法律、经济、工程技术等手段，并且特别重视运用法律手段，制订并实施保护海洋环境的法律和法规。然而，海洋污染不仅是各沿海国家的问题，也是国际性问题。污染是不分国界的，沿岸海域随时都有可能被本国领水以外的船舶排放的污染物所污染。因此，各沿海国除在本国范围内采取必要的措施外，还必须在区域性和全球性范围内进行合作，才能有效地保护海洋环境。

第一节　船舶防污染国际公约

一、1954 年国际防止石油污染海洋公约

1. 制定公约的背景

早在第一次世界大战时，以液体燃料为动力的海上船队迅速建立并营运日益稳定时，引起了许多国家对海洋污染问题的注意，并采取了一些初步的措施。

1926～1936 年期间，人们曾考虑制定有关国际协议来防止石油对海洋的污染，但由于种种原因均未能获得成功。直到二次大战以后，由于航运的原因，石油污染海洋的范围大大增加，在联合国及其专门机构的努力下才使得拟定国际协议的活动得以开展。

1954 年 4 月 26 日，由英国政府出面邀请，在伦敦召开了国际防止海上油污会议。包括各主要海运国家在内的 42 个国家和地区的代表出席了这次会议（其中 10 个国家以观察员身份参加），联合国和一些国际组织的代表也参加了会议。这次会议的争论焦点是“全面禁止”还是“区域性禁止”的问题，最终会议制定并通过了第一个国际防止海上石油污染的文件《1954 年国际防止石油污染海洋公约》（简称《1954 年油污公约》）。该公约的重点放在油轮日常操作产生的污染方面，对防止海洋油污染曾起了一些积极作用。公约确定由英国政府行使保存该公约的职责，并在联合国登记注册。1959 年政府间海事协商组织（IMCO 简称“国际海协”）成立后，该公约移交 IMCO 保存。

该公约是国际上控制和防止船舶污染海洋立法的第一次成功的尝试，获得世界各国普遍承认。它也标志着人类在防止海洋石油污染方面迈出的具有决定意义的一步。

2. 公约的主要内容

《1954 年油污公约》的主要内容有：

1）适用的船舶和油类

公约规定，本公约适用在缔约国领土内登记的 500 总吨以上除军舰和捕鲸船以外，从事海上航行的船舶。

关于“油类”，公约定义为：原油、燃料油、重柴油和润滑油。

2）对禁区内排油的规定

公约对油轮及其他船舶的排油禁区规定为：距陆地 50n mile 以内的全部海区。除此之外，

还包括4个特定区域:亚得里亚海禁区、北海禁区、大西洋禁区及澳大利亚禁区。

公约规定,任何缔约国有权将其领土的排油禁区扩大到距海岸100n mile。公约还规定,适用于本公约的船舶不得在禁区内排放油类和含油量超过100mg/L的油性混合物。

3)港口配备接收设备的规定

公约规定,每一主要港口必须配备不致延误船期的足够的接收设备,以接收到港船舶(油轮除外)上的残油。公约还规定,如果港口未按公约规定配备足够的接收设备,则港口不得禁止船舶排放油类和油性混合物。

4)《油类记录簿》的配备

500总吨以上的船舶均应配有《油类记录簿》。记录簿中的文字,应使用船旗国的官方文字或使用英文和法文。缔约国领土的主管当局可以上船检查《油类记录簿》,并可将记录簿中的任何记载制成与原文完全相同的副本,以作为法律诉讼的证据。

5)违章事件的调查处理

当确认船舶发生违章事故后,可向该船的船旗国政府提供该船违章书面证据细节,由船旗国政府当局进行调查处理。不论违章事件发生在何处,不论是在国内还是在国外,均应按船旗国的法律予以严厉的制裁。

这种处理方法就是传统的"船旗国制度"。船舶在公海上航行自由,能管理该船的只能是该船旗国政府,其他任何国家均无权对该船作出某种决定。这当然是不尽合理的。为此,美国政府在接受公约时声明,在美国领海内违章的船舶,不论其国籍如何,均按美国法律予以惩处。

3. 公约的生效、修订及其局限性

1)公约的生效

《1954年油污公约》于1958年7月26日生效。我国政府未加入这一公约。从环境的观点来看,《1954年油污公约》有一定的局限性。因为它仅在沿岸设立禁止排油区,而对禁区外的排放未加任何限制,对于未按装于上部法操作的油轮含油排泄物,很有可能漂过100n mile而进入沿岸水域或长时间滞留海上。对特殊区域的规定亦有一些漏洞,如黑海、地中海、波罗的海等一些对油污比较敏感的区域未包括在内,而在这些海中航行的油轮因航程太短以至于不能采用装于上部法操作。在这些海区油污染和排泄所引起的后果将是非常严重的。

2)公约的修订

鉴于上述原因,加之海洋环境的不断恶化以及人们对海洋污染后果的认识逐步提高,公约签订后的10余年间,于1962年、1969年和1971年连续作了三次修订。

《1954年油污公约》的1962年修正案(OILPOL 54/62),主要将公约的适用范围扩大到150总吨以下的小船,禁止排放的区域由"大多数水域"扩大到距海岸100n mile。1969年修正案(OILPOL 54/69),要点是油轮只有符合一定条件,才能排放油类及油水混合物和油轮及其他各类船舶的机舱舱底水。1971年的修正案(OILPOL 54/71),目的在于进一步保护澳大利亚的大堡礁区域,同时还对油船货油舱的尺度作了限制。

3)公约的局限性

20世纪60年代后期,接连发生了多起严重的油轮污染事故,与此同时,船舶散装运输化学品和其他有毒有害物质也在迅速增长,尚有不少国家抓紧进行近海石油的勘探和开发活动,带来了需要防止化学品和近海平台污染海洋的问题。相比之下,《1954年油污公约》尽管经过几次修正,仍然不敷应用,况且该公约至少存在着这样一些局限性:

(1)装于上部法不能使现有船舶排油达到公约所要求的标准;

(2)非持久性油类和其他有毒有害物质的排放还无章可循；

(3)未对近海平台的排污作出任何规定。

也正是在这段时间中，人们对海洋污染损害的认识有了较大的提高。人们认识到海洋污染不仅损害海滨环境的舒适程度，还可能危害人类健康，伤害生物资源和海洋生物，妨碍渔业和对海洋的其他合法利用，影响海水的质量。为此，许多国家强烈要求制定一项全新的不限于油污染的具有普遍意义的防污染公约。1973 年 10 月，在英国伦敦召开了一次国际海洋污染会议，并且最终通过了人们期盼已久的防污染公约——《1973 年国际防止船舶造成污染公约》。

二、1973 年国际防止船舶造成污染公约

1. 产生的背最

从《1954 年油污公约》的制定到 20 世纪 70 年代初的 20 年，前述的国际协议和要求，在限制海洋环境污染方面起了重要作用。但是，这些协议和要求在试行中也暴露出许多弱点，一些国家希望增加一系列完整而严格的补充条例，要求重新修订或通过内容广泛的新公约。

(1)在国际公约要求的范围内，除了石油以外，还存在许多对海洋环境有毒有害的物质，它们大多是在船舶运输中从船上排出来的。但是，现有国际公约未述及如何免除从船上排出的这些有毒有害物质污染的内容。这些物质包括散装有毒液体物质、包装有害物质、船舶生活污水和船舶垃圾等。

(2)由于对遵守公约情况检查不够严格，就出现了最尖锐的难于进行国际调解的问题。事实证明，在审理各自要求时，常常因缺少航海者及其岸上船主的密切合作，要对问题作出客观判断有时是相当困难的。如要证明肇事者破坏公约和有关的国内法规时，也会产生困难。船舶往海里非法排放石油的恶果是明显的，更是现有公约所不允许的，但是要侦查肇事者并加以惩处则很不容易。

(3)自那以后，30 ~ 50 万吨油轮相继出现，油轮吨位较前大幅度增加，化学品船的出现及运量的增加，使船舶事故或船舶排放正常营运中产生的各种污水对海洋环境的污染更日趋严重。

(4)20 世纪 70 年代初，海上运油量不断增加，石油产量的 60%(约 16 亿吨)在海上运输。因此，无论是油污染的频率还是入海的油量都在急剧增加。

由于人们重视对世界海洋环境的研究，特别是 1972 年斯德哥尔摩人类环境会议上发表的《人类环境宣言》，表明人类的环境意识、生态意识在不断提高，人们更重视海洋环境污染问题了。

随着现代科学技术的发展，人们可以通过提高船舶结构的要求，并可要求船舶装备专门的设备及记录污染排放的检测仪表。也就是说，人们完全可以通过提高对船舶结构的要求来将污染减至最低限度，以加强防污设备和检测仪器来控制污染物的排放。

出于对环境问题的关切，人们已感到《1954 年油污公约》不敷应用。为彻底消除有意排放油类和其他有毒有害物质的污染，并将这些物质的意外排放降低到最低限度，就要求重新制定出不仅限于防油污，而且还应包括防各种有害物质的更为严格管理的法规，这就促使 IMCO 在 1969 年的第 4 届大会上决定在 1973 年召开一次防止海洋污染的国际会议，以制定一个全新的防污公约。

1973 年会议讨论了世界海洋环境的现状，以及石油和其他有毒有害物质造成污染的后

果,并对防止船舶污染海洋的解决方法和各种建设性的经济观点进行评价。为此,建立了专门工作组,委托其进行9项专门研究,同时论证了1973年新公约方案。

IMCO于1973年10月8日~11月2日在伦敦召开会议,有71个国家代表、7个国家和20个国际组织的观察员出席了会议。会上英国等7个国家提交了研究报告,讨论并通过了《1973年国际防止船舶造成海洋污染公约》(International Convention for the Prevention of Pollution from Ships,1973),简称《1973年防污公约》或MARPOL 1973。其目的是从公约通过起10年间,要努力制止故意的石油和其他有害物质污染海洋,并减少失事排油。

2. 公约内容

1)内容概要

MARPOL 1973不仅对防止和控制由油类产生的海上污染作了规定,还制定了防止和控制除倾倒陆源废弃物以外的所有污染海洋的有害物质的规定。

MARPOL 1973由20条、两份议定书和5个附则组成。公约条款陈述了主要的法律条例,包括遵章、证书和船舶检验的特殊规定以及公约实施细则;议定书Ⅰ为涉及有害物质事故的报告,详细规定了排放有害物质造成污染事故的通信联络;议定书Ⅱ(仲裁)是关于争端的仲裁,规定了调解、解释条款方面的纠纷或实施公约的手续;在5个附则里着重阐述了技术要求。在现代条件下,实现这些要求对防止今后由船舶或固定(或浮动)平台造成污染是必要的。

按公约规定,在MARPOL 1973上签字批准的国家必须承认和接受附则Ⅰ(防止石油污染规则)和附则Ⅱ(控制散装有毒液体物质污染规则);附则Ⅲ、Ⅳ、Ⅴ是非必须采用的(任选的)。

像《1954年油污公约》一样,该公约是以公海上船旗国的特殊法律原则为基础的,但是必须指出,它与《1954年油污公约》的本质区别在于:关于沿海国家实施消除船舶造成海洋污染的国家法令关于空间的重新划分问题,如果按《1954年油污公约》,沿海国家仅禁止外国船只在领水范围内排放石油,那么,按照MARPOL 1973,沿海国家可以把消除污染的本国法令作用扩大到法律管辖区域,即比12n mile领水更广阔的区域。

不论在何处,凡对MARPOL 1973条例有任何破坏行为者都应按船旗国的法令来惩处。

船舶应具有证明该船符合MARPOL 1973条例的特别证件,把它作为现存文件的补充,没有此证件可以作为拒绝船舶进出港口的依据。证书的有效期一般为5年,并有不超过5个月的展期。

为了检查船舶备有的证件,或在某种情况下为了确定船舶是否真正符合公约条例,或者为了核实该船已非法排放有毒有害物质,任何缔约国均可对船只进行检查。

本公约适用于公约缔约国的任何类型和所有船舶(包括工作平台)。不管在何处违反该公约,均要受到港口国或船旗国的惩处。公约要求惩处从严,但不包括军舰、军辅船和仅供政府用的非商业性船舶。其中"船舶"一词包括用于勘探和开采石油用的固定和移动平台。

2)附则Ⅰ—防止石油污染规则

本附则有25条技术条款,包括定义、适用范围、分类名单、排放标准、接收设备、控制措施、油类记录簿、检验、发证、证书有效期、船舶结构和设备要求等。3个附录:附录Ⅰ,油类记录簿;附录Ⅱ,国际防止油污证书(IOPP证书)格式;附录Ⅲ,油类记录簿(ORB)格式。

3)附则Ⅱ—控制散装有毒液体物质污染规则

本附则共有13条,包括定义、适用范围、排放条件和标准、监督措施、货物记录簿、化学品船的结构和设备、防止散装有毒液体物质污染证书及证书有效期等。5个附录:附录Ⅰ,散装有毒液体物质分类准则;附录Ⅱ,散装运输有毒液体物质名单;附录Ⅲ,散装运输其他液体物质名单;附录Ⅳ,散装运输有毒物质船舶的货物记录簿(CRB)格式;附录Ⅴ,国际防止散装有毒液体物质污染证书(NLS证书)格式。

4)附则Ⅲ—防止包装、集装箱、可移动罐柜、公路和铁路槽罐车装有有害物质污染规则

本附则共7条,包括定义、适用范围、有害物质的包装、标志及标签、单据、积载、隔离、数量限制及与装卸港之间的通信联络等方面的要求,以及事故的报告和消除。

5)附则Ⅳ—防止船舶生活污水污染规则

本附则共有11条,包括定义、适用范围、排放条件和标准、港口接收设施等。1个附录:国际防止船舶生活污水污染证书(ISPP证书)格式。

6)附则Ⅴ—防止船舶垃圾污染规则

本附则共7条,包括定义、适用范围、排放条件和标准、接受设施等。

1973年防止船舶造成污染的国际会议,不仅局限于接受公约的条文,会议结束时,还通过了关于解决防污染问题的建议和提案的决议案。由于种种原因,这些内容不可能反映在公约条文中,但在当时它们是相当重要的,就是目前还必须承认这些内容。决议案致力于MARPOL 1973的迅速签署和生效,建立接收设施,充实惩处条例,扩大保护周围环境(特别是海洋环境)的洁净问题的最佳解决的科学研究工作,并且致力于完善公约和确定污染源的方法,研究相应的仪器,鼓励技术合作,协调防止海洋污染的行动等,合计26项决议。

由于各种原因,MARPOL 1973没有生效,实际上它已被MARPOL 73/78所代替。由于它是国际防止船舶造成污染公约的重要组成部分,又是MARPOL 73/78的基础,所以有必要做简单介绍。目前真正生效实施的是MARPOL 73/78以及其附则,下面要做详细介绍。

三、经1978年议定书修订的1973年国际防止船舶造成污染公约

1. 产生的背景

(1)由于MARPOL 1973的有些条款不够科学和合理,在准备执行该公约时遇到一些难以解决的问题。这些问题也就是MARPOL 1973制定后,直到MARPOL 73/78于1983年10月2日生效,拖延10年才生效的原因。主要问题有:

①防污设备问题。当时,公约所要求的高效能的油水分离器和排油监控装置(包括油分浓度计)各国正在研制中,一般发展中国家还不能生产。

②接收设施问题。接收设施需要大量投资并且有一定技术难度,许多国家一时难以接受和满足要求。

③化学品船的问题。公约对散装液体化学品船的结构和设备要求比较高,而现有此类船舶大多数尚未达到要求。

由于上述原因,公约通过后的几年内,只有少数国家参加了这一公约,直到1978年的油轮安全和防止海洋污染国际会议(TSPP大会)召开前,还看不到以后几年内即能生效的迹象。

(2)在1978年前后的几年里,世界范围内发生了多起重大油污事故。当时既存在着油轮航运安全问题,又存在着因油轮事故造成对海洋环境的污染损害问题。

基于上述原因,1978年2月,在美国的倡议下,IMCO于1978年2月6~17日在伦敦召开了油轮安全和防止海洋污染的国际会议,即TSPP大会。

会议的任务是制定与国际水平相协调的补充措施,这些措施旨在提高油船安全使用并防止海洋污染,以及补充尚未生效的海上人命保护的1974年国际公约和1973年国际防止船舶造成污染海洋公约的条例,即TSPP大会要对“SOLAS 1974”和“MARPOL 1973”进行审议和

修改。

会议拟定了为大多数与会者可以接受的对新油轮和现有油轮设置专用压载舱的要求，规定必择其一的解决方法（干净压载舱、原油洗舱、惰性气体系统），以按照 MARPOL 1973 的标准保证防止石油污染。除此之外，会议制定了 2 万吨以上油船的航海设备的备件清单，规定了完善的应急操舵标准和检验标准。

会议通过了两个法律性文件，关于防止船舶造成污染的 1973 年国际公约的议定书和关于海上人命保护的 1974 年国际公约的议定书。由于当时 MARPOL 1973 和 SOLAS 1974 均未生效，故会议所通过的修正案采用了议定书的形式。有 15 个以上国家参加了这两份议定书，它们的商船总吨位占世界商船总吨位的 50% 以上。议定书通过以后，经过 12 个月才生效。

会议决定，SOLAS 1974 的议定书作为一个独立的补充文件（与 SOLAS 1974 分开），并需在"安全公约"生效后的适当时候才能生效。

但对"防污公约"的议定书则采取了不同的形式。由于当时的"防污公约"除附则Ⅱ以外，影响各国参加该公约的问题已基本解决，审议中涉及的修正案与该公约的附则Ⅰ有关，如关于："专用压载舱"（SBT）、"专用压载舱的保护位置"（SBT/PL）、"原油洗舱"（COW）等，因而会议决定，待《1973 年国际防止船舶造成污染公约的 1978 年议定书》即 MARPOL 73/78 生效后，各缔约国可以推迟 3 年执行"附则Ⅱ"的规定，并且认为届时可望解决所存在的技术问题。会议决定应将议定书和公约视为一个整体文件，即参加议定书的同时也意味着参加公约。

两份议定书的内容如下：

IMCO 制定并通过的第一份议定书是《关于 1973 年国际防止船舶造成污染公约的 1978 年议定书》，或《经 1978 年议定书修订的 1973 年国际防止船舶造成污染公约》，简称 73/78 防污染公约，即 MARPOL 73/78。

制定议定书时主要是审议和修改了附则Ⅰ。补充的内容有：

（1）议定书要求 2 万吨及以上的新油船应设置专用压载舱（SBT）。

（2）要求 SBT 的布置和位置对油船有达到规定的保护作用，即 SBT/PL。

（3）议定书采用了由石油工业界（如英国的 BP 公司）研究，并被实践证明为有效的原油洗舱方法（COW），议定书规定如采用原油洗舱办法，可作为现有油船设置 SBT 的一种替代措施，但对新建油船来说，则是一项必不可少的附加要求，并应设置惰性气体系统（IGS）。

（4）议定书规定，在 MARPOL 73/78 生效之后的 2～4 年之内，允许现有油船采用第 2 种替代措施，即清洁压载舱（CBT），但议定书规定的这种宽限期到期之后，不得继续使用这种方法（现有成品油轮除外）。

（5）议定书规定，2 万吨及以上的新的石油成（制）品油船，应设置 IGS，而 3 万吨及以上的船舶应同时设置 SBT/PL。4 万吨及以上现有的成（制）品油船，从议定书生效之日起应设置 SBT 或 CBT。

（6）议定书要求，4 万吨及以上的现有原油油轮，从议定书生效起，应设置 SBT 或 CBT 或 COW。用原油洗舱，并且洗舱机排量在 $60m^3/h$ 以上时，该油船应设置 IGS。

（7）议定书对于仅作所谓"特殊运输"的现有油船，即指从事特定贸易，在固定的港口之间航行，且这些港口设有足够的接收设备，或某些油船不用水压载，而用其他方式进行了压载布置（即具有特殊压载布置）等，像这类现有油船无须符合公约中诸如 SBT、SBT/PL、COW、CBT 等要求，也就是说，予以免除，无须再改装。这是为了便利海上运输而作出的例外规定。

附则Ⅰ经过以上修改和补充而更加系统和完善了。

1973年公约的第一份议定书是一份整体文件。按照公约1978年议定书第1条第2款的规定:“防污公约和本议定书的各项规定,应作为一个整体文件来理解和解释。”这里的“一个整体文件”包括《1973年国际防止船舶造成污染公约》的共20条法律条款;议定书Ⅰ“关于涉及有害物质事故报告的规定”;议定书Ⅱ“仲裁”的两个议定书,以及附则Ⅰ、Ⅱ、Ⅲ、Ⅳ、Ⅴ;3个修正案;《关于1973年国际防止船舶造成污染公约的1978年议定书》的共9条法律条款,以及对附则Ⅰ防止油污规则的修订与补充。参加议定书同时意味着参加公约,并按公约第14条规定,参加公约的缔约国必须参加附则Ⅰ“防止油类污染规则”和附则Ⅱ“控制散装有毒液体物质污染规则”;但可以任选参加其他3个附则,即附则Ⅲ“防止包装有害物质污染规则”,附则Ⅳ“防止船舶生活污水污染规则”,附则Ⅴ“防止船舶垃圾污染规则”。3个修正案是:①1984年(附则Ⅰ)修正案;②1985年(议定书)修正案;③1985年(附则Ⅱ)修正案。

该文件规定了与会国家执行经作某些修改和补充的公约条例的职责,参与议定书与通过公约无关。因此,最初形式的1973年公约从来就没有生效,因为,议定书已从实质上改变了公约条例的某些部分。

关于1974年公约本身的第二份议定书是一份补充文件,参加编制该文件的仅仅是该国际公约的缔约国,而且在公约本身生效之前,它是无效的。按议定书规定,它应作为一个独立文件来看待。

这份议定书旨在对公约补充一些新的条例,而这些条例的采用就能使2万吨及以上的现有油船和新油船以更高的技术水平保证航运安全,从而减少失事的可能性,随之也就减少了石油对海洋的污染。这些补充主要是:

(1)写进了如船舶操舵装置和备用雷达装置的补充条例;

(2)关于船舶检验条例有了较大修改,从而能保证船旗国严格地监督船舶状态。

根据IMCO的MEPC和MSC(海上安全委员会)的建议以及理事会的决定,为敦促各国政府尽快采取行动,实施所有可能步骤,使所有有关国家注意“TSPP”大会的成果,并促使它尽早和尽可能广泛地使SOLAS 1974和MARPOL 73/78生效实施,IMCO又在1978年10月、1979年3月和1979年下半年,先后在伦敦、东京等地召开了“油轮安全和防污染技术讨论会”。

2. MARPOL 73/78的生效

MARPOL 73/78的生效条件与1973年防污公约相同(即不少于15个国家参加,并且这15个国家所拥有的商船吨位,不少于世界商船总吨位的50%)。到1982年10月1日,加入1973年国际防污公约的1978年议定书的国家已达15个,参加国商船总吨位占世界商船总吨位的53.7%,达到了生效条件。因此,从1983年10月2日起生效,与此同时生效的还有附则Ⅰ。按1978年议定书第2条规定,附则Ⅱ的生效日期,自1978年议定书生效后3年生效,或由MEPC召开会议,由1978年议定书参加国2/3多数所确定的更长的时期生效。事实上,附则Ⅱ于1987年4月6日才生效,从最初的1973年公约制定时算起,附则Ⅰ经过10年后,附则Ⅱ经过14年后才生效,其原因主要是由于公约制定得太理想化,要求过高,有些脱离实际,这既有经济原因,又有技术因素。那时,一些防污设备和检测仪器即使在发达国家也刚在试制,而大多数国家特别是第三世界国家当时无法解决。

表2-1为MARPOL 73/78各附则的生效情况及我国参加该公约各附则的时间。

MARPOL 73/78 各附则生效情况 表 2-1

附　　则	附则名称	生效时间	对我国生效
Ⅰ	防止油污染规则	1983/10/2	1983/7/1
Ⅱ	控制散装有毒液体物质污染规则	1987/4/6	1983/7/13
Ⅲ	防止海运包装形式有害物质污染规则	1992/7/1	1994/12/13
Ⅳ	防止船舶生活污水污染规则	2003/9/27	2007/2/2
Ⅴ	防止船舶垃圾污染规则	1988/12/31	1989/2/21
Ⅵ	防止船舶造成大气污染规则	2005/5/19	2006/8/23

注:附则Ⅳ《防止船舶生活污水污染规则》(2004 年修正案生效时间:2005/8/1)。

MARPOL 73/78 附则Ⅰ—防止油污规则的规定与 1954 年油污公约相类同,而且更加科学、更合理。为此 MARPOL 73/78 的第 9 条(1)款规定:“本公约一经生效,在缔约国之间,本公约即替代经修改的 1954 年油污公约”。我国加入的 MARPOL 73/78 附则Ⅰ已经生效,所以我国不必再加入《1954 年油污公约》。

3. MARPOL 73/78 的主要内容

1)适用船舶

公约适用于悬挂缔约国国旗或缔约国管辖下从事营运的船舶。这里“船舶”是指海洋环境中运行的任何类型的船舶,包括水翼船、气垫船、潜水艇和固定的或浮动的工作平台。但不包括军舰和政府公务船艇。

2)港口的检查

公约规定,缔约国可以对进入受其管辖的港口或近海装卸站的船舶进行检查,只限于核实船上是否按公约规定备有有效的证书。上述检查应尽力避免使船舶受到不当的阻留或迟延。否则船舶有权就其所受的损失或损害提出赔偿要求。

3)违章事件的侦查和处罚

公约规定,适用本公约的船舶,在缔约国的任何港口或近海装卸站,可受到该缔约国官员的检查,以核实该船是否违反了规定而排放任何有害物质。公约还规定,在任一缔约国管辖区域以内的任何违反本公约要求的事件,均应根据该缔约国的法律,予以禁止,并有相应的制裁措施。公约强调对于违章事件的处罚,其严厉程度足以阻止对本公约的违犯。而且不论此类事情发生在何处,其处罚应同样严厉。

4)涉及有害物质事故报告的规定

每当遇到下列情况时,涉及事故的船长或负责管理该船的其他人,应毫不犹豫地对事故作出详细报告。

(1)非公约许可的排放。

(2)由于下列原因而被公约许可的排放:

①为保障船舶安全或救护海上人命进行的排放;

②由于船舶或其设备受损而造成的排放。

(3)为处理某一特定的污染事故,或为减轻和控制污染进行合法的科学研究而排放某种有害物质。

(4)以上几种排放同时发生时。

若该船被放弃,或者所作报告不完整,或得不到该船的报告,则该船的船东、租船人、经纪人或经营者或代理人,应尽可能担负起船长的报告责任。

4. 附则Ⅰ—防止油类污染规则

国际海事组织(IMO)第52届海上环保会(MEPC52)于2004年10月11日到15日在IMO总部伦敦召开,通过了MARPOL 73/78附则Ⅰ修正案,该修正案预计于2007年1月1日起生效。

此次修正案对现有附则Ⅰ进行了全面改写,并纳入了MARPOL 73/78自1983年生效以来经历的各次修改。修改后的附则Ⅰ更简洁和便于使用。

经修正后的MARPOL 73/78的附则Ⅰ包括7章正文、3个附录和附则Ⅰ的统一解释。

第1章　总则。包括定义、适用范围、免除和豁免、例外、等效。

第2章　检验和发证。包括检验、证书的签发或签署、他国政府代发或代签证书、证书格式、证书的有效期限和有效性、关于操作性要求的港口国监督。

第3章　对所有船舶的机器处所的要求。包括残油(油泥)舱、标准排放接头、滤油设备、排油的控制、油类与压载水的分隔和艏尖舱内载油、《油类记录簿》第Ⅰ部分"机器处所的作业"。

第4章　对油船货物区域的要求。包括专用压载舱、对1996年7月6日或之后交船的油船的双壳体和双层底的要求、对1996年7月6日之前交船的油船的双壳体和双层底的要求、防止载运重级别货油的油船造成污染、泵舱底的保护、意外泄油状况、损坏的假定、假定的泄油量、货油舱的尺度限制和布置、完整稳性、分舱和破损稳性、污油水舱、泵吸、管路和排放布置、排油监控系统、油/水界面探测器、对原油洗舱的要求、排油的控制、原油洗舱操作、《油类记录簿》第Ⅱ部分"货油/压载的作业"。

第5章　防止油污事故造成的污染,包括船上油污应急计划。

第6章　接收设备。

第7章　对固定或浮动平台的特殊要求。

附则Ⅰ的3个附录分别为:附录Ⅰ油类清单;附录Ⅱ IOPP证书格式;附录Ⅲ《油类记录簿》格式。

MARPOL 73/78附则Ⅰ—防止油类污染规则的主要内容如下:

1)定义

(1)"油类"。"油类"系指包括原油、燃油、油泥、油渣和炼制品(本公约附则Ⅱ所规定的石油化学品除外)在内的任何形式的石油,以及不限于上述一般原则,包括本附则附录Ⅰ中所列的物质。由此可见,不仅包括持久性原油,也包括各种非持久性的轻质石油产品。在不限于上述规定原则的情况下,包括本附则附录Ⅰ中所列的物质,计8小类44种。

(2)"船舶"和"油船"。"船舶"系指在海洋环境中运行的任何类型船舶。包括水翼船、气垫船、潜水船、水上船艇和固定或浮动的工作平台。

"油船"系指建造为或改造为主要在其装货处所装运散装油类的船舶,并包括兼装船以及全部或部分装运散装货油的本公约附则Ⅱ中定义的"任何NLS液货船"和已修正的SOLAS 74公约第Ⅱ-1章第3.20条中所规定的任何气体运输船。

(3)重大改建。重大改建系指对船舶所作的下述改建:

①实质上改变了该船的尺度或载重容量;或

②改变了该船的类型;或

③改建的目的实质上是为了要延长船舶的使用年限;或

④这种改建将在其他方面使该船变为一艘新船,以致应遵守 MARPOL 73/78 中不适用现有船的有关规定。

(4)特殊区域。特殊区域(Special area)系指在该海域中,由于其海洋学和生态学的情况以及交通的特殊性质等公认的技术原因,需要采取特殊的强制办法以防止油类物质污染海洋的海域。

针对本附则特殊区域有:地中海区域(Mediterranean Sea area)、波罗的海区域(Baltic Sea area)、黑海区域(Black Sea area)、红海区域(Red Sea area)、"海湾"区域("Gulfs" area)、亚丁湾区域(Gulf of Aden area)、南极区域(Antarctic area)(南纬 60°以南)、西北欧水域(North West European Waters)和阿拉伯海的阿曼区域(Oman area of the Arabian Sea)。

2)适用范围

除另有规定外,本附则适用于所有船舶。但主要指 150 总吨及以上的油船和 400 总吨及以上的非油船。IMO 将 150 总吨以下油船和 400 总吨以下的非油船的管理机动权交给各缔约国,但基本要求相同。

3)检验及发证

(1)检验。凡 150 总吨及以上的油船和 400 总吨及以上的非油船,都必须进行下列检验。

①初次检验。初次检验在船舶投入营运之前,或首次签发 IOPP 证书之前进行,包括本规则所涉及的船舶全面检验,如船舶结构、设备、系统、附件、布置及材料。以便确保被检验内容完全符合本规则的适用要求。

②换证检验。按主管机关规定的间隔进行,但不得超过 5 年。换证检验应确保结构、设备、系统、附件、布置及材料完全符合本规则适用的要求。

③中间检验。在证书的第 2 个周年日前或后 3 个月之内或第 3 个周年日前或后 3 个月之内进行,应取代上述的年度检验。中间检验应确保设备及其附属的泵和管系,包括排油检控系统、原油洗舱系统、油水分离设备和滤油系统完全符合本附则适用的要求,并应处于良好的工作状况。

④年度检验。在证书的每个周年日前或后 3 个月之内进行,包括对其结构、设备、系统、附件、布置及材料的全面检查,以确保其是按本规则进行保养,同时确保其继续满足船舶营运目的。

⑤附加检验。这种检验应确保已有效地进行了必要的修理或换新,确保这种修理或换新的材料和工艺在各方面均属合格,同时确保该船在各方面都符合本规则的要求。

(2)发证。船舶经检验合格后,由主管机关授权的任何人或组织签发"国际防止油污证书"(International Oil Pollution Prevention Certificate,IOPP)。我国由船舶检验局签发,签发者应对证书负有全部责任。

(3)证书有效期。自签发之日起,证书的有效期不得超过 5 年。当未经主管机关同意,对要求船舶结构、设备、装置、布置和材料等作重大改变(直接替换除外),或者未经换证检验,或者船舶改换另一国国旗时,证书即行失效。

4)关于操作性要求的港口国监督

(1)当船舶停靠在另一缔约国港口或近海装卸时,如有明显理由认为该船船长或船员不熟悉船上主要的防止油污染程序,该船应接受缔约国正式授权官员根据本附则进行的有关操作性要求的检查。

(2)在上述情况下,该缔约国应采取措施,确保该船在按本附则的要求调整至正常状态前，不得开航。

5）排放条件和标准

油船货油舱处的排油控制表见表 2-2。所有船舶的机器处所油类或油性混合物的排放规定见表 2-3。

油船货物舱处所排油控制 表 2-2

<table>
<tr><th colspan="2">船舶位置</th><th>排放要求</th></tr>
<tr><td colspan="2">在特殊区域内</td><td rowspan="2">除清洁或专用压载外禁止排放</td></tr>
<tr><td rowspan="2">在特殊区域外</td><td>距陆地 50 n mile 以内</td></tr>
<tr><td>距陆地 50 n mile 以外</td><td>除下列情况禁止排放
(1)除清洁或专用压载外禁止排放；
(2)全部符合下列条件：
①航行途中；
②油量瞬间排放率不超过 30L/n mile；
③排放总量：
1979 年 12 月 31 日或之前交船的油船为装油总量的 1/15 000；
1979 年 12 月 31 日之后交船的油船为装油总量的 1/30 000。
④根据 MARPOL 73/78 附则 I 第 29 条和第 31 条规定所设的排油监控系统和污油水舱正在运转</td></tr>
</table>

所有船舶的机器处所油类或油性混合物的排放规定 表 2-3

在特殊区域外	在特殊区域内	对南极区域以外任何区域内小于 400 总吨船舶的要求
除下列情况禁止 400 总吨及以上船舶排放： (1)船舶正在航行途中； (2)油性混合物经附则 I 第 14 条要求的滤油设备加工处理； (3)未经稀释的排出物含油量不超过 15mg/L(ppm)； (4)油性混合物不是来自于油船的货油泵舱的舱底； (5)如是油船，油性混合物未混有货油残余物	就南极区域而言，禁止任何船舶将任何油类或油性混合物排放入海。 除下列情况禁止 400 总吨及以上船舶排放： (1)船舶正在航行途中； (2)油性混合物经附则 I 第 14 条要求的滤油设备加工处理； (3)未经稀释的排出物含油量不超过 15mg/L(ppm)； (4)油性混合物不是来自于油船的货油泵舱的舱底； (5)如是油船，油性混合物未混有货油残余物	在小于 400 总吨的船舶上，应按照下列规定将油类和油性混合物留存在船上以便随后排放到接收设备或排放入海： (1)船舶正在航行途中； (2)船舶所设的由主管机关进行设计认可的设备正在运转，以保证已经稀释的排出物含油量不超过 15mg/L(ppm)； (3)油性混合物不是来自于油船的货油泵舱的舱底； (4)如是油船，油性混合物未混有货油残余物

6）船舶主要防油污结构、布置和设备的规定

对于不同种类、不同级别的船舶，MARPOL 73/78 均对其结构、设备及其布置分别作出了详细规定。

(1)专用压载舱及其保护位置：

①在 1982 年 6 月 1 日之后交船的载重量为 20 000t 及以上的油船。凡在 1982 年 6 月 1 日之后交船的载重量为 20 000t 及以上的原油油船及载重量为 30 000t 及以上的成品油油船，均应设置专用压载舱，并相应地符合专用压载舱容量等方面的各项要求。

②在 1982 年 6 月 1 日或之前交船的载重量为 40 000t 及以上的原油油船：

A. 每艘在 1982 年 6 月 1 日或之前交船的载重量为 40 000t 及以上的原油油船，均应设置专用压载舱，并应符合专用压载舱容量等方面的要求。

B. 上述原油油船，除预定用于装运不合适的原油者外，可按本附则第 33 条（对原油洗舱

的要求)和35条(原油洗舱操作)的规定采用货舱清洗程序,以代替设置专用压载舱。

③在1982年6月1日或之前交船的载重量为40 000t及以上的成品油油船。每艘在1982年6月1日或之前交船的载重量为40 000t及以上的成品油油船,均应设置专用压载舱,并应符合专用压载舱容量等方面的要求,或者按有关的规定采用清洁压载舱的办法。

④在1979年12月31日之后交船的载重量为70 000t以及上的油船。在1979年12月31日之后交船的载重量为70 000t以及上的油船应设置专用压载舱,并应符合专用压载舱容量等方面的要求。

⑤专用压载舱的保护位置。每艘在1982年6月1日之后交船的载重量为20 000t及以上的原油油船和载重量为30 000t及以上的成品油油船,除了符合第19条(双壳体和双层底的要求)要求的油船外,所需提供的符合要求容量的位于货舱长度范围内的专用压载舱,应按本条有关要求进行布置,以提供一种在万一发生搁浅或碰撞时防止油类外流的保护措施。

⑥油类与压载水的分隔和艏尖舱内载油。在1979年12月31日之后交船的4000t及以上的非油轮船舶,和在1979年12月31日之后交船的150总吨及以上的油轮,不得在任何燃油舱内装载压载水。如有异常情况或需要载有大量燃油,以致必须在燃油舱中装载不清洁的压载水时,这种压载水应排至接受设备,或使用本附则规定的排油监控系统和油水分离设备,按本附则规定的排油规定排放入海,并将这一情况记入《油类记录簿》。对400总吨及其以上的船舶,其艏尖舱或防撞舱之前的舱内不得载油。

⑦油轮的泵吸、管路和排放布置。所有油轮应设置连接接收设备的排放支管,且排放入海管路应在水线以上。对在1979年12月31日之后交船的150总吨及以上的油船,应配备停止排放装置。

⑧标准排放接头。所有船舶均应备有标准排放接头,以使接收设备的管路与船上机舱舱底和油泥残余物的排放管路相连接。

(2)双壳体和双层底的要求:

①对1996年7月6日或之后交船的油船的双壳体和双层底的要求。在1996年7月6日或之后交船的载重量为600t及以上的油船,整个货油舱长度应由双层边舱或处所、双层底舱或处所加以保护。

②对1996年7月6日之前交船的油船的双壳体和双层底的要求。本条适用于在1996年7月6日之前交船的载重量为5000t及以上的油船。就本条而言,油船被划分为三类:1类油船、2类油船和3类油船。经修正后,1类油船的淘汰日期由原来的2007年提前到2005年,2、3类油船由原来的2015年提前到2010年。

淘汰单壳油船的新的时间表如表2-4所示。

淘汰单壳油船的时间表 表2-4

油船类型	交船日期	淘汰年份
1类油船	在1982年4月5日或以前	2005年4月5日
2类油船或3类油船	1977年4月5日或以前	2005年4月5日
	1977年4月5日~1978年1月1日	2005年
	1978年和1979年	2006年
	1980年和1981年	2007年
	1982年	2008年
	1983年	2009年
	1984年或以后	2010年

7)油轮因船侧和船底损坏而造成的油污染减至最低限度的要求

本附则从理论和实践两个方面的结合,提出了损坏程度和计算估计流出油量的假定,从而进一步提出了油轮尺寸限制和布置要求,以及分舱及稳性要求。

(1)货油舱尺寸限制和布置要求。油舱尺寸随油舱布置、双层底系统的设置和清洁压载舱的使用等因素而异,但对于一般油轮而言:

①每一油舱长度不应超过10m,或下列各值之一(以较大者为准):

没有设置纵向舱壁时:$(0.5b_i/B+0.1)L$,但不超过$0.2L$(L为船长)。

若在货舱内中心线上设有纵向舱壁时:$(0.25b_i/B+0.15)L$。

若在货舱内设置两个或两个以上纵向舱壁时:

对于边货油舱:$0.2L$。

对于中间货油舱:

当$b_i/B\geqslant 1/5$时:$0.2L$(b_i为边舱宽度,B为船宽);

当$b_i/B<1/5$时:没有设置中心线纵向舱壁时:$(0.5b_i/B+0.1)L$

设有中心线纵向舱壁时:$(0.25b_i/B+0.15)L$

②油船货油舱的尺度和布置,应能使在船长范围内的任何位置上,按照本附则第25条规定计算的假定流出量O_c(船侧损坏)或O_s(船底损坏)都不超过30 000m^{3}或400$\sqrt[3]{D}$(D为载重吨),取较大值,但最大不得超过40 000m^3。

油船的任何一个边货油舱的容积,都不得超过上述假定流出量限额的75%。任何一个中间货油舱的容积,不得超过50 000m^3。

(2)分舱及稳性要求。附则提出了相应的分舱和稳性要求,以保证油轮在假定的船舶舷侧或船底受到一定程度破坏时,仍可保持其生存力。

8)油类记录簿

凡150总吨及以上的油轮和400总吨及以上的非油轮,应设置《油类记录簿》。本附则附录Ⅲ是IMO制订的《油类记录簿》的统一格式。此记录簿由缔约国主管机关统一印制和签发,用船旗国文字填写,并有一个英文或法文的译文。按时间、操作和项目顺序填写,最后由操作负责人和船长逐页签字。其记录或副本可作为法律诉讼中该项记录所述事实的证据。记录完的《油类记录簿》,要在船上保存3年,以备检查。

9)接收设施

(1)特殊区域外的接收设备。本公约各缔约国政府承担义务,确保在装油站、修理港以及船舶需要排放残油的其他港口,设置接收油船和其他船舶留存的残油和油性混合物的足够设备,以满足船舶对其使用的需要,并不应对船舶造成不当延误。

(2)特殊区域内的接受设备。凡海岸线与任何特殊区域相邻接的本公约缔约国政府,应保证在该特殊区域内的所有装油站和修理港,都备有足够的接收和处理来自油船的所有污压载水和洗舱水的设备。此外,该特殊区域以内的所有港口还应备有足够的接收来自一切船舶的其他残余物和油性混合物的设备。这类设备应有足够的容量,以满足使用它们的船舶的需要,且不对船舶造成不当延误。

10)修正案

国际海事组织(IMO)第52届海上环保会(MEPC 52)于2004年10月11~15日在IMO总部伦敦召开,通过MAROPOL 73/78附则Ⅰ修正案,该修正案预计于2007年1月1日起生效。

此次修正案对现附则Ⅰ全部重新进行了改写，修正案纳入MARPOL 73/78自1983年生效以来经历的各次修改，包括经修正的关于逐步采用双壳油轮（即逐步淘汰单壳油轮）的13G（改版后成为附则Ⅰ第20条）和13H（改版后成为附则Ⅰ第21条）。在各章节中，还将对构造和设备的要求与操作要求分开，并明确规定适用于新船和现有船的要求。改版后的附则Ⅰ更简洁和便于使用。

改版后的附则Ⅰ增加了如下新的要求：

第22条—泵舱的舱底保护：2007年1月1日或以后建造的5000载重吨以上的油船泵舱应设双层底。

第23条—事故性溢油性能：适用于2010年1月1日或以后交付的油船，当发生搁浅或碰撞时，要求船舶在结构上提供足够的保护。

会议还同意指定阿曼海域为经修正的附则Ⅰ中新的特殊区域。在特殊区域中，油类物质的排放要求更为严格。

5. 附则Ⅱ—控制散装有毒液体物质污染规则

附则Ⅱ制定于1973年11月2日，附则Ⅱ与附则Ⅰ都是在1973年通过的，但与附则Ⅰ不同的是，到1978年附则Ⅱ从来没有修改过。附则Ⅱ是一个涉及面广、有毒液体物质繁多、防污技术要求和管理都相当复杂的规则。附则Ⅱ本应于1986年10月2日生效（比附则Ⅰ迟3年），推迟生效的原因之一就是要求过于复杂，使船员负担过重，致使船员不愿意执行；原因之二是过于依赖港口的接收设备。由于散装的有毒液体物质的种类繁多，有些又不可相混；港口接收设备技术复杂、投资大、使用率低等，港方不愿意建造，致使接收设备不足。其解决途径为：第一，在船上安装有效的扫舱系统，提高扫舱效率，减少船上有毒液体物质的残留量，从而简化“程序和布置标准”；第二，在卸货港对船舶进行强制预洗，大大减少港口接收设备的接收量。

在1985年12月6日IMO和第22届环保会议上，正式通过了1985年附则Ⅱ的修正案，该修正案于1987于4月6日生效。1985年附则Ⅱ的修正案的另一个重要特点是：它使IBC规则变为散化船必须遵守的强制性规则。当《1974年国际海上人命安全公约》（SOLAS 1974）修正案生效时，从安全角度讲，这个规则也就变为强制性规则了。

同时，MARPOL 73/78附则Ⅱ的修正案使IBC规则和BCH规则从1987年4月6日起变为强制性规则。

2004年10月召开的第52届海上环保会（MEPC52）通过了全面修正的MARPOL 73/78附则II—控制散装有毒液体物质污染的规则，此次修正案对现有的附则II全部进行了改写。经修正的附则Ⅱ于2007年1月1日起生效。

修正后的MARPOL 73/78附则Ⅱ有8章，共18条正文和7个附录，分别为：第一章总则，第2章有毒液体物质和其他物质的分类，第3章检验与发证，第4章设计、建造、布置和设备，第5章有毒液体物质残留物的运营性排放，第6章港口国监督的措施，第7章防止涉及有毒液体物质事故造成的污染，第8章接收设施。附录1有毒液体物质分类导则，附录2散装运输有毒液体物质的船舶货物记录簿的格式，附录3防止散装运输有毒液体物质污染国际证书的格式，附录4程序和布置手册标准格式，附录5对货舱、泵系及相关管系中残余物的评估，附录6预洗程序，附录7通风程序。主要内容为：

1）定义

（1）“有毒液体物质”，系指IBC规则第17章和第18章污染类栏中所指的任何物质或按

第6.3条规定临时评估为X类,Y类或Z类的任何物质。

(2)“有毒液体物质运载船”,系指一艘建造或改装用于散装运输有毒液体物质的船舶,包括本公约附则Ⅰ所定义的“油轮”,当证明其运载的货物或部分货物有散装有毒液体物质时。

(3)“液体物质”,系指那些温度在37.8℃时蒸汽压力不超过0.28MPa的液体物质。

2)适用范围

(1)除另有明文规定外,附则Ⅱ适用于所有运输散装有毒液体物质的船舶。

(2)如果装货处所装载附则Ⅰ所涉及货物时,则还应适用于附则Ⅰ的相关要求。

3)有毒液体物质的分类

有毒液体物质及其他物质分类和名单:

(1)A类:此类有毒液体物质如果从洗舱和排放压载水作业中排入海中,将会对海洋资源或人类健康造成严重危害,因此,有必要严禁将此类物质排入海洋环境。

(2)B类:此类有毒液体物质如果从洗舱和排放压载水作业中排入海中,将会对海洋资源或人类健康造成严重危害,或对舒适性或其他合法利用海洋造成损害,因此,有必要对排入海洋环境的此类物质的质量加以限制。

(3)C类:此类有毒液体物质如果从洗舱和排放压载水作业中排入海中,将会对海洋资源或人类健康造成较小的危害,因此,有必要对排入海洋环境的此类物质的质量加以限制。

(4)D类:此类有毒液体物质如果从洗舱和排放压载水作业中排入海中,似乎不会对海洋资源或人类健康造成危害,或不会对舒适性或其他合法利用海洋造成损害,因此,排放含有其他物质的舱底污水、压载水、其他残余物或混合物给予适当的注意。

4)有毒液体物质的排放标准

与附则Ⅰ一样,附则Ⅱ也详细地规定了散装有毒液体物质的排放标准。此外,对于某些称为“特殊区域”的海域则采取更为严格的排放标准。

在不符合排放条件时,也要求只能将含有有毒液体物质的残余物排至接收设备。在任何情况下,在距最近陆地12n mile以内,水深不足25m之处不得排放含有有毒液体物质的残余物。

5)港口设置接收设备的规定

附则要求每一缔约国应在装运散装有毒液体货物的港口、装卸站和从事化学品液货船修理的港口,设置有毒液体物质的接收设备。

6)货物记录簿

附则规定,凡适用本附则的船舶,均应备有一本“货物记录簿”,每当船上对有毒液体物质进行任何一项作业时,均应按舱填入“货物记录簿”。

附则还规定,经缔约国政府指派或授权按公约规定对任何有毒液体物质作业进行监督的检查员,在检查船舶后,应在“货物记录簿”上做相应的记录。

7)检查和签发

附则规定,凡需受附则Ⅱ约束的、并散装运输有毒液体物质的船舶,应进行初次检验(在船舶投入营运之前或在首次签发证书之前进行)、定期检验(其间隔期不得超过5年)和期间检验(其间隔期不得超过30个月)。

附则规定,上述船舶凡航行前往其他缔约国所辖港口或近海装卸站的,按规定检验后,应发给一本《国际防止散装运输有毒液体物质污染证书》,该证书有效期不得超过5年。

6. 附则Ⅲ—防止海运包装有害物质污染规则

MARPOL73/78 附则Ⅲ共有 8 条和 1 个附录。

1)定义

“海运包装有害物质”指在《国际海运危险货物规则》中确定为海洋污染物的物质。

2)适用范围

适用所有装运包装有害物质的船舶。

3)包装、标志和标记

包装应能使其对海洋污染危害减至最小程度,应有耐久的,用正确技术名称指明为海洋污染物的标志和标记。

4)单证

使用正确的技术名称,注明“海洋污染物”,说明包装标志妥善,处于适运状态,对环境的危害已减至最小程度。每艘装运有害物质的船舶应具有一份特别的清单或舱单,列明船上所装有害物质所在位置或一份详细的积载图。船舶所有人或其代表具有副本,直至这些有害物质下船为止。

5)积载

正确积载和加固,将污染危害减至最小,且不损害船舶和船员。

6)限量

对某些有害物质,由于科学和技术原因,可能禁运或对任何一艘船装载数量加以限制。限量时应考虑船舶大小、结构和设备、包装和性质等。

7)例外

为保证船舶安全或救护海上人命所必须将有害物质投弃入海的可作为例外,但必须采取控制措施。

8)港口国控制

当船舶停靠在另一缔约国港口时,如有明显理由确信该船长或船员不熟悉船上主要的防止有害物质污染程序,该船应接受该缔约国正式授权官员对其按本附则的有关操作要求进行检查。

9)附则Ⅲ的修正

由 12 国参加的于 1988 年 6 月 20 日起草的附则Ⅲ的修正文本,几乎对所有附则Ⅲ的条文都作了修正,主要涉及以下几个方面:

(1)标题改为“防止海运包装有害物质污染规则”;

(2)新增的旨在通过在“国际危规”中关于海洋污染物的内容来实施附则Ⅲ;

(3)增加关于判断海洋污染物的标准附录等;

(4)附则Ⅲ的修正案将因附则Ⅲ的生效而实施,此时“国际危规”的第 25 ~ 39 条修正案在法律上成为强制性的。

7. 附则Ⅳ—防止船舶生活污水污染规则

MARPOL 73/78 附则Ⅳ共有 11 条和一个附录。

1)船舶生活污水的定义

(1)任何形式的厕所、小便池以及从厕所排出孔排出物和其他废弃物。

(2)医务室(药房、病房)的面盆、洗澡盆和从这些处所排出孔的排出物。

(3)装有活动物处所的排出物。

(4)混有上述排出物的其他废水。

2)适用范围

附则规定,本附则适用于200总吨及以上或经核定许可载运10人以上的新船。这里的“新船”系指:本附则生效后签订建造合同或安放龙骨的船舶;或本附则生效后3年以上交船的船舶。对于现有船舶,则在本附则生效之日的10年以后适用。

3)排放条件和标准

附则规定,适用本附则的船舶排放生活污水,必须符合下列条件:

(1)距最近陆地4n mile以外,使用主管机关批准的生活污水打碎和消毒系统,排放业经打碎和消毒的生活污水,或距最近陆地12n mile以外,排放未经打碎或消毒的生活污水。进行上述排放时,不得将集污舱中贮存的生活污水顷刻排光,应在航行途中(航速4kn以上),以中等速率进行。

(2)使用经主管机关批准的生活污水处理装置,并且排出的废液在其周围水中不产生可见的漂浮固体和使水变色。

4)检验

主要是指对船上安装的生活污水处理装置等的检验。

(1)初次检验,是指第一次发证时的检验。

(2)定期检验,是指间隔不超过5年,要换发新证时的检验。

5)证书的签发和有效期

经检验合格,由主管机关或由其正式授权的任何个人或组织签发“国际防止生活污水污染证书”(The International Sewage Pollution Prevention Certificate, ISPP证书)。本附则附录中有ISPP证书格式。

证书有效期一般为5年,在某些情况下可展期,但展期不超过5个月。

6)接收设备

要求各缔约国政府保证在其港口、装卸站设置足够的船舶生活污水接收设备,并使之不造成船舶的不当迟延;同时规定了接收设备的进口管线与船上管路相连接,两条管线应装上符合标准的排放接头。

8. 附则V—防止船舶垃圾污染规则

MARPOL 73/78附则V共有9条和1个附录:船舶垃圾记录簿格式。

1)船舶垃圾的定义

垃圾指产生于船舶正常营运期间,并不断地定期加以处理的各种食品、日常用品的废弃物(不包括鲜鱼)。但在其他附则中所规定的或列举的物质除外。具体如下:

(1)塑料类不会分解、浮于水面,对海洋环境有影响;

(2)纸、玻璃、陶瓷、金属等,要沉入海底,一般不会分解,或分解不完全会产生污染,还会影响捕鱼业等;

(3)食品类会分解并耗氧,从而影响水质;

(4)垫、衬舱材料和包装材料漂浮于水面,影响旅游业等。

2)排放条件和标准

特殊区域外:

(1)任何地方不可排放塑料类,包括尼龙绳索、尼龙渔网和装垃圾的塑料袋等。

(2)下列垃圾尽可能远离最近陆地处理入海,但无论如何不得在距最近陆地:

①在 25n mile 之内将含漂浮的垫舱材料、衬料和包装材料(漂浮垃圾禁止倒入距最近陆地 25n mile 以内的海域)。

②在 12n mile 之内将食品废弃物和一切其他垃圾,包括纸制品、玻璃、金属、瓶子、陶瓷和类似废弃物处理入海(12n mile 以外的上述垃圾可以处理入海)。

(3)上款(2)中的②所述垃圾经粉碎或磨细应可通过不大于 25mm 的粗筛后,尽可能远离最近陆地排放入海。但不可在距最近陆地 3n mile 以内处理入海(在 3n mile 之外可以处理入海)。

特殊区域内:

(1)在 12n mile 以外,处理食品废弃物入海。

(2)其他垃圾均不可处理入海。

附则规定,以上所称“特殊区域”系指:地中海区域、波罗的海区域、黑海区域、红海区域和海湾区域。

3)接收设备

各缔约国政府要保证在其港口、卸货站设置足够的垃圾接收设备,并使之不造成对船舶的不当迟延。

4)港口国控制

当船舶停靠在另一缔约国时,如有明显理由确信该船船长或船员不熟悉船上主要的防止垃圾污染程序,该船应接受该缔约国正式授权的官员对其按本附则的有关操作要求进行检查。

5)船舶垃圾记录簿

MARPOL 73/78 的 1995 年修正案(附则 V:防止船舶垃圾污染规则的第 2 条和新增第 9 条的修正案)要求从事在公约其他缔约国管辖范围内港口或近海码头之间运输的 400 总吨及以上和经核定可载运 15 人或以上的船舶都应备有一本“船舶垃圾记录簿”。该记录簿不管是否作为船舶正式航行日志的一部分或其他形式,都应按照附录中规定的格式填写。

每次排放作业、焚烧船舶垃圾都应记录在“船舶垃圾记录簿”中,并由负责的高级船员在排放或焚烧作业的当天签字,每写完一页都应由船长签字。“船舶垃圾记录簿”每项记录的内容都应用船舶船旗国的官方语言,也可用英文或法文书写。但在有争议和矛盾的情况下,记录应以船舶船旗国的官方语言为准。

“船舶垃圾记录簿”应妥善保存在船上,并且应该放置在合理时间内可随时检查记录的地方。记录簿在最后一项内容填写完毕后应保存两年。

另外,对“船舶垃圾记录簿”的具体项目、收据和船舶垃圾的数量都有具体规定。

这里还需强调的是作为防止船舶垃圾污染海洋的根本措施,目的是尽可能地减少可能产生的垃圾量。所有船舶管理人员应尽可能减少带上船的垃圾和船上产生的垃圾,可以通过适当地供应食品方法减少生活废弃物,以避免或减少货物残余物等。只有这样才可能将船舶垃圾对海洋环境造成的污染降至最小。

9. 附则Ⅵ—防止船舶造成空气污染规则

国际海事组织(IMO)于 1997 年 9 月在伦敦召开了 MARPOL 73/78 缔约国大会,通过了 MARPOL 73/78 的 1997 年议定书,为该公约增加一个新附则,即附则Ⅵ——防止船舶造成空气污染规则,它与附则Ⅲ、Ⅳ、Ⅴ同为公约的可选附则。2004 年 5 月 18 日,萨摩亚群岛批准 MARPOL 附则Ⅵ。至此,附则 VI 达到了规定的 15 个国家,不少于世界商船总吨位 50% 的生效条件,因此,该附则已于 2005 年 5 月 19 日生效,2006 年 8 月 23 日正式对我国生效。

附则Ⅵ共有 3 章 19 条和 5 个附录。第一章总则;第二章检验、发证和控制方法;第三章控制船舶释放的要求。附录Ⅰ国际防止空气污染证书格式(IAPP);附录Ⅱ NO_x(氮氧化物)试验循环和加权因数;附录Ⅲ确定 SO_x(硫氧化物)释放控制区的标准和程序;附录Ⅳ船上焚烧炉的型式认可和工作限制;附录Ⅴ燃油供应通知单中应包括的信息。

附则Ⅵ的主要内容如下:

1)适用范围

本附则的规定应适用于所有的船舶。

2)定义

(1)排放:指从船舶向大气或海洋释放受本附则控制的任何物质,包括:氮氧化物(NO_x)、硫氧化物(SO_x)、挥发性有机化合物(VOCs)和消耗臭氧层物质(溴氯氟烷烃)。

(2)船上焚烧:指把船舶正常作业时产生的废物或其他物质在船上进行焚烧。

(3)消耗臭氧层物质(ODS):指在应用或解释本附则时,有效的《1987 年消耗臭氧层物质蒙特利尔议定书》中定义的并在该议定书附件 A、B、C 或 E 中所列的所控制物质。

船上可能有的"消耗臭氧物质"包括但不限于下列各项:

Halon1211、Halon1301、Halon2402、CFC-11、CFC-12、CFC-113、CFC-114、CFC-115 等。Halons 作为灭火剂使用,而 CFCs 作为制冷剂或发泡剂使用。

(4)SO_x 排放控制区:SO_x 释放控制区系指要求对船舶的 SO_x 排放采取特殊强制措施,以防止、减少和控制 SO_x 造成大气污染以及随之对陆地和海洋区域造成不利影响的区域。本附则所指 SO_x 释放控制区包括波罗的海区域。

(5)NO_x 技术规则:指由大会决议案 2 通过的船用柴油机氮氧化物排放控制技术规则。

3)检验

凡 400 总吨以上的船舶以及所有固定式和移动式钻井平台和其他平台,应进行下列规定检验:

(1)初次检验。在船舶投入运营之前或在首次签发"国际防止大气污染证书"之前进行。这种检验应保证设备、系统、装置、布置和材料完全符合本附则中的要求。

(2)定期检验。按主管机关规定的间隔进行定期检验,但不超过 5 年。这种检验应保证设备、系统、装置、布置和材料完全符合本附则的要求。

(3)期间检验。在证书有效期内至少进行一次期间检验,这种检验应保证设备和布置完全符合本附则的要求,并且处于良好的工作状况。如在证书的一次有效期内且证书的有效期超过 2 年半仅进行一次这种中间检验,则该检验应在证书有效期期中之日前后 6 个月内进行。

如果船舶小于 400 总吨,主管机关可制定适当的措施,以保证符合本附则中适用的规定。

4)证书的颁发

按规定进行检验合格后,由主管机关或经主管机关正式授权的任何人员或组织签发"国际防止空气污染证书"(International Air Pollution Prevention Certificate,IAPP 证书)。本附则附录Ⅰ有 IAPP 证书格式,用发证国的官方文字写成。如所用文字非英文、法文或西班牙文,则证书的文字还应包括这三种文字之一的译文。证书的有效期为 5 年。

5)控制船舶释放的要求

附则Ⅵ对船舶使用消耗臭氧层物质、发动机产生的氮氧化物和硫氧化物的排放,挥发性有机物蒸气的回收处理、船用焚烧炉的使用以及船舶燃油质量的控制等方面作了具体的规定。

(1)消耗臭氧层物质:

①应禁止消耗臭氧物质的任何故意排放。故意排放包括在系统或设备的维护、检修、修理或处置过程中发生的排放,不包括消耗臭氧层物质回收或再循环时的微量释放。对消耗臭氧层物质泄漏引起的排放,不论是否属故意,可由 1997 年议定书各缔约国进行管理。

②除 2020 年 1 月 1 日前允许使用含有氢化氯氟烃(HCFCs)的新装置,所有船上应禁止使用含有消耗臭氧物质的新装置。

③消耗臭氧物质以及设备中含有的此类物质,当其从船上卸下时,应送到合适的接收设备中。

(2)氮氧化物(NO_x)。对 2000 年 1 月 1 日或以后在船上安装的柴油机或经重大改装的柴油机当输出功率超过 130kW 时,其氮氧化物排放应限制在下列范围:

①当 $n<130$r/min 时,NO_x 排放量≤17.0g/(kW·h);

②当 130r/min≤n<2 000r/min 时,NO_x 排放量≤$45.0\times n^{-0.2}$g/(kW·h);

③当 $n\geq2\ 000$r/min 时,NO_x 排放量≤9.8g/(kW·h)。

以上标准不适用于应急柴油机、救生艇发动机、应急状况下使用的设备或装置上的发动机。

允许在下列情况下在船上使用柴油机:

①在发动机上使用经主管机关根据 NO_x 排放技术规则规定认可的废气滤清系统,将船上的 NO_x 排放量降至上述规定的极限值;

②采用经主管机关考虑 IMO 制定的有关细则而认可的其他等效方法,将船上的 NO_x 排放量降至上述规定的极限值;

③主管机关可允许安装在本议定书生效之日前建造的船舶或经过重大改装的船舶上的任何柴油机免除适用(2)的要求,只要该船舶仅航行在其船旗国的港口或近海装卸站。

(3)硫氧化物(SO_x)。由于 SO_x 主要是由燃料中含硫的燃烧产物,所以标准中主要是限制燃油中的硫含量。

①船上使用的任何燃料油中含硫量的质量分数不得超过 4.5%;

②在 SO_x 释放控制区内的燃料油含硫量不超过 1.5%;

③船舶可使用经主管机关按 IMO 制定的导则认可的废气净化系统,将船上的硫氧化物总排放量(按 SO_x 排放的总重量计)减少至 6.0g/(kW·h)或以下;

④也可使用其他技术将硫氧化物总排放量限制在同等水平,但应经主管机关按 IMO 导则认可。

对世界范围内供船上使用的残余燃油的平均硫含量应作监测。

燃油含硫量应由供应商以书面形式提供。在进入 SO_x 排放控制区之前应将燃油供给系统全面冲洗,除去含硫量的质量分数超过 1.5% 的燃油,并将转换作业及低硫燃油使用记录在航海日志中。

(4)挥发性有机化合物(VOCs)。附则Ⅵ对控制挥发性有机化合物提出了具体的要求和措施。要求 1997 年议定书的缔约国,如在其管辖的港口或装卸站对挥发性有机化合物的释放进行控制,应向 IMO 递交一份通知,包括将要受到控制的液货船的尺寸、要求蒸汽释放控制系统的货种和实施控制的开始日期等方面的信息。所有受到蒸汽释放控制的液货船应备有经主管机关按 IMO 指定的安全标准认可的蒸汽收集系统,并应在其装货过程中使用该系统。

(5)船上焚烧:

①船上焚烧只允许在船用焚烧炉中进行;

②应禁止下列物质在船上焚烧：

A. 本公约附则Ⅰ、Ⅱ、Ⅲ中的货物残留物及被其污染的包装材料；

B. 多氯联苯(PCBs)；

C. 本公约附则Ⅴ中定义的含有超过微量重金属的垃圾；

D. 含有卤素化合物的精炼石油产品。

③在正常操作过程中产生的污油和油渣的船上的焚烧也可在主、副发电机或锅炉内进行，但这种焚烧不能在码头、港口和河口内进行；

④应禁止在船上焚烧聚氯乙烯(PVCs)，在颁发了 IMO 型式认可证书的船上焚烧炉内焚烧的除外；

⑤装有受本条约约束的焚烧炉的所有船舶应持有一本制造商的操作手册；

⑥负责操作任何焚烧炉的人员都应受过培训，并能执行制造商操作手册中规定的指导；

⑦任何时候均应对燃烧烟道气出口温度进行检测，在温度低于 850℃ 的最小许可温度时，废弃物不应送入船上连续进料焚烧炉。对于分批装料的船上焚烧炉，该装置应设计成其燃料室的温度在起动后 5min 内温度达 600℃。

另外，附则Ⅵ对接收设备、燃油质量、平台和钻井平台提出了一定的要求。

四、海上污染干预和防备的国际公约

1. 1969 国际干预公海油污事故公约

1)产生的背景

1967 年 3 月，利比里亚籍油轮“Torrey Canyon”号装载 11 多万吨原油在英吉利海峡触礁，造成 10 万吨原油泄出，严重污染了英、法两国海岸。最后，英国政府单方面采取了措施，炸沉了油轮，并采取了一切消除油污的手段，降低油污损害，保护人命财产。

在当时，对油轮在公海上发生事故，国际法还从来没有赋予沿海国对在其领土范围之外造成污染的外国船舶进行干预的权力。

油轮在公海失事确实会造成严重的危害，并给有些国家带来巨大的损失。因为在风和海流的作用下，跑油都有可能向某些沿海国家集中流动。所以每一个国家都有责任保护本国免于遭受海上事故引起的海上污染。“Torrey Canyon”号油污事件，不仅使人们认识到漏油事故的可怕和干预公海油污的必要性，也使各国认识到完善防止船舶造成污染法规，特别是制订国际间油污赔偿法律的迫切性。从某种意义上说，“Torrey Canyon”号事件确实成了解决这些问题的一个推动力。

这一灾难性污染事故的处理带来一连串的法律问题，即：

(1)公法方面。在领海之外发生的船舶事故，如果直接危及沿海国家利益(例如造成了对其领海、海岸、港口及环境的污染或构成污染危险)，该国能否进行干预？若能，在所采取的措施会影响到船舶所有人、救助人、保险人及船旗国利益的情况下，怎样决定可采取措施的范围？实际上这是解决沿海国家对外国船只在公海上可能造成石油污染海洋和沿岸的失事所应采取措施的权利问题。

(2)私法方面。如果船舶在海上溢出的油类或其他有毒有害物质给第三方造成了损害，船舶所有人、船舶经营人和货物所有人怎样承担责任(连带责任或分别责任)？是否要对这种责任进行强制保险？如何使有关政府和受害人遭受的损害和防污而付出的费用得到赔偿？这实际上是要解决对船舶油污而造成的损失应负的民事责任。

为此，当时的“国际海协”成立了法律委员会，研究和起草有关当海上发生事故，引起或可能引起油污时，沿岸国家进行干预的权利及油污损害的民事责任等方面的国际公约。在1969年11月召开的布鲁塞尔国际海上污染损害法律会议上，讨论并通过了《1969年国际干预公海油污事件公约》(International Convention Relating to Intervention on the High Seas in Cases of Oil Pollution Casualties，1969，简称《1969年干预公约》)和《1969年国际油污损害民事责任公约》。

2)公约的主要内容

《1969年国际干预公海油污事故公约》共有条款17条和一个附则。正文就公约制订的目的、适用范围、干预权利及其行使、损失的赔偿和争议的解决等问题作了规定。附则对调解和仲裁程序作了规定。公约设立的目的主要是为了在不影响公海自由航行原则的前提下，沿海国家为保护其国民利益，而在公海上采取一些特别措施。

公约规定：在发生海上事故或其他有关的行为后，若能有根据地预计到会造成很大的有害后果，缔约国就可以在公海上采取必要的措施，以防止、减轻或消除对其沿岸海区或有关利益产生严重和紧急的油污危险或威胁。

沿海国所采取的这种措施，应与实际造成的损害或拟将发生的损害相适应。即所采取的措施不应超出为达到防污目的而必须采取的措施范围，并应在达到此目的后立即停止行动。这些措施不应当干涉船旗国和有关第三国以及有关自然人和法人的权利和利益。为此，公约要求沿海国在采取措施时应考虑到以下三点：

(1)如不采取措施，危及的损害范围和可能性如何；

(2)所采取措施的可能有效性；

(3)因采取措施而可能引起的损害范围。

公约规定，对于因采取违反本公约规定的措施而使他方遭受损失的任何缔约国一方，应对其超出所必须采取的措施限度而引起的损失，负赔偿责任。

公约并规定，沿海国在采取任何措施以前，应与受到海上事故影响的其他国家进行协商，特别是与船旗国进行协商，并应尽快地将拟采取的措施，通知它所知道的，或在协商期间得知的、估计其利益会受到影响的任何自然人或法人。沿海国应考虑他们提出的任何意见。

公约还规定，沿海国在采取干预措施之前，或在执行过程中，应尽最大努力救助遇险人员，保护人命安全；并应在适当情况下，为遣返船员提供便利，而不制造任何障碍。

公约对“船舶”、“海上事故”、“油类”和“有关利益”等作出了定义。“船舶”是指任何类型的海船和任何浮动船艇(但是为了勘探和开发海床、洋底和底土资源的设备除外)。“海上事故”是指船舶碰撞、搁浅或其他航行事故，或是在船上或船舶外部发生的对船舶或货物造成的物质损失或有造成物质损失紧迫威胁的事件。“油类”是指原油、燃油、柴油和润滑油。“有关利益”是指直接受到海上事故影响或威胁的沿海国的利益，例如：

(1)在海岸、港口或河口处的各种活动，包括人们生活所必需的捕鱼活动；

(2)有关地区的旅游事业；

(3)沿海居民的健康和有关地区的福利，包括保护有生命的海洋资源和野生物。

公约还就有关缔约国之间在所采取措施和赔偿方面，发生争议时的“争议的调解”、“仲裁程序和要求”等作了一些具体规定。

按照旧的传统观点，船舶在公海享有航行自由的权力，对船舶的管辖权也只为船旗国独占，任何其他国家均无权对该船进行干涉。但船舶发生油污染事故后，受损害最大的并不是远离该船的船旗国，而是该船航行的沿海国。沿海国如果无权采取必须措施，也只能坐等受害，这显然是极不合理的。因此,上述公约对防止、减轻和消除在公海上发生油污事件所造成的后果,具有积极的意义。

《1969年国际干预公海油污事故公约》已于1975年5月6日生效。我国于1990年2月23日加入该公约,该公约自1990年5月24日对我国生效。

2.1973年干预公海非油类物质污染议定书

1)产生的背景

《1973年干预公海非油类物质污染议定书》是1973年11月2日在伦敦召开的国际海洋污染会议上与《1973年国际防止船舶造成污染公约》同时通过的。它是对《1969年国际干预公海油污事故公约》的补充。《1973年干预公海非油类物质污染议定书》和《1969年国际干预公海油污事故公约》一起,构成一个在公海上干预油类物质和其他有害物质污染事故的完整的法律制度。

2)公约的主要内容

议定书所指的"非油类物质"为:

(1)列入由国际海事组织指定的适当机构所制定的名单中的物质,该项名单作为议定书的附件,是议定书不可分割的一部分。海上环境保护委员会作为国际海事组织指定的机构,于1974年11月21日通过物质名单。该名单列出了96种有毒物质、22种液化气体以及国际原子能机构规定的有关放射性物质。该名单还列出了除《1969年国际干预公海油污事故公约》适用的原油、燃料油、柴油和润滑油之外的31种油类,包括沥青溶液、馏分油、瓦斯油、汽油及其调和油料、喷气机燃料和石脑油等。

(2)其他易于危害人类健康、伤害生物资源和海生物、损害休憩环境或妨害对海洋的其他合法利用的物质。这一项包括的物质非常广泛。从某种意义上讲,只要沿海国家认为某种物质有害并造成了污染或污染威胁,它即可进行干预。

议定书规定,在发生海上事故与这种事故有关的行为后,如果沿海国家有理由预计到会造成很大有害后果,就可在公海上采取必要的措施,以防止、减轻或消除由于"非油类物质"造成对其海岸线或有关利益产生的严重而紧迫的污染危险或污染威胁。

议定书还规定,本议定书只可由已批准、接受、认可或加入《1969年国际干预公海油污事故公约》的国家批准、接受、认可或加入;如果议定书的某一缔约国退出了《1969年国际干预公海油污事故公约》,即应视为也退出了议定书。

该议定书已于1983年3月30日生效。我国于1990年2月23日加入该议定书,该议定书自1990年5月24日起对我国生效。

3)修正案

1991年7月4日,国际海事组织海上环境保护委员会第31届会议,以MEPC 49(31)决议通过了《1973年干预公海非油类物质污染议定书》附件的1991年修正案。该修正案扩大了附件所列的会对海洋环境造成污染损害的物质清单范围。

经修正后的非油类物质清单包括5个附录。其中附录1为非《1969年国际干预公海油污事故公约》所包括的、MARPOL 73/78附则Ⅰ附录1中所列的"散装油类"共35种;附录2中列有"散装有毒液体物质"共175种;附录3中列有"包装运输的有害物质"共90种;附录4为"放射性物质",系指《国际海运危险货物规则》第七类表10-13中包括的以B型包装运输的,或可裂变的,或特殊安排下的放射性物质;附录5列有"散装液化气体"共12种。

议定书修正案已于1992年4月24日生效,同时对我国生效。

3.1990 年国际油污防备、反应和合作公约

1)产生的背景

近二三十年来,随着世界上油轮船队和固定或浮动的平台迅速发展,重大油污事故不断出现。为保护海洋环境,防止船舶造成海洋污染,国际海事组织相继制定了 MARPOL 73/78、《1969 年国际干预公海油污事故公约》和《1973 年干预公海非油类物质污染议定书》等有关国际公约。据国际海事组织统计,由于上述公约的实施,从 1981 年起,因海上运输导致在海洋中的排油量减少了 60%。20 世纪 80 年代以来,每年发生重大溢油事故的件数和溢油量比 70 年代有显著的下降。但 1989 年却是个大灾年,全年海上溢油量达 20 万吨左右,是 80 年代的第三个高峰年份。有人分析,世界油轮船队正处于中年时期,70% 的超级油轮平均服役达 13 年以上,因而客观上存在着发生重大溢油事故的隐患。1989 年 3 月,美国埃克森石油公司油轮"埃克森·瓦尔德兹(Exxon Valdez)"号,在阿拉斯加附近海域搁浅,造成严重油污染。对这一事故的处理表明,国际上缺少一种有效的油污防备、反应和合作机制。要想减少重大油污事故和避免重大灾难,就有必要建立一个国家、区域和全球性的有效的防备和反应系统。为此,国际海事组织应巴黎工业发达国家会议的要求,于 1989 年 10 月第 16 届大会期间通过了一项决议,着手拟订一项国际公约。

在国际海事组织海上环保会第 29 届会议上,成立了工作组,并讨论了由美国提交的《国际油污防备和反应公约》草案。1990 年 5 月,国际海事组织又为此召开了预备会议,讨论了油污防备公约草案。1090 年 11 月国际海事组织在伦敦召开了外交大会。会议经过两周的激烈争论和反复协商,最后通过了《1990 年国际油污防备、反应和合作公约》。(International Convention on Oil Pollution Preparedness,Response and Co-operation,1990,简称 OPRC90,或《1990 年油污防备公约》)。

2)公约的主要内容

该公约在前言之后有 19 条条款和 1 个附件。

(1)适用范围。公约规定,本公约适用于所有类型的船舶、近海装置、海港和装卸油设施,包括油码头、海上输油管道。但不适用于任何军舰、海军辅助船舶或其他由国家拥有或使用,并在当时只用于政府非商业性服务的船舶。

(2)"油"的定义。公约规定,本公约中的"油",指任何形式的石油,包括原油、燃料油、油泥、油渣和炼制品。因为《1990 年油污防备公约》旨在防备,因此油的定义也应尽可能广泛。一旦发现溢油,不论是持久性油类还是非持久性油类,均应迅速向有关方面报告。只有这样,才能防患于未然,切实起到防备的作用。

(3)油污应急计划。公约对船舶、近海装置和海港分别规定应配备"油污应急计划"。

①船上油污应急计划。公约规定,所有船舶都应有一份"船上油污应急计划"。具体执行参照 MARPOL 73/78 中的有关规定。由于 MARPOL 73/78 已通过附则 1 新增第 26 条《船上油污应急计划》的修正案,规定凡 150 总吨及以上油轮和 400 总吨及以上非油轮船舶,均备有一本经主管机关批准的"船上油污应急计划",因此《1990 年油污防备公约》里不作详细规定,只提及参照 MARPOL 73/78 有关规定。

②近海装置的油污应急计划。公约规定,每一缔约国应要求在其管辖下的近海装置的经营人,备有"油污应急计划",并规定,该"油污应急计划"应与国家系统协调,并按国家主管当局规定的程序批准。其中,国家主管当局系指沿海国主管当局,这充分反映了沿海国的管辖权。

③海港和油装卸设施的油污应急计划。公约规定，海港和油装卸设施应按要求备有“油污应急计划”。“海港和油装卸设施”系指易发生油污事故的设施，其中包括海港、油码头、管道和其他油装卸设施。“管道”系指海底输油管道或可能造成海上油污染的管道。

(4)油污事故的报告程序。公约规定，发生溢油事故时，应向最近的沿海国报告。

(5)关于技术合作条款。公约规定，为促进在遇有重大油污事故时进行区域性或国际性合作，缔约国有义务为请求援助的缔约国促进人员培训，并保证根据其国家法律、条例和政策，在转让油污防备和反应技术方面进行积极合作。

(6)其他内容。公约中还对国家和区域防备和反应系统的最低要求、油污反应的国际合作、研究和开发油污防备和反应的新技术，如监视、围控、回收和清除技术等，促进设备和反应方面的双边和多边合作，评估公约的有效性等方面作了规定。

(7)公约的生效。《1990年国际油污防备、反应和合作公约》已于1995年5月13日生效。我国已加入OPRC 90公约，该公约于1995年6月30日对我国生效。

4.2000年有害和有毒物质事故防备、反应和合作议定书

1)产生的背景

依据1990年油污防备、反应国际合作会议第10号决议，IMO加强与有关国际组织在有害和有毒物质事故防备、反应和合作的各方面协作，将OPRC 90扩大到有害和有毒物质。于是国际有害和有毒物质事故防备、反应和合作会议于2000年3月9日至15日在伦敦召开，通过了《2000年有害和有毒物质事故防备、反应和合作议定书》(Protocol on Preparedness, Response and Cooperation to Pollution Incidents by Hazardous and Noxious Substances, 2000，简称HNSPROTOCOL 2000)。如同OPRC公约一样，HNSPROTOCOL 2000旨在为抗御重大HNS事故或海上污染威胁的国际合作方面提供一个全球性的统一框架。

2)公约的主要内容

该议定书共17条及一个附件——援助费用的偿还，包括总则、定义、应急计划和报告、国家和区域的防备和方应系统、污染反应的国际合作、研发和开发、技术合作等。

(1)定义：

①“有害和有毒物质污染事故”系指任何发生或同一起连续发生包括火灾或爆炸，因而导致或可能发生有害和有毒物质的排放、释放或喷出，以及因而造成或可能造成对海洋环境或海岸线或一国或多国利益构成或可能构成威胁，及需要应急行动和其他迅速反应措施的事故。

②“有害和有毒物质” 系指任何非油类物质，如发生进入海洋环境很可能危及人体健康、损害生物资源以及海洋生物、损害舒适度或妨碍其他海洋的合法利用。

③“海港和有害有毒物质的处理措施” 系指这些港口或这些物质的设施是为船舶进行装卸的设施。

(2)应急计划和报告：

①每个缔约国应要求悬挂其船旗的船舶备有“船上油污应急计划”，要求船长与其他人员掌握报告程序、内容要求，按照IMO制定的公约并对该缔约国生效的规定进行报告。对近海装置的船上污染事故应急计划，包括浮动生产贮库以及卸货设施(FPSOs)和浮动贮存装置(FSUs)，除使用本条规定外，应执行国家规定和/或公司环境管理系统的规定。

②每一缔约国应要求海港与有害和有毒物质处理设施的主管领导人员或作业人员，在其管辖下认为合适的有害和有毒物质污染应急计划或对HNS做类似的安排，并认为满意的规定，根据下面(3)要求建立的国家系统以及按照国家主管当局制定的程序进行批准。

③当一缔约国主管当局了解到污染事故报告时，应通报可能受到事故影响或有利益关系的其他缔约国。

(3)国家和区域的防备和反应系统：

①每一缔约国应建立一个有效对付污染事故和快速反应的国际系统。

②此外，每一缔约国应在其力所能及的范围内，各自通过双边或多边合作的能力和扩充造船业或有害和有毒物质工业、港口及其他有关实体合作的要求。

③每一缔约国应确保直接地或通过有关区域性组织，安排向 IMO 提供其要求的最新资料。

(4)其他内容。该议定书的其他内容有：污染反应的国际合作、研发和开发、技术合作、促进防备和反应的双边与多边合作等。

五、海上油污损害赔偿的国际公约

1. 1969 年国际油污损害民事责任公约

1)产生的背景

"Torrey Canyon"轮事件发生后，两个非常尖锐的问题摆在沿海各国面前：一是在海上油运频繁、海难事故难以避免的今天，如果再发生油污事故，沿海各国如何自保？《1969 年国际干预公海油污事故公约》以及《1973 年干预公海非油类物质污染议定书》已经解决了这个问题。二是油污受害者的损失从何处得到充分的赔偿？为解决这个问题，在布鲁塞尔会议上制定了《1969 年国际油污损害民事责任公约》(International Convention on Oil Liability for Oil Pollution Damage，1969，简称 CLC 1969，或《1969 年责任公约》)。

公约规定了油污损害责任和赔偿的基础，其核心是提出了民事责任原则，并规定了强制保险的制度。这个公约重点解决了船舶海上溢油给第三方造成损失，船舶所有人承担怎样责任(连带责任或分别责任)的问题以及是否要对这种责任进行强制保险？如何使受害者遭受的损害和为防污而付出的费用得到赔偿等。

公约所要达到的目的主要有两个：一是确定在碰到大的油污事故时受害人能够自油轮船东处获得足够的赔偿；二是采用统一的国际规则及程序。

2)公约的主要内容

公约共有 22 条和 1 个附录。

(1)定义：

①"持久性"油类，一般是指原油、燃料油、重柴油、润滑油及鲸油(由于鲸油的海上运量少，并无多少实际意义，IMO 在制定《1969 年责任公约》的《1984 年议定书》时，把"鲸油"一项删去了)。

②"油污损害"是指由于船舶溢出或排放(不论这种溢出或排放发生在何处)油类之后，在这油船本身以外，因污染而产生的损(灭)失和损害，并包括预防措施的费用以及由于采取预防措施而造成的进一步损(灭)失和损害。

(2)适用范围。适用的船舶指适用于载运散装油类任何类型的船舶。适用的油类专指持久性油类如原油、燃料油、重柴油和润滑油，不论是否作为货物装运于船上，还是用作船舶燃料。

(3)生效。《1969 年责任公约》已于 1975 年 6 月 19 日生效。我国于 1980 年 1 月 30 日参加该公约，该公约于 1980 年 4 月 29 日起对我国生效。

(4)索赔时限。应在油污损害发生之日起 3 年内提出，否则要求赔偿的权利即告失去。在任何情况下，不得超过油污事件发生之日起 6 年。如该事件是包括一系列事件，6 年限期应自第一个事故发生之日算起。

(5)赔偿责任限额。公约规定，船舶所有人对任一污染事件的赔偿限额按船舶吨位为每吨 2000 金法郎或最高赔偿额为 2.1 亿法郎之内(以小者为准)。

公约中所指的“船舶吨位”是指净吨位再加上计算净吨位对机舱部分从总吨位中所减除的数额。这种吨位常称为“公约吨”，约为总吨位的 80%。对于不能按标准吨位丈量规则测定的船舶，规定为该船能装运油类重量吨的 40%。公约中指的金法郎是指含有纯度为 90% 的黄金 65.5 毫克的法郎。

(6)经济责任及强制保险。公约规定，载运吨以上散装货油的船舶，必须获得签约国政府的签证(或当非签约国油轮到签约国时则由非签约国签证)证明该轮对公约所规定的责任有经济偿付能力。

公约还规定，当船舶按公约规定进行了保险或取得其他财力保证后，应由船旗国有关当局颁发一项证书，以证明该船所进行的保险或取得的财力保证具有实效。对未取得该证书的船舶，不得从事营运。

公约对 2000t 以下散装货油轮，未提上述要求，但规定，当受害者向法院提出赔偿诉讼后，船舶所有人应在法院或其他主管当局设立相当其责任限额总数的基金。否则受害者可对船舶所有人的其他财产行使权力，或扣留属于船舶所有人的任何船舶或其他财产和资金。

(7)污染损害索赔。公约规定，本公约适用于在缔约国领土和领海上发生污染损害，以及为防止或减轻这种损害而采取的预防措施。即使溢油发生在公海，只要受损害的地区是领海，就有权向法庭起诉索赔。但溢油轮必须是缔约国的船，或者虽然不是缔约国所有，但该船挂靠该受害国港口。

公约还规定，受害者对污染损害的索赔可以向船舶所有人提出，也可以直接向承担船舶所有人油污损害责任的保险人或银行、基金会等提出。

船舶所有人也能提出索赔，但必须是在发生污染事故后，船方为防止或减轻污染损害而采取了某种合理措施的情况下，才可以向基金会对因采取某种合理措施而耗费的合理费用和作出的牺牲等提出索赔。这项措施是鼓励船方发生事故后及时采取预防、清污等有效措施，而不是消极地等待索赔。

3)修正案

(1)修正 1969 年国际油污损害民事责任公约的 1976 年议定书。该议定书共 10 条，主要是解决《1969 年责任公约》中规定的油污损害赔偿中的计算单位金法郎与国际货币的换算问题。

议定书将金法郎改为特别提款权(SDR，1 个特别提款权等于 15 个金法郎)。这种改变是由于所有国际公约所用的金法郎已用特别提款权代替而采取的。相对于《1969 年责任公约》而言，这种改变便于油污损害赔偿案件的处理。

为何国际公约中所用的金法郎要用特别提款权来代替呢？这是因为金法郎是历史上遗留下来的一种货币计算单位，早已不可靠。第二次世界大战后，国际货币制度是以本国货币与金价的固定兑换率关系为依据，或者直接与金价相联系，亦可通过美元兑换，这种制度能在金价固定的情况下起作用。但是，20 世纪 60 年代和 70 年代国际货币关系的发展，以这种固定关系为依据的制度已不再适用。为此，国际货币基金组织制定了特别提款权制度。当时规定 1

个特别提款权相当于0.88671g的纯金价值。在这个金价的基础上,1个特别提款权相当于15个金法郎。这样,在《1969年责任公约》中,每吨为2000金法郎的赔偿限额就等于每吨133个特别提款权(SDR)的赔偿,额赔偿总额绝对不可超过2.1亿金法郎的赔偿限额,也就是1400万个特别提款权(SDR)。

在今天,特别提款权与黄金已无联系,现在特别提款权是根据若干种货币来确定的,目前由美元、英镑、法国法郎、德国马克和日元组成。特别提款权与各国货币的比价由国际货币基金组织逐日计算确定。

我国于1986年9月27日加入《修正1969年责任公约1976年议定书》,并于同年12月28日生效。

(2)修正1969年国际油污损害民事责任公约的1984年议定书。实践证明,由于《1969年责任公约》本身存在着油污赔偿限额太低的缺陷,尤其是油轮吨位较小,油污赔偿限额显得更低。原因是较小油轮的少量溢油,同样引起十分严重的油污染,若事故发生在特别敏感海域更是如此。所以,污染损害的赔偿限额不能仅从油轮的大小来衡量。按《1969年责任公约》规定的限额,只能应付中小油污赔偿事件,对于赔偿重大油污事故,显然是不足的。为了保护海洋环境和使受害人得到更多的赔偿,1984年4月30日至5月25日,IMO在伦敦召开了外交大会,通过了《修正1969年责任公约的1984年议定书》和《修正1971年基金公约的1984年议定书》,与原公约一起形成了《1984年责任公约》和《1984年基金公约》。一旦这两个1984年公约生效,就替代了《1969年责任公约》和《1971年基金公约》。

该公约的实质是大幅度提高了油污责任赔偿限额,并对环境损害也作了部分补偿。

(3)修正1969年国际油污损害民事责任公约的1992年议定书。该议定书的具体内容将与《1992年基金公约》一起介绍。

(4)1992年国际油污损害民事责任公约议定书2000年修正案。该修正案的具体内容将与1992年国际油污赔偿基金公约议定书2000年修正案一起介绍。

2. 1971年设立国际油污损害赔偿基金公约

1)产生的背景

IMO的防污公约,大致分为两类:第一类是为防止或减少船舶排污和油污事件发生的,如《1954年油污公约》、《1969年干预公约》、《1972年伦敦倾废公约》和MARPOL 73/78等。第二类是赔偿油污事件所引起的油污损害和清除费用的,如《1969年责任公约》。但在制定《1969年责任公约》的外交大会上,有些国家指出,《1969年责任公约》并不能在任何情况下,对油污受害人提供足够的赔偿,反而给船舶所有人增加了额外负担。有人提出海上航行是担风险的,这风险不应全部由船舶所有人承担,货主也应承担一部分。由此油污损害的经济赔偿责任石油公司也应部分担负。为此,1969年海上污染损害国际法律会议在通过《1969年责任公约》的同时,还通过一个决议,决定设立国际油污损害基金,并拟订一项赔偿和补偿办法,作为对《1969年责任公约》的补充,以保证对受害者能补偿其全部损失,而对船舶所有人方面又能解除一部分经济负担。

经过两年时间的准备,IMO于1971年11月召开了设立国际油污损害赔偿基金会议,并通过了《1971年设立国际油污损害赔偿基金公约》(International Convention on the Establishment of an International Fund for Oil Pollution Damage,1971,简称Fund 1971,或《1971年基金公约》)。根据《1971年基金公约》,油污基金会于1978年10月成立,这是世界上唯一的能向油污受害人提供补充赔偿的政府间组织。

只有已成为《1969 年责任公约》缔约国的国家才能加入《1971 年基金公约》,因为它是《1969 年责任公约》的补充。

2)公约的主要内容

公约共有 48 条。公约把赔偿责任限额从总额 2.1 万法郎提高到 4.5 万法郎,同时又补偿了按照《1969 年责任公约》加重的一部分船舶所有人的责任,平衡了船舶所有人和受害者之间的矛盾。

(1)适用范围:

①关于按第 4 条向油污受害人的赔偿,专指在缔约国领土、领海上造成的油污损害,和为防止或减少这种损害而采取的预防措施。

②关于按照第 5 条对船舶所有人及其保险(证)人补偿,专指关于公约缔约国的领土、领海上,由另一缔约国所登记的船舶或悬挂该国国旗的船舶造成的油污损害,以及为防止或减少这种损害而采取的预防措施。

(2)生效。《1971 年基金公约》已于 1978 年 10 月 11 日生效。我国于 1999 年 1 月 5 日交存加入书,2000 年 1 月 5 日对我国生效。目前仅适用于香港。

(3)补偿船舶所有人的一部分赔偿责任。《1971 年基金公约》规定,在一责任公约缔约国的领土或领海内,由另一责任公约和基金公约缔约国所登记的船舶造成了油污损害,则基金会补偿船舶所有人及其保险人,按照责任公约所承担义务的总额的一部分。

这部分是超过相当于按每吨 1500 法郎计算的金额,或者是 1.25 亿法郎以上部分(以小者为准);但是不超过相当于按每吨 2000 法郎计算的金额,或者是 2.1 亿法郎(以小者为准)。

例如:某船公约吨为 10 万吨,造成损害后船舶所有人根据责任公约应赔足受害者 2 亿法郎,但超过 1.25 亿法郎以上的部分即 7500 万法郎可以由基金会支付,因此船舶所有人实际支付赔款为 1.25 亿法郎。即由基金会分担了船舶所有人的部分责任,从而减轻了船舶所有人因污染损害而增加的经济负担。

(4)对受害者提供油污损害赔偿。公约规定,如果遭受油污损害的受害者所在国既参加了责任公约,又参加了基金公约,则当由于一些原因不能按责任公约的条款得到全部和足够的赔偿时,由基金会付给赔偿金。并规定,基金会对任一事件付给的赔偿金,加上按照责任公约船舶所有人对油污损害所实际付出的赔偿金,合计总额不超过 4.5 亿法郎。

(5)基金的征集方式。公约规定,由缔约的石油入口国处征收基金。缔约国领土内的港口和油站,年入口“摊款石油”(原油和燃料油)总量超过 15 万吨的任何人,须向基金会交付一定的摊款。所纳金额以所接受的摊款石油每吨的固定金额为基础计算。摊款分为初次摊款和年度摊款。

①初次摊款:公约规定,各缔约国应在本公约对该国生效之日 3 个月内交付初次摊款。就初次摊款而言,每一摊款人所收到的每一吨摊款石油须缴纳 0.04718 法郎。如果某国在成为公约缔约国的前一年,该国的任何人收到从海上运来的摊款石油总量不超过 15 万吨的话,则初次摊款就可不缴。

②年度摊款:国际基金的年度摊款总额和每吨摊款石油所缴纳的金额由每年召开一次所有缔约国出席的国际基金大会决定。所有的摊款必须在大会决定后之年份的 1 月 15 日以前缴清。

(6)关于加入基金公约的问题。公约规定,本公约只能由已批准、接受、认可或加入责任公约的各国批准接受、认可或加入。也就是说,若要参加基金公约,必须先加入责任公约。

3)修正案

(1)修正《1971 年设立国际油污损害赔偿基金公约》的 1976 年议定书。该议定书于 1976 年 11 月 15 日在伦敦制定,主要是解决《1971 年基金公约》中补偿数额的计算单位"金法郎"与国际货币的换算问题,即将"金法郎"改为"特别提款权"(SDR)。该议定书的主要内容与修正《1969 年责任公约》的 1976 年议定书大体相同。

(2)修正《1971 年设立国际油污损害赔偿基金公约》的 1984 年议定书。由于《1969 年责任公约》和《1971 年基金公约》的赔偿限额和适用范围等规定是根据当时的情况制定的,随着时间的推移和情况的变化,特别是由于货币的贬值、油轮尺寸的加大和清污费用的增加等因素,其赔偿限额越来越显得不足。同时油污事故的污染范围也在不断加大,不少国家迫切要求扩大两个公约的地域适用范围。在这种情况下,国际海事组织经过几年的紧张准备 ,于 1984 年 4 月 30 日召开外交大会,通过了修正《1969 年责任公约》和《1971 年基金公约》的两个 1984 年议定书。根据有关规定,公约和议定书作为一个整体文件来理解和解释,分别称之为《1984 年责任公约》和《1984 年基金公约》。其主要内容为:

①提高了船舶所有人的责任限额:

A. 对于不超过 5000 总吨的小船,限额为 300 万个特别提款权。

B. 对于超过 5000 总吨的船舶,每超过一吨,增加 420 个特别提款权。

C. 在任何情况下,总额不得超过 5970 万个特别提款权。

②提高了国际基金的赔偿限额。1984 年国际基金的赔偿限额提高到 1.35 亿个特别提款权,该总额包括船舶所有人按照《1984 年责任公约》所付出的赔偿金额。如果有 3 个《1984 年基金公约》的缔约国在前一日历年度收到的摊款油总量等于或超过 6 亿吨,则不论发生何种事故,也不论何时发生事故,上述赔偿限额自动提高到 2 亿个特别提款权。

③不再对船舶所有人进行补偿。《1984 年基金公约》取消了对船舶所有人的补偿。因此,按《1984 年责任公约》所承担的责任是"净" 责任。

④取消了缔约国的初次摊款。《1984 年基金公约》取消了缔约国的初次摊款。因此,加入《1984 年基金公约》的国家只缴纳年度摊款即可。

⑤扩大了地域适用范围。两个 1984 年公约都把其地域适用范围扩大到了按照《联合国海洋公约》所规定的 200n mile 专属经济区。

⑥1984 年油污基金的管理。根据《1984 年基金公约》要求将设立 1984 年油污的基金。1971 年基金的秘书处同是 1984 年油污基金的秘书处。1984 年油污基金用专门工作组替代执行委员会,执行委员会的职权由专门工作组行使。

⑦生效条件。《1984 年责任公约》自包括 6 个拥有不少于 100 万总吨油轮单位的国家在内的 10 个国家交存了批准、接受、认可或加入文件之日起 12 个月后生效。

《1984 年基金公约》的生效条件是,至少已有 8 个国家交存了批准、接受、认可或加入文件,而且这些国家前一日历年度已收到的摊款油总量至少已达到 6 亿吨。并且《1984 年基金公约》不得在《1984 年责任公约》生效之前生效。

至 1985 年 11 月底,签署两个 1984 年公约的国家已有英国、美国、瑞典、波兰、葡萄牙、原联邦德国、摩洛哥和法国。我国也已签署《1984 年责任公约》,但未签署《1984 年基金公约》。

(3)修正《1971 年设立国际油污损害赔偿基金公约》的 1992 年议定书。由于上述两个 1984 年公约的生效条件较高,不可能在可以预见的未来生效,为此,1992 年 11 月 27 日国际海事组织又通过了两个公约的 1992 年议定书。这两个议定书保留了《1984 年责任公约》中的实质性规定,但大大降低了生效条件。

《1969 年责任公约的 1992 年议定书》将生效条件改为:包括 4 个拥有不少于 100 万总吨油轮单位的国家在内的 10 个国家交存批准、接受、认可或加入文件之日起 12 个月后生效。赔偿限额不变。该议定书于 1996 年 5 月 30 日生效。我国于 1999 年 1 月 5 日加入该议定书,即自 2000 年 1 月 5 日起对我国生效,包括香港特别行政区。从该议定书对我国生效之日起,我国退出了《1969 年责任公约》。

《1971 年基金公约的 1992 年议定书》的生效条件改为:至少已有 8 个国家,这些国家前一日历年度已收到的摊款总量至少已达到 4.5 亿吨,交存了批准、接受、认可或加入文件的 90 天之后生效。

到 1998 年 10 月,有 96 个国家加入了《1969 年责任公约》,72 个国家加入了《1971 年基金公约》。自 1992 年公约生效后,许多国家开始陆续退出上述两个公约,转入《1992 年责任公约》和《1992 年基金公约》,因此,《1971 年基金公约》于 2002 年 5 月 24 日失效。两个公约不断提高赔偿限额,从资金上保证可清污费用和污染损害能够获得比较充分的赔偿。

(4)1992 年国际油污损害赔偿基金公约议定书 2000 年修正案。国际海事组织于 2000 年 10 月召开法律委员会第 82 届会议分别通过了对经 1992 年议定书修正的《1969 年国际油污损害民事责任公约》(简称《1992 年民事责任公约议定书》)的修正案和对经 1992 年议定书修正的《1971 年国际油污损害赔偿基金公约》(简称《1992 年基金公约议定书》)的修正案,提高了船舶所有人的油污损害责任限额和基金的赔偿限额。修正案规定的限额比 1992 年议定书的限额提高了 50.37%。

《1992 年国际油污损害民事责任公约议定书》和《1992 年国际油污损害赔偿基金公约议定书》2000 年修正案已于 2003 年 11 月 1 日生效。

我国是这两项公约的缔约国,但油污基金公约只适用于香港特别行政区。因此,《1992 年国际油污损害民事责任公约议定书》的修正案对我国和香港特区具有约束力,而《1992 年国际油污损害赔偿基金公约议定书》的修正案只对香港特区具有约束力。

3.1996 年国际海运有害有毒物质损害责任和赔偿公约

1)产生的背景

《1969 年责任公约》和《1971 年基金公约》两个公约生效以后,在一定程度上解决了油污损害赔偿责任的问题,但是,对于其他的海运危险和有毒物质损害赔偿的立法却一直是空白。为了适应世界海运的发展,1996 年 5 月 3 日,IMO 终于通过了《国际海运有害有毒物质损害责任和赔偿公约》(International Convention on Liability and Compensation for Damage in Connection with the Carriage of Hazardous and Noxious Substances(HNS) by Sea,1996,简称 HNS 96 公约)。

2)公约宗旨和形式

(1)宗旨。HNS 96 的宗旨是,确保遭受海上运输 HNS 物质损害的受害人得到足够的、适当的和有效的赔偿,而这种赔偿制度也是一种双层赔偿机制,即损害责任由船东和收货人共同承担。所以,HNS 96 与经修正的 CLC 69 和 FUND 71 虽然产生的背景不同,但是,其宗旨和机制原则上是一致的。

(2)形式。由于历史条件的限制,CLC 69 和 FUND 71 分别于 1969 年和 1971 年在由 IMO 召开的国际会议上制定。但是,到了 20 世纪 90 年代中期,因时机已经成熟,HNS 96 将船东对受害人的赔偿和收货人对受害人的赔偿统一在一个公约中。

3)适用范围

(1)适用的物质。HNS 96 所适用的 HNS 物质有 8 类：

①MARPOL 73/78 附则Ⅰ附录Ⅰ所列的散装运输的油类，共列出不完全的 8 小类 44 种油类物质。

②MARPOL 73/78 附则Ⅱ所列的散装有毒液体物质，其附录Ⅱ中包括 A、B、C 和 D 类物质共计 492 种，其中 A 类为 16 种。

③IBC 规则 1983 年修正案的第 17 章所列出的散装液体危险化学品，计 442 种。

④《国际海运危险货物规则》(即 IMDG 规则)最新修正案所包括的包装危险货物，计 9 大类 22 小类，约 5000 多种物质和物品。

⑤《国际散装运输液化气体船舶构造和设备规则》(即 IGC 规则)1983 年修正案第 17 章所列出的液化气体物质，计 30 种。

⑥闭杯闪点不超过 60℃的散装运输的液体物质。

⑦经修正的《散装固体货物安全操作规则》(简称 BC 规则)附录 B 中包括的具有化学危险性，并且当包装运输时又被 IMDG 规则所包含的散装固体物质，计 30 种。

⑧上一航次散装运输上述物质的残余物。

危险和有毒物质中包括经修正的 CLC 69 和 FUND 71 所适用的持久性油类。但是，暂不包括放射性物质、包装和散装运输的鱼粉，BC 规则附录 B 中包括煤炭在内的 18 种危险和有毒物质、废弃物等。

(2)适用的船舶。HNS 96 适用于一切商业性船舶，但允许各国保留公约不适用于不超过 200 总吨，且只从事国内港口间包装形式的 HNS 物质运输船舶的权利。

(3)适用的地域。HNS 96 的地域适用范围，不仅包括在缔约国领土、领海上造成的任何损害，而且适用于缔约国按国际法所规定的专属经济区内环境污染损害，以及在缔约国注册或有权悬挂缔约国国旗的船上，由运载物质造成的除环境损害以外的其他损害。

(4)损害范围。HNS 96 公约所指的损害不但包括 CLC 69 的污染损害，而且包括了火灾爆炸危险造成的损害：

①人身伤亡；

②船舶以外的财产灭失或损害；

③环境污染造成的灭失或损害；

④采取预防措施的费用；

⑤由此而造成的进一步灭失和损害。

4)责任限额

HNS 96 沿用了 CLC 69 的严格责任制，引入了更高的赔偿责任限额，并继续采用强制保险。这是时代进步的表现，反映了涉及环境损害的事故，船东的责任越来越严格。公约规定船东的责任限额：

(1)不超过 2000 总吨的船舶，限额为 1000 万个特别提款权；

(2)超过 2000 总吨，但不超过 5000 总吨的船舶，每增加 1 总吨，增加 1500 个特别提款权；

(3)超过 5000 总吨，每增加 1 总吨，再增加 360 个特别提款权。

但是，无论如何，任何一次事件的赔偿限额不得超过 1 亿个特别提款权。

对于等于或者低于 200 总吨的船舶，如果仅仅以包装形式载运有害有毒物质，并且只从事同一国家港口之间的运输，HNS 96 公约的缔约国可以不对其实施本公约。对于只在两个相邻国家港口之间从事营运的船舶，这两个国家也可达成协议实施相同规定。

HNS 96 公约采纳了强制保险原则，要求船舶必须持有保险证书，该船舶登记的主管机关应保留其副本。

5）索赔与诉讼

HNS 96 规定的赔偿时效为：一般为 3 年，但无论如何不得在引起损害事故发生之日起 10 年之后提出诉讼，如该事故包括一系列事件，10 年时限应从该事故中最后一个事件发生之日起算。这一规定，无疑有利于受害人，反映了人类对受害人和环境保护意识的进一步提高。

HNS 96 与经修正的 CLC 69 和 FUND 71 规定的船东的诉讼管辖权、“基金”（HNS 基金、油污基金）的诉讼管辖权、代位求偿权等在原则上是相同的。

6）HNS 96 公约基金

完全依靠船东的赔偿责任，并不能为涉及海运有害有毒物质事故造成的损害提供足够的赔偿。因此，超过船东赔偿责任的部分将由第二层体系即 HNS 96 公约基金提供，其最高限额为 2.5 亿个特别提款权（包括从船东赔偿中获得的部分）。这将在一定程度上解决船东赔偿责任不足的问题。

HNS 96 公约基金由货物受益者提供财政支持，根据公约规定的摊款方式设立基金。摊款由缔约国的货主支付，该货主在一个日历年内接收有害有毒物质的最少限量为 20 000t。基金除包括一个总账户外，还包括三个独立账户，分别是：油类、液化天然气、液化石油气。设立独立账户的目的是为了避免不同有害有毒物质之间的交叉。

HNS 96 公约基金将在下列情况下使用：

（1）不是由于船东责任产生的损害赔偿。例如，如果船东没有被告知运输货物中包含有害有毒物质或者由于战争行为引起的意外事故。

（2）船东不能从财政上完全满足本公约义务，并且根据公约规定所提供的任何财产抵押，不能包括不足以满足损害的赔偿请求。

（3）损害赔偿超过了由本公约规定的船东赔偿责任。

7）生效条件

HNS 96 公约规定在满足下列条件之日起 18 个月之后生效：

（1）12 个国家接受该公约，并且其中 4 个国家的船舶总吨位不少于 200 万吨；

（2）这些国家中有责任为总账户提供摊款的人，在上一个日历年接收总量不少于 4000 万吨的摊款货物。

HNS 96 公约不与其他公约连接，这样可以避免在加入本公约时处理与其他公约间关系的麻烦。

8）HNS 96 公约的意义

由于海上运输的特殊危险性，船舶一旦发生事故，特别是涉及有害有毒物质的事故，其损害往往是巨大的。HNS 96 公约对船东的赔偿责任加以限制，一定程度上保护了船东，同时又使受害人得到限额内的赔偿。强制保险一方面分散了船东风险，另一方面又使受害人得到限额内赔偿的保障。HNS 96 公约规定了较高的赔偿限额，但某些情况下，受害人仍有可能得不到足够赔偿，HNS 96 公约基金的建立，使货物受益者分担船东风险，使受害人的利益进一步得到保护。

HNS 96 公约除了告诉人们有害有毒物质造成的损害赔偿责任以及如何赔偿和补偿的问题之外，还提醒人们对有害有毒物质造成损害的赔偿处理，虽然是必不可少的，但终究是消极的办法。为了尽可能不产生损害或减少损害，重要的是在于事故的预防和发生事故后的应急措施,这些远比事故后的损害赔偿的意义大得多。

由此可见,HNS 96 是一个较为复杂的国际公约,涉及的法律问题和利益关系方较多,它提到的强制保险、收集摊款等管理问题对我们来说都是新课题。所以,对该公约的内容,我国是否要加入,如果加入,如何建立相适应的管理机制等问题,这些都是需要认真研究的。

4. 1972 年防止倾倒废物及其他物质污染公约

1)产生的背景

人们利用海洋处理陆地难以处置的废弃物已有 100 多年的历史。第二次世界大战后,美、苏等国把战后过时的毒气弹及其他武器沉入大西洋、地中海等海域。20 世纪 70 年代前后,一些工业发达国家利用海底或海洋深处埋葬或倾倒特别危险的毒物或有害物质。这些物质大多是化工生产中的废物,如氯化物、水银、强放射性物质、砒霜、铅等,直到《伦敦倾废公约》制定为止。根据该公约,禁止将强放射性物质倒入海洋,而允许在批准的前提下,倾倒弱放射性物质。此外,近年来每年向海洋倾倒数量巨大的包括疏浚沉积物、建筑材料、下水道或污水处理厂淤泥以及化工厂和其他一些工厂产生的废弃物和废渣、人类的粪便等。

向海洋倾倒废弃物无疑会给海洋环境造成严重的危害,它不但破坏了生物资源,造成生态平衡的失调,给沿海居民的健康带来不良的影响,而且还影响到捕鱼业和旅游业。20 世纪 70 年代开始,国际社会非常重视这一问题,制定了一系列公约,包括全球性的,如《伦敦倾废公约》、《联合国海洋法公约》等;区域性的,如《奥斯陆公约》以及波罗的海、地中海、海湾区域海洋保护公约等。在这些公约中,尤以《伦敦倾废公约》和《奥斯陆公约》最为重要。这两个公约的基本原则和要求是一致的,其主要区别是适用范围不同。《奥斯陆公约》(即《防止船舶和飞机倾倒造成污染公约》),是第一个管理海上活动的区域性公约。

《1972 年防止倾倒废物及其他物质污染公约》(LDC 1972)于 1972 年 12 月 29 日在伦敦召开的政府间海洋倾废会议上被审议通过,并于 1975 年 8 月 31 日正式生效。

《伦敦倾废公约》对海上倾废活动的管理作了全面规定,它对海上倾废法律的形成和发展起了重大作用。公约的基本原则和规定,为后来制定的有关国际条约所接受,成为各国制定倾废法规的依据。该公约分别于 1978 年和 1980 年进行过两次修改,对废弃物在海上的焚烧问题,在完善海上倾倒法律的制定方面迈开了重要的一步。

2)主要内容

为了防止无止境地倾倒有害物质,《伦敦倾废公约》用来限制使用飞机、船舶或其他海上建筑物,故意倾倒非正常营运而产生的有害物质。它与《奥斯陆公约》的基本原则和主要规定是一致的,而波罗的海和地中海的区域性公约则更加严格。波罗的海公约禁止倾倒除疏浚物以外的任何废物;地中海公约将有机硅化合物和弱放射性废弃物都列入“黑名单”之中,禁止倾倒入海。

(1)定义:

①“倾倒”是指:

A. 任何从飞机、船舶、平台或其他人工构造物上有意地向海洋中倾倒废弃物及其他物质的行为;

B. 任何有意在海上弃置船舶、飞机、平台或其他海上人工构造物的行为。

“倾倒”不包括由于船舶、飞机、平台或其他海上人工构造物及其设备的正常操作引起的或产生的废弃物或其他物质的处置。

②“废弃物及其他物质”是指各种各样的材料和实体。

③“特别许可证”是指根据公约规定,经过事先申请而成为特定用途的许可证。

(2)缔约国的保证措施。公约第11条要求各缔约国保证采取措施,防止油料及其废弃物、危险品运输、船舶营运的各种放射性物质、化学和生物武器制剂,以及海底勘探开发和海上加工生产的废弃物污染海洋环境。

(3)3个附件:

①附件1:又称“黑名单”。列出了禁止向海洋倾倒的物质名称,这些物质为一类废弃物,具有持久性毒性,能够被生物蓄积起来或漂浮在海上,严禁倾倒入海。如有机卤化物、汞及汞化合物、能长期存在的塑料物质、石油及有关的碳氢化合物、强放射废弃物或物质,以及各种生物和化学武器等。如在特别紧急的情况下,缔约国可以作为例外情况,签发紧急许可证,按许可证规定的要求进行倾倒。

②附件2:又称“灰名单”。列出了需要获得特别许可证才能倾倒的物质名称,这些物质为或是有持久性毒性,或是可能被生物蓄积的二类废弃物。其中包括:含量显著的砷、铅、铜、锌、铍、铬、镍、钒及其他化合物,弱放射性物质或废物、农药,影响捕捞底层鱼类作业的某些包装物、碎片物和焦油,也包括那些虽然毒性不强,但大量倾倒也会对海洋环境产生危害作用的物质。这些物质须经主管部门严格地检验,获得特别许可证后,才可以倾倒入海。

没有列入“黑名单”和“灰名单”的物质称为“白名单”物质,也就是三类废弃物。这些物质经主管部门批准获普通许可证才可倾倒入海。

③附件3:它是主管机关在颁发“海上倾废许可证”时,需要考虑的各种因素的依据。包括:物质的特性和成分;倾倒地点和堆积方法;一般考虑及条件等内容。

3)修正案

1971年开始,随着海上废弃物处理技术的发展,原联邦德国等欧洲国家建造了海上化学品焚烧船,用于处理海上废弃物。采用这种方法处理废物的优点是,焚烧时释放出的气体不会危及人类;焚烧时产生的盐酸,因碳酸氢盐对海水有很好的缓冲作用,对北海水域的生物也未产生有害的影响。焚烧中随气体物质排出的其他物质并无什么危险,且它们的总量低于燃烧废物量的0.1%。为此,原联邦德国工业界大量进行海上焚烧船焚烧。这给各国在倾废管理和物质名单等问题上出现了一些争议,导致了对公约的修正,产生了3个修正案,其中以1978年的修正案最为重要。

(1)《伦敦倾废公约》1978年关于解决争议的修正案。该修正案的生效条件是需要有40个国家参加,至今尚未生效。

(2)关于防止在海上焚烧废物造成污染的修正案,已于1979年3月11日生效。

这个修正案提出了一个新的问题——利用海上焚烧方法处理废弃物。海上焚烧是指为达到热销毁废弃物以及其他物质的目的,在专用的海洋焚烧设施上进行焚烧作业的行为,但不包括用作海上焚烧的船舶、平台及其他海上构造物正常作业所伴随发生的行为。如船舶生活垃圾的烧毁、船用发电机组烧油作业等,都不属于海上焚烧行为。海上焚烧是处理废弃物的一种新方法,它既可以降低有害物质的毒性,又可以减少需要倾倒入海的废弃物的数量,减轻对海洋环境的污染损害,因而受到许多国家的重视。但修正案规定,焚烧列入“黑名单”的有机卤化物、油类及列入“灰名单”的农药及其副产品,需要获得有关主管部门签发的特别许可证,焚烧其他废物需要事先获得普通许可证;申请海上焚烧许可证时,申请人应该提供有关废弃物特性的资料;主管机关在签发海上焚烧许可证之前,应当首先考虑是否具有陆岸上处理、处置或销毁该废弃物的有效方法,还要考虑是否有将废弃物转化为毒性较小物质的有效方法。主管机关如果怀疑用热销毁某种废弃物的可能性,应当事先进行小规模试验,以便监测和检查焚烧的效率。在选择焚烧的地点时,主管机关应当考虑以下 3 个重要因素:焚烧区域中的大气扩散特性(包括风速、风向、大气的稳定性等)、转化的频率、雾和降雨的情况(包括类型、数量、湿度等)。其目的是确定海洋焚烧设施所放出的污染物对周围环境的可能影响,特别要注意污染物质经由大气向沿岸区域搬运的可能性、焚烧区域中海水的扩散特性,以便评价海上焚烧设施排出的烟与海水表面相互作用的情况,以及助航设施的适用性。

修正案还规定了焚烧条件、效率以及可焚烧设施的要求。海上焚烧设施是指在海上进行焚烧作业时操作的船舶、平台或其他构造物。焚烧设施应当在检验合格后才能投入使用,检验分初期检验与定期检验。初期检验要求所有的废弃物都必须经过焚烧器烧毁,废弃物燃烧和销毁的效率要达到99.9%以上;而且,当焚烧器的温度下降到规定的最低温度以下时,焚烧系统能够自动停止向焚烧器装填废弃物。初期检验合格后,由有关主管机关发给作业许可证,才可以进行焚烧作业。此后,每两年还要进行一次定期检验,以确保系统始终符合规定的要求。

焚烧作业的主要要求有:①火焰的温度不得低于 1100℃;②焚烧效率至少应达到 99.95%(±0.05%);③焚烧作业时不得冒黑烟,而且火焰不得超过烟道平面。

此外,应详细记录焚烧过程中的相关情况,包括:①使用经过批准的温度测量装置进行连续测量的结果;②焚烧的日期、时间,以及废弃物的名称和数量;③焚烧船的位置;④废弃物和燃料的填装比例,如果是液体废弃物和燃料,则应当连续记录装填的流速;⑤燃料气体中的一氧化碳和二氧化碳的浓度。

海上焚烧为废弃物处理开辟了一个新的途径,但能够焚烧处理的物质的种类还很有限。此外,焚烧还可能对大气产生污染,因而也需要进行严格的管理,还有一些问题尚需进一步解决。

(3)1980 年关于物质名单的修正案,已于 1981 年 3 月 11 日生效。

我国在 1985 年批准加入 LDC 1972 时,同时接受上述两个已生效的修正案。

《伦敦倾废公约》要求加强对海上倾废活动的管理,结束放任自流、无法可依的状态,这是该公约的一个贡献。在该公约生效之后,虽然倾倒的废物数量没有减少,但对海洋环境的影响有所减轻。然而,该公约有关例外情况的规定在一定程度上降低了公约的效力作用。公约并不能从根本上解决废弃物倾倒造成的海洋污染问题,一些国家也曾对该公约提出过尖锐的批评,要求发达国家用最保险的方法,而不是用最廉价的方法处理有毒物质。

5.2001 年船舶燃料油污染损害民事责任国际公约

1)产生的背景

世界经济的发展促进了集装箱运输市场的兴旺,而集装箱船的大型化导致了船舶燃油舱容积的大型化,如韩国现代重工设计的 9000TEU 的集装箱船,日耗重油量为 235.9t,按一个往返航次为 30 天计算,燃油舱的容积至少为 7077m^3,这样的船舶一旦出现油污事故,绝不亚于一艘小型油轮的溢油量,同样对海洋环境有灾难性的影响。

随着《1996 年海运有害有毒物质损害责任和赔偿公约》的签订,在船舶污染损害民事责任国际立法领域,非油轮造成的燃油污染尚是一处空白。为解决这一问题,国际海事组织着手解决燃油公约的制定工作。在多年的讨论和争论中,最终达成了统一的认识:单独制定一个船舶燃油公约,在 CLC 92 的基础上扩大适用范围,确定责任制度和强制保险。

2001 年 3 月 19 ~ 23 日,在英国伦敦的外交大会上最终制定了《2001 年船舶燃料油污染损害民事责任国际公约》(2001 International Convention on Civil Liability For Bunker Oil Pollution

Damage,简称《燃油公约》或 BC)。

中国政府派出了由交通部组团,外交部、最高人民法院、中远集团、中国船东互保协会等单位派员参加的代表团出席了此次外交大会,中国代表团积极参与了大会、全委会和起草委员会的讨论。

2)主要内容与问题

《燃油公约》的起草很大程度上参照了 CLC 92 和 HNS 96 的规定,一些主要条款更是照搬了这两个公约的内容。但是《燃油公约》并不是上述公约的翻版,它具有许多新的内容和自己独有的特点。

(1)适用范围。《燃油公约》定义的船舶为"任何类型的海船和海上运输工具"。CLC 69 只适用于装货的油轮,而 CLC 92 不仅适用于装货的油轮,还适用于空载的油轮。因此,《燃油公约》对船舶的定义要比两个民事责任公约来得广。

(2)责任主体问题。《燃油公约》对责任人实行的是严格责任制,只有在少数几种情况下可以免责,这一点与 CLC 69、CLC 92 和 HNS 96 保持一致。然而,《燃油公约》对责任主体的规定不同于 CLC 69、CLC 92 和 HNS 96,它参照了《美国 1990 年油污法》(OPA 90)的做法,即污染损害如果由多个责任方负责,它们应负连带责任。这种立法出发点是为了保护受害人,使其能尽快得到赔偿,体现了国际社会对海洋环境保护的重视。

《燃油公约》为了更进一步体现国际社会对海洋环境保护的高度重视及对受害人的充分赔偿,不再给予船东的代理人和雇佣人员不被索赔的权利,不论他们是否因恶意行为造成环境污染损害。还有,《燃油公约》没有把救助人列在保护之列,即没有"应急者免责", BC 规则中没有类似 CLC 92 中规定救助人对环境进行救助失败但可以受到保护的条款。

3)我国的情况

随着船舶大型化的发展,船舶燃油污染的重大事故时有发生,《燃油公约》的通过填补了船舶污染损害责任公约体系中的空白,对统一各国在燃油污染方面的损害立法,加快燃油污染事故的处理无疑将发挥重大的作用。

我国是否需要加入《燃油公约》?何时加入《燃油公约》?需要考虑强制保险给我国的运输企业、渔业生产部门、海事管理部门带来的负担以及保险部门承保能力等问题。目前,我国除运载 2000t 货油轮按我国加入的 CLC 92 规定实施强制保险外,一般船舶的强制保险在国内还没有开展起来。国内保险业对实行普遍的船舶强制保险也有所顾虑;海事部门和企业要适应实施该公约所带来的负担也需要一个调整过程。因此,我国近期考虑加入该公约有一定困难,但也不可能无限期地等待,一旦我国的主要贸易伙伴国家加入该公约,我国加入该公约将是必然的结果。

六、其他船舶防污染国际公约

1. 国际船舶压载水和沉积物控制与管理公约

1)产生的背景

船舶压载水由于混有所装货物的残余而造成对海洋的污染,已早为人们所认识。尤其是以散装形式运输的石油类、化学品类。因为货物残余的存在,导致压载水中会有一定浓度的有毒、有害物质,这样的压载水若不经过有效的处理,排放到水域中会给海洋环境造成污染。对此,MARPOL 73/78 作了严格的规定。然而船舶如果装入了含有有害的水生物或病原体的压载水,并将这些压载水排放到港口国水域,同样也会对当地动、植物及人的健康产生威胁。

在过去的几千年里,各种水生生物种依靠洋流、气候情况、海洋表面季风、附着在浮木上等自然的方式,在全世界的海洋中自由传播。影响它们传播速度的障碍只有自然生物学和环境因素,如温度、盐度、陆地和自然界的天敌。人类的活动已经使物种通过一些载体如水上休闲设施、渔业活动、船体和设备以及压载水传播,从而加速了物种传播的进程。

很多国家的研究表明,多种水生物、植物及细菌能在船舶压载水和沉渣中生存,有的经过60天的旅行仍然存活。船舶压载水排放可能是不同地理位置水体间传播有害水生物的主要媒介。水生物和病原体通过这种方式在国际间迁移。每天各个港口都有大量的水作为船舶压载水,越洋过海,排放到外国海域。

今天,压载水已经被确定为物种传播的主要载体,全球每天通过压载水转移的海洋微生物、植物和动物至少7000种甚至达到10 000种。它已经被确定为对世界海洋四个最大的威胁之一。其他三个分别为陆源海洋污染、对海洋生物资源的过度开发和海洋生物环境的物理改变和破坏。

另一个与压载水问题紧密相关的问题是压载沉积物。当船舶装上压载水,它也装上了在压载水中的物质。在混水或浅水中包含着固体物质。当这些物质进入压载舱,它们将沉淀在底部成为"沉积物",并可能成为多种水生生命居住和生活的温床。

有害水生物和病原体(Harmful Aquatic Organisms and Pathogens),指一旦进入海水、河口或淡水水体中,会危害人类健康,损害生物资源和水生物,破坏舒适环境,影响生物多样化或干扰对海洋其他合法利用的水生物和病原体。

20世纪80年代末期开始,陆续出现了由于船舶压载水的排放、传播有害水生物和病原体,造成港口海洋生态被破坏和公众健康遭损害的报道。如澳大利亚和新西兰海域由于外来有毒甲藻的繁殖,通过贝壳类,导致人类患麻痹性贝类中毒症。科学家认为当船舶装入压载水时,把这些有毒的甲藻也装到了船上,它们在沉渣中处于休眠状态,当船舶抵达澳大利亚后与压载水一起排放到海域中。条件成熟时,他们开始繁殖、孵化。贝壳类水生动物以这些藻类作为食物,人食用这些含甲藻毒素的贝类就会瘫痪甚至死亡。北美五大湖由于外来的斑纹贻贝大量繁殖生长,阻塞了该地区的水下结构和管路,造成10多亿美元的损失。秘鲁沿岸1991年的霍乱流行就是由亚洲型的霍乱菌引起的。黑海由于外来的一种浮游动物大量繁殖,争食饵料,造成某些鱼种产量锐减。随着运输船舶船型的增大、船速的提高、船舶航次密度的增加,提高了压载水污染的频繁程度和严重程度。国际航运的发展带来了新的污染源,使一些随船舶压载水和沉渣传播的有害水生物和病原体呈较快增长的趋势。

尽管世界上的海洋是相通的,但因为海水交换缓慢,无论是温度、盐度等简单的环境因子,还是复杂的生物,在世界海洋中分布是不均匀的,有些甚至有着严格的地域界线。任何一个海域的生态系统所包含的生物,从种类到数量都是稳定的。船舶压载水所携带的生物进入港口国水域后,也许不能适应新的海域环境而死亡;也许能适应新环境存活并繁殖。尤其是在没有天敌的情况下,会迅速成长为优势品种。这对港口国海域的生态、渔业和养殖业以及公众健康都可能带来潜在的威胁。为了预防这类有害水生物和病原体的传播和蔓延,澳大利亚检疫和检查处在1990年就提出了凡进入澳大利亚海域的船只自愿遵守的一系列准则:在装压载水的港口采取的措施包括有关当局出具证书,证明该地区的水和海底沉积物中没有有毒有害的水生物;途中措施包括在海上更换压载水或进行舱内压载水处理;抵达后的措施包括不排放压载水、近岸压载水处理和将沉渣排放到经批准的区域。

由于大湖区内船舶排放淡水压载水带进外来有机体而造成的环境问题,加拿大宣布从

1989 年 4 月 1 日起，随着“大劳伦斯航道”的再次开放，提请拟进入该航道的船舶不要在压载水中带有淡水水生物，这些船舶应在进入该航道之前在海中更换压载水。美国、阿根廷等一些国家纷纷采取单方面措施对船舶压载水的排放进行控制和管理。然而，这毕竟是一个全球性的问题，需要世界性适用的规定，并依此采取行动，才能解决问题。

国际海事组织的海上环境保护委员会（MEPC）第 27 届会议（1989 年 3 月）起讨论船舶压载水带进外来有机物而造成的环境问题。1991 年 MEPC 第 31 届会议以 MEPC. 50(31)决议形式，通过了《防止船舶压载水及沉积物排放传播有害的水生物和病原体的国际指南》。该指南提出了一系列的船舶压载水排放的管理措施。1994 年 3 月，MEPC 第 35 届会议上成立了压载水工作组。该工作组根据指南的应用、科学研究和技术发展的成果，修改指南，并考虑将被作为 MARPOL 73/78 涉及压载水的新附则的框架文件。1996 年 MEPC 第 38 届会议上，压载水工作组提交了《船舶压载水的控制和管理规则草案》。1997 年 9 月，MEPC 第 40 届会议通过了 A868(20)决议《关于对船舶压载水进行控制管理，减少有害水生物和病原体传播的指南》。

经过 14 年的讨论和准备，国际海事组织（IMO）召开的成员国外交大会于 2004 年 2 月 13 日在伦敦通过了《国际船舶压载水和沉积物控制与管理公约》（International Convention for the Control and Management of Ships' Ballast Water and Sediments）。该公约已于 2004 年 6 月 1 日开放，供各国正式批准接受。出席外交大会的有 74 个成员国和 1 个联系会员，还有来自 20 个政府间和非政府间组织的观察员。

2）主要内容

《国际船舶压载水和沉积物控制与管理公约》的主要内容，包括公约本身的条款和技术附则的规定。该公约是 IMO 通过的第一个涉及生物入侵方面的海洋环境保护公约，将会对各国船队产生重要影响。

公约共有 22 个条款和一个附则，附则包括了相关技术标准和要求。

（1）定义：

①压载水。系指为控制船舶纵倾、横倾、吃水、稳性或应力而加装到船上的水及其悬浮物。

②压载水管理。系指用机械、物理、化学和生物处理方法，单独或合并使用，以清除、无害处置、避免加装或排放压载水和沉积物中的有害水生物和病原体。

③有害水生物和病原体。系指此类水生物和病原体一旦进入海水中，包括河口或引入淡水水道，可产生对环境、人体健康、财产或资源的危害，损害生物多样性或影响此类区域的其他合法利用。

④沉积物。系指从船舶压载水中沉淀的物质。

⑤船舶。系指在海洋环境中运行的任何类型的船舶，包括潜水器、浮动船艇、固定或浮动式工作平台、浮动存储装置（FSUs）以及浮动生产、存储和卸载装置（FPSOs）。

（2）一般责任。根据公约第 2 条“一般责任”的规定，各当事国应保证全面充分地实施本公约及其附则的规定，以通过控制和管理船舶压载水和沉积物来防止、减少和最终消除有害水生物和病原体的传播。公约当事国有权在符合国际法的前提下，独自或与其他当事国联合采取更严格的措施来防止、减少或消除有害水生物和病原体的传播。当事国应确保依照本公约进行的压载水管理对其或其他国家的环境、人员健康、财产或资源不造成比其所预防的更大的损害。

（3）适用范围。

①除本公约另有明确规定,本公约适用于:

A. 有权悬挂当事国国旗的船舶;以及

B. 无权悬挂当事国国旗,但在该当事国的管辖下营运的船舶。

②本公约不适用于:

A. 非设计和建造携带压载水的船舶。

B. 专门运营于一当事国管辖水域内的该当事国的船舶,除非当事国认为该船舶的压载水排放将会损害或破坏本国、相邻或其他国家的环境、公民健康、财产或资源。

C. 根据一当事国的免除授权专门运营于其管辖水域内的另一当事国船舶。如果此种授权将损害或破坏本国、相邻或其他国家的环境、公民健康、财产或资源,当事国不应予以授权。任何未同意此种授权的当事国应通知有关船舶的主管机关本公约适用于此类船舶。

D. 除根据③款未被授权的船舶外,专门运营于一当事国管辖水域内或公海上的船舶,除非当事国认为该船舶的压载水排放将损害或破坏本国、相邻或其他国家的环境、公民健康、财产或资源。

E. 本公约不适用于任何军舰、军用辅助船舶或当事国所拥有和营运的到目前为止只用于政府非商业服务目的的其他船舶。但是,各当事国须通过采取不妨碍其所拥有和营运此类船舶的操作性能的适当措施,保证此类船舶在合理和可行时以符合本公约。

(4)控制经由船舶压载水和沉积物传播有害水生物和病原体:

①各当事国须要求悬挂其船旗或在其管辖下运营的船舶遵守本公约的要求,包括附则的标准和要求,并应采取有效措施确保此类船舶遵守这些要求。

②各当事国须根据其各自的条件和能力,制定其港口和沿海水域的国家政策、战略或计划,以符合和促进达到本公约的目标。

(5)接收设施。根据公约第5条“沉积物接收设施”,各当事国应确保在其指定的进行压载舱清洗和维修作业的港口和码头内提供充足的接收设施接收沉积物。此类接收设施的操作不应造成船舶的不当延误,并应安全地处理这些沉积物而不损害或破坏其他国家的环境、人员健康、财产或资源。

(6)科技研究与监测。公约第6条涉及科技研究与监测,要求各当事国单独或联合努力促进并推动压载水管理的科技研究,并坚持在其管辖水域内的压载水管理的效果。

(7)检验、发证和检查。船舶应接受和发证(第7条),并可接受港口国监督官员的检查(第9条)。港口国监督官员可核实船上是否配备了有效的证书,检查压载水管理记录簿和(或)对船舶的压载水进行采样。如果有疑问可对船舶进行详细检查。“执行检查的当事国须采取步骤,确保船舶在不会对环境、人员健康、财产或资源产生有害的威胁后才可排放压载水。”应尽力避免使船舶收到不当的滞留或延误(第12条)。

(8)技术援助与地区性合作。根据公约第13条—技术援助、合作和地区性合作,公约当事国承诺直接或通过国际海事组织和其他适当的国际机构,就控制和管理船舶的压载水和沉积物向需要技术援助的当事国提供支持,以帮助培训人员;确保相关技术、设备和设施适用;进行联合研究和开发项目;采取以有效实施本公约及IMO制定的相关指南为目的的其他行动。

(9)生效。公约第18条规定,公约在合计不少于世界商船总吨位35%的至少30个国家批准之后12个月生效。

3)公约附则

公约附则的全称为《控制和管理船舶压载水和沉积物以防止、减少和消除有害水生物和病原体转移规则》。公约附则主要涉及技术性要求,共包括 5 个部分。

(1)A 部分—总则。本部分包括定义、适用和免除。其中第 A－2 条规定:“除另有明文规定外,压载水的排放必须根据本附则的规定,通过压载水管理进行。”

(2)B 部分—船舶的管理和控制要求。船舶应配备并实施经主管机关批准的压载水管理计划。船上压载水管理计划应针对每一具体的船舶,并包括为实施压载水管理要求和措施所采取的行动的详细描述。

船舶必须配备压载水记录簿以记录压载水加装的时间、为压载水管理目的而进行的循环和处理以及压载水的排放等。除此之外还应记录压载水被排放到接收设施的时间或意外或其他异常的压载水排放事件。

第 B-3 条规定了对船舶压载水的管理要求如表 2-5 所示。

公约附则 B 部分规定的压载水管理时间表　　表 2-5

建造船舶时间	压载水容量(m^3)	管 理 要 求
2009 年前	1500～5000	2014 年之前至少满足压载水更换或压载水性能标准,其后满足压载水性能标准
2009 年之前	<1500 或 >5000	2016 年之前至少满足压载水更换或压载水性能标准,其后满足压载水性能标准
2009 年或之后	<5000	至少满足压载水性能标准
2009 年或之后但在 2012 年之前	5000 或以上	2016 年之前至少满足压载水更换或压载水性能标准,其后满足压载水性能标准
2012 年或之后	5000 或以上	至少满足压载水性能标准

根据 B-4 条关于压载水更换的规定,所有采用压载水更换的船舶,只要可能,应根据 IMO 制定的指南,在距离最近陆地至少 200n mile 和水深至少 200m 以上的地点进行压载水更换;在船舶不能根据以上要求的压载水更换时,此种压载水更换应尽可能远离最近陆地进行,但在任何情况下,应距离最近陆地至少 50n mile 并且水深至少在 200m;当无法满足这些要求时,可为船舶制定进行压载水更换的区域。所有船舶应根据船舶压载水管理的计划的规定,对设计用来装载压载水处所的沉积物进行清除和处理(第 B-4)。

(3)C 部分—附加措施。一当事国可单独或与其他当事国联合对船舶采取附加措施,来防止、减少或消除通过船舶压载水和沉积物传播有害水生物和病原体。

在此种情况下,该当事国应与毗邻或附近可能受到影响的国家进行协商,并至少提前 6 个月(除非在紧急或疫情的情况下)通知 IMO 其设立附加措施的意向。可行时,应获得 IMO 的批准。

(4)D 部分—压载水管理标准。D 部分包括一个压载水更换标准和一个压载水性能标准。可使用压载水更换来满足压载水性能标准。

第 D-1 条:压载水更换标准

进行压载水更换的船舶应达到其压载水的 95% 的更换量;对于使用注入排出法进行压载水更换的船舶,注入排出压载舱 3 倍容积的水量,应被视为满足上述标准;如果船舶能够证明满足了至少 95% 的更换量,注入排出少于 3 倍水量也可以被接受。

第 D-2 条:压载水性能标准

进行压载水管理的船舶排放的压载水每立方米应少于 10 个最小尺寸、大于或等于 50μm

的和每毫升少于10个最小尺寸、小于50μm但大于或等于10μm的可检出存活生物。指标微生物的排放不应该超过规定的浓度。

作为人类的健康标准,指标微生物应包括但不限于:每100mL含小于1cfu的有毒霍乱弧菌(01和0139)或每克(湿重)含小于1cfu浮游动物样品、每100mL含250cfu的大肠杆菌、每100mL含100cfu的肠道球菌。

第D-3条:附加要求

第D-3条规定压载水管理系统必须由主管机关根据IMO制定的指南进行批准。这些包括使用化学物质或杀虫剂,使用生物或生物机制,或使压载水的化学或物理性质发生改变的处理系统。

第D-4条:试验型技术

第D-4条涉及试验型压载水处理技术,该条规定,参加经主管机关批准的测试和评估具有前景的压载水处理技术项目的船舶,在符合相关要求方面将有5年的宽限期。

第D-5条:对标准的审议

第D-5条涉及IMO对标准的审议,要求IMO对压载水性能标准进行审议,审议应考虑到几种标准,包括安全事宜、环境的可接受性、实际可行性、费用与效果和生物有效性。

(5)E部分—压载水管理的检验和发证要求。E部分是对船舶压载水管理的初次检验、年度检验、中间检验、换证检验、附加检验和相关发证的要求。该部分的附录给出了压载水管理证书格式和压载水记录簿格式。

此次,2004年2月13日的外交大会还通过了以下4个相关的决议:

决议1　关于IMO根据公约专门制定一系列指南的未来工作决议。

决议2　关于在审议第D-5条规定的标准中应用决策工具的决议。

决议3　关于促进技术合作和援助的决议。

决议4　关于未来对公约负责审议的决议。

第二节　美国1990年油污染法

一、产生的背景

1990年8月18日,美国总统布什签署了美国新的油污法(Oil Pollution Act of 1990,OPA 90)。尽管此法不是一项国际法规定,但由于此法规定了船东、经营人和光船租船人油污损害的严格责任制和义务,以及对油轮和其他各类船舶设计和安全设备提出了严格要求,这样凡在美国海域从事航运的船东都必须在其船舶管理和经营方面遵守一整套规则,从而引起了国际航运界极大震惊和不安。加之美国的石油运输在国际航运中占有举足轻重的地位,美国《1990年油污法》的实施对油轮船东和石油工业界产生了极其不利的影响。

随着我国国际航运业近年来的发展,航行于美国港口水域的我国油轮、集装箱班轮、散化船和其他货船日益增多。我国经营美国航线的航运公司应适应美国《1990年油污法》实施后的严峻形势,研究出相应对策。

美国早在1924年就制定了本国的《石油污染法》,以后又制定了1948年的《水污染控制法》、1956年的《联邦水污染控制法》、1972年的《联邦水污染控制法修正案》等。此外还参加了一些国际防污公约。然而,1989年3月24日,美国阿拉斯加发生了“埃克森·瓦尔迪兹”号巨型油轮的搁浅溢油事件,仅就油污清除费用而言,已高达20亿美元,美国国会在环境保护者的巨大压力下,制定了美国《1990年油污法》。

二、美国1990年油污法的主要内容

该法共有9章78节。从油污责任与赔偿、油污事件的预防与清除等方面,就防止船舶和海洋石油勘探开发等造成的污染,作出了一系列严格规定。

1)责任方

该法适用于船舶的所有者、经营者或光船租赁者,而不论船型如何,在该法中,每一"责任方"共同承担各自的严格责任。

2)管辖

适用于美国可航性水域,包括专属经济区,200n mile以内的范围。

3)责任

当船舶发生油类排放或造成类似巨大威胁时,每一责任方应负担:

(1)所有清除油污的费用(其中,当有油污威胁时,包括防止或减少事故所产生的费用)。

(2)所有对自然资源的损害,不动产或私人财产(包括经济损失)的损害,利用自然资源方面的损失,收益损失(包括税收),利润、能力的损失,以及在清除油污之时或之后所提供公共服务的附加费用。

4)抗辩

如果责任方能够提供足够的证据证实油类排放,此种排放的巨大威胁所造成的损失或清除油污费用是由以下原因引起的,责任方就可获得责任豁免:

(1)天灾。

(2)战争行为。

(3)由于第三方的行为与不为,假使责任方能够证实他在油污问题上做到了谨慎处理,对任何此种第三方的可预见行为与不为(和可预见的后果)采取了预防措施。

(4)油污事故是由索赔方的重大过失或恶意行为造成的。

然而,对责任方来说,如果不能或拒绝按法律要求报告油污事故,在负责除油的官员执行清除活动时,不能或拒绝提供所有的合作,这些抗辩将不能成功。

5)责任限制

油轮的责任限额为每总吨1200美元,超过3000总吨的船舶,最低责任限额为1000万美元;不足3000总吨船舶,最低责任限额为200万美元。非油轮船舶,责任限额为每总吨600美元,最低责任限额为50万美元。然而,如果油污事故是由以下引起的:

(1)重大过失与恶意行为;

(2)责任方的雇佣人员或其代理,或与责任方有契约关系的其他人违背适合于联邦安全、船舶结构或驾驶等方面的规则。

责任方不能或拒绝遵从以上所述的关于对油污事故的报告、提供合作及其他适用于依该法进行抗辩的要求,责任方将丧失责任限制权利。

6)民事责任

该法规定强制民事罚金为每天25 000美元或按排放油类每桶1000美元计。如果排放油类是由于责任方的重大过失与恶意行为所引起,民事罚金不低于10万美元,但不超过按每桶3000美元所计算的金额。如果不能清除油污或不遵守政府命令,将课以进一步的违规民事罚

金为每天 25 000 美元或为溢油责任信托基金发生的费用的 3 倍。刑事处罚方面的许多条款包括对单位的罚金最高额为 50 万美元，对个人罚金最高额为 25 万美元。如果他没有对溢油事故加以汇报，对个人判刑最高为 3 年，即如果属于责任方的疏忽，或有意排放油类，则更进一步的刑事处罚包括罚金，以及对个人的判刑。

7）财务责任

要求航行于美国管辖的任何水域的超过 300 总吨的船舶（不运载货油或燃油的非自航船除外）的责任人或航行于属于美国管辖的专属经济区或以油类为燃料的任何船舶的责任人，必须建立足够的财务责任担保，以达到依该法责任限制条款规定的由责任方所有或经营的总吨最大的船舶的最高责任限额。

8）与州立法的关系

该法不对州立法构成优先权。因此，每州都可以规定与排放油类或清除溢油有关的附加责任或要求，许多沿海州已制定了它们自己的法案。已有案例表明，这些州的立法对本州或其他州溢油损失实施无限责任。因此，在各联邦州法案下船东和经营者可能面临着超过新法规定责任之外的责任风险。

三、美国 1990 年油污法的特点及影响

1. 美国 1990 年油污法的主要特点

美国《1990 年油污法》的特点如下：

1）大幅度提高船东的油污损害责任赔偿限额

原来的赔偿限额对油轮船东为每总吨 150 美元，现提高到每总吨 1200 美元；大于 3000 总吨的油轮，最低限额为 1000 万美元；小于 3000 总吨的油轮，最低限额为 200 万美元。对其他船舶的船东为每总吨 600 美元或总额 50 万美元，以其大者为准。

2）船东极易丧失赔偿责任限制的权利

该法规定丧失责任限制权利的条件是：

（1）油污事故性质恶劣，系船东重大过失或故意过失造成；

（2）违反某项适用的联邦安全、建筑或营运规章。

尤其是后者，美国对船舶在可航水域中适用的联邦规定名目繁多，故发生这样或那样的违章是很容易的。而且，更有甚者，除以上条件外，还有一些规定：如事故发生后，船东未能及时报告；或未能提供负责官员要求的一切合理合作和协助；或在没有充分理由的情况下未能遵照执行海岸警备队或其他政府有关当局对清除和减轻油污发布的一切合法命令，船东均可能丧失赔偿责任限制的权利。

3）对船员的要求更加严格

（1）对船员酗酒和吸毒问题将进行严厉处罚，甚至追究刑事责任；

（2）赴美国船舶尤其是油轮的船员，将接受美国主管机关的考核，其中包括配员、培训、资历和值班标准。油轮还要附加原油洗舱培训与证书、航行计划以及英语能力，外国船员发证的标准至少相当于美国法律或美国所接受的国际标准规定的能力，否则可能招致禁止其入港。要求油轮船员必须具备为防止和消除油污行动时的应急反应能力。

4）货船航行安全标准更为严格

（1）配备完善的足够的航行设备和系统，如操舵罗经、ARPA 雷达和卫星技术等；

（2）制定符合规定的航行计划和驾驶台常规命令；

(3)本国语言和英文对照的船东管理船舶的规章制度；

(4)船位报告制度。

5)将要采取的新举措

(1)油轮禁航的水域将增多；

(2)油轮强制引航的水域将增多和扩大；

(3)某些水域将强制雇用拖轮护航(如威廉王子海湾、华盛顿的罗萨里欧海峡和普夫特海峡)；

(4)某些水域将派大功率拖轮值守,通过此水域的油轮将被强行收费。

6)对油轮构造和货油设备提出更高要求

(1)必须具有超高位液位报警装置；

(2)必须具有液位和舱内压力监测装置；

(3)油轮必须建造成双层壳体；

(4)货油舱封闭测量装置；

(5)油气回收装置；

(6)船上必须备有经主管机关认可的油污应急计划。

2. 美国1990年油污法的影响与对策

1)影响

美国《1990年油污法》属于联邦法律。该法不顾《1969年民事责任公约》和《1971年油污赔偿基金公约》及其修正案的规定,允许美国各州颁布自己的有关油污责任的法律,且对其不占有优先权。至少已有24个州制订有各自的油污法,其中16个州实施油污损害赔偿严格责任制,而且对船东没有责任限制的规定。以前由于船东可以享受"责任限制法"所规定的船价加运价的责任限制,这些州法对船东的责任不起很大作用。然而依照《1990年油污法》,船东已很难享受责任限制权益,该法又规定联邦油污法不影响任何州当局对发生在本州领域的油类污染事故对船东规定的额外赔偿责任或要求。例如,某轮在美国西雅图港发生油污事故,除执行美国《1990年油污法》规定外,还得执行华盛顿州油污法规定。美国《1990年油污法》对船东的赔偿责任虽有限制,但华盛顿州实施"无限责任"的规定,船东就只能被剥夺享受责任限制的权益。

美国《1990年油污法》和州油污法对船东负责赔偿的油污损害项目和范围也在不断扩大,除费用之外,还有对自然资源(包括陆地、鱼类、野生动物、空气、水、地下水、饮用水源等)或个人财产的伤害、破坏、灭失所引起的损害赔偿,特别是其中有一项"由于自然资源的损害、破坏或灭失所引起的相等于利润损失或收益能力降低的损失",对此,任何索赔人均可提出。例如:一位旅游区的所有人,虽然他的海滩没有受到油污,但他可提出由于油污事故引起的利润损失赔偿诉讼;或是一位饭店老板,由于他的鱼类来源被油污事故中断,他也可据此提出收益能力降低的赔偿诉讼;甚至一位卡车车主由于无鱼可运而损失营业额或一个猎人由于无野鸭可猎而一季无业,都可以提出索赔。

值得注意的是,美国《1990年油污法》虽然是针对油轮制定的,但该法对各类运输船舶也完全适用。一艘货轮一旦在美国水域发生海事,如和油轮发生碰撞导致对方大量溢油,或自身发生触礁、搁浅等事故,双层底油舱破损漏出大量燃油,都会造成严重污染,而肇事船的船东将承担无法估计的赔偿责任,如果公司船队结构不作相应改变的话,更逃脱不了连带的赔偿责任。因此,一宗油污事故绝不能单独地把它看做是一条船的问题,也可能给整个公司或整条船队带来灾难性的覆没。

2)对策

美国《1990 年油污法》出台后,国际海商法界及航运界反映十分强烈。特别是航运量大的集团公司,对于该法及各州法律对船东的绝对责任制和无限责任制以及天文数字的油污损害赔偿都在认真研究对策。如通过分散资产、改变公司结构、成立单船公司等手段以逃避连带责任。但从根本上讲,只有重视安全,防止各项事故尤其是油污事故,以及加强对油污事故处理和应对措施的训练,才能在最大限度上减少损失。

针对美国《1990 年油污法》,一些航运公司都纷纷采取了一些对策措施。国内某航运公司曾于年发出紧急通知,要求公司船舶:

(1)航行美国水域(包括美国近海和专属经济区及夏威夷海域)的各类船舶,船舶领导要向全体船员宣讲美国的《1990 年油污法》,应强调指出造成油污损失,船东将承担无限赔偿责任的严重性。发生重大油污事故,不是单独一条船的问题,很可能会给全公司带来意想不到的灾难。

(2)船舶领导和全体船员严格遵守各项安全航行和防污染规章制度,采取一切措施,确保在美国水域不发生任何碰撞搁浅和油污事故。

(3)船舶在进出港和狭窄水道航行时,船长必须亲临指挥,即使有引航员在船也必须严格履行职责。特别是当与油轮相遇时应密切注意,早让宽让。

(4)所有船舶在港进行加装燃油作业时,应严格按操作规程办理,随时监测加油的速度和监测油舱油位,以防满舱溢油等事故发生,加油油舱应留有充分的余量。

第三节　我国船舶防污染法律和管理条例

我国海洋环境保护工作始于 1973 年。虽然起步较晚,但由于国家和主管部门的努力,取得了重大进步:基本查明了我国沿海的污染状况;对重点海域进行了有计划的治理;组建全国海洋环境监测网;公布我国海域的污染通报;广泛开展海洋环境保护应用技术和基础理论的研究工作;制定了海洋环境保护的方针和一些法规,并逐步完善我国海洋环境保护的法律体系;组建了海洋环境保护机构和执法管理队伍等。这些对于保护海洋环境,防止污染损害,维护我国海洋权益,作出了积极的贡献。

从 1973 年开始进行船舶防止污染监督起,我国已制定的防止船舶造成污染的法规有:

《中华人民共和国海洋环境保护法》(以下简称《海洋环境保护法》),1982 年 8 月 23 日经全国人民代表大会常务委员会第 24 次会议审议通过,1983 年 1 月 1 日生效,成为我国海洋环境保护的第一个综合性的正式法律。并于 1999 年 12 月 25 日修订和公布,自 2000 年 4 月 1 日起实施。

《中华人民共和国防止船舶污染海域管理条例》,1983 年 12 月 29 日由国务院批准执行,现已废止,它已被 2009 年 9 月 2 日国务院第 79 次常务会议通过的《防治船舶污染海洋环境管理条例》所替代,新条例已于 2010 年 3 月 1 日起施行。

《中华人民共和国船舶污染物排放标准》,1983 年 4 月 9 日颁布执行。

《中华人民共和国海洋倾废管理条例》,1985 年 3 月 6 日颁布执行。

《海船防污染结构及设备规范》和《内河船舶防污染结构和设备规范》,1986 年由中国船舶检验局颁布执行。

此外还有一些关于防止拆船污染环境的管理条例和规则。

一、中华人民共和国海洋环境保护法

《海洋环境保护法》原有8章48条,修订后为10章98条。第一章总则,第二章海洋环境监督管理,第三章海洋生态保护,第四章防止陆源污染物对海洋环境的污染损害,第五章防治海岸工程建设项目对海洋环境的污染损害,第六章防治海洋工程建设项目对海洋环境的污染损害,第七章防治倾倒废弃物对海洋环境的污染损害,第八章防治船舶及有关作业活动对海洋环境的污染损害,第九章法律责任,第十章附则。

1. 目的、适用范围、义务

本法制订的目的是为了保护和改善海洋环境,保护海洋资源,防治污染损害,维护生态平衡,保障人体健康,促进经济和社会的可持续发展。

本法适用于中华人民共和国内水、领海、毗连区、专属经济区、大陆架以及中华人民共和国管辖的其他海域。在中华人民共和国管辖海域内从事航行、勘探、开发、生产、旅游、科学研究及其他活动,或者在沿海陆域内从事影响海洋环境活动的任何单位和个人,都必须遵守本法。在中华人民共和国管辖海域以外,造成中华人民共和国管辖海域污染的,也适用本法。

一切单位和个人都有保护海洋环境的义务,并有权对污染损害海洋环境的单位和个人以及海洋环境监督管理人员的违法失职行为进行监督和检举。

2. 管理体制

国务院环境保护行政主管部门作为对全国环境保护工作统一监督管理的部门,对全国海洋环境保护工作实施指导、协调和监督,并负责全国防治陆源污染物和海岸工程建设项目对海洋污染损害的环境保护工作。

国家海洋行政主管部门负责海洋环境的监督管理,组织海洋环境的调查、检测、监视、评价和科学研究,负责全国防治海洋工程建设项目和海洋倾倒废弃物对海洋污染损害的环境保护工作。

国家海事行政主管部门负责所辖港区水域内非军事船舶和港区水域外非渔业、非军事船舶污染海洋环境的监督管理,并负责污染事故的调查处理;对在中华人民共和国管辖海域航行、停泊和作业的外国籍船舶造成的污染事故登轮检查处理。

国家渔业行政主管部门负责渔港水域内非军事船舶和渔港水域外渔业船舶污染海洋环境的监督管理,负责保护渔业水域生态环境工作,并调查处理前款规定的污染事故以外的渔业污染事故。

军队环境保护部门负责军事船舶污染海洋环境的监督管理及污染事故的调查处理。

沿海县级以上地方人民政府行使海洋环境监督管理权的部门的职责,由省、自治区、直辖市人民政府根据本法及国务院有关规定确定。

3. 海洋环境监督管理

国家根据防止海洋环境污染的需要,制定国家重大海上污染事故应急计划。国家海洋行政主管部门负责制定全国海洋石油勘探开发重大海上溢油应急计划,国家海事行政主管部门负责定制全国船舶重大海上溢油污染事故应急计划,报国务院环境保护行政主管部门备案。

依法行使海洋环境监督管理权的部门,有权对管辖范围内排放污染物的单位和个人进行现场检查。被检查者应当如实反映情况,提供必要的资料。检查机关应当为被检查者保守技术秘密和业务秘密。

4. 防治倾倒废弃物对海洋环境的污染损害

任何单位未经国家海洋行政主管部门批准,不得向中华人民共和国管辖海域倾倒任何废弃物。需要倾倒废弃物的单位,必须向国家海洋行政主管部门提出书面申请,经国家海洋行政主管部门审查批准,发给许可证后,方可倾倒。禁止中华人民共和国境外的废弃物在中华人民共和国管辖海域倾倒。

获准倾倒废弃物的单位,必须按照许可证注明的期限及条件,到指定的区域进行倾倒。废弃物装载之后,批准部门应当予以核实。获准倾倒废弃物的单位,应当详细记录倾倒的情况,并在倾倒后向批准部门作出书面报告。倾倒废弃物的船舶必须向驶出港的海事行政主管部门作出书面报告。

禁止在海上焚烧废弃物。禁止在海上处置放射性废弃物或者其他放射性物质。废弃物中的放射性物质的豁免浓度由国务院制定。

5. 防治船舶及有关作业活动对海洋环境的污染损害

在我国管辖海域,任何船舶及相关作业不得违反本法规定向海洋排放污染物、废弃物和压载水、船舶垃圾及其他有害物质。

船舶必须按照有关规定持有防止海洋环境污染的证书与文书,在进行涉及污染物排放及操作时,应当如实记录。船舶必须配置相应的防污设备和器材。载运具有污染危害性货物的船舶,其结构与设备应当能够防止或者减轻所载货物对海洋环境的污染。

船舶应当遵守海上交通安全法律、法规的规定,防止因碰撞、触礁、搁浅、火灾或者爆炸等引起的海难事故,造成海洋环境的污染。

国家完善并实施船舶油污损害民事赔偿责任制度;按照船舶油污损害赔偿责任由船东和货主共同承担风险的原则,建立船舶油污保险、油污损害赔偿基金制度。实施船舶油污保险、油污损害赔偿基金制度的具体办法由国务院规定。

载运具有污染危害性货物进出港口的船舶,其承运人、货物所有人或者代理人,必须事先向海事行政主管部门申报。经批准后,方可进出港口、过境停留或者装卸作业。

交付船舶装运污染危害性货物的单证、包装、标志、数量限制等,必须符合对所装货物的有关规定。需要船舶装运污染危害性不明的货物,应当按照有关规定事先进行评估。装卸油类及有毒有害货物的作业,船岸双方必须遵守安全防污操作规程。

港口、码头、装卸站和船舶修造厂必须按照有关规定备有足够的用于处理船舶污染物、废弃物的接收设施,并使该设施处于良好状态。装卸油类的港口、码头、装卸站和船舶必须编制溢油污染应急计划,并配备相应的溢油污染应急设备和器材。

进行下列活动,应当事先按照有关规定报经有关部门批准或者核准:

(1)船舶在港区水域内使用焚烧炉;

(2)船舶在港区水域内进行洗舱、清舱、驱气、排放压载水、残油或含油污水接收、舷外拷铲及油漆等作业;

(3)船舶、码头、设施使用化学消油剂;

(4)船舶冲洗沾有污染物、有毒有害物质的甲板;

(5)船舶进行散装液体污染危害性货物的过驳作业;

(6)从事船舶水上拆解、打捞、修造和其他水上、水下船舶施工作业。

船舶发生海难事故,造成或者可能造成海洋环境重大污染损害的,国家海事行政主管部门有权强制采取避免或者减少污染损害的措施。对在公海上因发生海难事故,造成我国管辖海域重大污染损害后果或者具有污染威胁的船舶、海上设施，国家海事行政主管部门有权采取与实际的或者可能发生的损害相称的必要措施。

所有船舶均有监视海上污染的义务，在发现海上污染事故或者违反本法规定的行为时，必须立即向就近的依照本法规定行使海洋环境监督管理权的部门报告。

6. 法律责任

违反本法有关规定，有下列行为之一的，由依照本法规定行使海洋环境监督管理权的部门责令期限改正，并处以罚款：

(1)向海域排放本法禁止排放的污染物或其他物质的；

(2)不按照本法规定向海洋排放污染物，或者超过标准排放污染物的；

(3)未取得海洋倾倒许可证，向海洋倾倒废弃物的；

(4)因发生事故或者其他突发性事件，造成海洋环境污染事故，不立即采取处理措施的。

有第(1)、(3)项行为之一的处3～20万元的处罚；有第(2)、(4)项行为之一的处2～10万元的罚款。

违反本法规有关规定，有下列行为之一的，由依照本法规定行使海洋环境监督管理权的部门予以警告，或者处以罚款：

(1)不按照规定申报，甚至拒报污染物排放有关事项，或者在申报时弄虚作假的；

(2)发生事故或者其他突发性事件不按照规定报告的；

(3)不按照规定记录倾倒情况，或者不按照规定提交倾倒报告的；

(4)据报或者谎报船舶载运污染造成危害性货物申报事项的。

有第(1)、(3)项行为之一的处2万元以下的罚款；有第(2)、(4)项行为之一的处5万元以下罚款。

违反本法规定，经中华人民共和国管辖海域转移危险废物的，有国家海事行政主管部门责令非法运输该危险物品的船舶退出中华人民共和国管辖海域，并处5～50万元的罚款。

违反本法规定，有下列行为之一的，由依照本法规定行使海洋环境监督管理权的部门予以警告，或者处以罚款：

(1)港口、码头、装卸站及船舶未配备防污设备、器材的；

(2)船舶未持有防污证书、防污文书，或者不按照规定记载排污记录的；

(3)从事水上和港口水域拆船、旧船改装、打捞和其他水上、水下施工作业，造成海洋环境污染损害的；

(4)船舶载运的货物不具备防污适运条件的。

有第(1)、(4)项行为之一的处2～10万元的罚款；有第(2)项行为的处2万元以下的罚款；有第(3)项行为的处5～20万元的罚款。

违反本法规定，船舶、石油平台和装卸油类的港口、码头、装卸站不编制溢油应急计划的，由依照本法规定行使海洋环境监督管理权的部门予以警告，或者责令限期改正。

对破坏海洋生态、海洋水产资源、海洋保护区，给国家造成重大损失的，由依照本法规定行使海洋环境监督管理权的部门代表国家对责任者提出损害赔偿要求。

对违反本法规定，造成海洋环境污染事故的单位，由依照本法规定行使海洋环境监督管理权的部门根据所造成的危害和损失处以罚款，罚款数按照直接损失的30%计算，但最高不得超过30万元。

对造成重大海洋环境污染事故，致使公私财产遭受重大损失或者人身伤亡严重后果的，依法追究刑事责任。海洋环境监督管理人员滥用职权、玩忽职守、徇私舞弊，造成海洋环境污染损害的，依法给予行政处分；构成犯罪的，依法追究刑事责任。

完全属于下列情形之一，经过及时采取合理措施，不能避免对海洋环境造成污染损害的，造成污染损害的有关责任者免予承担责任：战争；不可抗拒的自然灾害；负责灯塔或者其他助航设备的主管部门在执行职责时的疏忽；或者其他过失行为。

7. 附则

本法中有关用语的含义：

“海洋环境污染损害”，是指直接或间接地把物质或能量引入海洋环境，产生损害海洋生物资源，危害人体健康，妨碍渔业和海上其他合法活动，损坏海水使用素质或减损环境质量等有害影响。

“油类”，是指任何类型的油及其炼制品。

“内水”，是指我国领海基线向内陆一侧的所有海域。

“油性混合物”，是指任何含有油分的混合物。

“排放”，是指把污染物排放入海洋的行为，包括泵出、溢出、泄出、喷出和倒出。

“倾倒”，是指通过船舶、航空器、平台或其他载运工具，向海洋处置废弃物或其他有害物质的行为，包括弃置船舶、航空器、平台和其他活动工具的行为。

“海上焚烧”，是指以热摧毁为目的，在海上焚烧设施上，故意焚烧废弃物或者其他物质的行为，但船舶、平台或者其他人工构造物正常操作中，所附带发生的行为除外。

我国缔结或者参加的与海洋环境保护有关的国际条约与本法有不同规定的，适用国际条约的规定；但是，中华人民共和国声明保留的条款除外。

二、防止船舶污染海域管理条例

《中华人民共和国防止船舶污染海域管理条例》于1983年12月29日由国务院颁布执行。该条例是《中华人民共和国海洋环境保护法》针对船舶污染控制的实施细则。该条例共有12章，包括总则、一般规定、防污设备及文件、油污水的排放、装运危险品货物、其他污水、垃圾、船舶倾倒废弃物、船舶建造、打捞、拆船、事故损害赔偿、处罚与奖励和附则。

为了适应新的海洋环境保护的需要，加强海洋环境污染治理的力度，新的《防治船舶污染海洋环境管理条例》已于2009年9月2日在国务院第79次常务会议上通过，并于2010年3月1日起施行。新条例共有9章，包括总则、防治船舶及其有关作业活动污染、污染物的排放和接收、船舶有关作业的污染防治、污染事故应急处置、污染事故调查处理、事故损害赔偿、法律责任和附则。

1. 适用范围

本条例适用于在中华人民共和国管辖海域、海港内的一切中国籍船舶、外国籍船舶及船舶所有人和其他个人。

防止船舶污染海域环境的主管机关是中华人民共和国海事局（以下简称海事局）。

防治船舶及其有关作业活动污染海洋环境，实行预防为主、防治结合的原则。

2. 船舶防污染管理一般要求

（1）在中华人民共和国管辖海域内的一切船舶，不得违反《海洋环境保护法》和本条例的规定排放油类、油性混合物、废弃物和其他有害物质。任何船舶不得向河口附近的港口淡水水域、海洋特别保护区和海上自然保护区排放这些物质。

(2)船舶发生污染事故,应立即采取措施控制和消除污染,并尽快向就近的海事部门提交书面报告,接受调查处理。

(3)船舶发生海损事故造成或者可能造成海洋环境重大污染损害的,海事部门有权强制采取避免或减少这种污染损害的措施,包括强制清除或强制拖航的措施。由此发生的一切费用,由肇事船方承担。

(4)船舶所有人、经营人或者管理人以及有关作业单位应当制定防治船舶及其有关作业活动污染海洋环境的应急预案,并报海事管理机构批准。港口、码头、装卸站的经营人应当制定防治船舶及其有关作业活动污染海洋环境的应急预案,并报海事管理机构备案。

(5)船舶、港口、码头、装卸站以及其他有关作业单位应当按照应急预案,定期组织演练,并做好相应记录。

3. 船舶污染物的排放和接收

(1)船舶在中华人民共和国管辖海域向海洋排放的船舶垃圾、生活污水、含油污水、含有毒有害物质污水、废气等污染物以及压载水,应当符合法律、行政法规及相关标准的要求。船舶应当将不符合前述规定的排放要求的污染物排入港口接收设施或由相关单位接收。

(2)船舶处置污染物,应当在相应的记录簿内如实记录。

船舶应当将使用完毕的船舶垃圾记录簿在船舶上保留2年;将使用完毕的含油污水、含有毒有害物质污水记录簿在船舶上保留3年。

(3)船舶污染物接收单位从事船舶垃圾、残油、含油污水、含有毒有害物质污水接收作业,应当依法经海事管理机构批准。接收时应当向船舶出具污染物接收单证,并由船长签字确认。

(4)船舶凭污染物接收单证向海事管理机构办理污染物接收证明,并将污染物接收证明保存在相应的记录簿中。

4. 船舶有关作业活动的污染防治

(1)从事船舶清舱、洗舱、油料供受、装卸、过驳、修造、打捞、拆解,污染危害性货物装箱、充罐,污染清除作业以及利用船舶进行水上水下施工等作业活动的,应当遵守相关操作规程,并采取必要的安全和防治污染的措施。

(2)进行散装液体污染危害性货物过驳作业的船舶,其承运人、货物所有人或者代理人应当向海事管理机构提出申请,告知作业地点,并附送过驳作业方案、作业程序、防治污染措施等材料。

(3)船舶燃油供给单位应当如实填写燃油供受单证,并向船舶提供船舶燃油供受单证和燃油样品。船舶和船舶燃油供给单位应当将燃油供受单证保存3年,并将燃油样品妥善保存1年。

(4)船舶修造、水上拆解的地点应符合环境功能和海洋功能的要求。船舶拆解前,应对船舶上的残余物和废弃物进行处置,并进行船舶清舱、洗舱、测爆等工作,经海事管理机构检查合格,方可进行船舶拆解作业。

5. 船舶污染事故应急处置

(1)将船舶污染事故划分为:特别重大船舶污染事故、重大船舶污染事故、较大船舶污染事故和一般船舶污染事故四个等级。

(2)船舶在中华人民共和国管辖海域发生污染事故,应当立即启动相应的应急预案,采取措施控制和消除污染,并就近向有关海事管理机构报告。

(3)船舶污染事故报告应当包括:船舶的名称、国籍、呼号或者编号;船舶所有人、经营人或者管理人的名称、地址；发生事故的时间、地点以及相关气象和水文情况；事故原因的初步判断；船上污染物的种类、数量等概况；污染程度；已经采取或准备采取的污染控制、清除措施和污染控制情况以及救助要求；主管部门规定应当报告的其他事项。

(4)发生船舶污染事故，将成立不同级别的事故应急指挥机构。

(5)发生船舶污染事故，海事管理机构可以采取清除、打捞、拖航、引航、过驳等必要措施，减轻污染损害。相关费用由造成海洋环境污染的船舶、有关作业单位承担。处置船舶污染事故使用的消油剂，应当符合国家有关标准。

6. 船舶污染事故调查处理

(1)根据不同的船舶污染事故等级由国务院或者国务院授权国务院交通运输主管部门、国家海事管理机构或由事故发生地的海事管理机构组织事故调查处理。

(2)事故调查应当及时、客观、公正。船舶污染事故的当事人和其他有关人员应当如实反映情况和提供资料，不得伪造、隐匿、毁灭证据或者以其他方式妨碍调查取证。

(3)组织事故调查处理的机关或者海事管理机构应当自事故调查结束之日起 20 个工作日内制作事故认定书，并送达当事人。事故认定书应当载明事故基本情况、事故原因和事故责任。

7. 船舶污染事故损害赔偿

(1)造成海洋环境污染损害的责任者，应当排除危害，并赔偿损失；完全由于第三者的故意或者过失，造成海洋环境污染损害的，由第三者排除危害，并承担赔偿责任。

(2)完全属于下列情形之一，经过及时采取合理措施，仍然不能避免对海洋环境造成污染损害的，免予承担责任：战争、不可抗拒的自然灾害和负责灯塔或者其他助航设备的主管部门，在执行职责时的疏忽，或者其他过失行为。

(3)船舶污染事故的赔偿限额依照《中华人民共和国海商法》关于海事赔偿责任限制的规定执行。

(4)对船舶污染事故损害赔偿的争议，当事人可以请求海事管理机构调解，也可以向仲裁机构申请仲裁或者向人民法院提起民事诉讼。

8. 法律责任

凡由于船舶违反《海洋环境保护法》和本条例，造成或可能造成对我国管辖海域或海港水域污染损害，海事部门视其责任情节轻重和污染损害程度，处以警告或对船舶所有人处以罚款。对有直接责任的船员或其他人应予以教育，情节严重的也可处予罚款和暂扣适任证书的处罚。对船舶发生污染事故，能主动检举、揭发、积极提供证据，或采取有效措施减少污染损害有突出成绩的个人，应给予表扬或奖励。

三、船舶污染物排放标准

国家标准 GB 3552—83《船舶污染物排放标准》是为贯彻原《海洋环境保护法》，防治船舶排放的污染物对水域污染而制定，于 1983 年 4 月 9 日发布，1983 年 10 月 1 日实施。该标准适用于中国籍船舶和进入中华人民共和国水域的外国籍船舶。

1. 定义

(1)船舶：指海上、内河各类船舶，包括水翼船、气垫船、潜水船、固定的或浮动的工作平台。

(2)距最近陆地距离：指按照领海基线作为起点计算的距离。

(3)含油污水：指含有原油和各种石油产品的污水。

(4)生活污水：指含有粪、尿及船舶医务室排出的污水。

(5)漂浮物质：指漂浮于水面上的船舶垫舱、衬舱材料及各种包装材料。

(6)其他垃圾：指纸制品、破布、玻璃坛罐、瓶子、陶瓷器、金属及其类似的废弃物。

2. 排放标准

(1)船舶排放含油污水(包括压载水，洗舱水和舱底水等)的含油量最高允许排放浓度应符合表2-6的规定。

船舶最高允许含油污水排放浓度 表2-6

排放区域	排放浓度(mg/L)
内河	不大于15
距最近陆地12 n mile以内海域	不大于15
距最近陆地12 n mile以外海域	不大于100

注：根据1992年MARPOL 73/78修正案(MEPC.51(32)号决议)，自1998年7月6日起，排放浓度均应为15mg/L。

(2)船舶排放的生活污水(包括粪、尿和船舶医务室排出的污水)最高容许排放浓度如表2-7所示。

船舶最高允许生活污水排放浓度 表2-7

排放区域 项目	内河	沿海	沿海
		距最近陆地4 n mile以内	距最近陆地4～12 n mile
生化需氧量(mg/L)	不大于50	不大于15	
悬浮物(mg/L)	不大于150	不大于150	无明显悬浮物固体
大肠菌群(个/100mL)	不大于250	不大于250	不大于1000

(3)船舶垃圾(包括纸制品、破布、金属、瓶子、陶瓷品及其类似废弃物)的排放应符合表2-8中的规定。

船舶排放垃圾的规定 表2-8

排放物	内河	沿海
塑料制品	禁止投入水域	禁止投入水域
漂浮物(漂浮的垫舱物料、衬料及包装材料)	禁止投入水域	距最近陆地25 n mile以内，禁止投入水域
食品废弃物及其他垃圾	禁止投入水域	未经粉碎的，禁止在距最近陆地12 n mile以内投弃入海；经过粉碎，颗粒直径小于25mm的，可允许在距最近陆地3 n mile之外投弃入海

四、中华人民共和国海洋倾废管理条例

《中华人民共和国海洋倾废管理条例》1985年3月6日由国务院颁布，于1985年4月1日实施。以下介绍该条例的主要内容。

1. 适用范围

本条例适用于：向中华人民共和国的内海、领海、大陆架和其他管辖海域倾倒废弃物和其他物质；为倾倒的目的，在中华人民共和国陆地或港口装载废弃物和其他物质；为倾倒的目的，经中华人民共和国的内海、领海及其他管辖海域运送废弃物和其他物质；在中华人民共和国管

辖海域焚烧处置废弃物和其他物质。

2.倾倒废弃物的分类

废弃物根据其毒性、有害物质含量和对海洋的影响等因素，分为三类。

(1)禁止倾倒的废弃物：指本条例附件一所列物质，这种废弃物在紧急情况下，经国家海洋局批准，获得“紧急许可证”，可到指定的区域按规定的方法倾倒。

(2)需要获得特别许可证才能倾倒的废弃物：指本条例附件二所列物质，倾倒这种废弃物，需事先获得“特别许可证”。

(3)低毒或无毒的废弃物：指未列入附件一和附件二的物质，倾倒这种废弃物，需事先获得“普通许可证”。

3.废弃物倾倒的管理

凡需向海洋倾倒本条例所规定的废弃物，均应事先向国家海洋局或其派出机构提出申请，获得批准的相应级别的“许可证”，按规定进行倾倒。未经批准的单位和船舶不得擅自向海洋倾倒废弃物。获准向海洋倾倒废弃物的单位在装载废弃物时，应通知主管部门予以核实。主管部门如发现实际装载与许可证所注明的内容不符，应责令停止装运；情节严重的，应中止或吊销许可证。凡需要使用船舶倾倒废弃物的，要向起运港的海事部门(或港航部门)提交“许可证”，经核实后方可办理船舶进出港签证。如发现船舶实际装载的与所批准的许可证内容不符，则不予办理签证，并通知批准许可证的机构。船舶在执行倾倒任务时，船方要在“航海日志”上如实记录倾倒情况。

附件一规定的禁止倾倒的物质：

(1)含有机卤素化合物、汞及汞化合物、镉及镉化合物的废弃物；

(2)强放射性废弃物及其他强放射性物质；

(3)原油及其废弃物、石油炼制品、残油及这类物质的混合物；

(4)渔网、绳索、塑料制品及其他能在海面漂浮或在水中悬浮，严重妨碍航行、捕鱼及其他活动或危害海洋生物的人工合成物质；

(5)含有(1)、(2)项所列物质的阴沟污泥或疏浚物。

第三章　船舶含油污水处理技术

第一节　船舶含油污水来源和特征

一、船舶含油污水来源

船舶含油污水的来源主要包括船舶的机舱舱底水、油船的压载水和洗舱水。

1. 船舶的机舱舱底水

船舶的机舱是船舶动力装置的舱室,内部装有各种动力机械和管路系统。舱底水是机舱内各种阀门和管路中漏出的水与机器在运转时漏出的润滑油、主副机燃料油以及加油时的溢出油、机械及机舱防滑铁板洗刷时产生的油污水等混合在一起的含油污水。

机舱舱底水主要来自以下几个方面:

(1)机舱内冷却管路的海水、淡水的漏泄;

(2)燃油和润滑油管路的燃料油、润滑油的漏泄;

(3)蒸汽管路凝水漏泄;

(4)水柜、油柜及机械设备中油、水的漏泄和泄放;

(5)尾轴填料箱处的漏水和冷却润滑水;

(6)甲板开口处水密性不良引起的漏泄;

(7)水线附近甲板和舱室的疏水泄放至舱底;

(8)扑灭火灾时所用消防水的积聚;

(9)船体破损后的大量进水等。

事实上,舱底水主要来自柴油机各系统管路、阀门、冷却器等的漏泄。

机舱舱底水对船舶正常航行带来的危害有:

(1)影响机舱内有关动力装置的正常运行;

(2)对船体和机械设备有一定的腐蚀作用;

(3)当舱底水积得过多时还会影响船舶的稳性而直接影响船舶的航行安全。

所以,应定期将机舱舱底水排空。以往是直接通过舱底水泵排出舷外,现在则规定未经处理的舱底水严禁排放,只有符合排放标准和不在禁止排放区域内才允许排放。

2. 油船的压载水

船舶压载水的作用是船舶在营运过程中用来改变和调整船舶的吃水,从而得到船体纵、横向的平衡和得到安全的稳性高度,减少船体的共振现象,以及避免出现过大的弯曲力矩、剪切力并改善空船适航性等。通过各压载水舱中的压载水量的调节、调驳可顺利地完成上述任务。油船空载航行时,为确保安全航行,必须装载一定量的压载水。

最初,大部分油船不设专用压载舱,当油船空载航行时,为保证航行安全,将一部分货油舱(未经清洗)装载压载水来增强船舶的稳性和抗风浪能力。由于残油与水混合,因此这种压载水成为含油污水,并将其称为脏压载水。当油船再次装载货油之前还需将脏压载水排出,因此成为船舶含油污水主要来源之一。

根据 MARPOL 73/78 公约规定,载重量 20000t 及 20000t 以上的原油油船及载重量 30000t 及 30000t 以上的成品油船,均应设专用压载舱。1999 年的修正案又规定:20000t 与 30000t 之间的运送重柴油及燃油的油船也应服从与运送原油油轮同样的建造规范。也就是说也应该设专用压载舱。2001 年的修正案又规定:"二类油船"应符合专用压载舱保护位置的要求。2003 年的修正案又将单壳油轮的淘汰日期做了明确规定。

对于有专用压载舱的新造油船,当其空载航行时,将专用压载舱装满压载水,此时的压载水中没有油,称为清洁压载水,不会对海洋造成油污染。而当天气、海况不好时,油船空载航行,船长认为光靠专用压载舱不能保证航行安全时,除了把专用的压载舱压满压载水以外,还应向一部分货舱装满压载水,以此来增强船舶的稳性和抗风浪能力。因此,这类油船在一般情况下,没有含油压载水,但当天气和海况不好时,仍会有含油压载水产生。

3. 油船的洗舱水

油船的洗舱是指为了一定的目的而使用泵将一定压力的洗舱介质(海水或在海水内加入化学剂的清洗液或原油)经由洗舱机喷射到油舱内壁,以将舱壁及船体结构件表面的脏污物质洗掉。洗舱包括水洗舱、清洗液洗舱和原油洗舱。

因此油船洗舱水是由油船的水洗和清洗液洗舱产生的,并主要产生于以下两种情况:

(1)当油船进坞修理,或油舱内临时性修理,或油舱内部检验时。在这些修理或检验之前,油舱、泵间及所有有关管路要进行清洗,之后进行除气作业,以使舱内油气浓度和含油量均达到进舱和舱内作业的标准。为将油舱清洗干净,通常用海水或淡水清洗油舱,因而会产生大量含油污水。

(2)当油船换装高标准油种前,也必须清洗货油舱,以保证运油质量,因此更换运油品种时也会产生含油的洗舱水。

据统计,由于油船将压载水和洗舱水排放到海洋中,所造成的污染占海洋油污染的 70%。

二、船舶含油污水的特征

在研究或选择船舶油污水净化技术时,必须了解船舶油污水的特征,即油污水的水量、水质以及排放要求等。因为水质和排放标准决定着处理方法、工艺流程和技术设施的选择,而水的多少影响着处理设施的规模的确定,也就是说了解水质水量,才能采用适当的方法和技术,选择相应的工艺流程,达到排放标准,以便经济、合理地处理船舶油污水。

1. 机舱舱底水的特征

舱底油污水的数量与船舶新旧程度、船舶吨位大小、主机功率、动力装置的形式及船舶的航行、停泊等作业时间的长短和维修及管理状况有关。一般一条船平均每天产生的舱底水约为该船总吨位的 0.02% ~0.05%,每年平均为该船总吨位的 10% 左右。

舱底油污水偏酸性,pH 值约 6.5 左右,与舱壁钢板接触产生锈蚀,故颜色略带微黄,加之部分污水不能排尽而长期积存于阴暗的舱底,使污水具有异味。

机舱含油污水中主要混有燃料油、柴油、润滑油,据估计 70% 为润滑油。近年来越来越多地使用洗涤剂、防锈剂等,给油、水的分离带来困难。

主机冷却水等使用的防锈剂是水溶性的合成油。当冷却水 pH 值低于 6 时就得更换,更换周期约为半年到一年。在更换时,用清洁剂清除附着于气缸和燃油系统壁面上的污物。混有防锈油的洗涤污水，含油量可达 20000mg/L，油滴直径都在 1μm 以下。对 1 万总吨船舶来说，这类污水量每年约为 60t，以往都是直接被排入舱底。这种极难用常规手段处理的油污水无疑增加了舱底油污水水质的复杂性。

锅炉的清洗有时可能在船上进行，一般采用磷酸系洗涤剂。其洗涤污水 pH 值为 1 ~ 2，属于强酸性，进入舱底后，将会形成胶状微粒化油滴，也会增加油水分离的困难。

界面活性剂被作为添加剂加入燃油和润滑油中。轮机人员在清洗增压器等设备、部件或洗手时，常使用的洗涤剂一般也含有这类界面活性剂。被带入舱底水的界面活性剂会使油滴细微化，使油粒直径小到 1μm 以下，给油、水分离增添了困难。

空气压缩机排气中的凝结水也会对舱底油污水的分离带来影响。一般压缩空气中凝结水的含油量为 30000 ~ 50000mg/L，而且呈乳浊液状态，油滴直径极小。用显微镜观察其大部分在 0.7 ~ 0.8μm 之间。这种凝结水即使用滤布、凝聚剂、活性炭吸附等物理方法反复处理，其含油量也至多降到 1000mg/L 左右。因此，对于压缩空气的凝结水最好不直接排入舱底，以免造成分离困难。

舱底水中的海水成分高时容易分离，这是因为海水密度大，油水密度差大，能够增加油滴上浮速度，更重要的是海水中有氯化钠一类金属盐的存在，它能使舱底水中的乳化油负离子倾向大为减少，有利于油滴的聚合和捕捉。然而近年来，中央冷却系统的引进，使海水管路长度大为缩短，加之密封技术的改善，尤其是尾轴采用油封后，使海水漏泄至舱底的可能性大为减少。因此，舱底水淡水化的倾向，也给舱底油污水的处理增加了新的难度。

污水中固体微粒(泥砂，微细铁锈等)和油粒一起存在时，就会形成以固体微粒为核心的油包杂质的大油粒。这种油粒的相对密度接近 1，使油滴上浮速度受到影响。对于过滤式分离装置，容易使过滤材料堵塞，造成分离性能下降。此外，船舶的摇摆会使油滴和悬浮固体的混合物处于悬浮状态，既不下降，也不上浮，加剧水质的恶化，尤其是旧船其舱底较脏时更为严重。

为了减少舱底油污水的产量，应当尽可能减少进入舱底的污水量和废油量，如辅助机械产生的废油，应直接排至残油舱柜，而不要直接排入舱底，以免导致舱底污水含油量增加。船舶的无油废水应直接排到舷外或另行处理，不要直接排入舱底。海水淡化装置的排污以及淡化后盐度过高的水，也不宜排入舱底。在处理设备受洗涤剂限制时，应限制船员的洗涤水排入舱底。设置残油柜，以便使用净化燃油及润滑油时排出的残油(油泥)以及主辅机械的泄漏残油不流入舱底水中。

舱底水中的油一般有三种状态：

浮上油：系指油粒粒径大于 50μm 静置一段时间后能自行上浮的油分。

分散油：油粒粒径较小，为 10 ~ 50μm，分散于水中，要经过一定时间的静置，才能上浮的油分。

乳化油：油粒粒径更小，为 10μm 以下的油分。一般是因使用界面活性剂或机械作用等使油乳化所形成稳定的分散体系，水呈乳浊状。

2. 油船压载水的特征

油船的压载系统，常采用专用压载舱、清洁压载舱、原油洗舱后的货油舱或任一货油舱作压载舱等办法。根据 MARPOL 73/78 公约以及 1999 年、2001 年和 2003 年修正案的规定，载重量 20000t 及 20000t 以上的原油油船及成品油船，均应设专用压载舱，所以现行的油轮绝大部分设有专用压载水舱，而任一货油舱作压载舱的做法已很少采用。

专用压载舱(Segregated ballast tanks, SBT)是指在油轮上专用于压载的舱室,有独立的管系,与货油舱和燃油舱完全隔开,在正常情况下,其容量能满足压载航行的要求,可以不使用货油舱装压载水,其水清洁,可按有关规定在许可海域直接排放。

清洁压载舱(Clean Ballast Tanks, CBT) 是指现有油船在营运中根据船型、货舱结构、航区特点、吃水要求等,将部分货油舱经过清洗,改为专门用于装载压载水,成为临时的 SBT。但对船舶结构、泵、管路等方面不作改动,即泵、管路仍与货油为同一系统。只不过降低了货油的装载容积,操作程序变得复杂,但并不能保证压载水一定符合标准。因此,必须增设油水分离器和排油监控装置。

清洁压载舱内的压载水和任一货油舱作压载舱的额外压载水(脏压载水)均含有油分。按油在污水中存在的状态,一般也像舱底水一样,呈三种物理状态:浮上油、分散油和乳化油。含油的压载水绝大多数情况为浮上油型压载水。

压载水的油污水与洗舱水、舱底水相比,乳化程度低,而且油的品种纯,不如舱底水的含油量高而复杂。

3. 油船洗舱水的特征

对于洗舱水的水量。经统计,一般 2 万吨级油船,洗舱水每次约 4000t,占载重量的 20% 左右。5 ~10 万吨级油船洗舱水占其载重量的 10% ~15%。装有原油洗舱系统的油船,洗舱水可减至载重量的 5% 以下。

洗舱水有海水和淡水,水中油分的乳化程度比压载水高,因为洗舱时需用高压热水冲洗,有的还使用洗涤剂。油水充分混合,故乳化程度较高。曾对船上的洗舱水进行观测:将洗舱水排入处理船上的一个深 10 m、容积为 2000m^3 的舱内,分别静置分离 1h、4h 和 8h,取样化验,结果见表 3-1。由表可看出,含油量为 30000mg/L 以下的洗舱水,经 1h 的静置分离,均可降到 150mg/L 以下, 平均为 84.5mg/L。经 4h 的静置分离, 可降到 100mg/L 以下, 平均为 36.8mg/L。经 8h 的静置分离可降到 60mg/L 以下,平均为 23.1mg/L。

静置分离时间与洗舱水含油量情况一览表 表 3-1

静置分离时间(h)		1			4			8		
含油量(mg/L) \ 分层		上层	下层	平均	上层	下层	平均	上层	下层	平均
批量*	1	142.3	126.6	134.5	98.8	65.4	82.1	54.5	58.1	56.3
	2	81.8	57.2	69.5	17.4	20.7	19.1	11.9	9.4	10.7
	3	76.4	116.5	96.5	30.4	38.8	34.6	19.4	14.2	16.8
	4	30.6	44.4	37.5	11.5	11.5	11.5	9.8	6.9	8.4
	平均	82.8	86.4	84.5	39.5	34.1	36.8	23.9	22.2	23.1
备注		上层距表面下 2m,下层距舱底 2m								

*:批量 1、2、3、4 为初始含油量不同的洗舱水。

静置分离 1h 后,在静置舱中间取样,观测污水中油粒分布,如图 3-1 所示。图 3-1 中横坐标为油粒半径,纵坐标为油粒数目,可见绝大部分油粒半径在 20μm 以下。

洗舱水的污泥量大,主要是洗舱时舱壁上铁锈和污泥粘在一起,这些污泥相对密度较大,经静置很快会沉淀。洗完舱后作为泥渣被排出。

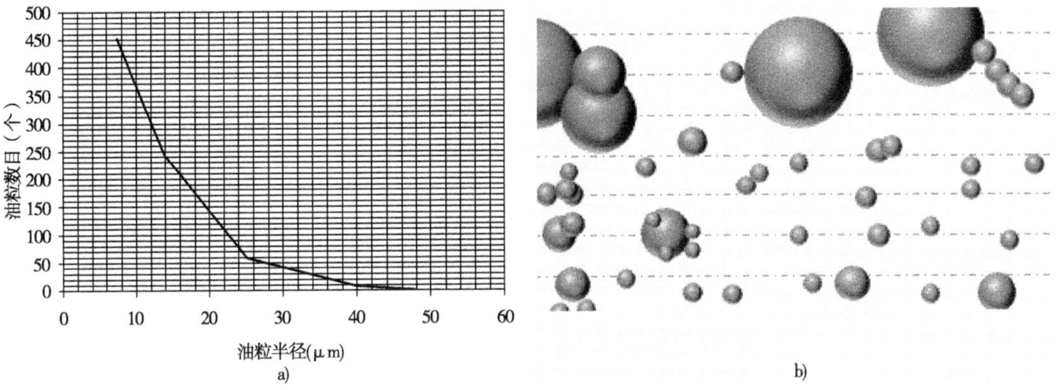

图 3-1　洗舱污水中油粒分布图

a)油粒分布曲线；b)油粒粒径照相简化图

洗舱污水静置分离 1h 后，取样化验的其他项目见表 3-2。

静置分离与洗舱水水质情况一览表　　表 3-2

项　目		悬浮物	酚	有机磷与硫化物	COD*	BOD	pH
		mg/L					
序号	1	120	0.005	—	15.7	123.0	6.5
	2	99	0.013	—	8.5	31.1	6.0
	3	100	0.012	—	15.6	53.1	6.5
备注		COD* 表示化学耗氧量；BOD 表示生化需氧量					

第二节　船用油水分离原理和装置

一、船用油水分离原理

油水分离的方法按其原理可分为物理分离法、化学分离法、生物处理法、电浮分离法等。物理分离方法又分为重力分离、浮选分离、气浮分离、过滤分离、吸附分离、聚结分离、超滤膜分离及反渗透分离等方法。物理分离法是利用油水的密度差或过滤吸附等物理现象使油水分离的方法，主要特点是不改变油的化学性质而将油水分离；化学分离法是向含油污水中投放絮凝剂或聚集剂，其中絮凝剂可使油凝聚成凝胶体而沉淀，而聚集剂则使油凝聚成胶体使其上浮，从而达到油水分离的一种方法；生物处理法有活性污泥法、生物滤池法等；电浮分离法是把含油污水引进装有电极的舱柜中，利用电解产生的气泡在上浮过程中附着油滴而加以分离，从而实现油水分离的方法，实际上是一种物理化学分离方法。就目前船用油水分离器而言，主要还是采用物理分离的方法。

1. 船用物理分离法的原理

1)重力分离法

所谓重力分离是利用油水的相对密度差（或密度差），使水中油滴克服水的阻力上浮与水分离的一种方法。

如将油污水中分散的油粒看作是刚性球体，而且在水中上浮只受重力、水体浮力和水流阻力作用，油粒之间互不干扰、在理想状态下运动，则油滴所受重力 G 和浮力 P 分别由下式计算

$$G = \frac{\pi d^3}{6}\rho_o g \tag{3-1}$$

$$P = \frac{\pi d^3}{6}\rho g \tag{3-2}$$

式中：d——油粒直径(m)；

ρ_o——油的密度(kg/m^3)；

ρ——水的密度(kg/m^3)；

g——重力加速度(m/s^2)。

油粒浮升与颗粒沉降性质基本相同，因此，一般均用球体沉降的运动规律来说明油粒浮升规律，则油粒上浮所受阻力可用牛顿阻力公式表示

$$F = \lambda \cdot \frac{\pi d^2}{4} \cdot \frac{\rho u^2}{2} \tag{3-3}$$

式中：u——油粒上浮速度(m/s)；

λ——阻力系数。

阻力系数由雷诺数 Re 决定；当 $0.2 < Re < 2$ 时，颗粒运动只受粘滞力控制，处于层流状态，λ 与 Re 成线性关系，可近似用下式表示

$$\lambda = \frac{24}{Re} = \frac{24}{\frac{du\rho}{\mu}} = \frac{24}{du\rho}\mu \tag{3-4}$$

根据牛顿第二定律，可列出油粒上浮时力平衡方程式如下

$$m\frac{\mathrm{d}u}{\mathrm{d}t} = P - G - F \tag{3-5}$$

式中：m——油粒质量(kg)。

当油粒等速上浮，即 $\mathrm{d}u/\mathrm{d}t = 0$ 时，则

$$P - G - F = 0 \tag{3-6}$$

将式(3-1)、(3-2)、(3-3)和(3-4)代入上式，得到油粒上浮速度表达式

$$u = \frac{(\rho - \rho_0)d^2 g}{18\mu} \tag{3-7}$$

式中：μ——水的动力粘度系数(Pa·s)。

该式称为斯托克斯定律。

当 $2 < Re < 500$ 时，油粒运动受粘滞力和惯性力控制，称为过渡状态，这时阻力系数与雷诺数的关系比较复杂，油粒上浮速度需用经验公式来计算。不同试验条件所得 λ 与 Re 的关系式不一样，通常用所谓中间定律计算油粒上浮速度，此时 $\lambda = 18.5/Re^{0.5}$则

$$u = \frac{0.0153 g^{0.714}(\rho - \rho_0)^{0.714} d^{1.14}}{\rho^{0.29} \cdot \mu^{0.43}} \quad (\mathrm{m/s}) \tag{3-8}$$

当 $Re > 500$ 时，油粒运动受惯性力控制，称为紊流状态，阻力系数 λ 近似于常数，根据经验求得 $\lambda = 0.43$，则

$$u = 1.74\sqrt{\frac{g(\rho - \rho_0)d}{\rho}} \quad (\mathrm{m/s}) \tag{3-9}$$

实际油粒上浮过程很复杂，绝不是理想运动状态，受很多因素影响，例如，进出口水流、紊

流的影响,油粒之间相互碰撞、干扰的影响,污水温度、水质、杂质沉降絮凝等影响。所以在实际应用时,必须对单个油粒在静水中上浮的斯托克斯定律进行修正,一般用下式计算

$$u = \beta g \frac{(\rho - \rho_0) d^2}{18\mu\varphi} \quad (\text{m/s}) \tag{3-10}$$

式中:β——污水中上浮速度的降低系数,通常取0.95;

φ——水流不均匀、紊流等影响修正系数,通常取1.35~1.5。

用重力分离法能否在较短时间内将油水分离,取决于油粒上浮速度,而影响上浮速度的主要因数是油粒直径及油、水密度。另外由于水的粘滞系数,油和水的密度都随温度的变化而发生较大变化,因此,温度对上浮速度也有直接影响。图3-2所示是不同品种油粒上浮速度与油粒直径的关系曲线。

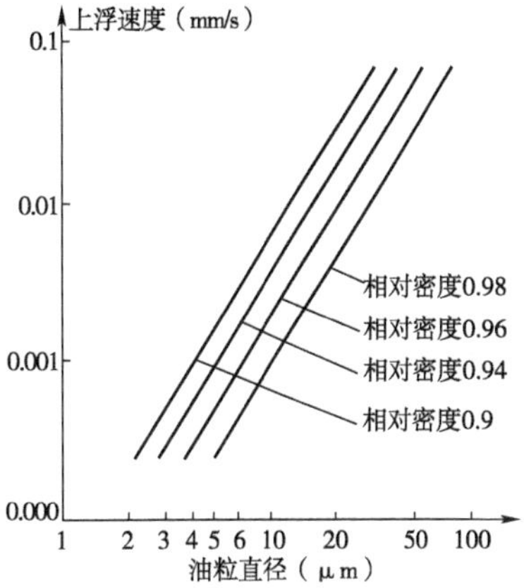

图3-2 油粒上浮速度与油粒直径关系曲线

重力分离法的优点是结构简单、操作方便,缺点是只能分离自由状态的油,而不能分离乳化状态的油。一般认为油粒直径小于50μm就很难分离。因此,在船用油水分离器中采用重力分离法作为第一级分离。

重力分离法如按其作用方式的不同,还可分为机械分离、静置分离和离心分离3种:

机械分离法是让含油污水流过斜板、波纹板细管和滤器等,使之产生涡流、转折和碰撞,以促使微小油粒聚集成较大的油粒,再经密度差的作用而上浮,从而达到分离的目的。

静置分离法是将含油污水贮存在舱柜内,在单纯的重力作用下,经过沉淀使油液自然上浮以达到分离的目的。这种方法需要较长的时间和较大的装置,同时也难以连续使用。

离心分离法是利用高速旋转运动产生的离心力,使油、水在离心力和密度差的作用下实现分离,它的特点是油污水在分离器中的停留时间很短,分离器体积较小。

同样将油粒看成是直径为d的刚性球体,在理想运动情况下,油粒随水一起回转时,在离心力场中所受离心分离力即离心浮上力为

$$F_1 = \frac{\pi}{6} d^3 (\rho - \rho_0) \cdot r \cdot \omega^2 \tag{3-11}$$

式中:r——油粒中心至离心机中心的回转半径(m);

ω——油粒回转角速度(rad/s)。

油粒相对水的流动是层流状态($Re<2$),根据斯托克斯定律,油粒所受阻力为

$$F = 3\pi \cdot \mu \cdot d \cdot u_s \tag{3-12}$$

式中:u_s——油粒离心分离的线速度(m/s)。

当离心分离力等于阻力时,油粒分离速度为常数,即$F_1 = F$,则

$$u_s = \frac{(\rho - \rho_0) d^2 \cdot r \cdot \omega^2}{18\mu} \tag{3-13}$$

比较式(3-7)和(3-13)可得

$$\frac{u_s}{u} = \frac{r \cdot \omega^2}{g} \tag{3-14}$$

由此说明离心分离速度是重力分离速度的$\frac{r \cdot \omega^2}{g}$倍,此倍数称为分离因素,用$f$表示。

离心分离法,可采用水旋分离法,即分离器本体固定不动,而使污水沿着切线方向流入分离体内,造成旋转运动。也可采用器旋分离法,即分离器本体高速旋转,并带动体内污水一起高速旋转。

2)过滤分离法

过滤分离法是让油污水通过多孔性介质滤料层,油污水中的油粒及其他悬浮物被截留,去除油分的水通过滤层排出。这种油水分离的过程主要靠滤料层阻截作用,将油粒及其他悬浮物截留在滤料表面。另外由于具有很大表面积的滤料对油粒及其他悬浮物的物理吸附作用和对微粒的接触媒介作用,增加了油粒碰撞机会,使小油粒更容易聚合成大油粒而被截留。

过滤法所用滤料主要有石英砂、卵石、煤屑、焦炭等粒状介质,和由棉、麻、毛毡、各种人造纤维与金属丝织成的滤布,以及特制的陶瓷塑料制品。这些滤料共同的特点是化学稳定性好,不易溶于水,一般不与污染物质起化学反应,不会产生有害或有毒的新污染物,同时还具有足够的机械强度。因滤料达到饱和状态后,必须进行反冲洗,使滤料重新获得良好过滤性能,如强度不够,会在反冲洗时由于不断碰撞和摩擦而使滤料产生粉末,并随冲洗水流一起流失掉,增加滤料损耗,反过来,在过滤时粉末又会聚积于滤料表层,增加流动阻力,滤速增大,过滤质量恶化。

使用粒状介质做滤料时,要依据过滤要求及工艺条件选用适宜的滤料粒径的范围及在此范围内各种粒径的数量比例。在一定范围内还应尽可能选用孔隙率大的滤料,即滤料的孔隙体积与整个滤层体积的比值大,水力阻力损失小,滤层含污能力大,过滤效果好。

用粒状介质组成的滤料层,理想的状态应是各层粒径沿水流方向逐渐减少。这样整个滤料的作用都能充分发挥出来,含污能力高,水头损失的速度慢,过滤层使用时间增长。如仅用一种滤料做成滤层,当水流方向自上而下流动时,实际难以保持粒径自上而下逐渐减少的状态。因为反冲洗时,整个滤层处于悬浮状态,而且必然有粒径大重量大的滤料悬浮在下层,粒径小重量小的滤料悬浮于上层,反冲洗停止后,就会自然形成粒径上小、下大的滤层,这样的滤层对过滤是很不利的。因此,为提高滤料过滤性能,可改变水流方向或采用两种以上滤料组成多层滤料层。

任何一种滤料对污染物的过滤能力都是有一定限度的,随着使用时间的增长,过滤效果会越来越差,在滤料达到饱和以后,必须进行反冲洗,使滤料重新具有良好过滤性能。

3)聚结分离法

聚结分离法是一种精细的分离方法,在微小油粒通过多孔材料的同时,让它们互相碰撞以使油粒聚合增大,从而上浮和分离。在这种分离过程中,由于微小油粒逐渐聚合长大,因此这种分离过程称为聚结,也叫做粗粒化过程。粗粒化的程度与聚结元件的材料选择以及材料充填的高度和密度等有关。聚结分离法特别是用在油污水的深度处理上是很有价值的,这一方法最初是被人们用来从油中除去微量的水,20 世纪 70 年代以后大量地被应用在水中除油。油粒聚结的过程,目前较为一致的看法是,油粒在聚结材料表面被截留、成长、剥离而使微油滴转变成粗大油粒,迅速上浮而被除去,一般情况下能将油污水中 5 ~ 10μm 油粒全部除去,甚至更小的油粒也能除去,效果好,设备紧凑、占地面积小,一次投资低,便于分散处理且运行费用低,不产生任何废渣,不产生二次污染。

(1)聚结作用理论。关于聚结除油的机理,目前尚处在探讨阶段,还未形成统一的理论。

总的来说,大体上有两种观点,即“润湿聚结”和“碰撞聚结”。

“润湿聚结”理论是建立在亲油性粗粒化材料的基础上,当油污水流经由亲油性材料组成的粗粒化床时,分散油粒便在材料表面润湿附着。这样材料表面几乎全被油粒包住,再流来的油粒更容易润湿附着在上面,因而附着的油粒不断聚结扩大并形成油膜。由于浮力和水流的冲击作用;油膜开始脱落,于是材料表面得到一定程度的更新。脱落的油膜到水中仍形成油粒,该油粒粒径比聚结前的油粒粒径更大,从而达到粗粒化的目的。

“碰撞聚结”理论是建立在疏油性材料的基础上,无论由粒状的还是纤维状的粗粒化材料组成的粗粒化床,其空隙均构成互相连通的通道。像无数根直径很小弯曲交错的微管。当油污水流经该粒化床时,由于粗粒化材料是疏油的,两个或多个油粒有可能同时与管壁碰撞或者互相之间碰撞。其冲量足可以使它们合并成为一个较大的油粒,从而达到粗粒化的目的。

当然,无论是亲油的还是疏油的材料,两种聚结都是同时存在的,只是前者以“润湿聚结”为主,也有“碰撞聚结”,原因是油污水流经粗粒化床时,油粒之间也有碰撞;后者以“碰撞聚结”为主,也有“润湿聚结”,原因是当疏油性材料表面沉积油粒时,该材料便有亲油性,自然有“润湿聚结”现象。因此无论是亲油性材料还是疏油性材料,只要油粒直径合适,都会有比较好的粗粒化效果。

(2)聚结分离的关键。从聚结过程来看,一个重要的关键是材料与油粒之间的表面作用,首先是油粒能顺利地附着在材料的表面,并且能在材料表面展开而形成较厚的油膜,最后在水流的带动下,以大油粒脱落,如图 3-3 所示。显然这一相互之间的关系可以用润湿来说明,即只有当材料能很好地为油所润湿时,这种情况才能发生。润湿可以用接触角来量度,如图 3-4 所示,如果 $\theta<90°$则发生润湿,如果 $\theta>90°$则不能润湿。

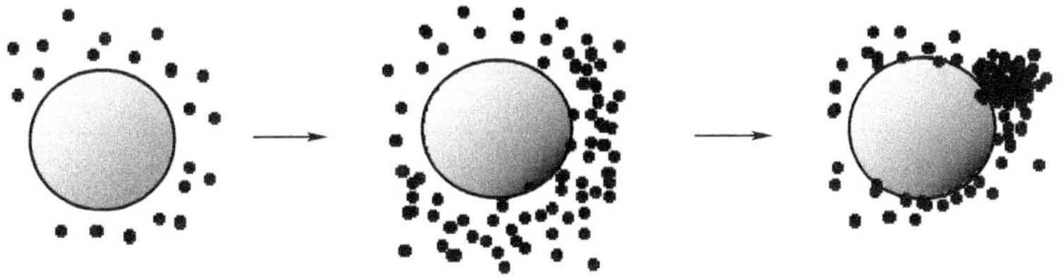

图 3-3 聚结过程

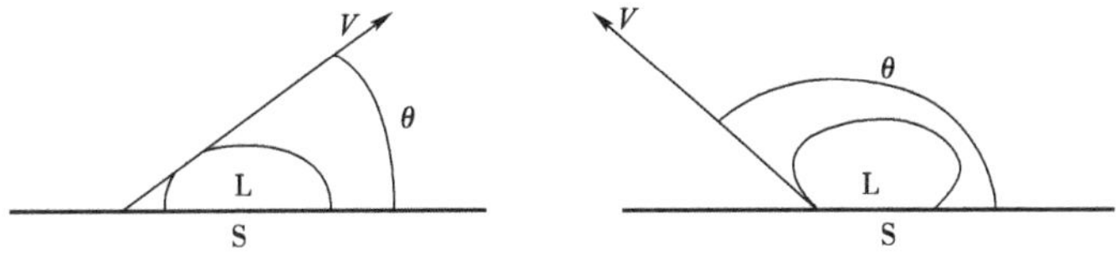

图 3-4 润湿与接触角

要在两个相混溶的液相(如油和水)之间以研究固液界面,必须提及 Reinders 的研究工作:

Reinders 指出,以固体(S)粉末作乳化剂时,有三种情况:

①若 $v_{so}>v_{wo}>v_{sw}$,固体处于水中;

②若 $v_{sw}>v_{wo}>v_{so}$,固体处于油中;

③若 $v_{wo}>v_{sw}>v_{so}$,或三个张力中没有一个大于其他二者之和,则固体处于水—油界面。

式中,v_{so}为固油界面张力;v_{wo}为水油界面张力;v_{sw}为固水界面张力。

只有在第三种情况下,固体粉末才能起到稳定作用。

固体的润湿在三个界面张力之间的关系符合上述情况。如图 3-5 所示也有三种情况存在：

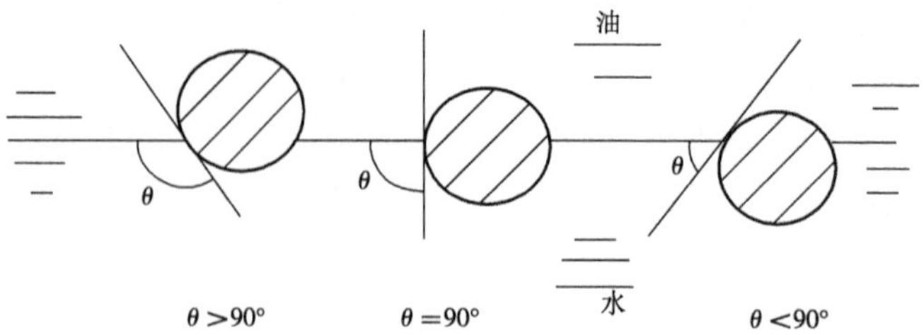

图 3-5　界面张力与润湿

若 $v_{so} > v_{sw} + v_{wo}$，固体在水中；

$v_{sw} > v_{so} + v_{wo}$，固体在油中；

$v_{wo} > v_{so} + v_{sw}$，或三个张力没有一个大于其他两者之和，则在水、油界面，这种情况可用下式表示

$$v_{so} - v_{sw} = v_{wo}\cos\theta$$

$\theta < 90°$大部分在水中，$\theta > 90°$大部分在油中，$\theta = 90°$在中间。

所以，接触角测定、润湿性的判断，对选择聚结材料是十分重要的。此外，油的表面张力(v_{LV})与聚结材料的临界表面张力(v_C)之间，如果 $v_C > v_{LV}$，则油就能润湿材料。表面张力的测量是比较困难的，尤其对细小粒料及纤维几乎不可能测量。L. R. Madic 提出了用气相色谱来测定比润湿的方法。将粗粒化剂装入气相色谱柱子中，在一定湿度下注入蒸馏水及正己烷，注入后通过色谱柱，以热导池为检测器，测定水及正己烷的保留时间 t_W 和 t_H，取 $R = t_H/t_W$，R 越大，则材料的亲油性越大。Madic 作了一些测定，如表 3-3 所示。

比润湿度与除油效率的关系　　表 3-3

粗 粒 化 剂	t_H(s)	t_W(s)	$R(t_H/t_W)$	除油率(%)
无烟煤	8	32	0.25	10.1
石英砂	8.5	7.5	1.13	77.1
聚丙烯	31	11	2.82	87.2
XAD-2	167	17	9.82	96.1

注：XAD-2 为苯乙烯与二乙烯苯的共聚物。

从实际上来看，材料的润湿是它能否作为聚结材料的关键，但必须说明的是这是一个表面作用，所以某些情况下从材料来看并不理想，但经过表面处理是可以获得理想的效果的。

(3)影响聚结作用的因素：

①聚结材料的基本特性：

A. 亲油疏水性好，材料已为油所润湿，而不会被水润湿，可以滞留一定的油量，而转变成大油粒，但过强的亲油性在水流冲击下易生成油包水的缺点，所以在外层最好用亲水材料封套，防止产生油包水，或使用恰当的亲油材料。

B. 耐油性好，材料不能为油所溶涨或浮解。

C. 不产生板结，防止阻力的增加。

D. 比表面积大，以提高有效表面积。

E. 有一定的机械强度。

②聚结床层的特性：

A. 聚结材料应有一定的填充密度,从理论上讲,虽然极细微的油粒也能用聚结方法除去,如果按极细微的油粒为目标设计元件,则密度很高,空隙率很低。相对而言阻力很大。容易为固体悬浮物堵塞,使用寿命短。考虑到这些因素,较现实的做法是应根据油污水的水质情况来确定,一般能除去5μm左右的油粒就可以,没有必要做到一点油也不放过。填充密度一般控制在0.05~0.15g/cm^3。

B. 通过速度的影响,一般是在0.1~10cm/s,过小则不利于处理,过大则聚结过程不易完成,使出水质量受到影响。

C. 油污水中表面活性剂的影响,使油粒在油污水中稳定性提高。

D. 其他方面的影响,如纤维的纤度一般大于15旦尼尔则处理效果较差,越大越差。在流向问题上平行流向比垂直流向在确保相同流量的条件下,压降要低而且出水状态也要好。此外,原水的含油量、硫化物的含量、pH值、温度及床层厚度等均对聚结作用有一定的影响。

4)吸附分离法

吸附分离并不是借油滴的聚合增大和利用密度差来进行分离,而是用多孔性固体吸附材料做滤器,当污水通过滤器时微小油粒被吸附在固体表面上,使油水分离。

固体吸附材料表面的分子在其垂直方向上受到内部分子的引力,但外部没有相应引力与之平衡,因此,存在吸引表面外侧其他粒子的吸引力,由固体表面分子剩余吸引力引起的吸附称为物理吸附。由于分子间的引力普遍存在,所以物理吸附没有选择性,而且可吸附多层粒子,直到完全抵消固体表面引力场为止。

吸附是一种可逆过程,被吸附的粒子由于热运动,会摆脱固体表面粒子引力从表面脱落下来重新回到污水中,这种现象称为脱附。当吸附速度与脱附速度相等时,吸附达到平衡状态,这时单位重量吸附材料所吸附的油量称为吸附量。它是表面吸附材料吸附能力的参数,比表面积(单位重量吸附材料所具有的表面积)越大,吸附量越大。常用的吸附材料有纤维材料、硅藻土、焦炭和活性炭等。吸附材料吸附油料达到饱和时,失去油水分离效能。因此,吸附材料达到饱和之前就应更换,而吸附材料的更换和处理都比较困难,并且需要用大量吸附材料,所以吸附分离法主要用于含油量很少的细分离。

5)气浮分离法

(1)气浮原理。气浮就是通过产生气泡将污水中的细微油粒吸附上浮,从而达到油水分离的目的。气浮有时还同时加入凝聚剂。借以提高气浮的效果。对于含油污水,一般无需投加凝聚剂,因为细微油粒本身就有粘到气泡上的趋势,所以近年来国内外开始利用气浮法来处理油污水。

气浮原理可以从表面张力现象来说明。由于液体表面分子所受的分子引力和液体内部分子所受的分子引力是不同的,如图3-6所示,因此,表面分子受到不均衡的力。这种不均衡的力要把表面分子拉向液体内部,并力图缩小液体表面积。这种力就是液体表面张力。

当液体质量很小时,由于表面张力力求使之成为球形,使表面积最小,如欲增大液体的表面积,就需做功,以克服分子间的吸引力,才能使分子由内部转移到表面。因此,液体表层分子比内部分子具有多余的能量,即表面能,可用下式表示

$$W = F \cdot S$$

式中:W——表面能;

F——表面张力;

S——表面积。

表面能也有力图减小至最小的趋势。

在两种互不相混合的液体(例如石油和水)接触所产生的界面之间,两种液体的不同的表面分子同样也因受力不均衡而产生表面张力,称为界面张力。见图3-7,水与油的界面张力可近似地写成

$$F_{WO} = F_W - F_O$$

式中:F_W——水与空气界面的表面张力;

F_O——油与空气界面的表面张力。

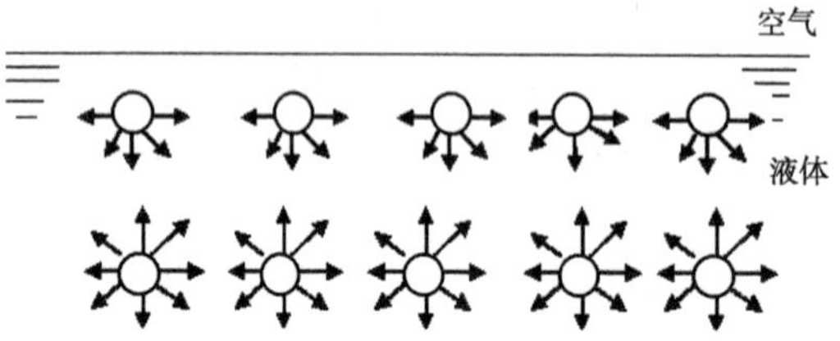

图3-6 液体表面和内部分子受力示意图

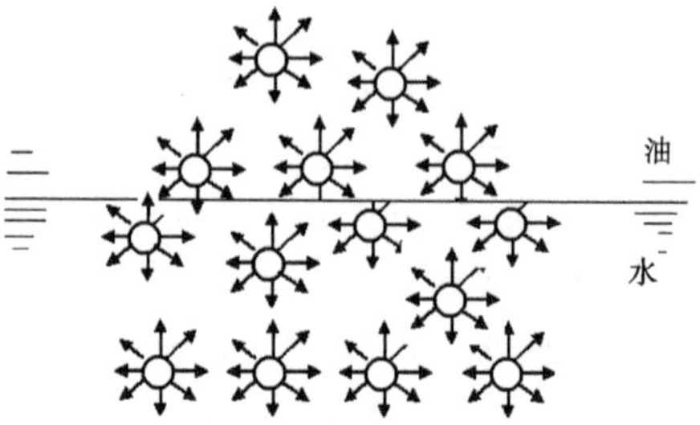

图3-7 互不相容液体界面和内部受力示意图

同样,它们之间所产生的能量差异称为界面能,即

$$W' = F' \cdot S'$$

式中:W'——界面能;

F'——界面张力;

S'——界面面积。

界面能也有减小至最小的自然趋势,所以水中细微油粒都呈圆球形。因同样体积下,球的表面积最小,而且都有自然粘聚的趋势,所以粘聚后可以有更小的界面总面积。

当把空气注入含油污水中时,为了最大限度地减小界面能,油粒同样也具有粘附到气泡上的趋势。但并非任何物质都能粘附到气泡上,这取决于该物质被水润湿的程度。各种物质对水的润湿性,可用它与水的接触角 θ 来表示(以对着水的角度为准)。接触角 $\theta > 90°$ 者称为疏水性物质,$\theta < 90°$ 者称为亲水性物质。这可从图3-8中物质的水接触面积的大小看出。

当气泡与油粒共存于水中时。在未粘附以前,它们各自独立存在,在油粒和气泡的单位面积上的界面能各为 $F_{WO} \times 1$ 和 $F_{WG} \times 1$,这时单位面积上的界面能之和为

$$W_1 = F_{WO} + F_{WG}$$

因为界面能有力求减小的趋势,当油粘附在气泡上时,界面能减小了,如图3-9所示。在粘附面的单位面积上的界面能为

$$W_2 = F_{GO}$$

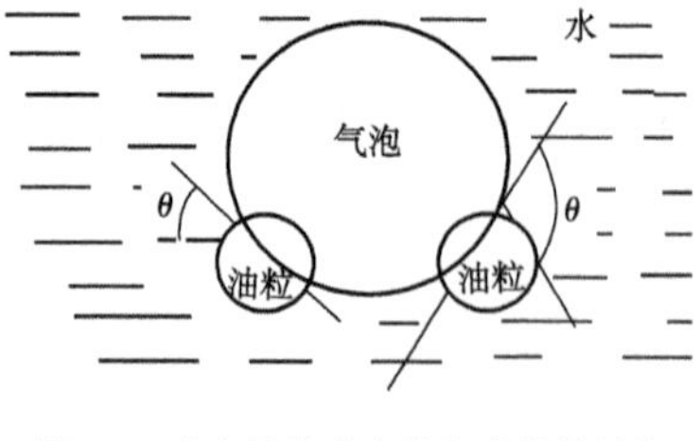

图3-8 亲水性和疏水性物质的接触角示意图

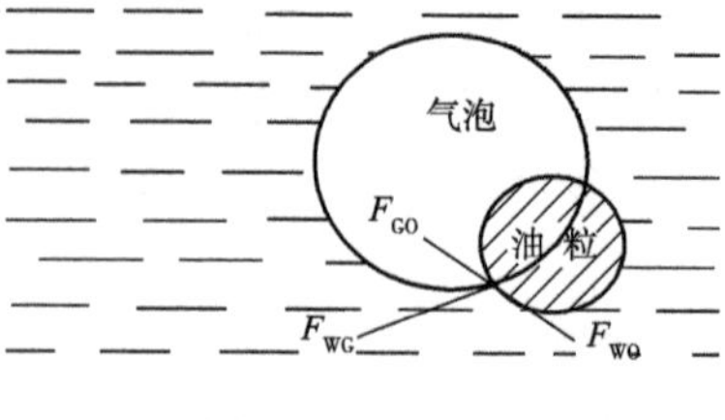

图3-9 颗粒与气泡粘附后水、油粒、气泡之间的界面张力

因此,界面能的减小值为

$$\Delta W = W_1 - W_2 = F_{WO} + F_{WG} - F_{GO}$$

此能量即转化为挤开水膜所做的功。

当颗粒、水、气泡三者处于平衡状态时,三相界面张力的关系应为

$$F_{WO} = F_{WG}\cos(180° - \theta) + F_{GO}$$

代入上式得

$$\Delta W = F_{WO} + F_{WG} - (F_{WO} + F_{WG}\cos\theta)$$

$$\Delta W = F_{WG}(1 - \cos\theta)$$

由上式可见,在水中并非所有物质都能粘附到气泡上。当 $\theta \to 0$ 时,$\cos\theta \to 1$,$(1-\cos\theta) \to 0$,界面能差值 $\Delta W \to 0$,表明这样的物质亲水性强,无力挤开水膜,故不能与气泡粘附而气浮。当 $\theta \to 180°$时,$\cos\theta \to -1$,$(1-\cos\theta) \to 2$,则这种物质容易被气浮。例如分散在水中的乳化油,$\theta > 90°$,其本身的相对密度又小于1,用气浮法分离就特别有利。在油粒粘附到气泡上以后,油粒的上浮速度就会大大提高。如:粒径为10μm的油粒,单独上浮时(清水的温度为20℃),其上浮速度约为0.00059cm/s。若粘附到直径为80μm的气泡上(利用加压气浮产生的气泡直径一般为30~120 μm),该气泡的上浮速度约为0.34cm/s,即该油粒上浮速度提高了约500余倍。

对于细微分散的亲水性油粒,若用气浮进行分离,则必须在油污水中加浮选剂,使被气浮的物质颗粒造成表面疏水性而粘附于气泡上。另外,浮选剂还有促进起泡的作用,可使污水中的空气泡形成稳定的小气泡,有利于气浮。

(2)气浮的种类。气浮按其产生气泡的方式分为:溶气法和散气法。溶气法主要采用的是加压气浮。散气法主要有叶轮气浮、布气气浮等。气浮分离的效率取决于油粒与气泡的粘着力,因此疏水性强的物质容易与气泡粘附上浮分离。高度乳化的油粒其表面呈很强的亲水性,不易分离。所以严重乳化,含有表面活性剂、碱性物质和砂土的污水不能放入分离器内,而且还应尽量避免水流的强烈搅拌和紊流。因此为产生大小适宜、数量足够的气泡,通常采用加压气浮。

①加压气浮。加压气浮就是在加压的情况下,使水中溶解的空气达到饱和,然后再急剧降压到常压状态,这时溶解度减小,则溶解于水中的空气形成细小气泡并高速上浮,而吸附在气泡上的微小油粒也随之一起上浮到水面,达到油水分离的目的。加压气浮所加压力越高,产生的气泡就越小,气泡与油粒接触面积和接触概率越大,有利于提高油水分离效果。加压气浮工艺流程如图3-10所示。

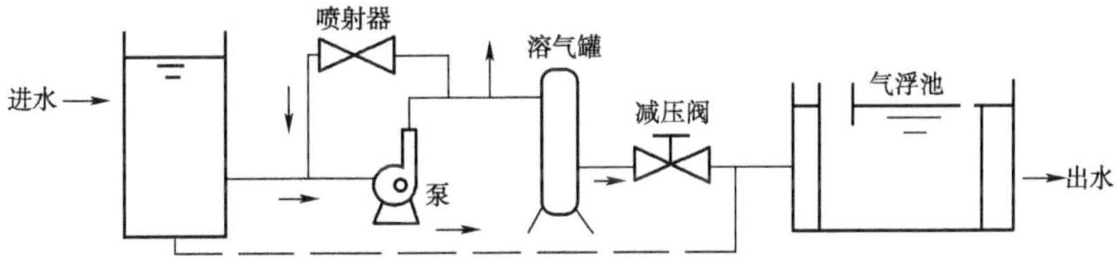

图3-10 气浮分离工艺流程图

加压气浮的特点是产生的气泡小、气浮效率高、运行管理简单。但耗电量大、需要水泵等机械设备。这种方法主要用于炼油厂处理含油污水和港口压载水及洗舱水处理场。

②叶轮气浮。叶轮气浮的充气是靠叶轮高速旋转时,在固定的盖板下形成负压,从空气管中吸入空气。空气进入污水中与循环水流被叶轮充分搅拌,形成细小的气泡甩出导向叶片处,

经过整流板稳流后，气泡垂直上升，进行气浮，形成的泡沫由不断地缓慢旋转的刮板刮出槽外。

叶轮气浮由于动力消耗大，构造较复杂，一般较少采用。

③布气气浮。布气气浮是直接将压缩空气通入气浮池底的布气装置里，通过布气装置使空气形成细小的气泡，进入污水中，进行气浮。

布气装置的种类较多，而且正在不断研究新的布气形式。目前采用的主要有微孔陶瓷板（管），微孔塑料管等，它们比以前用的穿孔管、帆布管等材料所产气泡小而且均匀，但它比加压气浮产生的气泡略大，通常从数百微米到数千微米。

6）超声分离法

超声分离是借助于对含油污水发射超声波的方法，引起油粒振动，从而使微小油粒互相碰撞、聚集、扩大而分离上浮的。超声分离性能良好，能分离用普通方法难以分离出的乳化油。然而，这种分离技术在使用时必须正确掌握振动频率，否则，水中的油粒由于振动频率的错误非但不能聚合，反而还会乳化，以致难以分离。另外，生产制造超声分离装置价格较高，大型装置中也难以采用。

2. 其他分离方法

1）电解分离法

电解分离法属于物理化学分离法，是用油污水做电解液，当电极通电时水被电解，产生氢气和氧的气泡，当气泡上浮时将粘附在气泡上的油粒带到水表面达到油水分离的目的。这种方法也称为电解浮选分离法。含油污水通过直流电场时电流密度达到一定值，水被电解成带正电荷的氢离子和带负电荷的氢氧根离子，即

$$H_2O \rightarrow H^+ + OH^-$$

氢离子在阴极得到电子生成氢气，氢氧根离子向阳极移动，在阳极放出电子生成新生态的氧，即

$$2H^+ + 2e \rightarrow H_2 \uparrow$$

$$4OH^- + 4e \rightarrow 2H_2O + O_2 \uparrow$$

氢气泡粒径约为 10 ~ 30μm，氧气泡粒径约为 20 ~ 60μm，平均密度为 0.58g/L（20℃时）。因此，电解产生的气泡捕获油粒能力强、浮载能力大。

电解浮选分离效果与电解时间、电场强度、电流密度有关，一般处理时间为 10 ~ 20min，电场强度小于 3 ~ 4kW/m，最终电流密度为 156 ~ 200 A/m^2，耗电量为 0.1 ~ 1kW · h。电解分离的主要缺点是电解过程放出氢气，有爆炸危险，处理量为 $5m^3/h$ 的装置，电解放出的氢气为 100L/h。因此电解分离装置及排气管必须有良好密封，气体排出口应装在没有引火源的地方。电解分离需消耗大量电能，整个装置比较复杂，目前电解分离法在船舶上并未得到实际应用。

2）凝聚分离法

凝聚分离法属于化学分离法，是在油污水中投入凝聚剂（如硫酸亚铁、氯化铁、硫酸银和其他高分子化合物），使悬浮或乳化油粒凝聚成化学状的凝胶体沉淀或上浮而被分离。

3）活性污泥法（生物化学法）

活性污泥分离法是利用好气性微生物的氧化作用来处理含油污水的一种方法。向污水中不断送入空气，使污水中的微生物获得良好的生存条件，则大量的好气性细菌和原生物成对有机污染物具有吸附凝聚和分解氧化能力的微生物集团，即所谓的活性污泥。

标准活性污泥油水分离工艺流程如图 3-11 所示，装置工作时向曝气池供入空气和一定量

营养物质,使之产生活性污泥。在曝气池污水与活性污泥接触时,油分被活性污泥吸收并受到微生物氧化作用,一部分分解为二氧化碳和水;另一部分被微生物合成为自身的细胞质,变成新的污泥。然后流入沉淀池,活性污泥与除去油分的污水分离,清水上浮推出,污泥沉淀,大部分排掉,少部分回流到曝气池反复使用。

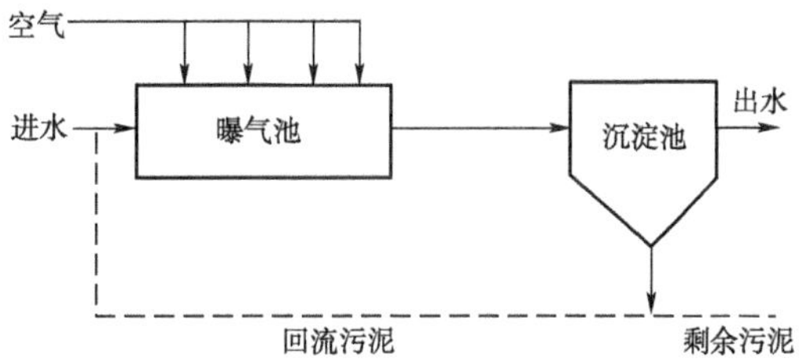

图 3-11 标准活性污泥油水分离工艺流程

活性污泥法所能处理的油量有限,适用于油水分离装置最后一级处理少量的乳化油或溶解油。活性污泥法适用于陆地污水处理场。

4)超滤膜过滤法

超滤膜过滤属于膜式分离技术,是根据聚合薄膜的筛滤作用,利用一种只有水分子才能通过的超滤膜,截留污水中的细微油粒及其他杂质,达到分离油水的目的。

超滤膜涂在多孔材料制成的烧结空心管表面上;一般超滤膜孔径小 0.05μm,比乳化油的粒径(直径为 0.1 ~0.3μm)小得多,因此分离性能特别好。这种分离器分离效果总是小于 5mg/L,特别是分离乳化油效果更为显著。

超滤膜分离由于滤膜孔径很小容易堵塞,滤膜也容易剥落,所以只适用于小流量和含油浓度低的污水,而且一定要有反冲洗系统,才能连续使用。

5)反渗透法

反渗透法也属于膜式分离技术,是利用油污水被加压到一定的压力以上,半透性薄膜能使水透过而油液被截阻的原理,能使油污水的油分浓度从 500 mg/L 降到 10mg/L,处理薄膜常用醋酸纤维素等经加工制成,膜式分离装置都必须注意定期清洗,以消除污垢,保持原有处理效能。

目前,在船上实际应用的油水分离装置所采用的分离技术主要是重力分离法、聚结分离法、吸附分离法、过滤分离法,而船用油水分离装置既有按它们当中的一种分离方法设计而成的,也有按它们当中的几种分离方法组合设计而成的。其中重力分离法一般用于粗分离,而聚结、吸附等分离方法则用于细分离和精分离。

二、船用油水分离装置

根据 MARPOL 73/78 公约附则 I 的规定,油水分离装置的基本技术方法是设置单级分离装置和双级分离装置,其中单级分离装置要保证将含油水的油分浓度处理至 100mg/L 以下,但由于其油分浓度达不到最新的 15 mg/L 以下的要求,现在这种单级的油水分离装置已不再生产。为适应新的要求,一般需在第一级的基础上增加第二级,即双级分离装置,双级分离装置的第一级要保证处理至 100 mg/L 以下,第二级则从 100 mg/L 处理到 15 mg/L 以下。采用的分离装置要能够经常保持在排放的油分浓度低于 15 mg/L 的状态下工作。以下简单介绍几种船舶常用的油水分离装置。

1. 博隆福斯新版 TUBULO 油水分离器

德国 Blohm + Voss Industries GmbH 公司根据最新的 MEPC. 107(49) 规范制造的新版 TUBULO 油水分离器 (TMPB),其最新的产品能用于所有在 2005 年 1 月 1 日后铺放龙骨的新造船上并满足 IMO 最新规范的要求。该公司有超过 80 年生产油水分离器的经验,设计出的二级压力系统操作的新产品具有结构相对简单,维护方便和成本较低等优点,很受市场欢迎。

图 3-12 为新版 TUBULO 油水分离器外观及内部结构示意图。该型处理设备的本体由两个立式圆柱形分离筒组成。第一筒内分为上下两部分，上部为重力分离，下部为聚合过滤分离。污水泵排出的舱底污水由分离器入口以切向方向进入上部的重力分离区，在筒内形成缓慢旋转流动。使污水流动路径增长，并且由于旋转离心力作用，不仅增加油粒相互碰撞机会，而且使比较轻的油液向分离室中部汇集，促使粗大油粒上浮到顶部集油室，即为粗分离过程。经过粗分离的含油污水通过中部的高效滤网(HEC)进行聚合过滤分离，又使部分油粒聚集，颗粒变大，并上升至集油室，处理后的水由底部的水管流向第二筒进行精分离。

图 3-12　新版 TUBULO 油水分离器外观及内部结构示意图

第一筒内分离出的污油，都积聚在集油室，最后经自动排油装置排出筒外。集油室设有加热器，便于污油流畅地排出。浮球控制的空气泄放阀可使舱底泵中带来的空气不致过多地积聚于油水分离器上部，以免油面过分下降，影响分离效果。集油室外部设有探试旋塞，以便人工检查其内的油位。

在第一筒的分离过程中，各种大小的油滴被高效滤网(HEC)作初步分离。高效滤网是无损耗、无消耗的物质，它与分离器筒体采用综合设计，使之易于维护。经第一筒处理后，水中含油量小于 100mg/L。

含有较小油滴甚至乳化的污水进入第二筒内，在第二筒的分离过程中，具有极微细的油粒子被一种叫 HycaSep 的物质过滤后，清水由筒底排出，从而使通过第二级分离后的水达到 15 mg/L 以下的排放标准。HycaSep 是 Hydrocarbon Separator 的缩写，是专门用作减少被过滤液体的表面张力用的。该型油水分离装置第二筒亦有采用粒状活性炭作为精分离元件，水中的微量油分在流经活性炭层时被吸附与水分离。第二筒只设油位报警器，由人工开启排油阀。

根据 MARPOL 73/78 公约附则 Ⅰ 的规定，分离器上配有专为船舶上使用的新型的 15mg/L 报警系统、高压泵及控制板，以将舱底水作最大程度的分离。

2. TCS-HD 紧凑式油水分离器

TCS-HD 型紧凑式油水分离器也是德国 Blohm + Voss Industries GmbH 公司开发的，由于其体积小，只需一个分离筒，因而深受航运界欢迎，已在全世界广泛使用。由于采用了吸油材料，通过吸附，即使最小的油滴也会从水中分离。

这种材料的使用寿命是无限的，因此，这种设备的维护仅是根据污染的不同程度进行清洗而已。TCS-HD 型紧凑式油水分离器能配合单螺旋泵及活塞泵工作。它是重力分离和聚合过滤相结合的负压式油水分离设备。其最大流通量为 $5m^3/h$,最大工作压力为 1. 5bar,采用螺杆泵作为污水泵。

如图 3-13 所示。启动污水泵运转,分离器内部形成负压,污水通过进口止回阀 9 被吸入到分离器上部空间,由于油和水的密度不同,污水中较大的油滴由于浮力作用首先上浮至分离器的顶部空间;污水向下流动通过聚合过滤材料 11 时,水中细小的油滴被吸附;随着油滴的长大,浮力增加,最终上浮到分离器顶部空间。

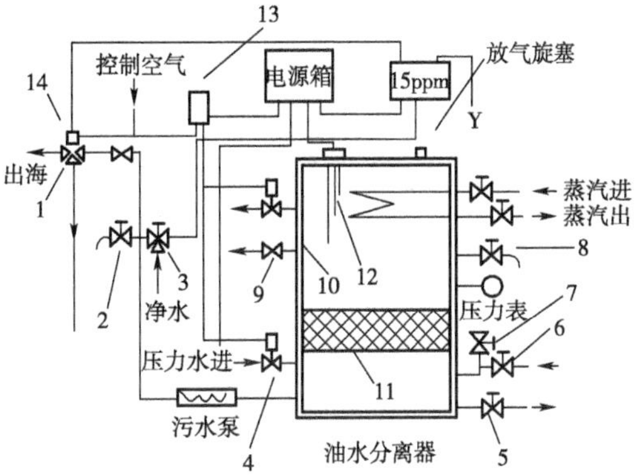

图 3-13　TCS-HD 系列油水分离器原理图

1-三通阀;2-取样考克;3-三通考克;4-气控阀;5-泄放阀;6-加水阀;7-安全阀;8-检验考克;9-污水进口阀;10-气控阀;11-聚合过滤材料;12-电极;13-电磁阀;14-气控阀

当分离器顶部油层增厚,电极 12 感测到低位油水界面时,污水泵停止运转,电磁阀 13 通电打开,气控阀 4 和 10 供入控制空气并同时打开,压力水通过阀 4 进入分离器下部空间,迫使上部空间的污油从阀 10 排出进入污油柜。随着油水界面的上升,当电极感测到高位油水界面时,电磁阀 13 断电关闭,并放掉气控阀上部的空气,阀 4 和 10 在复位弹簧的作用下关闭,排油过程结束,污水泵再次开始运转。

要进行手动排油时,可打开检验考克 8,当有油流出时关闭控制箱上污水泵开关,停止污水泵运转,按下控制箱上手动排油按钮,电磁阀 13 通电开启,气控阀 4 和 10 在控制空气的作用下打开进行手动排油过程。当检验考克 8 有水流出时,停止手动排油。

15mg/L 报警器为 OCD-2 型,利用光照法连续检测水样中的含油浓度,工作环境温度为 $-20 \sim +70$℃,检测信号输出的直流电压为 $0 \sim 1$V,相对应的油分浓度检测范围 $0 \sim 30$mg/L,警报设定值 15 mg/L,测量室承受的工作水压力为 $0 \sim 8$bar。

当流过检测室水样中的油分含量增加,油滴颗粒折射掉一部分光束,使通过的光束强度减弱,光电转换器将接收到的光束强度转换为成比例的电压信号,经过处理后的电压信号以数字信号输出并在面板上显示,即是水中含油百万分浓度的数值。当显示的数值达到 15 mg/L 时,报警回路被接通,立即发出声光报警,经延时后气控三通电磁阀 1 断电,三通阀在复位弹簧作用下工作在上位,关闭出海通路,打开污水回路使污水流回污水柜。

3. 国产 CDZYF 系列油水分离器

CDZYF 系列油水分离器是由江苏无锡市堰桥电子电器设备厂生产的一种新型的船用油污水处理装置。该装置配有柱塞式电动定量泵,排油装置采用重力浮子针阀自动排油装置,使排油结构更为简单、可靠,油水分离方法采用了常压超滤式处理方法,大大降低污油水处理过程中的乳化程度,分离效果更为显著。CDZYF 系列油水分离器在按《船用舱底油污水分离装置型式试验方法及含油量分析方法》(GB 4795. 3)标准进行性能试验及 300h 耐久考核试验中,经处理后水中含油量未超过 5mg/ L,因此 CDZYF 系列油水分离器具有结构简单、工作可靠、分离效果显著、价格较同处理量级产品低廉等特点。

如图 3-14 所示,舱底油污水由定量容积泵 10 泵至分离器装置 a 腔,首先进行初级重力浮选分离。由于油水密度差异,颗粒直径较大的浮油油粒上浮,形成油层。当油层达到一定厚度,a 腔浮子式针阀 5 自动下沉,打开阀门进行排油,当浮油排到一定位置时,浮子式针阀自动关闭。处理水进入 b 腔,通过一级滤芯时,经常压超滤式过滤,在 b 腔上部形成油层。b 腔中

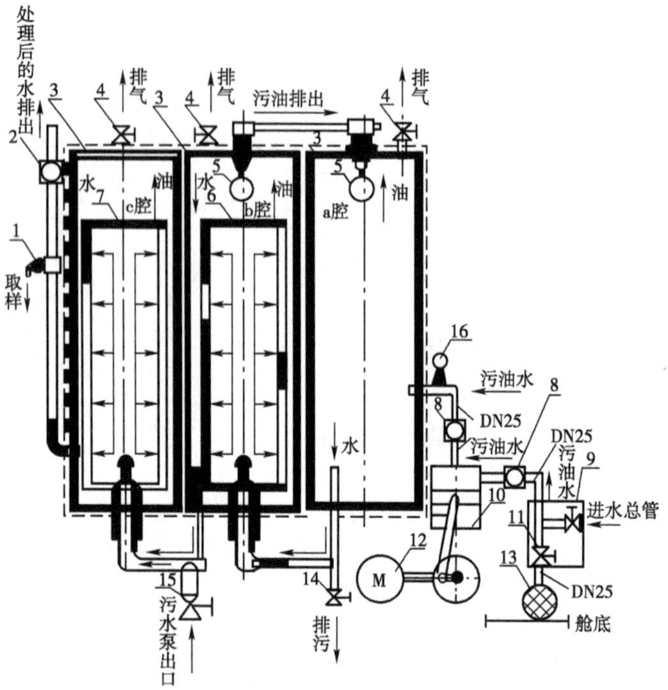

图 3-14　CDZYF 型全自动油水分离器工作流程示意图

1-取样装置;2-重力式背压阀;3-外壳; 4-放气阀;5-浮子式针阀;6-一级滤芯总成;7-二级滤芯总成;8-单向阀;9-清水阀;10-柱塞式定量水泵;11-舱底水阀; 12-电动机; 13-吸入滤器;14-排污阀;15-反冲洗阀;16-压力表

浮子式针阀 5 工作原理与 a 腔中的相同,水则顺利通过滤芯进入 c 腔,再经过二级滤芯吸附过滤,最后排出。

所谓超滤式过滤,是利用滤材的选择性吸附来吸附介质的一种方法,其主要机理为选择性筛滤作用。该装置的滤层是由聚丙烯丝束组成的空间网状态结构层,聚丙烯丝束为典型的亲油厌水性高分子材料。当油污水进入滤芯内腔,在压力作用下经滤层向外渗透时,水中微油滴吸附在多孔性质的纤维滤层中,水则渗出滤层,微油滴越吸越多,逐渐聚合成大油滴,在压力作用下,慢慢向外转移,最后排出滤芯上浮。这就是滤芯的筛滤过程。

油污水处理时,所需压力越高,油污水越容易产生乳化现象,乳化现象越严重,对滤层渗透能力的影响越大,从而进一步增大滤层的负担,直接影响处理后水的质量。CDYZF 系列油水分离器以滤层代替以往的滤膜,由于滤层相对密度较低,结构相对比较疏松,在滤芯内表面积较大的情况下,所需的渗透压力就低得多,这样保证了油水分离器能在常压下工作,大大改善了油污水的分离效果。

CDZYF 系列油水分离器中,虽然已设置了过滤器以防止油污水中的杂质堵塞滤层中的微孔而影响分离效果,但长期使用后,滤层的堵塞是难免的。因此当发现分离器中的压力达到或超过设计压力时,启动反冲洗装置,清除滤层中的杂质,以保证分离器的正常使用。

4. 船用油水分离器的额定处理量

用于处理机舱舱底水的油水分离器额定处理量,主要依据船舶在正常营运时所能产生的舱底污水量而定。但由于机舱舱底水的产生量受许多不定因素影响,如船舶吨位、动力装置类型、技术状态、新船、旧船、管理水平等不同,每天所产生的舱底水量可能有很大差异。因此,到目前为止还没有一个统一的标准。各国都是依据实际经验和本国船舶状况来制定一个基本标准。

我国规定了船用油水分离器设计制造生产额定处理量系列标准，当船舶选配油水分离器时，其额定处理量必须是标准系列中某一处理量，否则就选购不到油水分离器。船用舱底油污水分离装置处理量系列如表3-4所示。一般根据船舶吨位大小估算舱底水产生量，所选用的油水分离器额定处理量应大于其舱底水产生量，一般应有10%余量。此外，经处理后的排出水中含油量应符合排放标准。

船用舱底油污水分离装置处理量系列（GB 4795.1—84）　　表3-4

额定处理量系列（m^3/h）	0.1	0.25	0.5	1	2	3
	4	5	10	25	50	

总的来说，一般都采用小型的，其中以处理量为2~3 t/h者用得最多，有时为了利用舱底水管路，也有使用20~30 t/h者，目前最大的船用油水分离器处理量为200 t/h。但船用油水分离器不论其大小如何，都应满足如下的要求：

（1）经过分离处理的油污水必须符合国际排放标准，即含油量在15mg/L以下，分离装置应获得验船部门认可；

（2）工作尽可能自动化，能自动排油；

（3）在正常工作位置向任何方向倾斜22.5°时仍能正常工作；

（4）构造简单，体积小，重量轻，易于拆洗和检修；

（5）当油水分离装置被设置于可能有可燃气体的处所时，应该符合对这种处所有关的安全规则，而且装置的任何电气部分均应安放在非危险区域，或应由主管机关证明在危险区域可以安全使用。

三、船用油水分离器的运行管理

1. 操作前的准备

1）联系驾驶台值班人员

油水分离器的操作应在航行途中进行，在使用前应首先与驾驶台取得联系，确定船舶不在特殊区域内，而且是在白天，能见度良好，并要求驾驶人员随时监视船尾航迹是否有油迹，防止油分浓度警报系统工作失灵造成污染，并应将使用和监视情况记录在航海日志上。

2）试验警报

按照ISM体系文件的要求，在使用油水分离器时，应先进行15mg/L报警试验并记录在轮机日志上。试验时，打开报警系统电源，旋开报警控制箱上测量室顶部的旋塞，将清洗测量室用的毛刷缓慢插入测量室，这一过程可以清楚地监测报警值是否正确，控制箱面板上的油分浓度值由零逐渐增大，当增大到15mg/L时应发出警报，并同时察看三通阀动作情况。按下手动排油按钮检查手动排油阀的动作情况。

3）零位调节

监测系统投入运行前，应进行零位检查，将三通考克打开使清水流经测量室，此时面板上的数值应为零，否则对测量室进行清洗，如果仍然不为零或接近零，则通过调整控制电路板（控制箱内）上调零电位器上的调节螺钉进行零位调整。

4）充水放气

打开检验考克，检查分离筒内是否已经充满清水，否则打开分离筒顶部的放气旋塞，并打开补水阀向分离筒内充水，直至检验考克有水流出，关闭补水阀，旋紧放气旋塞。

2. 运行中

1）系统投入运行

开启污水泵，打开取样考克排放30s后接取水样，如果水样中有可见油迹，应对系统进行冲洗，待接取水样正常后，打开三通考克使水样流经检测单元，系统工作正常，打开油水分离器舷侧出海阀，将控制板上的开关按下，接通气控三通电磁阀的电源，电磁阀打开，通入的控制空气将弹簧压下，使三通阀工作在下位，此时污水柜回路被关闭，油分含量低于15 mg/L的污水则经三通阀和出海阀排出舷外。

2）测量污水柜

分离器在使用过程中，经常检查测量污水柜水位，防止将污水柜排空，根据污水泵工作时间测算出污水泵的实际排量，以此可以判断污水螺杆泵橡皮套的磨损情况。

3）加温

在天气寒冷的季节，由于机舱底部温度低，污水中的油分较难分离，这时需要开启蒸汽加温阀给污水加温，使用蒸汽加温时分离筒内部必须完全充满水，及时调节蒸汽阀开度防止加温过高。

4）其他检查

油水分离器在使用当中，应经常检查工作状况：察看水样；打开检验考克检查油水界面；察看管路连接处是否有漏泄；自动排油次数是否过频、排油时间是否过长等；发现异常应及时采取措施。

3. 停止运行

1）停止设备操作

当设备操作结束时，应进行一次手动排油直至排油阀有清水流出为止，并保持分离筒内充满清水。关掉气控三通电磁阀的电源。转换三通考克用清水将检测单元管路冲洗干净。

2）操作后的记录

每次使用完油水分离器，应及时将作业情况按要求记入《油类记录簿》（污水分离量，操作开始时间和船位、结束时间和船位，污水柜容积及留存污水量）。

4. 日常维护

1）定期清洗

分离筒和过滤器需要定期清洗，清洗时应首先打开蒸汽阀进行加热，打开排油阀和压力水供给阀直到清水从排油阀流出为止。关掉加温，旋开放气旋塞，打开泄放阀放掉分离筒内的水，移走电极、拆开上盖以及过滤器压板，取出聚合过滤器。分离筒内壁及部件用不超过65℃的热水清洗，聚合过滤器可以用100℃的热水通过高压清洗器进行冲洗。

2）记录

油水分离器的清洗作业应记入《油类记录簿》的第（I）项：补充的作业程序和一般说明。

3）控制污水来源

在炎热和潮湿的海域航行时，主机空冷器的冷凝水是一大舱底水来源，但它是洁净的纯水且不含矿物质，可以引入炉水舱作为锅炉用水（主机扫气压力在1 kgf/cm^2 以上，可以将水压入水舱）；分油机的排渣水被油泥污染，必须经过彻底静置沉淀才可以驳入污水柜，但处理这部分水的最好方法是：焚烧炉使用完后立即将分油机排出的油渣和残水驳入焚烧炉油柜，开大蒸汽阀进行加温，经过一夜时间大部分水可以蒸发掉，剩余的少部分水混合污油焚烧。

机舱舱底和污水井定期清洁，发现燃油漏泄立即清除防止流入污水井，尽量保持污水干净，使油水分离器工作时免受污染。

5. 常见故障及原因分析(表 3-5)

表 3-5

故障现象	原因分析	纠正措施
油分浓度超标	(1)污水太脏,含油过多; (2)测量室玻璃管脏污; (3)分离筒或聚合过滤器脏污; (4)水温太低油水分离困难	(1)污水经过沉淀后再进行分离作业; (2)清洗测量室玻璃管; (3)将过滤器拆出清洗并清洗分离筒; (4)开启蒸汽加温装置
自动排油次数频繁	(1)系统漏气,空气被吸入分离筒; (2)污水中含有大量污油; (3)电极脏污	(1)检查系统管路及各连接处,消除漏气; (2)查找污油来源,清洁污水柜和污水井; (3)将电极拆出清洁
自动排油时间过长,大量污水进入污油柜	电极脏污。不能探测高位油水界面	拆出电极清洁
排油指示灯亮,无排油动作	(1)控制排油电磁阀故障; (2)无控制空气; (3)压力水进口气控阀故障	(1)检查电磁阀电源,或拆检电磁阀; (2)检查控制空气气源及通路; (3)解体检查压力水进口气控阀
分离筒上安全阀起跳	(1)排油过程中排油出口气控阀故障; (2)启动前手动向分离筒充水时放气旋塞未打开	(1)解体检查排油出口气控阀; (2)补水时开启放气旋塞

第三节　船舶油污水排放监控

对船舶油污水排放监控,主要是通过:①机舱污水排放的监控,即船舶排放的机舱污水是否符合排放标准要求:可通过安装油水分离装置并连续监测经分离处理后将要排出舷外的污水含油量实现,即应安装和使用含油量监测报警器;②油轮的洗舱水及压载水的排放监控,即油轮排放的污水中瞬时排油率和航次总排油量是否超标(限于油轮):可通过配置排油监控系统实现;③油类记录簿的记录是否准确有效和符合规范——可通过 PSC 检查进行监控。

一、机舱污水排放的自动监控

目前,对于含油机舱污水的排放采用下列方法监控其排放水中的油分浓度:①浊度法;②荧光法;③红外线吸收法;④紫外线吸收法。

1. 浊度法

基于石油制品吸收光的能力,用仪器记录通过水中石油乳浊液的光通量被减弱部分的强度来测定其浊度,以标定混合物含量,见图 3-15。

当光线照射含油微粒时,光线会产生散射现象。根据瑞利散射定律,当入射光强度一定且油粒直径小于入射光的波长时,散射光的强度与入射光的强度之比,与乳浊液的含量、浊度成正比。

在光学浊度法中,常用超声震荡或加入界面活性剂使含油污水乳化,使油粒直径细微,分布均匀。

可采用普通可见光、近红外光或激光作为光学浊度法的入射光源。这些照射光的波长可大于所测油粒粒径。

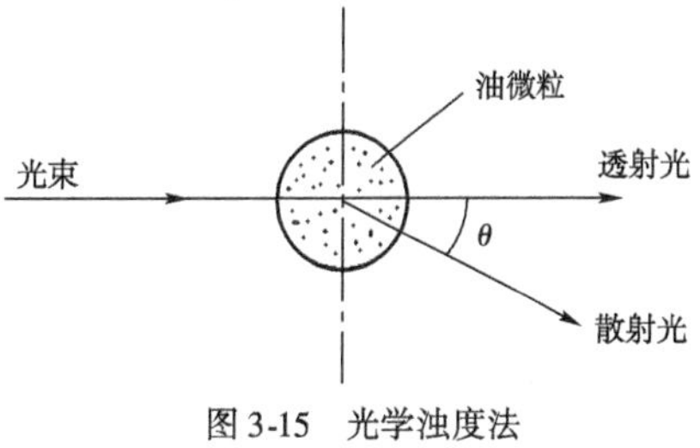

图 3-15　光学浊度法

采用光学浊度法制成的船用油分浓度计,可以直接测定油污水中的含油量,具有操作简单、准确可靠、反应迅速等特点。测试精度仅与油粒大小有关,而与油种无关。因此,检测不同油品时无需逐一标定,适用于船舶油污水排放的连续监控。光学浊度法易受油分以外的杂质如气泡或悬浮固体颗粒的影响,因而引起测量误差。

FOCAS-1500A 型舱底水油分浓度计采用超声波乳化水中的油滴,用光电比色计测量由于乳化导致发生的浊度变化,见图 3-16。为了减少测量中洗涤剂和悬浮固体的不良影响,采用二次乳化。由洗涤剂和悬浮固体物质引起的浊度变化在第一次乳化过程中就完成了。在第二次乳化时,唯一能够改变浊度的,只有含油量。这样,只要简单测定在第二阶段乳化过程中的浊度改变量,就能准确地测量含油量。为了减少由于超声振动所产生的空气泡,设有压力调节器,以保证始终高精度和平稳的测量。

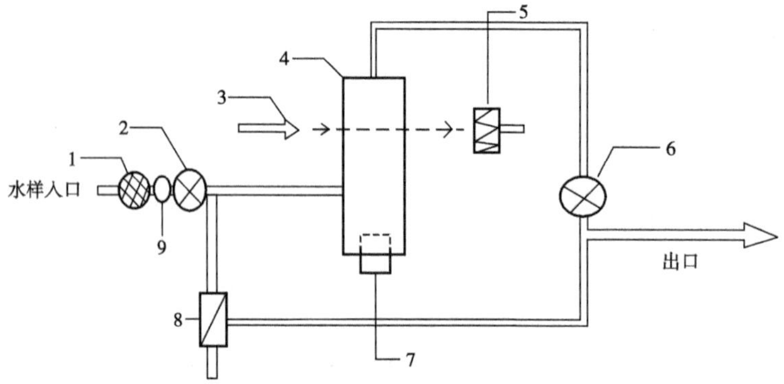

图 3-16　超声油分浓度计原理图

1-滤器;2-电磁阀(1);3-发光器;4-监测管;5-光接受器;6-电磁阀(2);7-超声波振动器;8-压力调节器;9-压力开关

FOCAS-1500A 型舱底水油分浓度计能进行连续测量,每 17s 测量一份样品,见图 3-17。试样管中的水样在 T_2 时更换。超声振动器在 T_3(A)时停止,测量、记录此时的浊度。T_4 时超声振动器再次启动以增加浊度,T_5 时停止。基于 T_3 阶段记录数据,含油量值($B-A$)显示在指示表上。当含油量超过 15 mg/L 时,发出警报,外部回路动作。该型油分浓度计测量范围 0 ~ 30 mg/L,测量误差小于 5 mg/L。

利用这一原理制成的油分浓度计有我国厦门产的 YNK-1 型超声油分浓度计,德国西门子 ET-25 型和日本 OSM 型油分浓度计。它们的精度均达到 15 mg/L 以下,报警时间延迟在 15 ~ 20s。在发出声光报警的同时,经控制设备使处理水停止排放并流回舱底。这种浓度计是目前应用最多的一类。

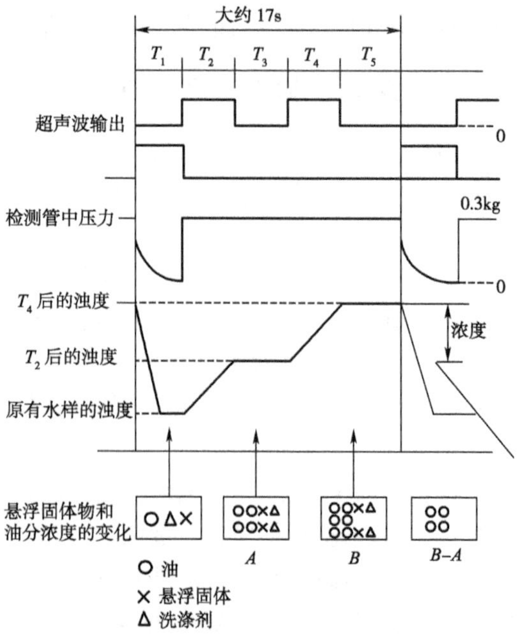

图 3-17　FOCAS-1500A 型舱底水油分浓度计工作原理

2. 荧光法

基于石油的某些馏分(主要是胶质物、沥青质等)通过一定波长的紫外线照射能产生荧光的能力,并根据产生的荧光强度用仪器来测定其含油量的方法就称为荧光发光法。图 3-18 所示为利用荧光法连续测定含油量装置的原理示意图。为避免容器玻璃壁污染，试料液经扁平槽口，呈薄的水膜自然下流。紫外光源照在水源上，所产生的荧光用光电倍增管放大和测定，并用指示仪和记录仪分别显示和记录。该法由于油种的不同而产生不同的荧光强度，一般重组分荧光强度较强，轻组分荧光强度较弱，所以在同一浓度时不同油种可得出不同数据。目前虽有按不同油种进行放大校正的方法，但这也使得该方法的使用受到限制。

目前，美国、日本、英国等国均生产这类船用油分浓度计，是当前使用较多的一种。

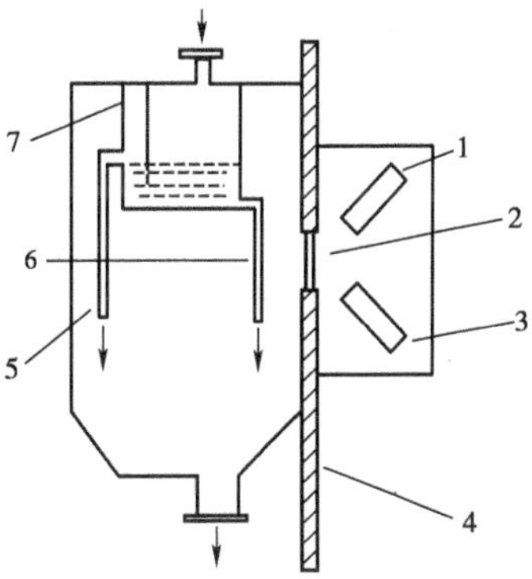

图 3-18　荧光发光油分浓度计原理

1-紫外线发生器；2-窗口；3-光接受器；4-隔板；5-溢流管；6-水膜；7-顶箱

3. 红外吸收法

红外吸收法是以石油中的 CH 基、CH_2 基、CH_3 基等碳化合物能吸收 3.4～3.5μm 波段内的红外线波这一原理来测定水中油分浓度的。在测定水中油分浓度时，因为水对上述波段内的红外光线也具有吸收能力，所以不能直接用油水来测量，而要用对该波段内的红外线吸收很少或基本不吸收的四氯化碳或氟利昂溶液作为萃取剂，萃取水样中的油分，然后将含油的四氯化碳注入分析室，用红外光源照射，如图 3-19 所示。由于四氯化碳能很好地透过波长 3.4～3.5μm 附近的红外波段，而油对该段有强烈的吸收作用，这样就使射入含油四氯化碳的红外光的一部分被吸收，因而可测得光源经过含油四氯化碳后的能量变化。

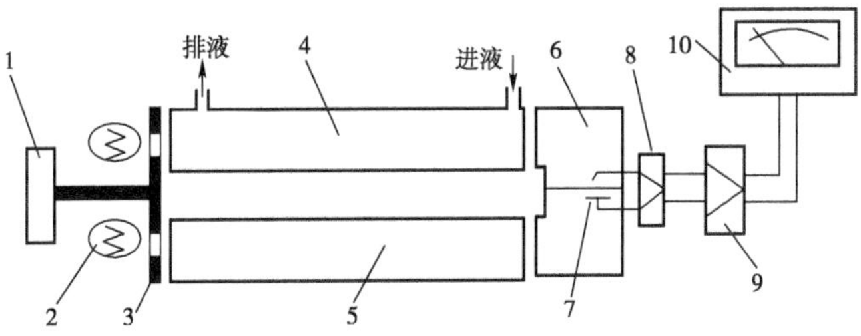

图 3-19　红外吸收油分浓度及测量原理

1-同步电机；2-红外光源；3-切光片；4-分析室；5-参比室；6-检测室；7-电容微音器；8-前置放大器；9-主放大器；10-指示表头

油分浓度不同，吸收能量也不同，这种吸收能量的变化量与含油浓度有对应的线性关系。将这种能量的变化转换成电信号，经放大后显示出油分的浓度值。这种方法虽然具有较高的灵敏度，但必须经过萃取，操作较复杂，故船上应用不多。

利用这一原理制成的油分浓度计有：我国北京产的 QGS-06 型，佛山生产的 FF-1 型，其测量精度为 0～25mg/L，反映时间约为 15s。

4. 紫外线吸收法

基于石油某些成分（沥青质、胶质物，尤其是芳香烃）吸收紫外线照射的能力，在仪器上进行自动萃取水中油分并测定萃取物在紫外线光谱部分的光热，由此来测定其含油量的办法。

二、油轮的排油监控系统

1. 排油监控系统监控的主要指标

排油监控系统是用来监测、控制油船排放含油压载水或洗舱水入海的系统。根据 MARPOL 73/78 公约规定，油船排放含油压载水和洗舱水必须在排油监控系统监控下，使油的瞬间排放率小于30L/n mile,排油总量小于载油量的1/30000。

瞬间排放率由下式计算 $$C=\frac{Q\cdot M}{V}\times10^{-3}$$

式中:C——瞬间排放率(L/n mile);

M——油分浓度(mg/L);

Q——含油污水排出量(m^3/h);

V——船速(n mile/h)。

排油总量由下式计算

$$L=\sum_{t_i=0}^{i}(Q_{t_i}\cdot m_{t_i})\cdot t\times10^{-3}$$

式中:L——排油总量(L);

t——排放含油压在水的累计时间(h);

m_{ti}——t_i 时排水中油分浓度(mg/L);

Q_{ti}——t_i 时含油污水排出量(m^3/h)。

2. 排油监控系统的主要组成部件

排油监控系统主要由油分浓度计、流量计、中心控制站(包括计算单元、显示单元和记录仪、控制排出阀的开关单元等)、取样系统和排出阀控制系统组成。系统中如果没有航速仪,可以用驾驶台设置的仪表,直接由船舶航速仪中引出脉冲信号输入到计算中心。

排油监控系统的核心部件是油分浓度计,根据其探测原理,基本可以分为荧光法油分浓度计、光学浊度法油分浓度计、红外吸收法油分浓度计和紫外吸收法油分浓度计,其中光学浊度法油分浓度计是目前世界上使用最多的一类,约占全部船用油分浓度计的80%左右,其照射的光源可以用可见光、近红外光和激光等。

3. 激光光学浊度法排油监控系统中各单元的工作原理

激光光学浊度法排油监控系统的典型原理图见图3-20。

1)油分浓度计及取样系统

该系统由含油量检测分析单元、取样泵、取样头、转换单元和光导纤维所组成。在污油水的排出管路上,由取样头取得含油压载水和洗舱水的分析样水,通过取样阀、取样泵送到检测分析单元,经过激光的测量后,样水被送回排出管路排出或回到污油水舱。

激光束产生于转换单元中,通过光导纤维线送入检测分析单元,在分析单元中测得的激光束强度分别送回转换单元,在其中将光强信号转换成电信号后输出一个相当于油分浓度(mg/L)值的电流模拟信号(0~1000mg/L 相应的输出电流量0~20mA)送到读数显示仪、记录单元。

为了保证准确测量取样水的含油量,检测分析单元必须用清洁水定期地进行清洗。在取样分析的过程中,转换单元送出信号,由定时继电器自动控制空气打开清洗管路上的气动阀件,每隔3min 对分析单元的激光光束窗口用清水冲洗一次,每次约10s。

油分浓度计及取样系统的基本工作参数如下:

有效测量范围:0~1000mg/L;

测量误差:±10mg/L 或20%读数(取大值);

响应时间:小于10s;

取样水流量:800~1000L/h;

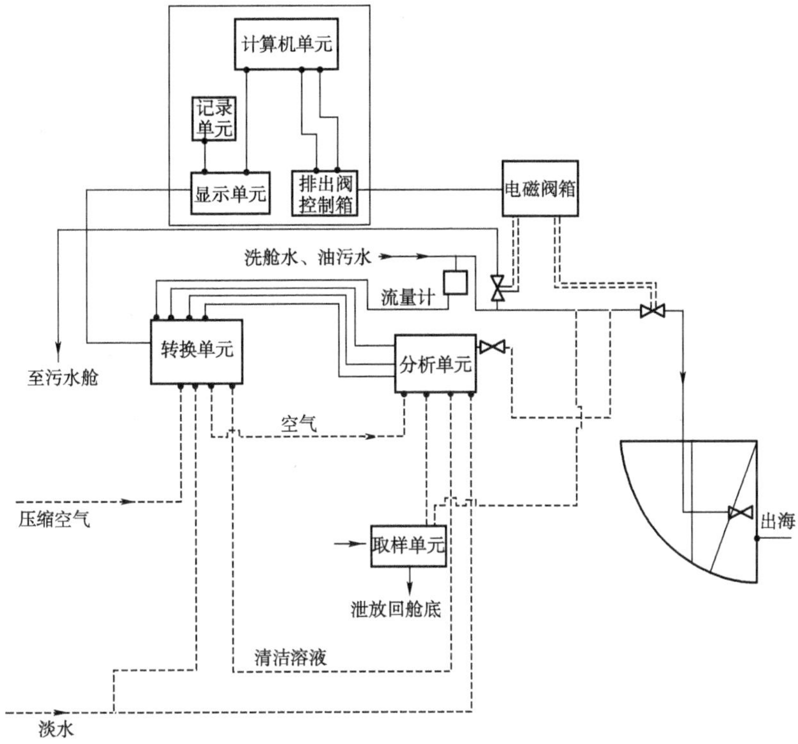

图 3-20　激光光学浊度法排油监控系统典型原理图

警报调定范围:0～1000mg/L;

油分浓度显示:数字;

记录:模拟量曲线;

供电:交流 380V/50Hz,3 相或交流 440V,60Hz,3 相;

供气压力:245.2～686.5kPa;

环境温度:0～55℃;

电压波动:±10%正常电压值;

可靠工作允许倾斜角:22.50°(任意方向)。

2)流量计

流量是通过一个孔板式流量计来测定,由于在管路中流体的流量正比于通过孔板后流体压降的平方根,所以只要测出孔板前后的压力差,通过一个压电转换器,将压差信号转换成相应的电信号输入中央控制站,即可知道流量的大小。测定流量主要为计算排油总量和瞬时排放率用。选用流量计应根据污油水的输送泵排量来定。

流量计的基本工作参数如下:

测量范围:25%～100%的最大极限流量;

测量误差:实际流量的±15%;

通过流量计的液体压力:1.6MPa;

通过流量计的液体温度:10～65℃;

供给电制:直流 24V;

环境温度:0～55℃;

倾斜角:22.50°(任意方向可正常工作)。

3)中央控制站

中央控制站的主要部件由计算机单元(中心程序单元)、显示单元、记录仪、控制压舱水洗舱水排出阀及回流到污油舱的循环阀的开关单元组成。

中心程序单元主要具有计算瞬时排放率和排油总量的计算程序和记忆程序。它从油分浓度计取得排出含油水中的油分浓度值(mg/L),从流量计中取得每小时排水流量(m^3/h)的模拟信号,同时还从船舶航速仪(kn)的脉冲信号(每海里200次脉冲)和从时钟取得的时间信号,通过程序计算出油类物质的瞬时排放率与排放总量。当这两项指标的任何一项超过规定指标时,即发出信号关闭通向舷外的排出阀,打开通向污油舱的循环阀,同时发出警报。

显示单元的主要部件是一个12cm的阴极射线管(显像管),可以显示:时间和日期(格林尼治标准时间);油分浓度(mg/L);单位时间流量(m^3/h);船舶航速(kn);瞬时排油率(L/n mile);总排油量(L);排出阀的位置(开或闭)。有的装置配有打印机,可以将显像管光屏显示的数据打印出来。当系统工作时,这套数据可以定时显示记录,记录间隔在10min之内可任意设定。此外,当系统开始工作或停止工作时,排出阀开或关时,以及监测系统发生故障或排水量超过流量计测量范围时,显示单元也能自动地将时间和情况在显示屏显示并打印记录。

记录仪是通过显示单元送来的同步信号转换成指针的位移,在坐标纸上画出曲线以连续记录油分浓度(mg/L)值。坐标纸装在仪表内,按时间定时转动1cm/min。一般一卷坐标纸可以记录250h,用完后可以更换。根据MARPOL 73/78公约的规定,当船舶排放含油污水时,除了监控系统能自动开闭排出阀外,记录仪必须同时工作,连续记录所排污油水中的油分浓度值,并至少保存3年。

控制压舱水洗舱水排出阀及回流到污油舱的循环阀的开关单元,可以根据测得的瞬时排放率和排油总量,发出开闭阀的电信号给排出阀控制箱来控制阀的动作。

除此以外,中心控制站的控制面板上还设有电源总开关、自动/手动操作选择开关、监控工作按钮等控制开关和系统故障、油分高、窗口污浊等报警指示。

4)排出阀控制系统

主要组成部件有排出阀控制箱、电磁阀箱和遥控阀。由中央控制站控制排出阀的开关单元送出电信号给排出阀控制箱,再将信号转换放大后送到电磁阀箱,控制液压油到开关阀门的伺服油缸,使阀门开或关。在监控系统自动工作时,排出阀和循环阀的开关是互相连锁的。当系统发生以下情况之一时,排出阀关闭:

(1)在停止对排出压载水进行监控的期间;

(2)油量瞬时排放率超标时;

(3)排油总量超标时;

(4)当排水量超过流量计的测量范围时;

(5)当系统中各单元发生故障时。

以上5种情况系统均会发出报警。为了防止因油分瞬时排放率在极限标准附近波动,而引起排出阀的频繁开闭,在排出阀的开闭电控制系统中专门设立了延时继电器,它可以保证:当油分瞬时排放率达到或超过规定极限值(30L/n mile)时,排出阀关闭,如果30s内瞬时排放率已下降到25L/n mile以下,则30s后排出阀开启;如果30s内瞬时排放率降不下来,则当排放率小于30L/n mile后延时4min,瞬时排放率不再上升到30L/n mile以上时,排出阀也自动开启。

排油监控系统在油船上的设置,可以有效地监控随油污压载水、洗舱水排入海里的油量,使其控制在公约规定的标准范围内,并且可以较为均匀地分散在广阔的水域中。因此,排油监控系统对于防止海洋油污染是非常重要且不可缺少的系统。

三、PSC对《油类记录簿》的检查

船舶油类作业的过程,必须在《油类记录簿》中准确记录下来,这是MARPOL 73/78公约附则Ⅰ第20条的要求。在PSC检查过程中,《油类记录簿》是必须检查的重要文本之一;如果是详细检查,则《油类记录簿》将是重点检查的重要文本之一。PSC检查的目的就是检查和督促船舶很好地履行公约,对存在的一般缺陷提出整改要求,对有明显证据表明存在违反公约的行为且无法有效防止环境污染,则将会造成船舶的滞留。因此,正确记载《油类记录簿》就显得十分重要。

1.《油类记录簿》中需记载的内容

《油类记录簿》中需记载的内容可以分为9类27条,每一类均有对应的代号,用字母表示;每一条均用数字编号,有些条目还可以细分。表3-6为《油类记录簿》中需记载的内容分类。

记载内容 表3-6

代　号	内　容
A	燃油舱的压载或清洗
B	从(A)项所述油舱排放压载水或洗舱水
C	残油(油泥)的收集和处理
D	机器处所积存的舱底水非自动方式排出舷外或其他处理
E	机器处所积存的舱底水自动方式排出舷外或其他处理
F	排油监控系统的状况
G	意外的或其他异常的排油
H	加装燃油或散装润滑油
I	补充的操作程序和一般说明

日常污油及含油污水的收集、处理及燃油或散装滑油的加装主要涉及表3-5中C、D、H三类,即污油的收集和处理,机器处所积存的舱底水非自动方式排出舷外或其他处理,加装燃油或散装润滑油的操作。

2.《油类记录簿》的记载要求

在记载《油类记录簿》时,必须注意以下几点要求:

(1)对IOPP证书(INTERNATIONAL OIL POLLUTION PREVENTION CERTIFICATE)中所列舱(柜)内的污油及含油污水的收集、处理时,均需记入《油类记录簿》;

(2)在记载污油及含油污水处理时,处理的数量必须与IOPP证书中所列设备的处理能力相对应。如某轮IOPP证书中油水分离器的处理能力为1.0m^3/h,焚烧炉的处理能力为10.0 L/h,如果《油类记录簿》中所记录的处理数量超过上述设备的处理能力,则显然存在失误;

(3)污油及含油污水送岸处理时,应从接收单位得到一份处理收据或证明,这样的收据或证明应与《油类记录簿》一并妥为保存;

(4)在记载《油类记录簿》时,所涉及的舱(柜)容积必须与IOPP证书中所列舱(柜)的容积相一致。

3.《油类记录簿》中的常见缺陷

1）涂、改现象

《油类记录簿》是船舶依据 MARPOL 73/78 公约附则 I 第 20 条的要求进行记载的法定文本之一，记录必须严肃、认真；记录要及时，内容要准确，不应出现涂、改现象。记载有误时，建议将该条目所对应的内容划去并签名，然后重新记载。

2）C 项记录中的舱柜或舱容与证书记载不符

主要表现为：

（1）记录的舱柜容积与 IOPP 证书中的舱容不一致。主要是证书中的舱容一般均保持两位小数，而在记录时，习惯取整数。应该注意到，船上各舱柜舱容表中测深所对应的舱容均保持两位小数，因此，应避免出现取整数的现象。

（2）《油类记录簿》记录中所涉及到的污油舱仅指 IOPP 证书 FORM A（非油船）第 3 项中所列的油舱，如果焚烧炉的混合油渣柜或为可以焚烧渣油的辅锅炉配置的混合油渣柜已列入 IOPP 证书，则在涉及上述油柜的污油操作与处理时，应及时记载；否则，就不能记入《油类记录簿》。只有经过船级社修改 IOPP 证书以后，涉及上述油柜的污油操作与处理才能记入《油类记录簿》。

3）C11 项无记录或记录不及时

主要表现为：

（1） C11 项无记录。

（2） C11 项记录不及时。

根据《油类记录簿》的记载要求，每一航次结束时，应按 C11 项的要求记录船上各污油柜内的污油存量，但不宜过于频繁，一周不超过一次；当船舶为短途航行时，应每周记录一次，这一要求比较原则。根据实际情况，对于长航次的船舶，不管航行途中记录几次，抵港前必须记录；短途航行的船舶，航行途中不一定记录，但抵港前一定要记录。

4）没有根据污油舱的性质分开填写

分油机在净化燃油和润滑油过程中所产生的污油应记为 C11.1，机器处所排放，泄漏，耗油等所产生的污油应记为 C11.2，不得将两类污油均作为 C11.1 记载，也不得将两类污油均作为 C11.2 记载。

5）污油的数量出现差错

这一缺陷表现为两种：

一种为记录的数字前后不一致。如将《油类记录簿》中每次驳入污油柜中的数量进行累加，参考 C11 项的记录，则发现累加后的数量与 C11 的记录不一致，且误差较大。

另一种为产生的污油数量与主机消耗的燃油数量不成比例。

6）含油污水的处理数量与设备的处理能力不相符

主要表现在通过油水分离器所分离出的污水大于或等于油水分离器的最大处理能力。

7）燃油加装记录不规范

主要表现为未按 H27.3 的要求进行记载。只记录加入油舱的燃油数量，未记录该油舱的总存量或将加入油舱的燃油数量作为该油舱的总存量进行记载。

《油类记录簿》的记载是依据 MARPOL 73/78 公约附则 I 第 20 条的要求进行的，而 PSC 检查则是依据公约的要求及《港口国监督程序》IMO 787（19）决议的要求检查船舶《防止油类污染规则》的执行情况。因此，《油类记录簿》的正确记载就显得十分重要。

第四章　船舶油污染的预防

根据污染的形成性质，船舶油类污染可划分为两种类型：事故性油类污染和操作性油类污染。事故性油类污染是指船舶发生碰撞、触礁、搁浅、爆炸、沉没等海难事故导致石油类物质大量溢入海洋所造成的环境污染。这类油污染，尤其是油船的事故性污染，多发生在通航密集区和近岸海区，对环境和经济的影响最为显著、直接。而且，事故性溢油数量大，区域集中，往往会对事故海区造成毁灭性的损害。因此，国际社会倾注了巨大的注意力，IMO也制定了大量的国际公约应对这类污染，从事故控制、应急应对及损害赔偿等方面作出了相应的规定。

相对于事故性污染，船舶的操作性油污染具有溢油量较小，发生区域分散隐蔽，对环境和生态的影响具有滞后期，即时损害不明显等特点。因此，在航运业发展初期没有引起国际社会的足够重视。但随着海上贸易的繁荣，船舶数量爆炸式增加，操作性溢油污染的危害越来越严重。据国际海事组织的一份出版物估计，每年由各种污染源排入海洋环境的石油总量至少有320万吨，其中因操作性排放入海的石油约占入海石油总量的30%。因此，国际社会对此类污染的关注度也日渐升高，IMO也制定了相关规则加强对此类油污染的控制和应急措施。

第一节　船舶操作性油污染的预防

一、船舶操作性油污染

操作性污染又称排放性污染，是指船舶在营运过程中船员有意或无意地将船舶污染物排放入海的行为。与之相对应，操作性油污染是指船舶在营运过程中船员有意或无意地将油类排放入海的行为。

船舶的排放行为从法理角度讲，又分为合理性排放和非法排放。所谓合理性排放是指船舶排放的污染物质未超过有关公约、法规的规定标准或排放的行为未被禁止和限制，也不在禁排区域里发生，只造成轻微污染的行为；而非法排放是指船舶排放的污染物质超过了公约法规等的规定标准，或者未超标准却在禁止排放区域内排放的行为。对于非法性排放，从行为人的主观方面讲，可能存在故意和过失两种情形，但无论其主观上如何，它必然会产生污染的危害后果，并且对环境造成的损害远比合理性排放严重。

随着航运业的繁荣，国际上营运船舶的数量急剧增长，世界各地的船厂和船员供应市场异常火爆，导致了很多低标准船舶和简易船舶迅速投入营运以及只经过快速培训的船员仓促上岗的现象，船舶的可靠性和船员素质都有所下降，并承受前所未有的考验。在这种情形下，船舶操作性溢油污染有逐渐加重的趋势。据英国的海洋污染咨询委员会报告称，近几年在英国水域发生的188起溢油污染事件中，有66%是人为操作性因素导致的；在IMO法律委员会第七十五届大会上，英国代表曾提出分析报告指出，有近半数的污染索赔是来自操作性污染；同年，澳洲代表也曾提出一份统计数据，该数据显示自1975年至1996年间，澳洲邻近水域的油污染事件，有83%是操作性污染所致。尽管各机构的统计不尽相同，但所体现的一个显而易见的事实就是,船舶操作性溢油污染事件呈不断上升的趋势,它所造成的对海洋环境和生态的损害应当引起人们的高度重视。

由于操作性排放是在船舶的营运过程中产生的,它有如下三个特点:①发生时间的不确定性。船员在值班期间处理压载水、舱底水等作业时,受到业务素质、技术熟练程度以及注意力不集中等主观因素的影响,随时可能将污染物质排入海洋;另外,设备的技术状况也会影响操作的安全性,如果正在执行合理排放操作时,设备出现故障也会造成操作性污染。②发生地域的分散性和随机性。不管船舶是在航行中、锚泊时还是靠泊后,船员的作业都是不间断的,所以船舶在其经过的任何航区都有可能因为操作人员的疏忽或有意以及设备故障而发生操作性污染。③发生性质的隐蔽性。对于船员无意地不正当排放,由于发生是随意的和突发的,不管是操作人员或者是外部监管部门都难以立即发现;而对于船员的故意排放,会选择不易被发现的地点和时间进行比较隐蔽的操作,一般也很难对造成污染事故的船舶进行目标锁定。

船舶上产生操作性油类污染的物质可以分为油类混合物和油类物质。油类混合物可包括油舱的压载水和洗舱水、机器处所的舱底水、含油类的生活污水和油类过驳作业的溢漏。油类物质应包括燃油、滑油、各种残油和油渣等。

二、船舶操作性油污染的预防措施

造成操作性油污染的主要原因是管理和操作人员责任心不强、操作和处理不当所致。老龄船和加油操作频繁是造成油污事故的客观因素,而思想上松懈则是主要原因。因此,预防操作性油污染的关键措施是加强培训,提高船员环境安全意识和操作管理水平,增强责任感,使其能够自觉按照公约、法规和操作规程的要求进行操作和处理,并能够自觉维护防污染设备的正常运转。

在船舶具体操作方面应从以下几个方面入手,预防油污事故发生。

1. 加装燃油时

船长应将加油港口的有关防污染规定及加油要求等及时通知轮机长。加装燃、润油要自油船(驳)到达本船至离开本船或本船靠上至离开加油码头进行全过程管理。在此期间各部门应将加装燃油、润油作为全船工作,通力合作,加强值班责任心,防止发生油污染事故。

原则上加油工作须在白天完成。若必须夜晚加油,必须增加值班人员并准备充足的照明设备。加油场所应悬挂"船用溢油操作程序"及禁止吸烟警告牌。

具体加油过程中,需注意以下事项:①船舶接到加装燃油的指示或安排后,应根据加装燃油的数量、船舶稳性、吃水差的要求合理分配油舱,反复核实油舱内残油。对于长时间未用的油舱,应进行检查,确定装油舱序及加装量(先受油的油舱空当一般为总舱容的10%,最后受油的油舱空当应在20%左右),调整好船舶吃水,保持船舶平衡。寒冷天气受油时提前对受油舱加温,防止油路堵塞造成冒油。②按溢油应变部署表准备好吸油材料及应急措施,校对好通信工具并与供油方约好加油联系信号;配备足够的人员,并确认其熟悉加油计划的详细过程。③按照供油方提供的"供、受油作业安全检查表"逐项进行检查。④加油船到达后,通知相关人员,堵好甲板上的落水孔。一般船舶多表现为尾倾,可以考虑只堵加油口周围及其后部的落水孔。可用麻袋或编织袋布做成一个个黄砂小袋,加装燃油时放在落水孔上,可反复使用,较为方便,是堵落水孔的有效方法。⑤供、受油双方共同量油;连接好加油管之后,反复检查油管完好程度及接头牢固程度,反复检查输油管盲板密封程度,确认各截止阀、分配阀处在正确的开关位置。⑥与供油方协商加油速度,以船方为主,先慢速试加,在确定盲板不漏、舱阀开关正确、人员到位的前提下再按正常速率加油。⑦在加油过程中,相关油舱的透气孔处、量油孔处应有专人照看;甲板上不间断观察,防止船舶横倾造成溢油事故;不间断测量油位,特别是油舱将满之时;加油速度不应过快,如需变化,应与供油方及时联系调整;在油舱接近满舱时,应减慢加油速度。⑧更换加油舱操作时,应先开空舱阀后关满舱阀。⑨在最后受油舱接近2/3满舱时,应减慢加油速度,需停泵时要及早通知供油方。

加油结束后,应用压缩空气将管内残油清扫干净。确认供油管已扫净残油,关闭加油总管截止阀,打开验油阀无残油滴漏时,方能拆除加油管。拆除加油软管后,应关闭、封好所有的阀门、盲板。滴落在甲板上的污油,应及时清除干净。集油槽落入残油时,待残油清除干净后方能将下部放残孔打开。加装燃、润油完毕后,应将加装的起始和结束时间、船位、数量等情况详细记入《油类记录簿》。

2. 内部驳油时

船舶内部转舱驳油须经轮机长批准,并告知大副转驳的油舱及数量。港内停航期间除轻、重油贮存舱向沉淀柜驳油外,禁止贮存舱间互驳作业。

转驳前应测量油舱油位,并认真核对舱容表,计算好转驳数量。转驳前应将透气孔下方集油槽的放残孔和甲板出水孔堵好。转驳作业中应有专人值班,不间断地测量转驳油舱的油位。值班人员要坚守岗位,防止发生溢油。转舱驳油结束,要将有关阀门复位、关好,并在油类记录簿上做好记录。

3. 日常管理

加强对机舱机械设备、防污染设备的维护管理,及时解决船舶营运作业中机械设备的"跑、冒、滴、漏"现象,减少机舱日常污水产生量。加强船员责任心,健全岗位责任制度,从提高船舶人员技术水平着手,尽可能避免操作中的疏忽和失误。船公司应经常性地组织学习有关的防污法规和港口船舶进行油类作业的规定。船公司对船上防污染设备存在的缺陷应提供必要的、足够的、有效的岸基支持,包括备件、物料支持和人力技术支持,保证溢油应急设备和器材正确和足额配置;应督促船员保持油水分离器、残油回收设备、焚烧炉等防污染设备的正常有效;督促船员做好加油过程中的各项准备、值班工作,防止跑、冒油事故的发生。

船舶日常管理中,应按有关规定处理舱底含油污水。发现含油超标或污水中发现大量油污时,应及时查明原因。停泊在锚地、港区内的船舶,禁止向舷外排放污水,但在污水危及机舱设备安全时,可向港口当局申请,经同意后按要求进行排放(机舱大量进水除外)。

废油应按规定通过焚烧炉焚烧或抵港申请接收处理。在将废油排入岸上接收装置的过程中,应派专人监管,接收完毕后应取得相关证明。另外,船舶应按相应的出渣率近似估算油渣量,检查船舶现存油渣及以前处理油渣的所有单据和证明(包括"船用燃油规格表"及"船舶残油接收证明"等),是否符合船舶加装燃料油和在航行中所消耗的燃料油所产生的油渣数量。各国港口当局依据出渣率询问轮机长油渣去向时,轮机长必须有明确交代。

机舱产生的油污垃圾应集中装入专用塑料袋式垃圾桶,放置在遮阳通风良好的场所,并经常检查,防止发热自燃。禁止将油污垃圾排放入海。油污垃圾可在航行途中利用焚烧炉烧掉,或抵港后申请港口当局接收处理。不论何种方法处理油污垃圾,都应将处理的方法、时间、地点、数量等情况及时记入《油类记录簿》。

航行途中的船舶,排放污水时应遵照MARPOL 73/78的要求,主要包括:①舱底污水不是来自货油泵舱的舱底;②舱底污水未混有货油残余物;③ 船舶正在航行途中;④未经稀释的排出物的含油量不超过15mg/L;⑤油水分离设备正在运转。船舶油水分离设备应装备有自动停止装置，当排出物含油量超过15mg/L时，该装置能确保自动停止向舷外排水。船舶航行途中排放机舱污水，应加强与驾驶台联系，并做好《油类记录簿》的记录。

4. 应急处理

一旦发生溢油事故，船上值班及其他任何发现事故人员应立即大声呼叫报警，并报告船长或船上其他负责人。船长或其他负责人接到报告后，应立即发出溢油警报信号，组织全船人员实施溢油应急反应，按照溢油应变部署表规定有序地进行下述应急行动：

(1)立即停止泵油或溢油源，控制溢油量；

(2)关闭阀门或检查、补堵甲板落水孔，控制入海油量，动员全船力量，迅速减轻油污危害；

(3)甲板溢油时，应迅速用锯木屑、棉纱等控制其流淌；

(4)在港内，如溢油已入海，应用缆绳等方法围住水面浮油，控制浮油扩散；放浮具，用吸油毡、集油桶等工具迅速消除油污；所有操作人员应穿救生衣，保证人员安全，尤其注意泊位边的大浪；

(5)一旦造成油污染事故，应迅速向港口当局报告；

(6)向公司和代理报告，如果溢油量较大，仅由本船船员组织反应难以获得理想效果，应通过代理联系当地的清洁队伍予以协助；

(7)若需使用消油剂，必须先向港口当局报告，得到同意后方可使用；

(8)油污事故发生后，应作必要的事实记录，准备有关事故报告，接受有关方面的调查；

(9)使用过的吸油毡、锯木屑、油棉纱等，应集中交岸上处理；

(10)查明溢油原因，完善制度及操作规程，总结经验，防止类似事故的发生；

(11)发生溢油时，应针对不同的情况，采取合适的行动：

①管系泄漏：立即停止有关操作，关闭管系上的所有阀门；发出溢油报警信号，实施最初的溢油应急反应程序；将事故情况通知供油船(设施)；查明泄漏原因，清除溢油和甲板上的积油；将破裂管系中的油驳入空油舱或其他燃油舱；妥善保管清除工作中收集的残油，以待日后处理；

②舱柜满溢：立即停止有关操作，关闭管系上的所有阀门；发出溢油报警信号，实施最初的溢油应急反应程序；将事故情况通知供油船(设施)；将满溢舱内的燃油驳入空油舱或其他燃油舱；清除溢油和甲板上的积油；妥善保管清除工作中收集的残油，以待日后处理。

③船体泄漏：立即停止有关操作，关闭管系上的所有阀门；发出溢油报警信号，实施最初的溢油应急反应程序；将事故情况通知供油船(设施)；确定泄漏油舱，随时测量油位，掌握漏油情况，查明船体的破漏部位和原因；破漏点如在水线以下，将泄漏油舱中的燃油驳入空油舱或其他未满舱，必要时将油转驳其他船舶或岸上设施；调整船舶横倾角，以减轻泄漏；清除溢油；择地锚泊，远离养殖区、渔区、海滨浴场、海洋自然保护区等区域。

第二节　油类记录簿

根据MARPOL 73/78附则Ⅰ的规定，凡150总吨及以上的油船和400总吨及以上的非油船，应备有《油类记录簿》第Ⅰ部分(机器处所的作业)。凡150总吨及以上的油船还应备有《油类记录簿》第Ⅱ部分(货油或压载水的作业)。《油类记录簿》是具有重要法律效力的船舶防污文书，应按公约中所规定的格式详细记录。

《油类记录簿》是港口国检查(PSC)的必查项目之一。《油类记录簿》的正确、规范记录是必须的要求,如果记载不完整或不规范,遇到检查时会引起PSC官员的怀疑,轻则作为缺陷限期改正,重则罚款,甚至成为滞留的要件,造成船公司营运及商誉的重大损失,也有损我国船员的形象。因此,必须充分重视《油类记录簿》,并进行正确、规范的记录。

一、记录内容

MARPOL 73/78公约附则I规定了《油类记录簿》应该记录的操作,分为两部分,第I部分是所有船舶都应该记录的机器处所的作业,第Ⅱ部分是对油船需记录的货油/压载作业。操作性油污染的预防主要关注的是第I部分的机舱作业,要求有4种情况应该记录,分别是:

(1)燃油舱的压载或清洗;

(2)上述(1)所述的燃油舱压载水或洗舱水的排放;

(3)残油(油渣)的处理;

(4)机器处所内积存的舱底水向舷外排放或处理。

在公约附则I的附录Ⅲ《油类记录簿》格式中详细列明了应记录的项目清单,在清单中按作业项目进行分组,每项作业由一个字母来表示,称为作业代号,共有9个大项,代号分别为A~I:

A——燃油舱的压载或清洗;

B——A项所述油舱排放压载水或洗舱水;

C——残油(油泥)的收集和处理;

D——机器处所积存的舱底水非自动方式排出舷外或其他处理;

E——机器处所积存的舱底水自动方式排出舷外或其他处理;

F——排油监控系统的状况;

G——意外的或其他异常的排油;

H——加装燃油或散装润滑油;

I——补充的作业程序和一般说明。

每大项作业又细分为几个细目,每个细目由一个数字表示,称为项目编号。下面给出《油类记录簿》第I部分应记录项目清单的第一项内容,其中“A”为作业代号字母,数字“1”、“.1”为项目编号。

(A) 燃油舱的压载或清洗

1 压载燃油舱的编号。

2 从上次装油后是否已清洗,如未清洗,说明上次所装的油类。

3 清洗过程:

.1 清洗开始和结束的船舶位置和时间;

.2 对具体油舱已采用的一种或其他种方法的清洗(用化学品冲洗、蒸洗、清洗;使用的化学品种类和数量);

.3 驳入清洗水的油舱的编号。

4 压载:

.1 压载开始和结束的船舶位置和时间;

.2 如油舱未清洗时的压载量。

《油类记录簿》第I部分应记录的项目清单的最后一项为:

(I)补充的作业程序和一般说明。

最后一项一般应记录所有大型冷却器海水侧的清洗,以及油水分离器某些元件例如马达、传感器、阀件、报警器等的定期维修保养等。

燃油舱的压载或清洗操作并不经常进行,因此,对于机舱的日常工作而言,需记录的主要操作内容为:

(1)船舶污油的收集和处理;

(2)船舶含油污水的收集和处理;

(3)加装燃油或散装润滑油。

二、记录格式和要求

《油类记录簿》必须遵循公约附则Ⅰ的附录Ⅲ的规定,及时将上述所发生的每项作业内容按照规定的格式详细地记入《油类记录簿》,具体格式参见本章附录。每项作业所对应的所有细目均有记录,每项完成的作业,应由高级船员或有关作业的负责人签字,且每写完一页应由船长签字。

《油类记录簿》的首页必须清楚的记录船名、船舶编号或呼号、总吨位和《油类记录簿》使用期(包括起始和完成日期)。《油类记录簿》第Ⅰ部分首页之后是引言页和应记录的项目清单,详细列出了机舱处所所应记录的每一项操作(参见本章附录2)。第Ⅱ部分与第Ⅰ部分稍有不同,在首页和引言页中间增加了一页货油舱和污油水舱平面图。另外,第Ⅱ部分与第Ⅰ部分记载内容的明细表不同。

在应记录的项目清单之后的是《油类记录簿》正文页。正文每页必须填上船名、船舶编号或呼号。需记录内容如表4-1所示,包括作业发生的日期,代码字母、项目编号以及作业记录和负责人的签名。代码字母和项目编号须与应记录的项目清单相对应,做到准确无误,作业记录要简明扼要,并由负责人签名。每页必须由船长签名。

表4-1给出了《油类记录簿》的正文格式,并给出了污油焚烧记录的一个例子。表中记录了操作进行的日期、代号、细目并给出了详细的作业记录。该轮IOPP证书中注明该轮焚烧炉的处理能力为10L/h,则理论上0.1m^3的残油需10h的焚烧时间,而实际操作时,则往往超过10h甚至可能需要12h的时间。作业记录栏详细记录了处理的残油数量,残油的来源及剩余数量,焚烧持续的时间和操作或负责人的签名。在本页的最后有船长的签名。

《油类记录簿》记录举例——污油焚烧的记载情况 表4-1

日期 Date	代号(字母) Code(letter)	细目(编号) Item(number)	作业记录/负责人员的签名 Record of operations/signature of officer in charge
04/02/06	C	12	0.1m^3(说明处理的残油数量)
			From Waste Oil Sett. Tank/污油沉淀柜
			Quantity of retained 0.33m^3
		12.3	From 08:45 to 19:35(注:作业时间,共焚烧10小时50分钟)
			Incinerated/焚烧
			作业记录/负责人员的签名

*不适用者划去 船长签名

Delete as appropriate. Signature of Master ____________

填写《油类记录簿》时应满足以下要求:

(1)正文每页必须填上船名、船舶编号或呼号。

(2)应使用船旗国的官方文字,对于持有《国际防止油污证书》的船舶,则还需有英文或法文的记录。遇有争议或不相一致的情况时,以船旗国官方文字的记录为准。

(3)应逐行逐页填写,不可留有空白间隔,不可毁页。

(4)若填写错误,应在错误记录上划一横线表示删除,并在旁边签上负责人姓名、日期,并重新另起一行填写。

(5)污水、污油数量,尤其是累积总数,与实际数量保持一致。

(6)每页记满后,交由船长审阅、签字。

(7)每册《油类记录簿》用完后,应至少完整保持船上3年。

三、使用油类记录簿的注意事项

《油类记录簿》对保证船舶能严格按规定进行操作具有重要意义。《油类记录簿》的正确使用和填写应当得到足够的重视。然而一些远洋船舶未能严格按公约的有关规定正确地记载《油类记录簿》,船舶在国外港口被罚款、被扣留的事件时有发生。有关部门分析,这主要是轮机长及轮机员对《油类记录簿》记载中的具体项目的实际意义缺乏充分理解,导致记录非正规化,记录错误甚至伪造事实填写。因此,在使用或记载《油类记录簿》时,应注意如下事项:

1.掌握并采用正确操作方法和操作程序

要使用和填写好《油类记录簿》,首先所有有关的高级船员必须掌握并采用能使污染减少到最低限度的各种正确的操作方法(对油轮来说,如原油洗舱、清洁压载舱、装于上部法等)和操作程序,熟悉国内外港口区域的具体排放标准(包括特殊区域的要求及其具体的经纬度)。

2.避免漏记

一些船舶在进行某项油类作业时,未能及时完整地记入《油类记录簿》,待港口当局检查时才发现漏记。还有一些船舶在停泊期间处理的残油及污油水,未能及时在《油类记录簿》上记载,亦未及时向港口当局换发“船舶残油接收证明”。嗣后,驶往另一港受到检查,只好再向原港口索取证明或单据,有的被罚款后再补发“船舶残油接收证明”,几经周折延误了船期,造成经济损失。船舶在修船期间清洗油舱的洗舱水按规定应在《油类记录簿》中记载,但往往被忽视。

3.避免错记

对某项油类处理结束后,有的轮机长或操作人员不知该油类活动属于记录簿中的哪一项。为了应付港口当局的检查,就随意记入其中一项,比如有的人员可能将应记入D项的机舱油污水处理记入C项,以至于造成燃料油消耗与其产生的油渣数量不符,最终造成港口当局不该有的查处。

4.避免记载数据不符

有的船舶《油类记录簿》记载的污油数量偏大。实际调查时,机舱根本没有那么多的污水待处理,而且和油水分离器的处理量不符。亦有船舶平时由燃料油分油机分离的油渣数量与在《油类记录簿》记载的处理数量不符。当检查时,船方又提不出合理解释及任何证据。因此,可能造成不应有的损失。

5.杜绝伪造记载

如船舶油水分离器及警报装置已损坏或不能正常使用,有的焚烧炉设备已长期不用,有的油渣柜与其他燃油舱(柜)未设有相互联系的专门管系及泵浦等,但这些船舶在《油类记录簿》

上仍然记载上述设备在正常使用。更有甚者为了避免更换油水分离器设备的分离元件或担心分离时间过长，擅自将油污水不送入分离装置处理，径直在航行途中排出舷外。当船舶抵港后又留有污水排放的痕迹。在《油类记录簿》上仍记载油水分离器正常工作。上述情况一旦查出，将受到严肃处理。

第三节　船上油污应急计划

为提高船舶抗油污的应急反应能力，所有具有一定吨位从事营运的船舶必须备有经主管机关批准的《船上油污应急计划》。否则，将有可能导致被滞留或扣船。"MARPOL 73/78"公约附则Ⅰ第26条(Regulation 26 of Annex Ⅰ of MARPOL 73/78)要求每艘总吨150及以上的油船和每艘总吨400及以上的非油船应备有主管机关认可的《船上油污应急计划》(Shipboard Oil Pollution Emergency Plan)。根据公约要求，船舶制定的《船上油污应急计划》需符合IMO海上环境保护委员MEPC.54(32)号决议通过的和经MEPC.86(44)号决议修正的《船上油污应急计划编制指南》或由MEPC.85(44)号决议通过的《船上油类和/或有毒液体物质海洋污染应急计划编制指南》的要求，并应以船长或驾驶员的工作语言书写。国际航行船舶的《船上油污应急计划》应使用中文、英文或法文编制，非国际航行船舶的《船上油污应急计划》可用船旗国官方语言或英文编制。

《船上油污应急计划》主要内容至少应包括如下几点：

(1)根据本组织制定的指南，本公约第8条和议定书Ⅰ所要求的由船长或其他负责该船的人员报告油污事故所遵循的程序；

(2)在发生油污事故时应与之联系的当局或人员的名单；

(3)在事故发生后由船上人员为减少或控制排油所立即采取的措施的详细说明书；和

(4)在处理污染时与政府及地方当局协调船上行动的程序和船上联系要点。

"船上油污应急计划"用来帮助船员处理意外排油，其主要目的是采取必要的措施，以控制或减少排放或减轻其危害。处于应急情况下的人员，面临着各种压力和复杂的情况，在这种紧急时刻，缺乏计划往往会使一些平日明智的关键人员陷于混乱、错误和失败，导致时间上的延误和浪费，使处境变得更糟，其结果可能使船舶及船员面临更大的危险和环境损害。而有效的计划则在结构、逻辑性和及时程度上能确保采取必要的措施。因此，预先制定一个结构合理的计划，其必要性是显而易见的。

为了达到上述目的，船上油污应急计划必须满足下列要求：

(1)确切、实用、易于操作；

(2)使岸上和船上的船舶管理人员都能理解；

(3)定期进行评估、检查和修改。

一、船上油污应急计划编制指南

为实施"MARPOL 73/78"附则Ⅰ第26条，IMO海上环境保护委员会于1992年3月6日通过MEPC.54(32)号决议，制定了"船上油污应急计划编制指南"，要求船舶备有符合该导则要求的《船上油污应急计划》。

制定该导则的目的是：①协助船东编制符合上述规定的《船上油污应急计划》；②协助政府制订并颁布执行上述规定的国内法规。同时，该导则要求"为统一起见，政府在制订相应的国内规则时，应参考本指南”。

指南的内容包括：绪论、强制性措施、非强制性措施，并在附录中给出了编制《船上油污应急计划》的参考资料和《船上油污应急计划》的格式。

1. 序言

该部分明确指南的目的在于帮助船东和船员按照规定制订《船上油污应急计划》，并指出编制《船上油污应急计划》的目的和基本要求。

在制订《船上油污应急计划》时，要考虑所有应考虑的问题，包括船舶的类型和尺度、货物、航线和口岸管理机构的要求等；应以其结构、逻辑性和及时程度，确保在紧急情况下可采取必要的措施，增强船舶的应变能力，有效地控制操作性溢油和事故性溢油。

制订的计划要：①确切、实用、易于施行；②使船上和岸上的船舶管理人员都能了解；③定期进行评价、检查和更新。《船上油污应急计划》必须使用船长和驾驶员的工作语言。如果船长和驾驶员更换，可能随之产生他们工作语言的变化，为此需要使用新的语言编制《船上油污应急计划》。

2. 强制性规定

该部分给出公约附则I第26条的四项强制性规定的每一项指南，这一部分是《船上油污应急计划》的核心。

1）沿海国报告

当船舶发生或可能发生油污事故时，船长或其他驾驶员按照公约第8条及议定书Ⅰ的要求，按照国际海事组织制定的“船舶报告制度和船舶报告要求通则”的程序进行报告。先向最近的沿海国报告，确保事故引起的污染损害及援助措施及时通知有关沿海国，采取相应行动。报告及行动涉及的因素，要依据当时的情况作出分析，最初的报告程序和格式都有具体规定。

2）油污事故中需联系的当局或人员名单

发生污染事故的船舶必须以最迅速的方式与沿海国、港口和船舶主要联系人进行联系。有关联系人员名单必须满足即时信息联系的需要，提供指定联系人和替代人名单，包括电话、电传、传真号码，以及这些号码的变动和更换。

（1）沿海国联系人。列出有关负责受理和处理报告的主管机关官员或代理人的名单。如果名单缺乏协调人，应以最快方式与最近沿海国海岸电台、指定的船舶报告站或救援中心联系。

（2）港口联系人。主要是对定期到达港的当地代理人名单，通知将得到快速的反应。

（3）船舶重要联系人。需指定船上人员在事故发生后，通知与船舶有利害关系的部门：船公司、货主、保险和救助单位，既确保通知到，又避免重复通知，影响船员集中精力采取控制措施。

3）控制排油的措施

事故发生后为减少或控制油类溢漏，船上人员需立即采取的措施。船员始终处于迅速采取措施的最佳位置。计划应明确地帮助船长在各种情况下，决定拟采取的措施。还应明确这些措施由谁来负责，避免在应急中出现混乱。由于船舶类型、结构、货物、设备、人员配备及航线的不同，采取的措施有很大的差异。

（1）控制操作性溢漏。根据船上管系、舱室、船体结构及所装货油、燃油情况，分别制定操作、转驳或其他控制措施的程序；还要制订相应的清除溢油和甲板上积油程序。可以通过利用船上现有力量或雇佣清除公司人员来完成。并妥善处理溢油及清除材料。

(2)控制或减少事故性溢漏。对搁浅、火灾/爆炸、碰撞、船壳破损、严重横倾等事故性的溢漏油类,每一类事故都需分别制定应急措施,帮助船长考虑到所有相应的因素。除了检查表外,根据具体船舶和情况,还应明确指定这些人员担任预定的任务。计划应向船长提供有关优先行动、稳性、应力影响及减载方面的指导。

4)国家和地方协作

在抗污染中,为使船上与国家及地方当局协调行动而所需取得联系的程序和要点。船舶与沿海国或其他有关部门应当有快速、有效的协作。在实施控制措施前,先与沿海国联系,以便得到其批准。各国及当地主管当局的法律规定、职责各不相同,作出的反应也不相同。应尽可能地给船长提供更多的情况和指导,帮助船长组织反应行动。

由此可见,第二部分的强制性措施,只限于组织报告、反应措施,属于软件规定的范畴,并未涉及配备硬件设备的要求。

3. 非强制性规定

非强制性规定包括以下各项其他方面的指南:

(1)船舶设计和图表资料。除了控制事故性溢漏所要求的船舶设计图表、管系、舱室、结构、稳性资料外,其他有关船舶设计和构造的详细资料附于计划之后,并说明其存放的位置。

(2)船上油污应急的反应设备。有些船舶已载有清除污染的反应设备,如果已配备,则应列出这些设备的存货清单,提供安全使用的方法,指定使用的场合、安全使用的条件,建立有关设备使用、管理和维护人员职责。提出有关人员培训的要求,并指明使用消油剂须经沿海国主管当局批准。

(3)提供对船长向新闻媒介发布信息的指导,以减少对应急事务的干扰。

(4)记录的保存。指导对事故相应记录的完整和保存,除了船上已采取的所有措施外,情况记录还应包括同外部机构、船东和其他部门的通信联系来往的决定和信息记录、财务、油样的记录等都将在事故最后涉及到的责任、赔偿和补偿问题的处理时有用。

4. 附录

指南包括两个附录,附录1列出了编制《船上油污应急计划》的参考资料及其获得途径;附录2给出了《应急计划》详细格式。

《船上油污应急计划》的格式要求必须具有规定的前言部分,然后是目录和正文。较为典型的目录为:

第1节　序言

第2节　报告要求

　2.1　何时报告

　2.2　所需资料

　2.3　与谁联系

第3节　控制排放的措施

　3.1　操作性溢油

　3.2　事故性溢油

第4节　与国家及地方配合

第5节　附加资料(非强制性的)

附录

　·沿岸国家联系人名单

- 港口相关联系人名单
- 船舶重要联系人名单
- 船舶图纸
- 简明流程图
- 有关国家和地方当局职权和责任的资料
- 其他参考资料

二、船上油污应急计划

本节依照油污应急计划编制指南的格式和要求，给出一个应急计划样本(附录1)。由于船型、结构、货物、设备、配员及航线的不同，不同船舶应急计划的重点可能有所差异；而且限于篇幅，本节仅给出样本的纲目，具体详细内容没有一一列出。但应急计划格式的完整性得到了保证。

附录 1

油污应急计划样本

前言

遵循 MEPC. 85(44)号决议的要求。

目录

参照 MEPC. 85(44)号决议的要求。

第 1 节　序言

简述编制应急计划的目的、响应措施、注意事项,有效联系,指出应急计划应使用工作语言编制,并进行定期评估、检查和修订。

第 2 节　报告要求

报告应该包括对报告时间、材料和联系人的要求,也应包括报告程序。

2.1　一般要求

2.1.1　根据 MARPOL 73/78 的要求,应该把油类或有毒液体物质实际的或可能的排放情况通知最近沿海国家,以便使沿海国家有可能估计此项事故受到的污染威胁以及采取适当的行动进行援救和协调行动。

2.1.2　发生污染事故后,船长和其他负责人以国际海事组织制定的指南为基础确定报告程序。

2.1.3　如果船舶发生污染事故,应该向最近沿海国家和港口当局以及船舶重要联系人进行报告。

2.1.4　报告的程序应按图 1 给出的报告程序流程图的要求来进行。

2.2　何时报告

当船舶发生实际或可能发生海洋污染事件时,船长或船舶其他负责人必须按公约的要求用表 1 及时地向最近沿海国家报告,包括:

2.2.1　实际发生排放。

2.2.2　可能发生排放。

2.2.3　原则上,应作报告的其他情况。

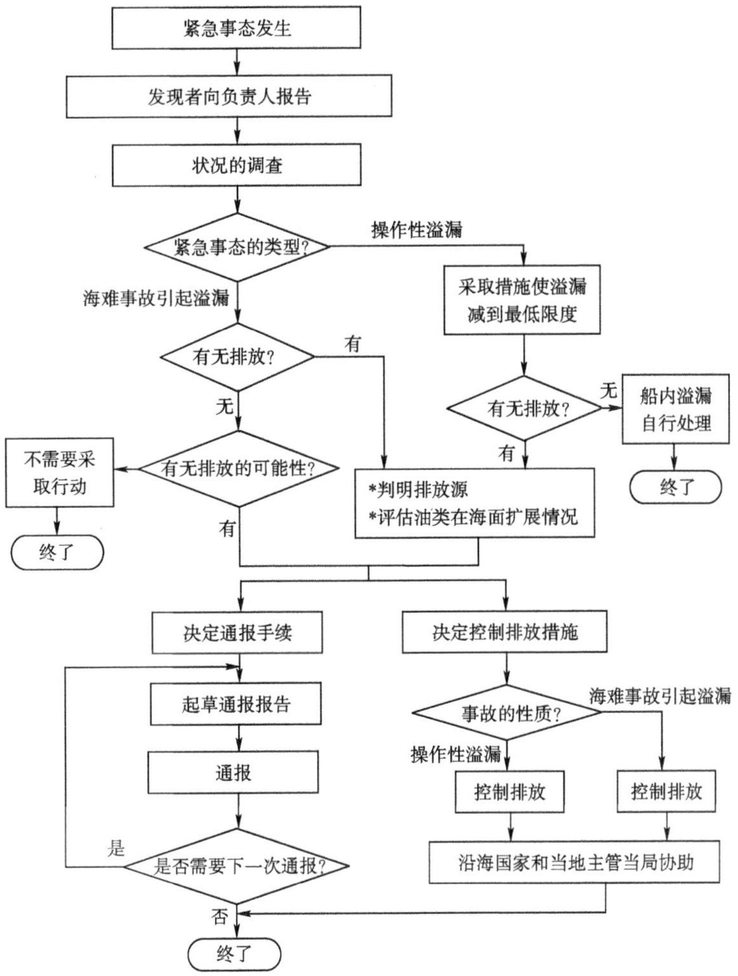

图1　报告程序流程图

2.3　所需资料

2.3.1　报告所使用的文字应为英文,且包含规定的资料。

2.3.2　附加资料与初始报告应同时或尽可能快地发给船东或船舶营运人。

报告应采用国际海事组织制定的A.648(16)决议的格式及规定的内容报告,见表1。

最初报告格式　　表1

船上油污应急计划（最初报告格式样本）	
AA（船名、呼号、国籍）	
BB（事故日期和时间（协调世界时）　|—|—|—|—|—|—| D D H H M M	
CC（事故位置、经纬度） |—|—|—|—|—|—| d d m m N S |—|—|—|—|—|—|—| d d d m m E W	DD(与岸标方位、距离) |—|—|—|—|————| d d d n miles

续上表

EE（航向） |—|—|—| d d d	FF（航速节） |—|—|————| kn kn 1/10
LL（预定航线）	
MM（监听的无线电台）	
NN（下次报告日期和时间（国际协调时间））|—|—|—|—|—|—| D D H H M M	
PP（船上货物及燃油种类和数量）	
QQ（事故原因，缺陷及受损简况）	
RR（污染简况，包括估计流失量）	
SS 气象及海况简述 风 风向 方向 浪 风速 |—|—|—| 蒲氏 浪高 |—|—|—| m	
TT（与船东 /营运人 /代理联系的细节）	
UU（船舶尺度和类型 船型） 船长 m 船宽 m 吃水 m 载重量 t 总吨位	
XX（附加情况） 事故简况： 向外求援： 正在采取的措施： 船员人数和受伤细节： 保赔协会或当地相应机构细节： 其他：	

注：上述格式中字母次序参照国际海事组织 A.851(20)决议通过的《船舶报告制度及报告要求总则（包括涉及危险货物、有害物质和/或海洋污染物事故报告指南）》。字母不必依照所有字母顺序，因某些字母按其他标准报告格式要求用于特指某种情况，如常用于传递航线情况。

2.4 向谁联系

2.4.1 沿海国家：参考附录“沿海国家联系人一览表”进行联系，若船舶未在表中列出或不能及时地直接与有关应变当局取得联系，船长应有效、最快地与最近的无线电台、指定的船舶流动报告站或救助中心(RCC)取得联系。

2.4.2 港口当局：参考附录“港口联系人一览表”，若船舶抵达的港口不属表中所列港口，抵港后该轮船长应获得有关当地报告程序的详细资料。

2.4.3 船舶重要联系人：参考附录“船舶重要联系人一览表”，对 5000 载重吨或以上油轮，在 2007 年 1 月 1 日及以后，“船舶重要联系人一览表”里还应包括“破损稳性和剩余结构强度岸基电脑计算程序”服务提供者/船舶管理公司联系人。

第 3 节 控制排放的措施

3.1 一般要求

3.1.1 为确保本计划的实施，本节为指导船长和其他高级船员在发生溢漏事故时，如何迅速采取有关控制排放措施，以制止和减少排放。为此所有船员无论在什么时候，一旦发现船上溢漏事故，应立即报告船长或船上其他负责人。而船长及其他负责人接到事故报告后，应立即发出溢漏报警：一短，两长，一短（ · — — · ），并组织船员按表 2 作出应急响应（人员分工、警报信号以及集合地点可根据船舶具体情况来确定，表 2 仅供参考。）

3.1.2 当操纵泵或阀门来控制本节所述的排放时，船员应按有关图纸和图表，如附录中的泵系和管系图、破损控制图和破损控制手册进行，以尽量防止误操作。

溢漏应变部署表 表 2

报警信号：· — — · 集合地点：主甲板

职 务	负 责 部 位	职 责
船 长	驾驶室/现场	总指挥，对外联系。
大 副	溢漏现场	协助轮机长做好溢漏现场指挥工作。
二 副	驾驶室/现场	驾驶室值班，采取应急措施，做好现场记录。
三 副	溢漏现场	提供并携带防污器材。艇长，指挥放艇，回收溢出物。
水手长	溢漏现场	提供并携带防污器材，指挥放艇，回收清除溢出物。
木 匠	溢漏现场	检查甲板排水孔，关闭有关通道，回收溢出物。
一 水	溢漏现场	艇员，协助放艇，随艇下，回收溢出物。
轮机长	溢漏现场	现场指挥，组织人员回收溢出物。
大管轮	机舱/现场	管理机舱设备和电站/回收溢出物。
二管轮	溢漏现场	控制有关阀门，防止溢出物扩散，做好现场记录。
三管轮	溢漏现场	协助放艇，随艇下，操纵艇机，回收清除溢出物。
电机员	机舱/现场	管理电站。
机匠长	溢漏现场	提供有关携带应急工具和防污器材，现场回收溢出物。
机 工	溢漏现场	艇员，协助放艇，随艇下，回收清除溢出物。
大 厨	厨房/现场	检查厨房火情，关闭有关通道/现场回收清除溢出物。

3.2 操作性溢漏

3.2.1 操作溢漏是指在正常装卸和内部驳运油或有毒液体物质过程中所引起的管路泄漏、舱柜溢出，以及船体破裂所引起的排放。

3.2.2 管路泄漏应变措施

应及时发出报警，采取行动并通知有关方面，各有关人员按照管路泄漏应急响应表采取行动。各有关人员职责见表 3。

驳运系统排放 表 3

所采取的行动	M.	C. E.	C. O.	W. O.	A.
关闭泵或产生溢流设施		●	●		
关闭隔离阀			●		
检查排水孔关闭程度			●		
通知驳运设施/船只			●		
报告事故			●	●	
船上船员待命			●		
执行应急响应计划程序	●				

续上表

所采取的行动	M.	C. E.	C. O.	W. O.	A.
按要求通知代理和公司	●				
着手清除溢出物和确定溢出数量			●		
检查事故程度		●	●		
联系岸上协助清除	●				●
查明事故原因	●	●	●		
确定正确行动	●	●	●		

注:M. 船长(Master);C. E. 轮机长(Chief Engineer);C. O. 大副(Chief Officer);W. O. 值班员(Watch Officer);A. 代理(Agent)。

3.2.3 舱柜溢流应变措施

负责舱柜溢流应急响应的各有关人员的职责见表4。

舱柜溢流应变部署表 表4

所采取的行动	M.	C. E.	C. O.	W. O.	A.
关闭泵或产生溢流设施		●	●		
检查排水孔已关闭			●		
通知驳运设施/船只			●		
报告事故		●	●	●	
船员待命			●		
执行应急响应计划程序	●				
按要求通知代理和公司	●				
通知该区域的船只	●				
清除溢出油类或有毒液体物质和确定溢流数量			●		
检查事故程度			●		
检查周边有关设施			●		
联系岸上协助清除	●				
查明事故原因		●	●		
确定正确行动	●	●	●		

3.2.4 船体渗漏应变措施

负责船体泄漏应急响应的各有关人员的职责见表5。

船体渗漏应变部署表 表5

所采取的行动	M.	C. E.	C. O.	W. O.	A.
关闭隔离阀			●		
关闭泵(如适用时)			●		
通知驳运设施/船只(如适用时)			●		
报告事故			●	●	

续上表

所采取的行动	M.	C. E.	C. O.	W. O.	A.
船上船员待命			●		
执行应急响应计划程序	●				
按要求通知代理和公司	●				
着手清除溢出的油或有毒液体物质和确定溢出数量			●		
确定事故位置及检查事故严重程度		●	●		
确定泄漏率、船舶结构、应力和稳性的状况		●	●		
确定稳性和救捞计划	●				
联系岸上协助清除	●				●
查明事故原因	●	●	●		
确定正确行动	●	●	●		

3.3　事故性溢漏

3.3.1　事故性溢漏应变措施

3.3.2　搁浅应变措施

3.3.3　触礁应变措施

3.3.4　火灾和爆炸应变措施

3.3.5　碰撞应变措施

3.3.6　船体损坏/围护系统失效应变措施

3.3.7　严重横倾的应变措施

3.3.8　船舶浸水/沉没

3.3.9　其他危险货物和/或蒸气释放

3.4　其他措施

3.4.1　船长优先措施

首先确保人员安全,同时采取措施防止事故扩大。

3.4.2　减缓措施

3.4.3　稳性和强度考虑

要考虑船舶总体强度和稳性在任何时候均在安全范围内。船舶搁浅时,应力会改变;船舶内部货物的移动或部分货物的丢失也可能导致应力增加。受损船舶应尽快将信息发给船东或者管理公司。

3.4.4　减载

如果船舶遭受到较大的结构损害,可能需要将全部或部分货物/燃油驳运到其他船舶。

第4节　国家和地方协作

船舶溢油应急计划不仅对本船一旦发生溢油事故的主动防范、控制和清除有可操作性,同时还应与区域性和国家应急计划接轨,并有利于与沿海国或其他有关部门快速、有效的协作,对溢油的控制、清除作出反应。为有关机关和组织提供协助、指导,创造方便条件。

当发生海洋污染事故，船长为实施本“计划”作出应急响应前，必须与沿海国家和港口当局取得联系，并提供本计划附录中所列资料，以便得到核准。

船长按本“计划”提供的指导实施响应时，应向沿海国家和/或港口当局报告船上所采取的响应措施的人员和相关的回收程序，以便与沿海国家和/或港口当局保持密切联系。

由于沿海国家和/或港口当局的性质和职责在各国之间和各港口之间都有较大的差异，因此船长必须明白自己船上的职责和响应机构及沿海国家和/或港口当局的职责和响应机构。

第 5 节　非强制性规定(补充资料)

非强制规定，旨在对制定和执行好《船上油污应急计划》起着重要的辅助作用。并有利于港务监督对船舶施行检查结果的评估。主要包括(其他要求计划提供的指导)：

1. 计划和图表：其他有关船舶设计、构造详细资料，附于计划后，或注明其位置。

2. 应急设备：如船上载有应急设备，计划中应列出这些设备清单、使用方法和指导，建立该设备使用、管理和维护的人员职责、培训要求。

3. 新闻信息发布安排不要影响应急反应工作。

4. 记录保存：对事故中有关油污责任、赔偿、补偿记录保存的指导及取样的指导。

5. 计划的检查：船东、营运人或船长对计划定期检查、更换过时的信息、资料；事故后，对其有效性评估，作出相应的修改。

6. 计划的演练：建立演练制度，定期演练，提高实效性，并作好记录。

附件资料

附件资料一般包括：

1. 船舶国籍证书
2. “现有船”的《国际防止油污证书》
3. 联系人一览表(名单等)
4. 破损应力、破舱稳性计算
5. 有关船舶图、表资料：船特性图、容积图、燃油管路图、船中剖面图
6. 船舶航线计划或说明
7. 船员在应急计划中的职责分工商议记录
8. 船上溢油反应设备(如有，列表清单)
9. 应急计划修改、补充记录
10. 应急计划演练安排及记录。

船上油污染应急计划简单流程图

本流程图是船上人员根据本组织颁布的指南，在应对油污染紧急情况时应遵循的行为过程的概要。本图并不完整，不应作为应对行动的唯一参考。应考虑“计划”的具体参考资料。这些步骤是为帮助船上人员采取措施停止或最大程度降低油类的排放以及减轻其影响而设计安排的。这些步骤分成两大种类 —— 报告和措施。

油类或有毒液体物质的排放(可能的或实际上的)

事 故 性 质 评 估

要 求 的 措 施

. 向船员发出警报
. 认别和监控溢漏源
. 人员保护
. 溢漏评估
. 气体监控
. 疏散

何时报告
所有可能和实际溢漏
如何报告
. 用最快的方式向海岸无线电站报告
. 指定的船舶运动报告站
. 搜救协作中心(海上)
. 用现有最快方式向地方当局报告
与谁联系
. 最近的海岸国家
. 港区码头经营者(在港内)
. 船东管理人员；保赔人员
. 总租船人；货主
参见联系人名单
报告什么
. 初次报告(A.850(21)决议)
. 跟踪报告
. 溢漏的油类或有毒液体物质的性质
. 货物/压载/燃料处置
. 天气和海况
. 水面浮油运动
. 要求的援助
– 救助
– 减轻能力
– 机械设备
– 外部救助队伍
– 化学分散剂/脱脂剂

控制排放的措施

把油类泄漏和对海洋环境威胁降低到最低程度的措施

航行措施	航海技术措施
. 改变航道/船位和/或船速 . 改变横倾和/或纵倾 . 抛锚 . 冲滩 . 着手拖带 . 评估安全进港避难的要求 . 天气/潮汐/涌预报 . 水面漂浮物监控 . 事故和通信联系记录	. 安全评估和预防 . 优先建议对策/防护措施 . 破损稳性和应力考虑 . 压载/减载 . 货物内部驳送作业 . 货物和/或燃料船对船应急驳送 . 建立船上应对措施： – 封漏 – 灭火 – 船上应对设备操作(如有)

着手外部应对步骤

. 参见沿海港口国地方援助名单
. 参见船舶方联系人名单
. 要求的外部清洗办法
. 活动的连续监控

图2　简明流程图

附录2

油类记录簿

OIL RECORD BOOK

第一部分　机器处所的作业

Part Ⅰ—Machinery space operations

(所有船舶)

(All ships)

船名:
Name of ship

船舶编号或呼号:
Distinctive number or letters

总吨位:
Gross tonnage

使用期自:　　　　　　　　　　　　　　　　至:
Period from　　　　　　　　　　　　　　　　to

主管机关核发印章
Approval stamp of Administration

年　　月　　日
On ____________________

注:《油类记录簿》第一部分供150总吨及以上的每艘油轮和400总吨及以上的每艘非油轮船舶,记录有关机器处所的作业。对于油轮,还应备有《油类记录簿》第二部分,记录有关货油/压载的作业。

Note: Oil Record Book Part Ⅰ shall be provided to every oil tanker of 150 tons gross tonnage and above and every ship of 400 tons gross tonnage and above, other than oil tankers, to record relevant machinery space operations. For oil tankers, Oil Record Book Part Ⅱ shall also be provided to record relevant cargo/ballast operations.

说　　明

在本说明之后，为机器处所的作业细目综合一览表。机器处所的作业情况，在适用时，应按《经1978年议定书修订的1973年国际防止船舶造成污染公约》(MARPOL 73/78)附则Ⅰ第20条的规定，相应地记入《油类记录簿》。这些细目按作业项目分组，每项作业由一个字母代号来表示。

填写《油类记录簿》时，日期、作业代号和细目编号，应记入相应的栏目内，所要求的细节，应按年月顺序记入空栏。

每记完一项作业，应由负责的人员签署姓名和日期，每记完一页，应由船长签字。

《油类记录簿》中多处提及油的数量。油舱测量装置的有效精度、温度变化和粘滞性，都将影响到这些读数的准确性。在填写《油类记录簿》时应作相应考虑。

INTRODUCTION

The following pages of this section show a comprehensive list of items of machinery space operations which are, when appropriate, to be recorded in the Oil Record Book in accordance with Regulation 20 of Annex Ⅰ of the International Convention for the Prevention of Pollution from Ships, 1973 as modified by the Protocol of 1978 relating thereto (MARPOL 73/78). The items have been grouped into operational sections, each of which is denoted by a letter code.

When making entries in the Oil Record Book, the date, operational code and item number shall be inserted in the appropriate columns and the required particulars shall be recorded chronologically in the blank space.

Each completed operation shall be signed for and dated by the officer of officers in charge. Each completed page shall be signed by the master of the ship.

The Oil Record Book contains many references to oil quantity. The limited accuracy of tank measurement devices, temperature variations and clingage will affect the accuracy of these readings. The entries in the Oil Record Book should be considered accordingly.

记载细目一览表

LIST OF ITEMS TO BE RECORDED

(A)燃油的压载或清洗

BALLASTING OR CLEANING OF OIL FUEL TANKS

1. 压载油舱的编号

Identity of tank(s) ballasted.

2. 从上次装油后是否已清洗,如未清洗,说明上次所装燃油的种类

Whether cleaned since they last contained oil and, if not , type of oil previously carried.

3. 清洗程序

Cleaning process:

.1 清洗开始和结束的船位及时间

Position of ship and time at the start and completion of cleaning.

.2 注明采用哪种方法清洗油舱(水涮,蒸汽清洗,化学品清洗;所用化学品的种类和数量)

Identify tank(s) in which one or another method has been employed (rinsing through, steaming, cleaning with chemicals; type and quantity of chemicals used);

.3 注明洗舱水驳入的油舱编号

Identify of tank(s) into which cleaning water was transferred.

4. 压载

Ballasting:

.1 压载开始和结束的船位和时间

Position of ship and time at start and end of ballasting;

.2 压载水的数量(如果油舱未予清洗)

Quantity of ballast if tanks are not cleaned;

(B)从(A)项所述油舱排放压载水或洗舱水

DISCHARGE OF DIRTY BALLAST OR CLEANING WATER FROM OIL FUEL TANKS REFFERED TO UNDER SECTION(A)

5. 油舱的编号

Identity of tank(s).

6. 开始排放时的船位

Position of ship at start of discharge.

7. 终止排放时的船位

Position of ship on completion of discharge.

8. 排放期间的船速

Ship's speed(s) during discharge.

9. 排放的方法

Method of discharge:

.1 通过15ppm设备

Through 15ppm equipment;

.2 排入接收设备

To reception facilities.

10. 排放的数量

Quantity discharged.

(C)残油(油泥)的收集和处理

COLLECTION AND DISPOSAL OF OIL RESIDUES (SLUDGE AND OTHER RRESIDUES)

11. 残油的收集

Collection of oil residues

每一航次结束时留存在船上的残油(油泥)数量,但不宜过于频繁,一周不超过一次,当船舶为短途航行时,残油量应每周记录一次

Quantity of oil residues (sludge) retained on board at the end of a voyage, but not more frequently than once a week. When ships are on short voyages, the quantity should be recorded weekly;

.1 分离出的油泥(净化燃油和润滑油所产生的油泥)和其他残油(适用的话)

Separated sludge (sludge resulting from purification of fuel and lubricating oils) and other residues, if applicable:

——油舱的编号

Identity of tank(s) ____________________

——油舱的容量(立方米)

Capacity of tank(s) ____________________ m^3

——留存的残油总量(立方米)

Total quantity of retention ____________________ m^3

.2 其他残油(如机器处所排放,泄漏,耗油等所产生的残油),如除.1 以外的油舱布置适用的话

Other residues (such as oil residues resulting from drainage, leakage, exhausted oil, etc., in the machinery spaces), if applicable due to tank arrangement in addition to .1:

——油舱的编号

Identity of tank(s) ____________________

——油舱的容量(立方米)

Capacity of tank(s) ____________________ m^3

——留存的残油总量(立方米)

Total quantity of retention ____________________ m^3

12. 残油的处理方法

Methods of disposal of residue

说明处理的残油数量(注明从油舱中排出和留在油舱中的数量)

State quantity of oil residues disposed of, the tank(s) emptied and the quantity of contents retained:

.1 排入接收设备(注明港口)

To reception facilities (identity port)

.2 驳入另一(其他)油舱(注明油舱的编号和油舱的总容量)

Transferred to another (other) tank(s) (indicate tank(s) and the total content of tank (s));

.3 焚烧(注明作业的全部时间)

Incinerated (indicate total time of operation);

.4 其他方法(具体说明)

Other method (state which)

(D)机器处所积存的舱底水非自动方式排出舷外或其他处理

NON-AUTOMATIC DISCHARGE OVERBOARD OR DISPOSAL OTHERWISE OF BILGE WATER WHICH HAS ACCUMULATED IN MACHINERY SPACES

13. 排放或处理的数量

Quantity discharged or disposed of.

14. 排放或处理的时间(开始和停止)

Time of discharge or disposal (start and stop).

15. 排放或处理的方法

Method of discharge or disposal:

.1 通过 15ppm 设备(注明开始和结束时的船位)

Through 15ppm equipment(state position at start and end);

.2 排入接收设备(注明港口)

To reception facilities(identity port);

.3 驳入污油水舱或集污舱(注明油舱的编号;说明转驳的数量和留存在油舱内的总量)

Transfer to slop tank or holding tank (indicate tank(s); state quantity transferred and the total quantity retained in tank(s)).

(E)机器处所积存的舱底水自动方式排出舷外或其他处理

AUTOMATIC DISCHARGE OVERBOARD OR DISPOSAL OTHERWISE OF BILGE WATER WHICH HAS ACCUMULATED IN MACHINERY SPACES

16. 系统转入自动方式操作,向舷外排放的时间和船位

Time and position of ship at which the system has been put into automatic mode of operation for discharge overboard.

17. 系统转入自动方式操作,将舱底水驳入集污舱的时间(注明油舱编号)

Time when the system has been put into automatic mode of operation for transfer of bilge water to holding tank (identify tank).

18. 系统转入手动方式操作的时间

Time when the system has been put into manual operation.

19. 向舷外排放的方法

Method of discharge overboard:

.1 通过 15ppm 设备

Through 15ppm equipment;

(F)排油监控系统的状况

CONDITION OF THE OIL FILTERING EQUIPMENT

20. 系统故障的时间

Time of system failure.

21. 系统恢复运转的时间

Time when system has been made operational.

22. 故障的原因

Reasons for failure.

(G)意外的或其他异常的排油

ACCIDENTAL OR OTHER EXCEPTIONAL DISCHARGES OF OIL

23. 发生的时间

Time of occurrence.

24. 发生时的船舶所在地点或船位

Place or position of ship at time of occurrence.

25. 油的大概数量和种类

Approximate quantity and type of oil.

26. 排放或逸漏的情况、原因和一般说明

Circumstances of discharge or escape, the reasons therefor and general remarks.

(H)加装燃油或散装润滑油

BUNKERING OF FUEL OIL OR BULK LUBRICATING OIL

27. 装油

Bunkering.

.1 装油的地点

Place of bunkering.

.2 装油的时间

Time of bunkering.

.3 燃油的种类和数量以及油舱的编号(说明加油的数量和油舱的总存量)

Type and quantity of fuel oil and identity of tank(s) (state quantity added and total quantity of tank(s)).

.4 润滑油的种类和数量以及油舱的编号(说明加油的数量和油舱的总存量)

Type and quantity of lubrication oil and identity of tank(s) (state quantity added and total quantity of tank(s)).

(I)补充的作业程序和一般说明

ADDITIONAL OPERATIONAL PROCEDURES AND GENERAL REMARKS

船名

NAME OF SHIP ______________________________

船舶编号或呼号

DISTINCTIVE NUMBER

OR LETTERS ______________________________

货油/压载的作业(油轮) */机器处所的作业(所有船舶) *

CARGO/BALLAST OPERATIONS (OIL TANKERS) */MACHINERY SPACE OPERATIONS (ALL SHIPS) *

日期 Date	代号(字母) Code(letter)	细目(编号) Item(number)	作业记录/负责人员的签名 Record of operations/signature of officer in charge

* 不适用者划去

Delete as appropriate.

船长签名

Signature of Master ____________________

第五章　油轮污染的预防

第一节　油轮货油/压载处所的布置、设备和操作

石油海上运输造成的水域污染危害是多方面的,且是极为严重的。近几十年来,世界各国都在不遗余力地致力于船舶尤其是油轮污染防范措施的研究和实施、控制操作性排放,避免事故性溢油。MARPOL 73/78 公约附则 I—防止油污规则,要求公约缔约国保证在装油港、修理港以及需要排放残油的其他港口设置能接收油轮和其他船舶留存的残油或含油污水的设施。规定油轮残油留存在船上,配备"装于上部法"系统操作要求的设备,包括污油水舱、油/水界面探测器、排油监控系统及相应的泵和管系等。附则 I 还对油轮排油控制标准、油轮货舱尺寸限制、分舱稳性要求、新油轮设置专用压载舱以及船舶应备有统一格式的《油类记录簿》等作了具体的规定。为了便于理解和掌握,现对油轮货油/压载处所的主要防油污结构和布置归纳如表 5-1 所示。

油轮货油/压载处所的主要防油污结构和布置　　表 5-1

<table>
<tr><th colspan="2">船舶种类</th><th>吨位界限(DWT)</th><th>结构及设备要求</th><th>实行日期</th></tr>
<tr><td rowspan="2">新建油船</td><td>原油</td><td>20000 及 20000 以上</td><td>SBT,PL,COW,IGS</td><td rowspan="3">1976 年 6 月 1 日以后订立建造合同的油轮;在 1980 年 1 月 1 日以后安放龙骨或处于相应建造阶段的油轮;1982 年 6 月 1 日以后交船的油轮</td></tr>
<tr><td>成品油</td><td>30000 及 30000 以上</td><td>SBT,PL</td></tr>
<tr><td rowspan="11">现有油轮</td><td rowspan="6">原油</td><td>20000 及 20000 以上</td><td>IGS</td></tr>
<tr><td>40000 及 40000 以上</td><td>SBT,CBT,COW</td><td>1981 年开始</td></tr>
<tr><td>70000 及 70000 以上</td><td rowspan="2">SBT 或 COW</td><td>1983 年 6 月开始</td></tr>
<tr><td>40000 ~ 70000</td><td>1985 年 6 月开始</td></tr>
<tr><td>70000 及 70000 以上</td><td rowspan="3">IGS</td><td>1981 年 6 月开始</td></tr>
<tr><td>70000 及 70000 以上</td><td rowspan="2">1983 年 6 月开始</td></tr>
<tr><td rowspan="5">成品油</td><td>20000 ~ 40000
并配置固定的高能力洗舱机时</td></tr>
<tr><td>40000 及 40000 以上</td><td>SBT 或 CBT</td><td rowspan="2">1981 年 6 月开始</td></tr>
<tr><td>70000 及 70000 以上</td><td rowspan="3">IGS</td></tr>
<tr><td>40000 ~ 70000</td><td rowspan="2">1983 年 6 月开始</td></tr>
<tr><td>20000 ~ 40000
并配置固定的高能力洗舱机时</td></tr>
</table>

注:SBT-专用压载舱,Segregated Ballast Tank; PL-专用压载舱保护位置,Segregated Ballast Tank Protection Location; CBT-清洁压载舱,Clean Ballast Tank; COW-原油洗舱,Crude Oil Washing; IGS-惰性气体系统,Inert Gas System。

本节将着重介绍油轮货油/压载处所的这些特殊布置、设备和操作等问题。

一、将油类留存在船上

1.“装于上部法”操作

“装于上部法”(Load on top,LOT)是油轮船东为避免依赖岸上接收而发明的一种操作方法。如果将油轮脏压载水(或洗舱水)全部排入岸上接收设备,对船东来说会遇到这样一些问题:

(1)增加船舶在港停泊时间和港口使费;

(2)需交纳相应的污水处理费用;

(3)并非所有装油港(站)都设有接收处理设施。

由此,迫使一些船东和油轮船长利用油轮本身的潜力,使货油舱得以清洗,而后注入清洁压载水驶到装油港,而这种清洁的压载水可在装油港排出舷外。

“装于上部法”是根据“将油类留存在船上”的原则设计的,目前已成为油轮上的一种标准作业措施。

在油轮卸油结束后,向预先选定的一组油舱注入压载水。当海水加入后,将与舱内剩余的油渣相混合,而成为脏压载水。与此同时仔细清洗货油系统和泵,以便接收清洁压载水,如图5-1a)所示。

从卸油港开出后,着手清洗其余未装脏压载水的货油舱,并将这些洗舱水抽到位于最后部的中舱,即污油水舱。将清洗过的油舱内装入压载海水,并保持其清洁。在脏压载舱中,油水混合物随着沉淀而开始分层,并把认为是清洁水的下部水层缓慢抽出舷外,下部水层抽到油和油水乳浊液分层接近油舱底部为止(一般液位降低到油舱高度的15%),将剩余的油水混合物从装脏压载水的油舱中抽到污油水舱,如图5-1b)所示。

在污油水舱中,脏洗舱水和脏压载舱来的油水混合物沉淀分层。

污油水舱中下部的清洁水小心地泵到海中,废油留在船上。下次装油时,新的货油装在残余的污油之上(“装于上部法”即由此而得名)。当船舶停靠炼油厂时一起卸出,如图5-1c)所示。

实验观测表明,含油量为30000mg/L以下的含油污水在油舱中静置4h后,大部分油可在油、水重力差作用下上浮而自然分离,在距表面2m以下水中含油量可下降到100 mg/L以下,下层可降至50 mg/L左右。

“装于上部法”不需要任何特殊设备,对现有原油油轮特别适用。在减少海洋环境污染方面,起到一定作用。此方法推广后,世界各国广为采用,据称已被80% 左右的油轮所采用。

“装于上部法”的主要缺陷是不适应短途航行以及恶劣天气航行,原因是油水分离时间短与船舶颠簸,摇晃均不利于油水的静置分离,另外该方法也不适合成品油运输,因为成品油中掺入海水会影响质量。

当排水过程采用排油监控设备和油水界面探测器,并配以油水分离器、多级沉淀舱,以确保油量瞬时排放率小于30L/n mile时,“装于上部法”则称为改进的“装于上部法”。

2.污油水舱

有些船舶采用多级污油水舱分离系统来强化油水混合物的分层。图5-2为采用一对边舱的一级污油分离系统。

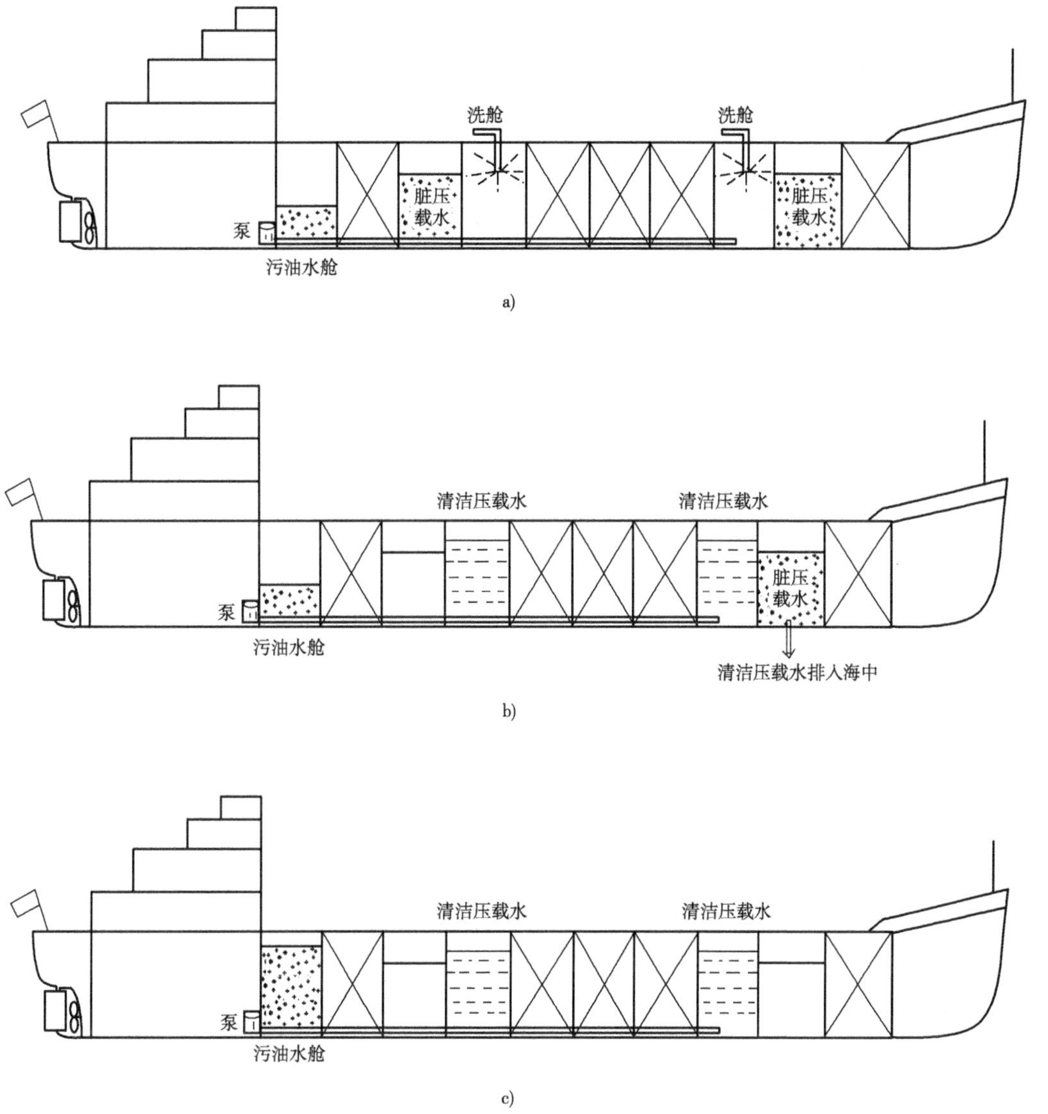

图 5-1　装于上部法操作原理

舱内首先充入一些清洁压载水。污油水泵入第一级污油水舱约一半位置，其下部的水靠重力流入第二级污油水舱。第二级污油水舱底层水可供洗舱机循环之用，也可在足够沉淀之后泵出舷外。污油水舱内的油污水应给予尽可能长的时间进行分离、沉淀。经分离后底部的清洁水排放入海时，操作应谨慎一些，即所用的排放泵容量应该较小，并以尽可能慢的速度运转，避免任何油品被带入泵的吸口而排入大海，造成意外的污染事故。将水排入大海以前，还应利用油/水界面探测器精确测定油/水分界面的位置，接近临界点时需要不断观察排放情况，以防监控设备万一失灵。一旦发现有向外排油的迹象，必须立即停止排放舱底水。

3. 油/水界面探测器

为了能迅速而准确地测定污油水舱中的油/水分界面，保证排放油污水时不致造成意外的污染，MARPOL 73/78 公约附则Ⅰ规定，凡 150 总吨以上的油船均应备有经国家主管机关认可的有效的油/水界面探测器。

图 5-3 所示为“MAGI-CON-11-S”型可携式油/水界面探测器。该探测器的基本原理是：当一种金属浸入某种电解液（如海水或淡水等）中时，就会显示出一种特殊的电位特征。例如：Mg 为 -1.8V(scE)；Al 为 -1.12V(scE)；Zn 为 -1.05V(scE)；Cu 为 -0.25V(scE)；Fe 为 -0.4V、-0.6V(scE)（scE 为标准甘汞电极）。

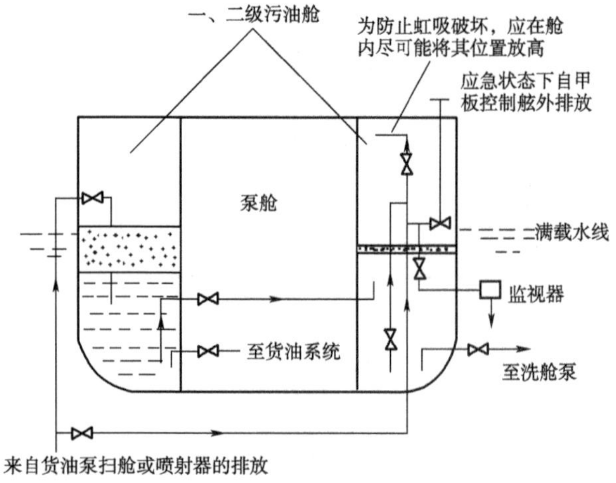

图 5-2　污油水舱布置图

因此，如果把两种具有不同电位特征的金属放入电解液中，便产生电位差，使检测指示器指针动作，反映油/水界面的位置。

该探测器主要由嵌在把手 8 上的指示器 9、卷筒 14、带刻度的测量尺 5、装在筒体 4 内的电极 1 和带有弹簧夹具 12 的金属导线所组成。

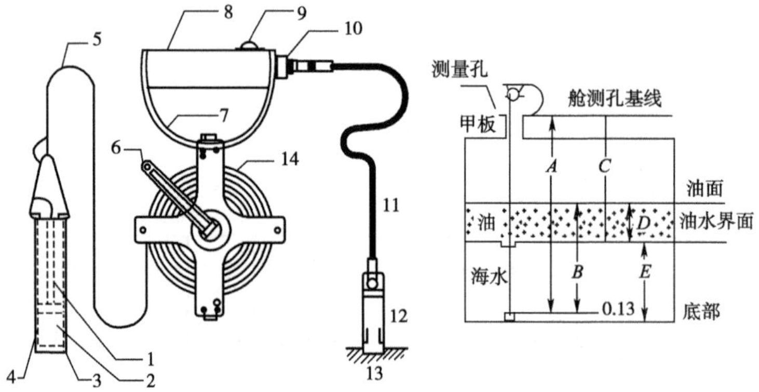

图 5-3　油/水界面探测器系统

1-电极；2-锤体；3-托架；4-筒体；5-测量尺；6-把柄；7-把手架；8-把手；9-指示器；10-连接栓；11-导线；12-弹簧夹；13-船体板；14-卷筒

使用时，应首先在电极筒体里灌满海水，并将导线两端分别接到把手上的连接栓和船体上的任一钢质部件上。然后将与测量尺末端连接的电极插入筒体内的海水里，查看指示器指针的动作。接着缓慢地将筒体伸入舱内。当筒体内的海水与舱内的油/水界面恰好重合时，指针开始动作。这时根据舱口基线读出测量尺的刻度为 C(m)，然后继续将筒体下伸，直到筒体端部接触舱底为止，但测量尺不能松，应保持笔直。根据舱口基线读出测量尺的刻度为 A(m)，而后再回转卷筒 14，将筒体向上拉，当油膜开始附着的时候（此时指针动作），读出测量尺的刻度 B(m)。最后按下列公式算出：

海水深度：　　$E = A + 0.13 - C$

油层厚度：　　$D = B + 0.13 - E$

式中：0.13 为电极筒体的高度(m)。

二、专用压载舱和清洁压载舱

油船的压载系统，常采用专用压载舱、清洁压载舱、原油洗舱后的货油舱或任一货油舱作压载舱等办法。根据 MARPOL 73/78 公约以及 1999，2001 和 2003 修正案的规定，载重量 20000 t 及 20000t 以上的原油油船及成品油船，均应设专用压载舱，所以现行的油轮绝大部分设有专用压载水舱，而任一货油舱作压载舱的做法已很少采用。

专用压载舱(Segregated ballast tanks，SBT)的概念已在第三章中做过叙述，这里再次做下解释，它指在油轮上专用于压载的舱室，有独立的管系，与货油舱和燃油舱完全隔开，在正常情况下，其容量能满足压载航行的要求，可以不使用货油舱装压载水，其水清洁，可按有关规定在许可海域排放。

专用压载舱容量的设置有一定的要求：除了因恶劣天气情况船长认为必须在货油舱中加装额外压载水以保证船舶的适航性外，一般情况下，专用压载舱容量应使油船在正常压载航行时，可以不依靠货油舱装载压载水而能安全航行。当然，货油舱内加装的额外压载水应按脏压载水的要求进行处理和排放，并将这种情况记入《油类记录簿》，对于新原油油船，这种额外压载水只能装载在按公约规定要求，以原油清洗过的货油舱。

在所有各种情况下，专用压载舱的容量应至少能使船舶的吃水和吃水差在航程的任何区域，符合下列各项要求：

(1)船中部吃水 D_M(不考虑船体变形)应不小于：$D_M = 2.0 + 0.02L$，L 为船长；

(2)在首尾垂线处的吃水应相应于上述的船中部吃水 D_M，且首尾吃水差在尾倾情况下不大于 $0.015L$；

(3)尾垂线处的吃水应足以将螺旋桨全部浸没水中。

清洁压载舱(Clean Ballast Tanks，CBT)是指现有油船在营运中根据船型、货舱结构、航区特点、吃水要求等，将部分货油舱经过清洗，改为专门用于装载压载水，成为临时的 SBT。但对船舶结构、泵、管路等方面不作改动，即泵、管路仍与货油为同一系统。只不过降低了货油的装载容积，操作程序变得复杂，但并不能保证压载水一定符合标准。因此，必须增设油水分离器和排油监控装置。

公约及防污规范对清洁压载舱有如下要求：

(1)一般选用边舱作为清洁压载舱，这有利于防止船舶破舱时造成的污染。但如果从船体应力、舱容或管系布置方面考虑，选用中舱有利，因而也有选用中舱作为清洁压载舱的，但须经主管机关批准；

(2)所选用的清洁压载舱，尽可能不牵涉货油管路和泵系统，每一清洁压载舱的管路上至少有两套阀门，使货油舱管系与清洁压载舱隔断；

(3)选用的清洁压载舱，其舱容和吃水及吃水差应满足上述专用压载舱容量确定的要求，清洁压载舱的舱容包括：专用压载舱、隔离空舱和首尾尖舱。但上述这些舱室只能用于装载压载水并有固定管路与压载泵连接；

(4)输送清洁压载舱压载水的管系的布置应能用水冲洗管路并排入污油水舱内，并使管系冲洗时的含油污水不能进入任何清洁压载舱中；

(5)应安装符合 IMO A.393(X)决议"关于油水分离设备和油分浓度计国际性能和试验规程的建议案"，并采用经认可的油分浓度计，以便对排放压载水中含油量进行监测；

(6)备有一本符合 IMO A.495(XII)决议的"清洁压载舱操作手册"。

第二节　原油洗舱技术

一、概述

1. 原油洗舱的含义

原油洗舱是指运送原油的油船，在卸货期间或往卸货港的航行途中，利用本船所载的一部分原油作为洗舱介质，通过洗舱机以较高压力喷射到货油舱内表面；依靠原油自身的溶解作用，把附着在油舱内壁及舱底的沉淀物，如沥青、蜡质、胶质和杂质冲掉，使其重新溶解在原油中，随货油一起卸到岸上。

2. 原油洗舱的历史背景

我们通常运输的原油，除主要成分碳氢化合物外，还含有硫化氢、石蜡、沥青等重质有机物和泥渣等。在装运过程中，这些重质有机物和泥渣会渐渐地沉积在舱底和水平构件上。卸货结束后，这些物质成为残油，久而久之，变成油脚而大量堆积在舱内。

以前洗舱时都使用海水。为了在油船坞修时将油渣、油脚等完全洗除并卸至岸上，仅凭海水洗舱需要花很多费用和时间。随着船体的巨型化，争取油船的营运时间和缩短停船时间是油船公司需要解决的紧迫问题。

20 世纪 70 年代初期，美国埃克森（EXXON）公司开始试验使用石脑油溶解舱底油脚，作为原油油舱清洗油脚的方法，取得了令人满意的效果。但是，这种洗舱方法要浪费大量的石脑油。为此，该公司于 1974 年利用本公司的船只开始试验用装载的原油取代石脑油，在卸货的同时进行洗舱，取得了同样良好的效果。与此同时，英国石油公司（BP）在 1972 年也着手对原油洗舱进行了研究，并于当年 9 月和 11 月分别在本公司的船上进行实船实验，其结果良好。之后，1973 年 1 月，一艘在日本千叶、德山两港口卸油的该公司巨型油船，为了尽快进厂坞修，在卸油时和在千叶开往德山港的途中进行原油洗舱，获得了可观的效果。在当时，固定式洗舱机和惰性气体系统都已安装在大型原油船上，因此不必担心在洗舱时由飞沫等引起静电的放电危险。

美国埃克森公司和英国石油公司都在 1974 年内结束了原油洗舱的试验，并于 1975 年制定了原油洗舱的操作手册，且对定期航行的油船也开始要求实施原油洗舱。1975 年 8 月，日本海上保安厅也以内部通报的形式公布了《原油洗舱和卸货安全指导书》作为标准，并允许在日本国内船上采用这一技术。1978 年 2 月，国际海事组织（IMO）召开了“关于油船安全和防止海洋污染”的联席会议，以法规的形式规定了新造原油船必须设置专用压载舱（SBT）和原油洗舱设备。1983 年 7 月，我国大连远洋运输公司所属的 6 万吨级原油船“昆明湖”轮首次在日本姬鹿港实施原油洗舱。其后，原油洗舱技术开始在我国推广实施。1994 年 12 月 7 日中华人民共和国交通部为此专门发布了行业标准：《油船洗舱作业安全技术要求》（JT 154—94），并于 1995 年 6 月 1 日起正式实施。

3. 原油洗舱的特点

对于原油船来说，用原油作为清洗工质与只用海水作为清洗工质相比较，在防止海洋污染和经济性方面都有显著的优越性。

1）减少残油量

由于在卸货的同时已进行了原油洗舱，使粘着在货油舱内表面及舱底的油渣被清除干净并同货油一起卸到了岸上，因而，较过去传统的卸油方法，残油量大幅度减少。以215000总吨的巨型油船（VLCC）为例，用传统的卸油方法残油量可达1000～2000t；而经原油洗舱后则减少到300t左右。

2）消除了油脚，增加了载货量

在过去，因货油舱内舱底的残油、油渣等长时间大量堆积，形成了一定的油脚。在计量油量时，是要将油脚扣除的，因而损失了大量的舱容。通过原油洗舱，使舱内没有机会产生油脚，从而增加了载货量。

3）防止海洋污染

原油洗舱后，舱底油脚和残油减少，可使为清洁压载或修理等目的进行的海水洗舱作业时间缩短，于是含油污水和乳浊液的存量都大为减少，从而污染海洋的程度比以前大幅度降低。

4）减少进坞前海水洗舱时间和费用

过去油船进坞前只用海水洗舱，再进行掏舱。然后将大量的污油、水和掏出的油渣等处理给污油水船或排到岸上。这样做除花费了大量的时间、人力和物力外，还有巨额的处理费用。如果用原油洗舱，既可洗除用海水难以洗除的油渣，减少洗、掏舱工作量，缩短洗、掏舱时间，又可节省大量的处理费用。同时，因清洗比较彻底，舱内没有残留油渣，故修理时不易发生火灾和爆炸事故。

5）可减少舱内构件的腐蚀

用海水洗舱后，舱内处于高温高湿状态，很容易发生腐蚀；而原油洗舱减少了海水与舱壁接触的机会，从而使腐蚀作用大大降低。

6）卸油时间加长

由于受船舶锅炉负荷的限制，在最初的洗舱阶段，蒸汽一方面要用于原油洗舱作业，另一方面又要用于卸货作业，因而降低了卸货效率。其次，在洗舱/卸货的最后阶段，因洗舱介质是货油本身，且在洗舱的任何阶段都必须保证洗舱管路的压力和用于扫舱的喷射器的驱动压力，因而需要一定量的新鲜货油在船上以用来洗舱，以至于必然降低卸货速率。其结果是同样延误了卸货时间，以65000t油船为例，若进行原油洗舱卸货一般要延长5h左右。

另外，因在卸货期间额外增加了原油洗舱作业，因而增加了船员的工作量。

早在20世纪70年代初，船东采用原油洗舱主要是基于商业目的，即可以得到更多的货物输出，尽可能多地减少船上留存的货油量，并可消除液货舱中淤泥的生成和减小液货舱的腐蚀。依据MARPOL公约和TSPP（油船安全和防污规则），原油洗舱被有分隔压载舱的油船所接受，从而减少了货油舱的油污染，而且在英国、美国和荷兰等国家强制实施原油洗舱。

二、对原油洗舱设备和人员的要求

1. 惰性气体系统（IGS）

国际海事组织要求，凡采用原油洗舱的油船，都必须装设惰性气体系统，其目的是为了防止油船因原油洗舱而发生爆炸事故。

油船在正常条件下，无论处于何种状态（满载、空载、装卸油、洗舱等），货油舱内都有可燃气体存在。当可燃气体与空气混合达到一定值时，在有火源存在的情况下，就会发生爆炸。我们把发生爆炸时的最低可燃气浓度称为爆炸下限。实验表明，当可燃气体浓度增加达到某一较大值时，混合气则不会发生爆炸。我们把这一较大值称为爆炸上限。而上下限之间的可燃气浓度值就称为爆炸范围。可燃性气体性质不同，其爆炸范围也不同。

如果在可燃气体与氧气的混合气中,再加入一种惰性气体,则可燃混合气的爆炸范围将随着惰性气体数量的增加、氧气体积分数的减小而缩小。当混合气中氧气的体积分数低于8%以下时,则爆炸范围等于零。也就是说石油混合气中氧气的体积分数低于8%的情况下,混合气就不会发生爆炸危险。

从燃烧理论上讲,只要可燃气浓度处于爆炸范围以外,就不会发生爆炸。但是实际上,液货舱内的油气浓度经常变化,而且难以控制。所以用所谓超浓度或低浓度法,控制液货舱油气浓度来防止爆炸是不可靠的。如果充入惰性气体,使舱内氧气浓度的体积分数保持在8%以下,这样就能保证在各种情况下都不会发生爆炸。因此,向舱内充注惰性气体是最有效的防爆方法,油船在各种航行状态下,根据液货舱内油气浓度变化充入惰性气体,以保证舱内氧气浓度在8%以下。

2. 固定式洗舱机及洗舱管

必须装设固定式洗舱机和固定的附属管路,并与货油管系和机器处所隔离。从洗舱效果和尽量缩短卸油时间的观点出发,最好装设能控制喷嘴俯仰角度的单喷嘴式洗舱机。抵港前进行管系试压,当压力达到工作压力的1.25倍时,不应有漏油现象发生。图5-4为单喷嘴固定式洗舱机(LAVOMATIC SA)实例图。

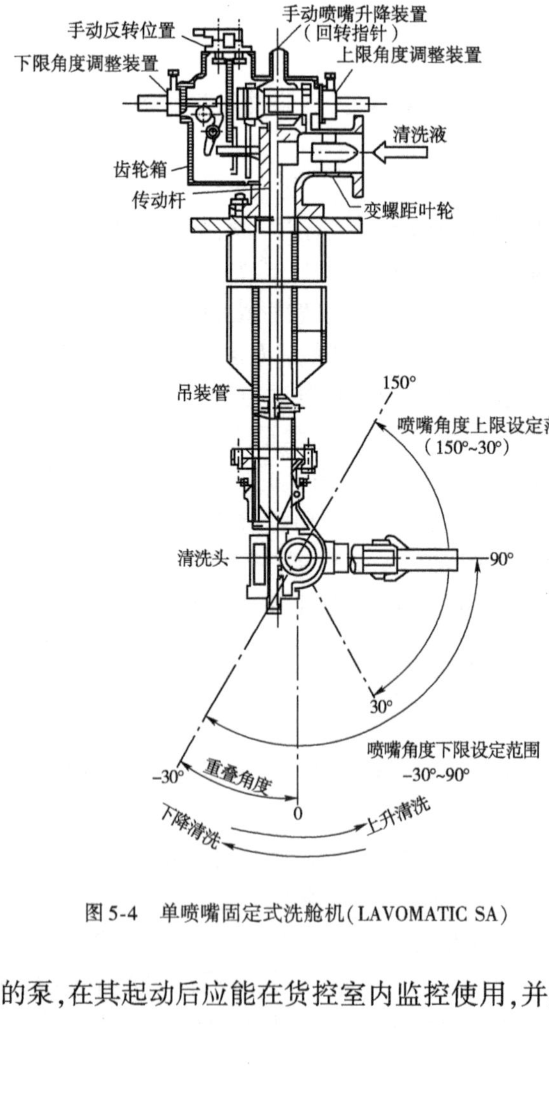

图5-4　单喷嘴固定式洗舱机(LAVOMATIC SA)

3. 泵

原油洗舱所使用的泵,在其起动后应能在货控室内监控使用,并具有连锁装置,以使在惰性气体中氧气的体积分数超过 8% 时,能自动停止泵的运转。

4. 液面测量装置

根据 SOLAS Ⅱ—2/4.5.5.3.3 规定,20000t 以上油船,应设置闭式测量装置。该装置能在货控室内监视使用的液货舱液位。而 INTERTANKO 根据 OCIMF 要求提出,具有原油洗舱系统的船舶,除闭式测量装置外,每个舱至少还应设有 3 个限制式手工投垂测量(handle drip)装置,而测量尺数量应等于装货货舱数量加上 2 个备件。

5. 压力计

应装设能在货控室内监视下列压力的仪表:

(1)原油洗舱用泵的吸进和排出压力;

(2)洗舱管路的压力;

(3)喷射器的驱动压力;

(4)油舱内惰性气体压力。

6. 联络装置

为便于货控室和甲板之间的联系,要备有对讲机等联络装置。该装置必须是经主管机关认可的。

进行原油洗舱作业时,以下各部位之间应设置通信联系设备:

货油装卸控制←{
→甲板洗舱机安装处
→甲板总管
→甲板上安全监视站
→栈桥上(岸上储油罐)
}

联系设备必须是取得许可的防爆型,从甲板上和货泵间的任何地方都能联系。

甲板上能相互联系,必须使全体工作人员都能经常掌握作业状况。

除此之外,考虑设备可能出现故障,所以特别要在主要部位,应设有备用的通信联系设备。

7. 测氧仪

应备有两套手提式测氧仪,以便能对舱内的氧气浓度进行检测。

8. 货控室

货控室内所有仪表和操纵装置必须处于正常状态。

9. 人员要求

主管操作人员对原油洗舱的操作负全面责任。洗舱前大副制定好洗舱计划后,召集有关人员开会,布置洗舱程序、职责分工、注意事项和防范措施,并向参加原油洗舱人员交待明确原油洗舱系统的危险性,防止漏油的方法以及发生漏油必须采取的措施。具体的要求为:

(1)参加作业的主要人员,至少应有 6 个月的油船工作经验,其在船工作期间,应从事过卸油和原油洗舱作业,或受过原油洗舱专业训练并熟悉《原油洗舱操作和设备手册》的内容。

(2)原油洗舱作业总负责人应由持有海事部门签发的《原油洗舱监督员资格证书》的大副或船长担任。如本船没有持证的人员,应由船公司派一名持有《原油洗舱监督员资格证书》的监督员到船负责指导监督原油洗舱作业。

(3)应配备足够的洗舱人员,同时必须建立原油洗舱作业中的指挥、通信、联络及值班制度。

(4)船上有关人员对原油洗舱细节、各种预防措施应有充分认识。船员的工作分配必须简要列表,并张贴在集控室或其他足以引起人们注意的地方,使他们完全理解和知晓计划的内容。

(5)应根据原油洗舱参加人员及职责分工进行作业，船长任总指挥，货油集控室现场指挥由大副负责，整个原油洗舱过程均由大副指挥。同时还必须指派一名水手在甲板现场值班，并必须经常检查洗舱机运转情况，以及洗舱管线阀门有无泄漏。同时还要严格洗舱作业交接班制度。

三、如何实施原油洗舱作业

以下以某油轮为例对原油洗舱具体作业做一介绍。

1.申报程序

(1)向船公司申报。在通常情况下所实施的原油洗舱，应根据年度COW(原油洗舱)计划由船长和大副具体掌握。并作为应尽的职责使COW能按照计划如期实施，从而真正达到控制舱内油脚的目的。但在每次计划实施之前，应首先请示公司主管部门。即当决定实施COW时，应及早向公司航运部和安监部申报，航运部门应考虑到航次任务情况、上次剩油情况以及租船人的要求等决定是否同意船上的申请；安监部门应考虑到船上大副或船长是否具备主管操作人员的条件。

在某些特殊情况下，航运或机务部门会下达指令进行COW，以满足租船人或进坞岁修等要求。

(2)向卸货港申报。当决定在卸货港实施COW之前，应首先了解该卸货港是否允许进行COW作业。也即向卸货港海事部门或港口当局书面申请本次卸油时需进行原油洗舱作业，得到海事部门或港口当局批准后，方可进行原油洗舱作业。所以船长应及早向卸货港代理或当局以电报等方式申报，海事部门或港口当局批准。在申报电文中应包括：告知本船安全构造、安全设备和IOPP证书的号码、签发地点和有效期限；告知本船主管操作人员的姓名、职务、油船工作和COW经历等；告知本船具备《COW操作和设备手册》，并且该手册是经本国船级社签字认可的；告知预定清洗油舱的舱号及顺序；告知卸货所需的时间等。

同时应准备好如下资料和材料提供给港口当局检查之用：船舶的主要数据和资料，包括货油集控室情况、惰性气体系统设备型号和容量、洗舱机型号和容量、货泵型号和排量、测氧仪型号等；原油洗舱的安全措施，包括作业注意事项、需要停止作业的各种情况、安全防范措施等；参加原油洗舱人员及职责分工，注明持有海事局颁发的《原油洗舱监督员资格证明》情况。

2.抵达卸货港前的准备工作

(1)按照要求来编制"卸货和原油洗舱计划"。洗舱的方式定为一阶段洗舱方式。洗舱管路压力以0.8MPa为准，洗舱机喷射角度范围定为135°~0°，时间为65min，喷嘴水平转动角速度为85s/360°。

(2)原油洗舱前的安全检查。要按原油洗舱前的安全检查表进行安全检查，抵达卸油港时，交一份给海事部门或港口当局；检查核实原油洗舱系统有关阀门，防止因错开阀门而发生污染，禁止使用的阀门应挂警告牌；如果洗舱系统管系延伸到机房，则应用盲板予以隔断。设置在机舱外部的洗舱加热器，如果连接原油洗舱管系，也应用盲板隔断。

(3)洗舱管路的压力试验。原油洗舱管线须进行试压，按规定试压压力为需要的工作压力的1.1倍，以确认管线、阀门无泄漏。具体为：

进港前一般使用No.1主货油泵利用原油进行原油洗舱管路的压力试验；试验压力为0.88MPa(9kgf/cm^2)；No.1货油泵从油舱吸油，经洗舱管路和洗舱机返回到油舱；确认所有的洗舱机的洗舱阀处于关闭状态，所有洗舱支管的主阀在开启状态；对洗舱管路慢慢加压；压力试验持续 10min；耐压试验后，打开洗舱阀，从而使洗舱管线与油舱相通，使用扫舱泵来扫洗舱管线，如果这些油舱的空档小于 5m 时，可打开原油洗舱总管前端的空气阀让空气进入，以达到扫线的目的；扫舱泵停止后，关闭洗舱管路上的主阀（在泵间内）和甲板上的总阀，其他洗舱支管上的所有阀门完全打开；一天后，洗舱支管的所有阀门和洗舱管最前端的空气阀关闭；洗舱机的驱动用细油管路在试压时应处于关闭状态。

(4)各仪表和设备的检查。在抵港前，应进行下述设备的检查：校对各舱液位指示计、吃水指示计；检查惰性气体系统及其固定式氧气浓度测定仪，还须检查携带式可燃气体测爆仪和携带式氧气浓度测定仪；检查各有关压力表、温度计、各种警报装置、液面浮子计。

固定式洗舱机通常在满载航行时被浸没在原油内，无法确认其工作状态，因此要在平时能进行动作试验的时间内检查，必须经常保持能自由回转。若是空气驱动式或水驱动式驱动装置，为了不浪费时间，事先应把驱动装置安装到计划清洗的油舱内的洗舱机上，保持随时都可启动。单喷嘴洗舱机的喷嘴因设定喷射角度，需要一定时间，所以要事先设定好喷嘴角度。这样，事先做好洗舱机的启动准备工作，就不会耽误原油洗舱开始的时间，造成洗舱时间的延长。

(5)测量各油舱中的氧气含量。抵港前一天，按照检测程序，将各舱的氧气含量用手提式测氧仪检测并记录下来。含氧量必须低于 8%，否则需继续进行充注惰性气体，直到低于 8%。油舱内压力必须保持为正压。

(6)释放舱内气体压力。当船舷接近港口时，把油舱内压力释放掉，以防止污染港区。

(7)其他准备工作。对舱内原油适当加温，其温度要视原油产地、油品来决定，一般卸油温度不低于 40℃，洗舱动力油控制在 50℃左右；备好警告牌，洗舱时挂在舷梯处，如："本轮正在原油洗舱，无关人员不准登船"；做一帆布标语牌，洗舱时挂在外舷栏杆，如："本轮正在原油洗舱，来往船舶离开 50m 通过"（航行国际航线要用中英文书写）；洗舱作业现场应备有一定数量的吸油材料和防污器具、锯木屑、棉纱、破布和消油剂等；采取与货油舱残存的油种相应的防火、防爆措施，备妥消防器材。

3. 卸货作业

(1)抵港后将卸货和 COW 计划交港口当局一份，填写申请并与港方商定有关 COW 事宜。

(2)操作惰性气体系统，控制氧气含量。卸货开始时，因锅炉负荷较低，故惰性气体中的氧气含量较高。从卸货开始起至 30min 止，含氧量超过 8% 也可以供应，但此后，一直到原油洗舱结束含氧量必须控制在 4% 以下；卸货期间，如果惰性气体的含氧量超过 5%，可向大气中释放，但要注意舱内压力，若在 26kPa 以下时，应中止卸货。

(3)货油舱内的惰性气体压力：原油洗舱开始前，舱内压力要提高到 65kPa 以上。

(4)货油温度：原油洗舱开始时，货油温度要加热到 50 ~ 55℃，温度可用出口温度表来确认。

(5)货油泵的控制：应能在货控室内调节控制，货油泵启动时其排出阀应置于关闭状态；慢慢打开排出阀，并逐渐提高货油泵的转数，并注意在 700r/min 时运转一段时间；注意在转换管线时一定要把其转速降到最低(700r/min)时，才能进行；在卸货期间，若要提高卸货速度或出口压力，以及停止一台泵卸货时，都要与码头有关人员商量；若泵转速发生异常情况时，应马上降低其转速并关小排出阀的开度。

(6)卸货记录：卸货中应定时记录卸货速度、总卸货量；货油泵的排出压力、转速和吸入压力；船舶吃水、纵倾；货油泵的启动、停止时间。

4. 原油洗舱作业

(1)准备工作。再次确认各货油舱内氧气含量在5%以下;确认悬挂原油洗舱告示牌;进行原油洗舱实施前的再次安全检查;确认船舶纵倾在4.5m以上,横倾为0°;准备原油洗舱的油船基本卸空,最多1m舱深。

(2)原油洗舱作业开始。扫舱程序和管线布置要求用喷射器扫舱,驱动压力0.98MPa($10kgf/cm^2$),原油洗舱用开式或闭式循环,SLOP舱作为集油舱,空档保持在10m左右,增加时可卸到岸上。

对原油洗舱管路,要开启原油洗舱管路泵间的阀门,进行原油洗舱前的扫舱,直到舱内液位达到10cm左右时收起浮子,开始原油洗舱作业:

——使用1台货油泵向原油洗舱管路和喷射器供油;

——供油时将泵的转数维持在最低;

——打开洗舱阀并把速率调整为3/4开度(原油洗舱支管的主阀应处于关闭状态);甲板上的洗舱机总阀保持在开启状态;

——提高泵的转速,慢慢打开计划进行原油洗舱的洗舱支管上的主阀,进行原油洗舱管路内气体排除工作;

——气体排尽后,主阀完全打开,洗舱压力调至0.78MPa($8kgf/cm^2$)

(3)原油洗舱作业中。在洗舱的过程中,洗舱机的动力油必须保持足够压力,否则需停止洗舱作业。控制氧气含量,与卸货时要求一样;控制舱内气体压力;控制洗舱时的油温;进行原油洗舱期间的安全检查,并确认没有漏泄发生;进行连续不断的扫舱;在原油洗舱中,喷射器的吸入压力表必须一直为负压。

经常测定惰性气体总管含氧量,如果含氧量高于8%,必须立即停止洗舱作业。每个货油舱开始作业前,均必须测定含氧量。甲板现场值班人员必须经常检查洗舱机运转情况,以及洗舱管线、阀门有无泄漏。

(4)暂停洗舱作业。经卸油港同意,并得到港方许可而进行的原油洗舱作业,在出现下述情况时,必须暂停原油洗舱作业:卸油区发生不符合油轮停泊洗舱作业的情况,如雷雨闪电即将到来,或者出现大风浪等危险气候;船上或附近发生漏油或火灾,或已开始进行有危险性的修理工程,或其他船舶航行对洗舱船有明显不安全时;受油单位要求停止洗舱作业;惰性气体系统发生故障,或货油舱内氧气体积分数高于8%以上;油区负责人发现未按照洗舱作业指导要领操作,命令停止洗舱作业;船长判断应停止洗舱作业的任何情况,卸油作业暂停。

(5)原油洗舱作业结束。停止洗舱机:当洗舱机洗到0°时,首先将用于洗舱的主货油泵的转速降下来,然后关闭原油洗舱支管主阀,停止全部洗舱机。此时各洗舱机的洗舱阀应保持在开启状态(放油),经5min后,关闭各洗舱机的驱动机组阀门(吸入阀、排出阀)。

确认残油,继续扫舱:洗舱机停止后,立即放下量油浮子来确认残油的残存量;待原油洗舱结束后,扫舱要持续15min直至扫净为止;还要通过测探来确认是否扫净;最后关闭蒸气阀。

(6)此后用同样的步骤来进行下一货油舱的原油洗舱作业。

(7)原油洗舱全部结束。

(8)原油洗舱管路的排泄作业:停止原油洗舱使用的货油泵;把1P或1S船首洗舱机全开,用扫舱泵把管路内残油扫至SLOP舱中去;关闭甲板上洗舱总阀,其他甲板上的原油洗舱阀及原油洗舱支管主阀全部打开,驱动机组阀保持开启;一天后,上述阀门全部关闭。

第三节　惰性气体系统

一、惰性气体系统概要

1. 发展过程

我们知道任何可燃物质的燃烧必须同时具备下列三个条件：

（1）有可燃物存在：凡能与空气中的氧或氧化剂起剧烈反应的物质均称为可燃物。可燃物包括可燃固体，如煤、木材、纸张、棉花等；可燃液体，如汽油、酒精、甲醇等；可燃气体，如氢气，一氧化碳、液化石油气等。在化工生产中很多原料、中间体、半成品和成品是可燃物质。

（2）有助燃物存在：凡能帮助和维持燃烧的物质，均称为助燃物。常见的助燃物是空气和氧气以及氯气和氯酸钾等氧化剂。

（3）有点火源存在：凡能引起可燃物质燃烧的能源，统称为点火源，如明火、撞击、摩擦高温表面、电火花、光和射线、化学反应热等。

可燃物、助燃物和点火源是构成燃烧的三个要素，缺少其中任何一个，燃烧便不能发生；另外，燃烧反应在温度、压力、组成和点火能量等方面都存在极限值。在某些条件下，如可燃物未达到一定的浓度，助燃物数量不够，点火源不具备足够的温度或热量，即使具备了燃烧的三个条件，燃烧也不会发生。例如氢气在空气中的浓度小于4%时就不能点燃，而一般可燃物质在空气中的氧气低于14%时也不会发生燃烧。对于已经进行着的燃烧，若消除其中一个条件，燃烧便会终止，这就是灭火的基本原理。

因此油舱内可燃气体发生燃烧爆炸事故，也必须同时具备三个条件：可燃石油气浓度在"爆炸范围"内；有足够量的氧气，舱内氧气含量在"临界点"以上；有点火源，其能量达到可燃气燃烧所需最低点火能量。

作为防止油船爆炸的方法，自古以来主要是从控制明火点火源出发的。但是，自1969年末，3艘新造的大型油船连续发生爆炸事故之后，人们才更清楚地了解到静电乃是一种新的点火源，而且又很难控制。在这种形势的推动下，关于强制造成一种即使有火源存在也不会发生爆炸的"油舱气体状态控制"的研究，才有了急速的进展。

这种方式的原理如图5-5所示，它是利用从原油中挥发出来的石油气体只有在某一限定的气体浓度范围内才会发生爆炸的原理，强制性地使货油舱内的气体状态处在不能燃烧爆炸的范围之内。这种气体状态可由三种方式来达到，即使石油气浓度过剩的"超浓度方式"，使浓度过稀的"过稀方式"和造成缺氧状态的"充惰性气体方式"。从可靠性和经济性两方面出发，对三种方式进行比较，结果得出，惰性气体系统具有明显的优越性。所以，自1970年初以来，IGS也就在世界上得到了广泛应用的机会。其后设置惰性气体装置的要求也被列入国际公约，今天，对于载重量为3万吨以上的新建原油油船来说，设置IGS已成为必须承担的义务，也可以说，惰性气体系统已成为油船不可缺少的最重要的装置之一。

2. 惰性气体的定义

所谓惰性气体就是化学性质不活泼的气体，也可以说是具有不与氧化合的化学稳定性的气体。真正的惰性气体是指氦（He）、氖（Ne）、氩（Ar）等5种稀有的气体而言的，但一般也包括在常温、常压下难以与氧化合的氮（N_2）、二氧化碳（CO_2）以及含氧浓度很低的空气。

鉴于锅炉烟道中的气体，乃是燃油经过良好燃烧后所产生的燃烧排气，所以它的主要成分

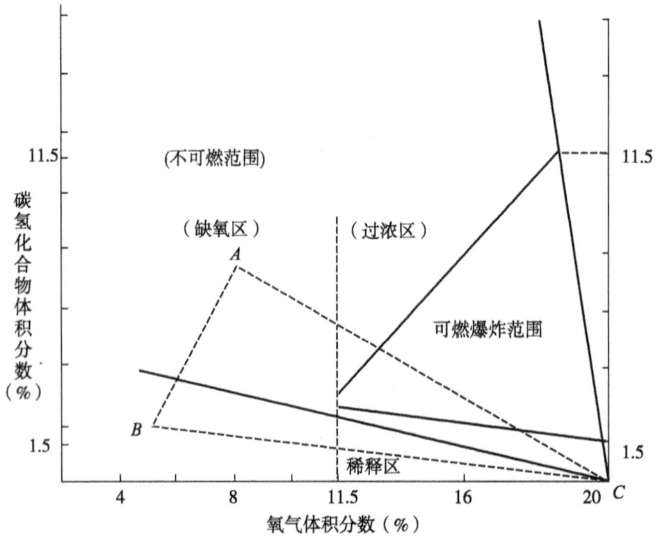

图 5-5　碳氢化合物、氮、氧及混合气的可燃爆炸范围

就是氮、二氧化碳、水蒸气以及少量的氧和微量的固体物质,因此,如果将其冷却,再去除其中含有的杂质和剩余的水蒸气,则就会成为惰性气体。将这样的气体充注到油舱内以防止油船爆炸的装置系统,就是惰性气体系统。

在船舶的油舱内充注惰性气体,以使舱内的气体惰性化,需要大量的惰性气体。这些惰性气体可由三种方式获得。一种是利用锅炉排气经冷却、脱硫、洗涤后得到惰性气体。这种方式称为“烟道气”方式。另一种是用专门的惰性气体发生器,燃烧煤油等液体燃料得到惰性气体。这种装置称为“惰性气体发生装置”。还有一种,是将两者串联起来使用,形成“组合式”惰性气体系统。

在第一种方式中,由于燃料的原因,会混有二氧化硫(SO_2)和烟尘等杂质,这是它的缺点;但是船用锅炉能够产生大量的排气,且其氧气的含量通常都在5%以下,因此,同第二种方式相比较,成本比较低,故为普通大型原油油船所采用。与此相反,第二种方式的成本虽然较高,但在所运货物本身要求惰性气体纯度较高的特殊油船(液化石油气船、液化天然气船、成品油船等)上,则使用较多。第三种方法则介于前两种之间。

通常所说的惰性气体系统大多系指“烟道气”方式的装置系统,为加区别,故将“发生器”方式即称作惰性气体发生器系统。此外,也有将“烟道气”方式的惰性气体系统叫作“烟道气”气体系统。

以下,仅介绍“烟道气”方式的惰性气体系统。

3. 惰性气体的成分

惰性气体的成分取决于:①作为原料的烟道气本身的成分;②装置本身所具有的冷却、洗涤能力。其中,前者的影响很大,如果惰性气体系统方面的性能没有多大差异,则惰性气体品质的好坏基本上就将取决于锅炉燃料(重油)的性质如何及燃烧条件是否良好了。若燃料中可燃的元素硫(S)含量较多,则燃烧后有害的二氧化硫气就会增多;另外,在锅炉负荷过小和负荷急剧变动等不良燃烧条件下,由于过剩空气系数增大,则惰性气体中的氧气浓度就要增加。

由此可见,惰性气体的组成成分,是不能一概而论的。表5-2 列出各制造厂家提供的惰性气体、烟道气体和新鲜空气的成分比。

不同惰性气体系统制造厂家的烟道气、惰性气体的成分 表 5-2

IGS 制造厂 成分	F 公司		G 公司		H 公司		I 公司		新鲜空气
	烟道气	惰性气	烟道气	惰性气	烟道气	惰性气	烟道气	惰性气	
氮(N_2)	77.0	79.6	77.0	77.0	78.2	其余的全部	74.4	78.6	78.03
二氧化碳(CO_2)	13.5	14.0	12 ~ 14.5	12 ~ 14.5	13.5	13.5	13.1	13.8	0.03
氧(O_2)	4.2	4.3	2.5 ~ 4.5	2.5 ~ 4.5	3.0	3.0	1.8	1.9	20.99
二氧化硫(SO_2)	0.3	0.03	0.3	0.02	0.3	0.03	0.2	0.02	—
水蒸气(H_2O)	5.0	2.0	5.0	重量百分比 0.024	5.0	(饱和)	10.5	5.6	—
氩(Ar)	—	—	—	—	—	—	—	—	0.94
其他(粉尘等)	150kg/m^3	15kg/m^3	200kg/m^3	30kg/m^3	250kg/m^3	8kg/m^3	—	—	0.01
密度(kg/m^3)	1.338	1.349	1.323	—	1.331	—	1.304	1.326	1.293

二、系统的主要组成设备及其功用

系统各主要组成设备的工作原理和构造虽因制造厂家的不同而具有某些差异,但各部件的布置以及气体和海水的流程则其本一样。标准的流程如图 5-6 所示。下面简要介绍一下系统的各主要设备及其机能。

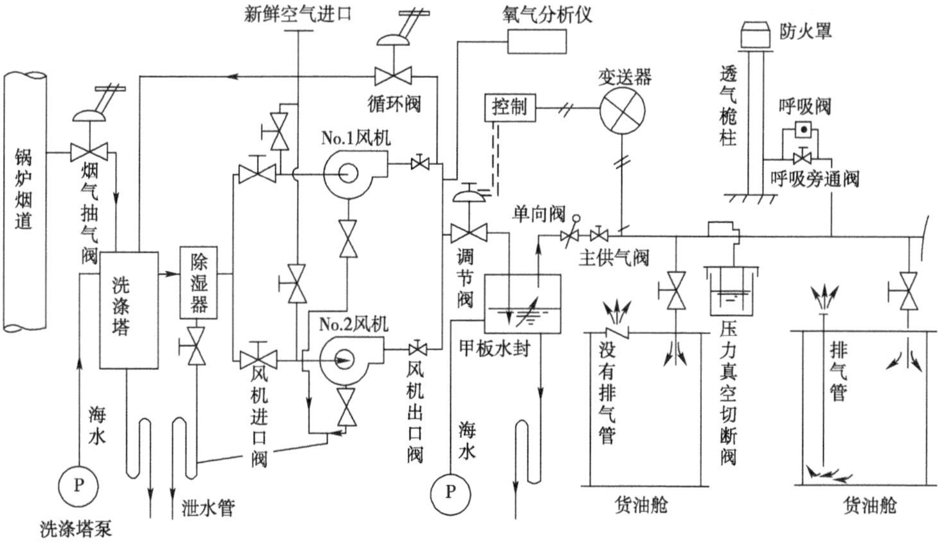

图 5-6 惰性气体系统的流程图

1. 烟气抽气阀(亦称烟道取气阀)

烟气抽气阀是一个可从控制室等处远距操纵的截止阀,它装在锅炉烟囱到惰性气体系统之间用以抽取烟气的导管上,其作用在于防止烟气在系统不工作时侵入到洗涤塔内。这个阀工作环境恶劣,长期在高温烟气冲刷条件下工作,阀座容易结炭,使阀关闭不严,或者在关死状态下粘住打不开,阀盘可能由于高温烟气冲击而产生变形。因此,对烟气抽气阀要特别注意检修保养,一般在这个阀的连接管路上都接入蒸汽冲洗管,需要时对阀进行冲洗。

2. 洗涤塔

洗涤塔是使烟气与海水接触以对惰性气体进行冷却,除去硫和灰尘等有害物质的一个吸收器。

(1)冷却。在洗涤塔内应尽量使烟气的温度降低到冷却海水的温度,一般的设计标准是洗涤塔出口气体的温度应比冷却海水的温度高 2 ~5℃。

(2)脱硫。脱硫的目的就是要尽可能除去烟气中所含有的硫的氧化物(SO_2、SO_3),通常的设计要求能去除 90% ~95% 以上。从防止船体遭受腐蚀的观点来说,还希望将其性能更加提高一步。

(3)除尘。烟气中的烟尘等固体杂质应尽量去除,一般要求去除率在 90% 以上。

为了提高上述各项机能,就需尽量增大烟气与海水的接触面积,因此,一般多采用使海水形成液膜或雾滴,然后再分散到烟气中去的方法,也有采用将逆向流动的烟气分散到已形成小气泡的海水中去的方法。前一方法是在塔内装入填充物,并使分散的海水以薄膜状从上部沿填充物表面下流,以与经填充物间隙而上升的气体相接触。这种方式的典型代表就是填充式的洗涤塔(图 5-7)。此外也有将海水喷成雾状,以增大海水与气体接触面积的文丘里管式洗涤塔和喷雾式洗涤塔。后一方法的代表型式就是气泡—罩盖式洗涤塔,如图 5-8 所示,它是使气体通过数层托盘和罩盖的水封间隙,以使气体与形成气泡的水相接触。然而实际上,几乎没有单独使用一种形式的情况,通常大多是将两种以上的类型组合使用(图 5-9 即为文丘里管式和填充塔式并用的例子)。

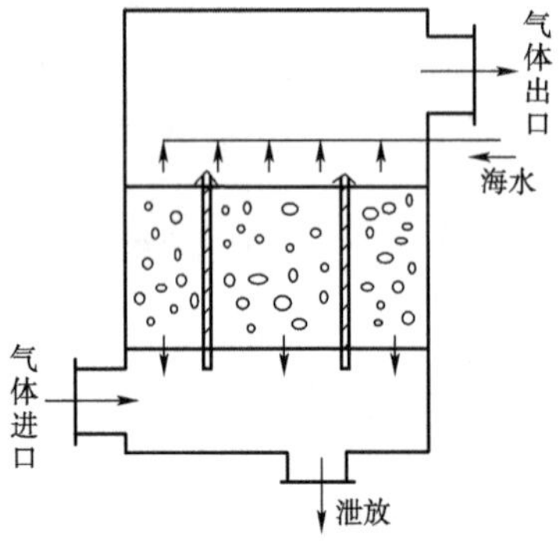

图 5-7　填充塔式洗涤塔原理图

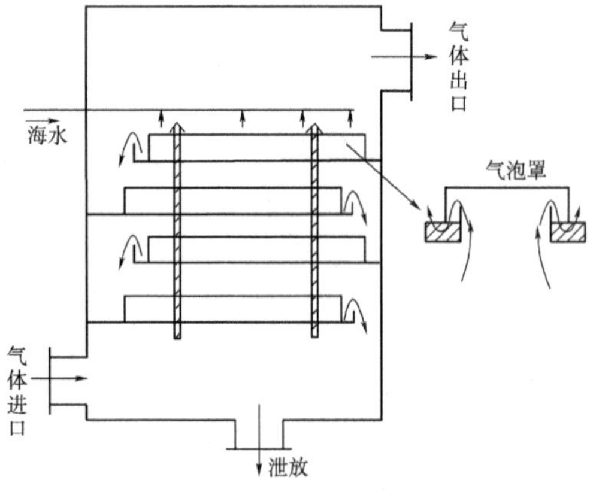

图 5-8　气泡—罩盖式洗涤塔原理图

近来,气泡—罩盖式已用得较少,而使用较多的则足以填充塔式为主体的洗涤塔。塔中的填充物可有磁性球环(图 5-9),由聚丙烯制作的特殊球体、FRP(玻璃纤维增强塑料)制作的菱形棒、聚丙烯制作的空心球、石英颗粒以及聚丙烯网等。

为了防止气体逆流回烟气抽气阀,还在洗涤塔中设置了有效的水封(图 5-10);另外,海水应由洗涤塔的专用海水泵来供应,并在其发生故障时,也能以其他水泵来供给,此外,还要求洗涤气体之后的排水必须流经底部的 U 形密封,然后再排到舷外。

3. 除湿器

除湿器用于去除洗涤塔排气中的水滴,由于水分与残留的二氧化硫化合,是引起货油舱严重腐蚀的主要原因。因此要求除湿器的除水滴效率在 99% 左右。比较常用的除湿器有 3 种类型。

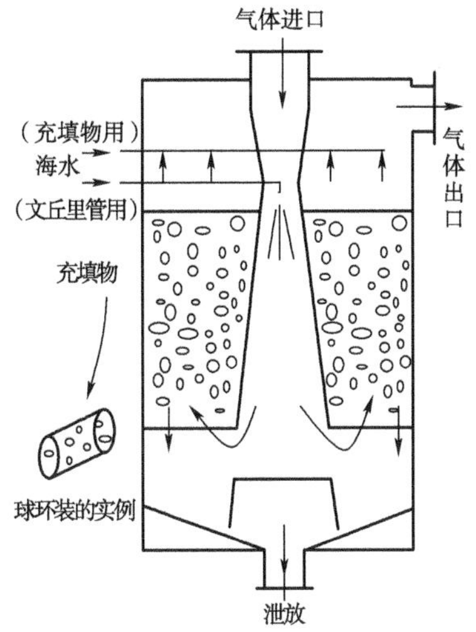

图 5-9　文丘里管式与填充塔式并用的洗涤塔实例

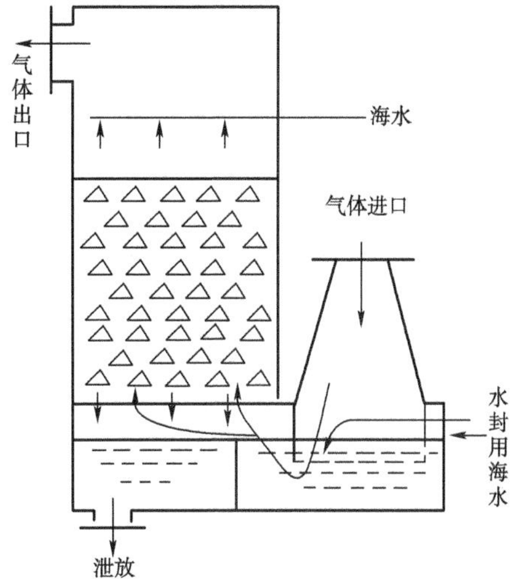

图 5-10　在烟气进口中设置水封的洗涤塔

(1)过滤式除湿器。船用惰性气体系统的除湿器，一般都采用过滤式除湿器，而且安装在洗涤塔内顶部惰性气体出口处。将多层聚丙烯丝等编织的滤网叠置在一起，使气体自下向上地流过，则水滴就会被吸附在滤网上，从而使气体中的水滴得以去除，这种方式因滤网很易被烟尘等堵塞，故需经常进行清洗或换新。

通常，在滤网衬垫的上、下装有压力表或压差计，依据气体通过滤网前后的压差，即可大致地判断滤网是否堵塞(图 5-11)。

(2)旋流式除湿器。使含有水滴的气体流经导向叶片，形成旋转运动产生离心力，则水滴就会被甩到旋流的外侧并附着在壁面上，达到一定厚度靠自重下落，从汇水管排出，从而达到去除水滴的目的。这种方式可不必担心发生堵塞，故无需对其进行保养和检查(图 5-12)。

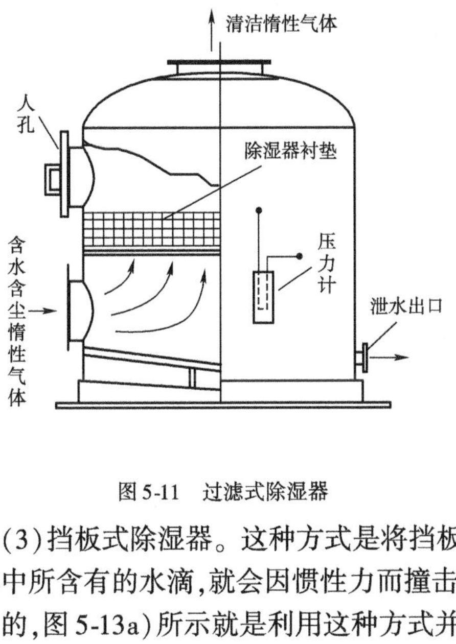

图 5-11　过滤式除湿器

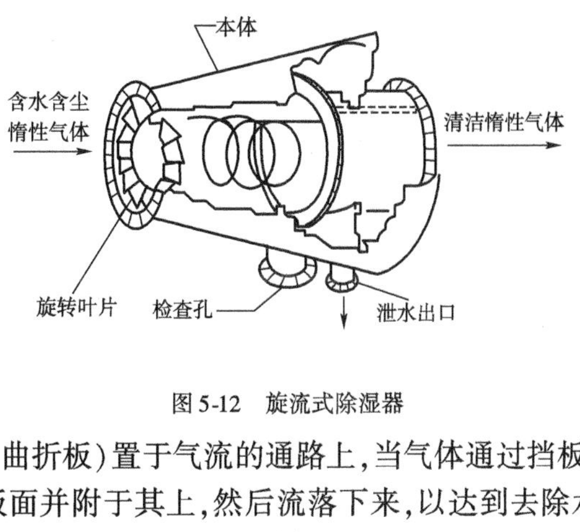

图 5-12　旋流式除湿器

(3)挡板式除湿器。这种方式是将挡板(曲折板)置于气流的通路上，当气体通过挡板时，气体中所含有的水滴，就会因惯性力而撞击板面并附于其上，然后流落下来，以达到去除水滴的目的，图 5-13a)所示就是利用这种方式并具有较好效果的一种结构。图 5-13b)所示为它的除湿原理;气体中的雾滴因惯性力和气体折流时所产生的离心力,撞击并附着在薄片状的曲板上,然后沿曲板表面流到挡水槽,再靠重力流落到下部,最后经泄水口排出。

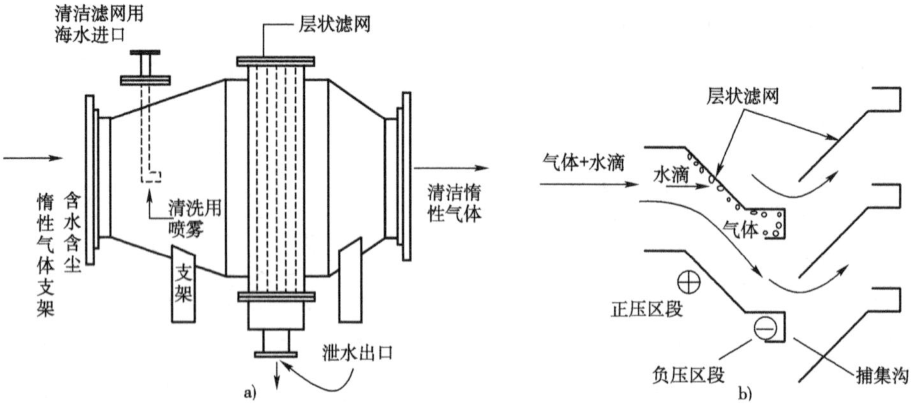

图 5-13　特殊挡板式雾滴分离器

a)结构;b)除湿原理

4. 鼓风机

离开除湿器后,惰性气体进入风机,通常都使用由电动机带动的离心式风机。根据规范(国际海事协会及船级社)的要求,风机至少应设置 2 台,总排风量应为货油泵总额定排量的125%以上;此外,还需能使充注惰性气体的油舱维持一微小的正压(表压 14 ~ 20kPa 以下),使空气不致侵入舱内。

配置 2 台等排风量的风机时,风机组合排风选配方案可有:

(1)设置 2 台,每台容量均为风机总容量的 50% (标准方案)。

(2)设置 2 台,1 台容量等于风机的总容量,另一台为风机总容量的 50% 。

(3)设置 2 台,每台风机容量都等于风机的总容量。

(4)设置 2 台,1 台容量等于风机的总容量,另一台为风机总容量的 30% 。

5. 压力调节阀

调节阀也叫惰性气体的压力调整阀或主控制阀,用以在惰性气体的充注过程中自动调整油舱内的压力,以使其维持一定的数值。该阀大多采用由压缩空气操纵的蝶形阀,其动作过程一般是:从惰性气体主管测出管内的气体压力,通过变送器将此压力转换成气压信号,并将此气压信号输往控制器,再由控制器按比例地将控制空气供送到调节阀的驱动气缸(或薄膜),以自动地控制阀的开度。另外,该阀也能用手动的方法加以控制。

6. 回流阀

回流阀装在风机排出管与洗涤塔之间的回流管路上,它可在油舱内的压力达到一定的数值以上时自动开启,以使气体回流到洗涤塔,从而风机保持稳定运转(防止出口气体温度过高和发生喘振现象),使通过洗涤塔的气体流量维持在一定的数值以上,并防止油舱内的压力过高。

7. 甲板水封

按照规范的要求,在惰性气体系统中必须装有二个能防止可燃性气体逆流到机舱的装置,其中之一必须是装设在洗涤塔或甲板上并具有较高可靠性的水封装置。为此,通常多采用甲板水封。

这种装置防止气体逆流的可靠性较高,但是由于结构上的原因,在惰性气体通达时也将会把水封水携入油舱，这是其缺点。为了解决这一问题，故对甲板水封的结构作了许多改进，并可依进气过程中水封水与气体接触程度的不同而分为干式、半干式和湿式三种。通常，半干式和湿式的甲板水封，是依靠在气体出口侧设置除沫剂(或在外部另外加装)的方法来防止水封水被带到油舱的。图5-14～5-17即表示各种型式的原理图。另外，在这种装置的内部还装有蒸汽加热管，以防在寒冷地区使用时水封水冰结。

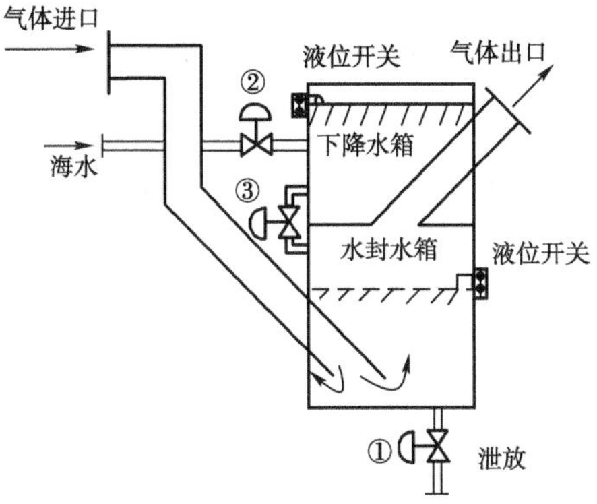

图5-14 干式(A)甲板水封

(1)风机一经启动水封水柜中的水封用水就会经①排到舷外，使水封水柜变为干湿；(2)风机一停，则下降水柜中的水就会通过③流入水封水柜，形成水封；(3)通过②可向下降水柜注水

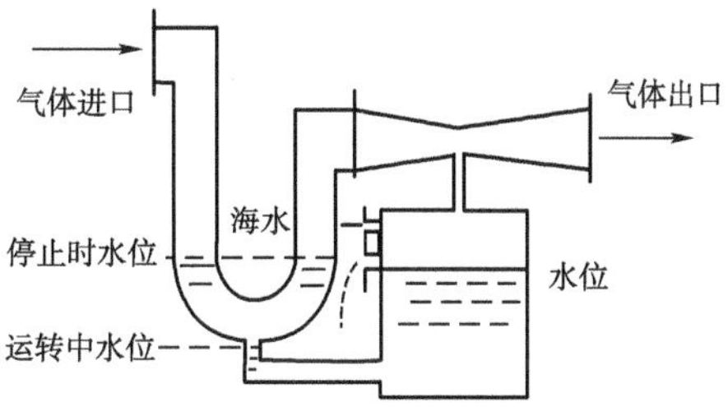

图5-15　干式(B)甲板水封

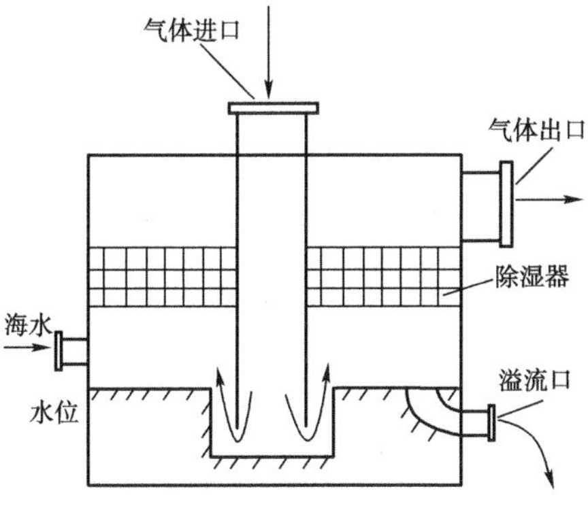

图5-16　半干式甲板水封

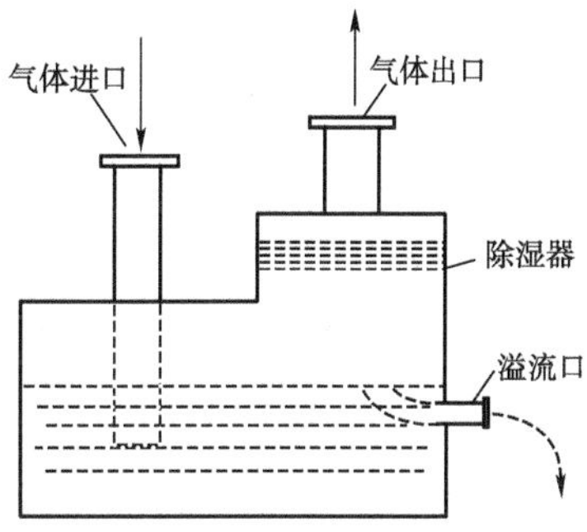

图5-17　湿式甲板水封

8.止回阀和主截止阀(也称惰性气体的主阀或甲板隔离阀)

止回阀装在甲板水封和主截止阀之间，同甲板水封一样，它也是为了防止可燃性气体逆流而设置的。

主截止阀装在止回阀与货油舱之间的管路上，设置它的目的是为了在装油等惰性气体系统不运转时，能借以将货油舱与安全区域一侧(从甲板水封到机舱的一侧)相隔离。

9.压力—真空切断阀(通称P/V切断阀)

它是为了保护货油舱而在以往呼吸阀的基础上再加设的一个用以维持油舱正压和负压的安全阀。该阀是在呼吸阀动作不灵或防火罩堵塞以致使货油舱产生过压或负压时，作为辅助呼吸阀动作的第二道安全阀，是船级社规范规定必须装设的阀门(图5-18)。

压力—真空切断阀的工作原理与甲板水封相类似，封入的液体其液面将随惰性气体主管内的压力变化而波动，当高压越过最大的设定压力时，则液体就会与气体一起喷吐到甲板上，同时发出很大的声响，说明已发生异常的现象，而当出现负压时则就会吸入空气，并同样会发出声响。该阀的设定压力应比呼吸阀稍大一些，亦即以使呼吸阀首先动作为原则。密封用的液体应采用不冻液体（水与油脂的混合液）或润滑油等。

10. 排气管

排气管是为了能将惰性气体或空气注入货油舱内以排除石油气并提高油舱的换气效率而设置的，它是一根从上甲板一直通到舱底附近的中等等直径的立管。用惰性气体或空气来置换石油气那样相对密度较大的气体特别有效，因为即使气体的注入速度很低，也会由于压力的作用，而将下部较重的气体排出，从而实现有效地置换（图 5-19）。

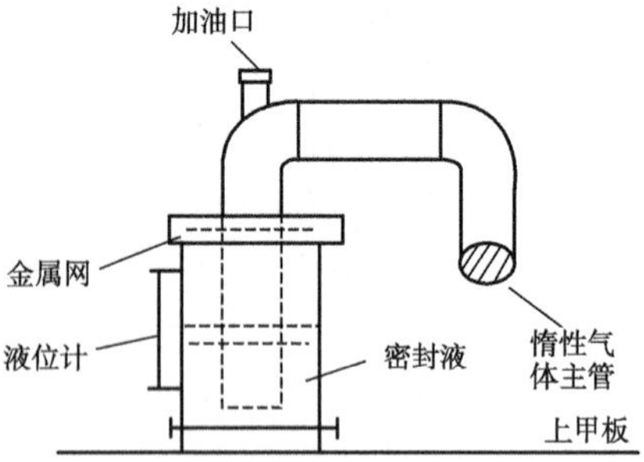

图 5-18　压力—真空切断阀

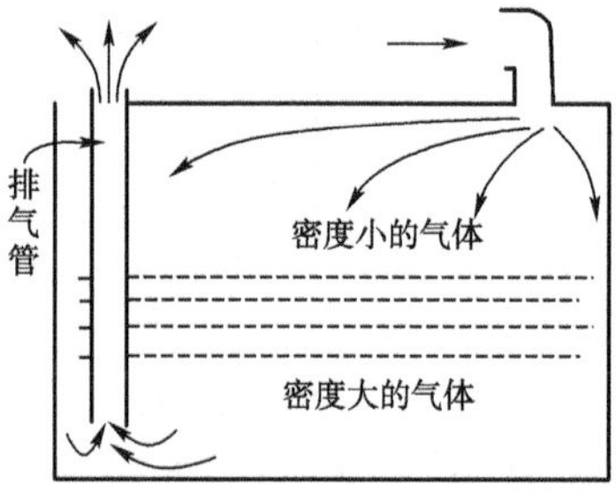

图 5-19　依靠排气管置换气体的原理

但是，由于这样将会使设备费用增加，而且对排气管的内部也较难进行清洁等原因，故也有很多不装排气管者。在没有装设排气管的情况下，假使注入气体的速度很大，则也会使气流到达舱底，然后依靠其与相对密度大的气体的混合与稀释，同样也能缓慢地将气体置换出去，但其效率则就很低了。

11. 氧气浓度分析仪

一般都装设氧气浓度计，并须备有固定式和便携式两种。通常，在惰性气体系统中装用的都是固定式。依据规范，这种装置应能连续测定、指示和记录气体中的氧气浓度，并在浓度超过设定之值（船级社规定 8%，一般较多采用的是 5% 和 8% 两个数值）时发出警报。

三、控制系统

为了确保人身和船舶的安全，保护装置本身并维持其应有的性能，惰性气体系统的正常操作还必须由监测仪表、警报器和速闭装置等进行自动控制。

（1）洗涤塔供水不足时，应有低流量式低压警报器发出信号，并由相联的自动装置关闭鼓风机，在洗涤塔的水封中也应有低位警报器和高位警报器。

（2）鼓风机排气压力应由压力表指示，鼓风机发生故障时应发出警报。

（3）甲板水封装置应有低水位或低流量、低压警报装置。

（4）在甲板隔离阀前端，应安装压力监测器和连续记录仪，监测甲板总管中惰性气体的压力。压力降低时应自动报警，并由自动装置关闭货油泵。

（5）必须设置氧含量的监测器和连续记录装置，安装在鼓风机排气侧。氧含量超过 8% 时应发出警报。固定式氧气分析仪，可用来连续地监测烟气和惰性气体的氧含量。常用的氧气分析仪为顺磁型的，如 Servomex OA 型。其工作原理是：氧气为顺磁性，其他许多气体为弱抗磁性。对气体的磁性测量时，气体中氧含量不同，所测得的数据也不同。

便携式氧气分析仪也可用来检查舱内环境是否已合适地惰性化。相反,氧气分析仪也可用来检查舱内环境是否能够维持生命,而允许人员进入舱室。如果对舱内环境是否能维持生命有怀疑,则进舱时必须配戴呼吸器。

四、操作

1. 惰性气体系统的操作要点

惰性气体系统通常都是在卸油时进行运转,以便能以良好的惰性气体使货油舱处于微小正压下的惰性化状态,而在此以后不论是在航行、停泊、空载和满载期间,则都只是在为维持其正常状态而需进行补气或进行惰性冲洗时才再次启用惰性气体系统,因此,为了在航行中也能连续地监视货油舱内的压力,就需在驾驶台上也设置远距离压力指示仪表和警报装置。

使用时必须特别注意以下各项事宜:

(1)洗舱前必须从舱内进行取样,以检验氧气的浓度,若浓度已超过8%,则就应再次充注惰性气体使其达到8%以下。

(2)货油舱因受舱内结构的影响,很易产生气体置换不良的部位,故在进行气体浓度的测定时,必须予以充分地考虑。

(3)在进行洗舱后的驱气作业时,为确保安全起见,应首先用惰性气体将舱内的石油气排出,以使石油气的浓度下降,然后再用新鲜空气进行驱气,亦即按图5-5所示的"可燃爆炸范围"来说,应当选择$A \to B \to C$的途径而不应按$A \to C$的途径来驱气,否则,驱气的过程就要通过可燃爆炸区域,是危险的。

2. 装置的运转时期

惰性气体系统的运转时期并无什么一成不变的规定,但是按照一般油船的航运作业过程来说,则大致为如图5-20所示。

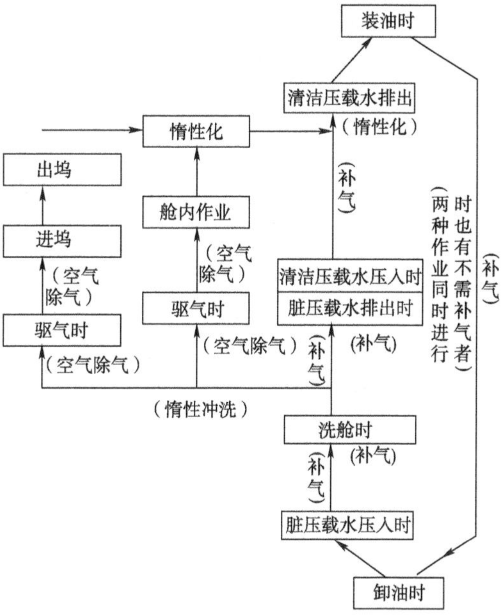

图5-20 油船航运作业循环和惰性气体系统的操作

3. 装置的运转操作

如果不谈用空气驱气、补气和进行惰性冲洗时系统的运转,单从向货油舱充注惰气这点而论,则装置本身的运转操作基本上是没有什么差异的,只不过是依据所需气体量的多少,在风机的使用台数和气体压力的控制方法上存在一些差别而已,因此,在这里我们以"卸油时惰性气体的充注"为例,讲述其正常情况下的运转准备,以及运转和停止的各种操作。

(1)事先必须确认的事项和运转准备:

①确认甲板上的主截止阀、各支管截止阀、盲板和活动挡板都处在全开的位置。

②确认呼吸阀动作正常、主管呼吸旁通阀全关。

③确认P/V切断阀的液封液位正常。

④对惰性气体系统使用的海水泵和风机进行适当的润滑,用手进行盘车试验。

⑤确认甲板水封泄水管的舷外排出阀处在开启状态、水封水是在供水状态,同时水封液位

正常。

⑥确认洗涤塔、除沫器和风机泄水的舷外排出阀处于打开状态。通常，它们是处于常开状态。

⑦确认烟气抽气阀到甲板水封这段惰性气体管路上的各手动阀都处于应有的开关状态（例如空气入口阀全关，风机进、出口阀全开等）。

⑧接通固定式氧气分析仪的电源，并作好规定的测量准备（注意：有些氧气分析仪必须提前相当长的时间才能完成这项工作）。

⑨向各有关机械供给控制用空气并确认其压力。

⑩将主控制板上的选择开关转到“惰性化”位置。

⑪接通主控制板的主电源、警报电源和控制电源，对指示灯和警报装置进行试验，以确认电气系统没有异常。

(2)运转。完成上述各项确认和准备工作以后，即可随时进行启动和运转。一般都是在主控制板进行远距离的操作。

①启动洗涤塔海水泵，并依流量表的指示调节流量，使其达到规定之值。

②打开烟气抽气阀，并从主控制板上的开/关指示灯加以确认，如果烟气抽气阀是与风机的启停自动连锁的，则待风机启动以后再确认抽气阀是否已经打开。

③首先启动一台风机，从风机电动机电流表的指示数值上确认这台风机已经开始正常运转，然后再启动另一台风机，并作同样的校验。假如还有与风机的启动连锁开关的阀门，则也应通过开/关指示灯对其是否已经正常地自动打开或关闭加以确认。

④按照以上操作，在风机吸入的烟气已被制成惰性气体之后，通过回流管系使惰性气体进行循环，然后再慢慢地打开主控制阀，向货油舱内送入惰性气体。

(3)停止及其有关的确认事项。在卸油行将结束时，由于送入舱内的惰性气体量减少，而回流量相应增加，所以这时即可停止一台风机，假如舱内的压力已经处在足够的正压状态，则也可在货油泵等完全停止之前，即停止系统的运转。

通常，应以卸油完了时仍能维持 5 ~ 7kPa（500 ~ 700mmH_2O）的正压状态为前提。

①关闭甲板主截止阀。

②确认主控制阀已经完全关闭。

③停止风机。

④确认烟气抽气阀已经关闭，并将风机进、出口阀关闭。

⑤确认干式（A）型甲板水封的水封水柜已经充入水封水。

⑥让洗涤塔海水泵继续运转一定的时间，然后再将其停止，以冷却洗涤塔并对其内部进行清洗。

⑦停止氧气浓度分析仪，切断警报、控制用的电源和主电源。

⑧确认甲板水封和 P/V 切断阀的液封液位正常。

⑨检查洗涤塔、除沫器、风机等可能招致机器性能下降的脏污情况，并用清水进行冲洗或进行清扫。

五、存在的问题

惰性气体系统是对当今油船安全作出极大贡献的重要装置，然而，在装置系统的使用上也还存在一些应予注意的问题以及迫切要求今后加以改进的地方。现将这些惰性气体系统中的问题简要说明如下。

1. 关于窒息性气体对人身健康的危害性

低氧的浓度是惰性气体不可缺少的条件,因此也就只能靠采取其他措施来防止吸入惰性气体,特别是在工作人员进舱的时候,务必要事先用新鲜空气进行充分地置换,并认真地检测氧气的浓度,以确认其处在规定的浓度以上,与此同时还要确认惰性气体也不会从其他地方漏入;另外,在甲板上需要到接近惰性气体喷出的地方进行作业时,要从上风侧接近,并离开喷出口 50cm 以上的距离;站立的姿势也应是使身体横向受风,这样不易吸入惰性气体。

2. 惰性气体的静电

刚从风机排出的惰性气体带有高电位的静电,这是已被确认的事实,因此,为了防止在油舱内部尚未达到完全惰性化状态,例如因惰性气体系统发生故障导致舱内侵入了空气,或者向气体状态尚处于可燃爆炸范围的油舱充入惰性气体的最初阶段等的时候发生静电爆炸,就必须严格地遵守国际海运协会(ICS)提出的安全操作规程(它的大概要求是不要进行测深、测量空档和取样等;不要向舱内插入其他器具;即使在充注了惰性气体并静止了 30min 以后,也只能在所有金属部分都良好接地的情况下,才能进行上述作业。然而在充完惰性气体继而又静止了 5h 以后,则就没有问题了)。

3. 硫的氧化物对金属的腐蚀

在惰性气体中残留的气态二氧化硫与水分(液相的水)发生反应就会生成亚硫酸,它极大可能是使舱内金属表面产生显著腐蚀的原因,虽然目前尚未见到关于油舱腐蚀与惰性气体有何关系的定量调查结果,但仍然希望今后能更进一步地提高洗涤塔等设备的性能。

4. 排水对环境的污染

在洗涤塔等设备的排水中是含有相当数量由氧化硫与水化合反应而生成的硫酸或亚硫酸的,因此,这些排水是一种酸性的废弃物;另外,也还有一些团状的物质和烟尘等混在海水里一起排出,并浮游在附近的海面上,从而对海面造成污染。现在,在船上一般都是用冷凝器的大量冷却水等将其稀释,然后再排出,这样就不致成为问题了,然而若将来或某些局部地区有了相应的规定与要求,则就可能会成为问题。

5. 柴油机船上存在的特殊问题

在柴油机船上,惰性气体系统也是使用锅炉排气的,然而,这种船在正常的航行过程中,一般是不需要锅炉运行的,这时,为能进行惰性气体的补气作业,就必须特意地点燃锅炉,以致带来许多不便,而且,为了得到含氧过低的惰性气体,又必须把锅炉的负荷加大到一定的数值以上,为此就不得不启动航行中并不需要使用的货油泵和海水加热器,其结果不仅会使燃料费增加,作业强度增大,而且在操作上也比较麻烦,显然,这对柴油机船来说,就成为一个不得不如此的特殊问题。

六、保养、检查

如前所述,由锅炉烟气制成的惰性气体,必然会含有相当数量的硫的氧化物、水分和烟尘等,这些都是造成金属腐蚀、设备污损、堵塞和运动部件粘住等故障的潜在原因。

所以,在管理中就需根据各个装置和管路的具体情况,分别采取相应的措施,例如,与用途相适应地使用耐热、耐酸、耐腐蚀的材料,对某些处所进一步涂覆沥青、环氧树脂涂层,附加橡胶衬层或塑料衬层等,以大大增强它们的耐蚀性能。但尽管如此,也仍然不能说就完全不需要任何维修与保养了,事实上,运转中以及停止运转时的维修、保养和检查工作仍然是非常重要的。

保养检查的要领通常都是严格地按照各制造厂使用说明书中的规定执行的，下面简单介绍一下各制造厂家对主要设备提出的共同的保养检查项目。

1. 烟气抽气阀

为防止烟尘等固体物质粘附在阀上，通常都设置可用蒸汽或压缩空气吹除阀内杂物的吹洗装置，对此，不同机型虽然具有一些差异，但基本都是在系统运转前后或不用时连续地用此装置来吹除烟尘。

2. 洗涤塔

洗涤塔的工作条件是非常苛刻的，因为它必须与含有硫的氧化物等有害物质的高温气体和海水相接触，另外，它所排出的海水（泄水）还具有一定的温度，并含有硫酸、亚硫酸和烟尘等，这就使泄水管也极易遭到腐蚀和堵塞，特别是当泄水管堵塞时还会使海水逆流到锅炉，并因此而招致重大的事故。所以对洗涤塔的海水管系及其有关装置的保养与检查，也就成为一件重要的工作。

具体事项如下：

(1)使用后最好用淡水将装置清洗一遍。

(2)检查洗涤塔内部的涂层和衬层。

(3)检查有关警报装置的动作（冷却水的流量开关、泄水或水封水的液位开关等）。

(4)检查雾化喷嘴（堵塞程度等）。

(5)检查填充物的数量、破损情况和脏污程度。

(6)检查泄水管有否腐蚀和堵塞。

工作人员若需进入洗涤塔内，必须预先进行充分地驱气，并在氧气的浓度确已达到20%以上之后再进入，同时还必须注意锅炉烟气经烟气抽气阀漏入的可能性，为此，可由锅炉鼓风机供给空气、保持阀内的密封或用洗涤塔气体进口处的水封来防止烟气的漏入。

3. 除湿器

不论属于何种类型，都必须使泄水的排出经常保持通畅。

(1)检查内部涂层。

(2)检查污损情况，特别是对过滤方式，由于其污损以后滤网前后的压差就会增大，对此必须在运行中进行检查。

(3)清扫内部。

(4)检查泄水管的腐蚀和堵塞情况。

4. 鼓风机

当叶轮粘附较多烟尘或因腐蚀而使叶轮的平衡遭到破坏时，就会产生噪声和振动。

(1)使用中随时注意噪声、振动和温度。

(2)使用后宜用淡水清洗一下叶轮（最好是在切断电源之后叶轮尚在惯性回转时进行）。

(3)注意勿使泄水残留在风机之内（存有泄水易使叶轮的外部边线受到腐蚀）。

(4)检查叶轮和内部涂层。

5. 甲板水封

(1)检查内部涂层。

(2)检查各管的腐蚀情况。

(3)检查泄水管的堵塞情况。

6. 其他阀类

(1)及时加注轴承用的油脂。

(2)用手轮(或手柄)进行操作检查。

(3)检查阀门本体的腐蚀与污损程度。

7. 氧气浓度分析仪

按制造厂提出的检查要领进行。

8. P/V 切断阀

(1)检查液位,必要时补加液体。

(2)检查并清扫防火罩。

(3)检查内部涂层及其腐蚀情况。

9. 其他

位于上甲板上的惰性气体管通常都兼作透气管用,因此,安装在它上面的呼吸阀以及透气管顶部的防火罩就很易被惰性气体中的烟尘、二氧化硫气等污损、腐蚀和堵塞,所以也就必然要比没有装设惰性气体系统的船舶要更加频繁地对其进行检修。

另外,货油舱支管上的截止阀等也很易受到腐蚀而产生漏泄,所以一有机会就应对其进行拆检。

第六章　防止散装有毒液体物质的污染

第一节　防止污染海域的基本原则和要求

一、散装有毒液体物质

MARPOL 73/78 附则Ⅱ，根据有毒液体物质对海洋资源或人类健康危害程度，或对海上的休息环境，或对其他合法利用的危害程度，分成 A、B、C 和 D 四类。A 类危害最严重，D 类相对较轻。目前作出分类的物质已有近 500 种。表 6-1 为附则Ⅱ所示的四类有毒液体物质的举例。

表中第 3 和第 4 栏中的 0.1 或 0.01 和 0.05 或 0.005 表示货舱内 A 类物质残余物浓度分别低于该数值后才能在特殊区域外和特殊区域内排放。

散装运输有毒液态物质名单(摘录)　　表 6-1

物质名单	联合国编号	操作排污染放类别	剩余浓度(质量百分数)	
		附则Ⅱ 第 3 条	附则Ⅱ 第 5(1)条	附则Ⅱ 第 5(7)条
	Ⅰ	Ⅱ	Ⅲ特殊区域以外	Ⅳ特殊区域以内
Carbolic oil 酚油		A	0.1	0.05
Carbon sulphide 二氧化碳	1131	A	0.01	0.05
Carbon tetrachloride 四氯化碳	1846	B		
Chlorobenzene 氯苯	1134	B		
Chloroform 氯仿	1888	B		
Coconut oil 椰子油		D		
Coconut oil，fatty acid methyl ester 椰子油，脂肪酸甲酯				
Cod liver oil 鳕鱼肝油		D		
Corn oil 玉米油		D		
Cotton seed oil 棉籽油		D		
Creosote(coal tar) 杂酚油(煤焦油)		(C)		
Creosote(wood) 杂酚油(木材)		A	0.1	0.05
2，2-Dichlor isopropyl ether 2，2-二氯异丙醚	2490	C		
2，4-Dichloromethane 2，4-二氯甲烷	1593	D		
2，4-Dichlorophenol 2，4-二氯酚	2021	A	0.1	0.05
2，4-Dichlorophenoxyacetic acid 2，4-二氯苯氧基醋酸		(A)	0.1	0.05

二、有关的国际规则和防止污染措施

1. BCH 规则和 IBC 规则

为了确保散装化学品的安全运输，1971 年 10 月 12 日，国际海事组织（当时称为政府间海事协商组织）制订并通过了《散装运输危险化学品船舶结构和设备规则》（Code for the Construction and Equipment of Ships Carrying Dangerous Chemicals in Bulk，简称 BCH 规则或散化规则），该规则于 1972 年 4 月开始生效。BCH 规则的目的在于提供一个统一的安全运输散装化学品的国际准则。它提出涉及这类运输的船舶结构特性和考虑到货物特性的这类船舶所必须具备的设备。

制定该规则的基本思想是把海上运输的化学品按其所具有的危害性进行分类，并将这些危害与运输这些货物的船舶类型联系起来，不同类型的船舶，其货物防护和自救能力的程度也不同，化学品的危害性越大，对船型的要求越高。

规则共有 7 章，对散化船的结构和设备提出了具体要求。尽管 BCH 规则开始并非是强制性的，但是人们认识到遵守规则对保证航运安全有益，所以 1972 年以后制造的散化船基本上符合 BCH 规则的规定。

BCH 规则生效后至 1983 年间，又被修正了 10 多次，使其不断得到改进并与技术发展同步。其间，建造了一些新的需同时适合于 BCH 规则及 GC 规则（气体船规则）的船舶，而这两个规则之间又有不统一的地方。为此，1983 年又通过《国际散装运输危险化学品船舶构造和设备规则》（International Code for the Construction and Equipment of Ships Carrying Dangerous Chemicals in Bulk，简称 IBC 规则或国际散化规则）。该规则共有 19 章和 1 个附录。其中第 17 章列出可以散装运输并对船舶结构和设备有最低要求的液体化学品的物质 193 种。在第 18 章中列出可以散装运输对船舶无最低要求的液体货物 141 种。目前在国际海事组织登记的化学品已达 30000 余种。海洋污染科学家小组（GESAMP）已对 1400 种进行了鉴定，确定其中 560 种可以用散化船散装运输。

2. SOLAS 74/78 公约及议定书和 83 年修正案的有关规定

1983 年，IMO 海上安全委员会通过了 IBC 规则，并规定 IBC 规则仅适用于 1986 年 7 月 1 日或以后建造的任何型号的船舶，而现有船舶将继续（自愿的）执行原来的 BCH 规则。同时，海上安全委员会通过了包括一些涉及对 SOLAS 74/78 公约（即“1974 年国际海上人命安全公约及其 1978 年议定书”）第Ⅶ章的几个修正案。经修正的 SOLAS 74/78 中的第Ⅶ章是危险货物运输，分为 A、B、C 三部分。B 部分包括海上散装运输液体化学危险品船舶的构造和设备。新的第 10 条要求新的化学品船舶应符合 IBC 规则的要求，并进行检验和发证。这就是说，把 IBC 规则作为公约第Ⅶ章修正案下的强制性规则。即 IBC 规则对于 1986 年 7 月 1 日或以后建造的化学品船是强制性的，而 BCH 规则对于 1986 年 7 月 1 日以前建造的化学品船是建议性的。

3. IBC 规则和 BCH 规则涉及防污染方面的修正

在海上安全委员会进行新的 IBC 规则和 SOLAS 公约的修正工作的同时，IMO 海上环境保护委员会把这项工作与防止化学品污染结合起来。其目的是：

第一，修改 MARPOL 73/78 附则Ⅱ，使其更便于履行；

第二，修改新的 IBC 规则和原有的 BCH 规则，以使其在涉及安全问题的同时也涉及污染问题。

1985 年 12 月 5 日，海上环境保护委员会通过了 MARPOL 73/78 附则Ⅱ的修正案，并决定于 1987 年 4 月 6 日生效。与此同时，该委员会在进行修正工作的同时，形成两个附件，将 BCH 规则和 IBC 规则置于 MARPOL 73/78 的约束之下，使这两个规则在涉及防污染方面得到补充。执行日期也是 1987 年 4 月 6 日。修正要点如下：

(1)在 IBC 规则和 BCH 规则中分别增加了第 16 章 A 和第 5 章 A，题为“海上环境保护补充措施”的新条款。新条款要求该规则约束下的每一条化学品船应配备《程序与布置手册》(即《P&A 手册》)。该手册指明了如何排放有毒液体物质及船舶要设置符合手册所规定的设备和布置要求。

(2)增加了具有污染危害性产品最低限量一览表。规则的原表只包括那些对船舶和人员安全有危害的物质。1985 年 12 月的改动影响到 IBC 规则第 17 章和 BCH 规则第 6 章。许多具有污染危害的产品已经补充进去，原有产品从污染角度予以重新评价，船舶类型和其他要求需要再慎重考虑。

4. 防止污染措施

控制散装化学品船造成海洋污染的措施，与防止船舶油污染一样，也需要从控制操作性排放和防止事故性排放引起的污染两方面考虑。图 6-1 所示为防止和减轻船舶造成有毒液体物质污染海洋而应采取的措施。如果能严格执行这些规定，有效地采取这些具体措施，将可防止或减少有毒液体物质对海洋的污染。

MARPOL 73/78 附则Ⅱ还提出了一系列具体要求，要求船旗国和港口国共同负起责任，搞好海洋环境保护工作。并明确指出：船长、港口监督员和验船师都有权力和义务共同遵守 MARPOL 73/78 对各方提出的要求。

(1)对船长的要求：应按照《程序和布置手册》的规定进行操作，包括装卸货、转驳、预洗、压载作业等；并应记录在《货物记录簿》内，不得虚假；船长还应保证不将残余物或残余物/水混合物非法排放入海。

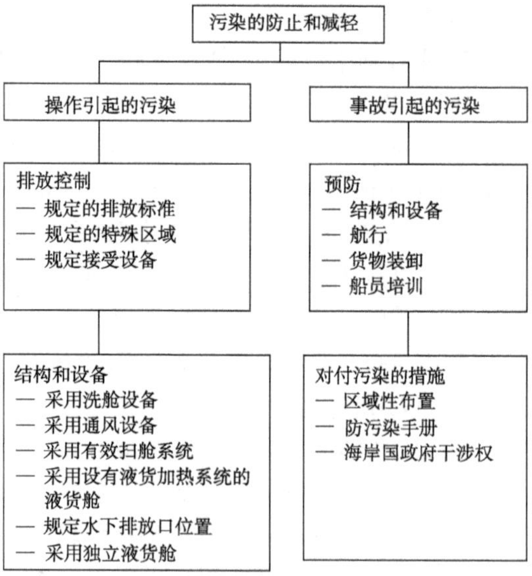

图 6-1　防止散装化学品船舶造成海洋污染的措施

(2) 对港口监督员的要求：应检查船上作业是否按主管机关批准的《程序和布置手册》进行，还应检查《货物记录簿》，检查货舱残余物浓度等，并在《货物记录簿》上签字。

(3) 对验船师的要求：应按附则Ⅱ的“检查导则”进行检验，以保证船舶及其防污设备处于正常状态。每一艘散化船在执行附则Ⅱ的规定时，至少要具备下列三种防污文件：

①适用于本船并经主管机关批准的《程序和布置手册》。

②《货物记录簿》。

③《国际防止散装运输有毒液体物质(NLS)污染证书》或者公约缔约国按经修改的《国际散化规则》或《散化规则》检验并签发的《散装运输危险化学品适装证书(COF)》。COF 证书应存放在船上，以供随时检查。在适装证书后边还必须附加一张允许该船运载的属于 IBC 规则第 17 章或 BCH 规则第 6 章里化学品的名单。该适装证书和允许这条船运载的物质名单只能在该船上使用。

三、对有毒液体物质操作和排放的要求

在 MARPOL 73/78 附则Ⅱ中,为了防止化学品液货船对海洋环境的污染,采取的主要措施就是限制这类船舶的作业排放,并制定了严格的排放规定。为满足这个排放规定的要求,对化学品液货船的构造、设备及操作程序作出一系列规定。

制定这一规定的出发点是使一条化学品液货船卸载到所剩的残余物已经少到不会对海洋环境产生任何危害的程度,即这样的残余物就像不存在一样。那么,则称这样的残余物为“可忽略”的残余物。

MARPOL 73/78 附Ⅱ中控制化学品液货船有毒液体物质的操作性排放的基本原则是:

(1)确保每一条化学品液货船卸载后,有毒液体物质的残余量能够减少到一个“可忽略”的最少量,以不致构成对海洋环境的危害;

(2)当上述允许的残余物量被排放到海里时,要确保立即和海水有效地混合;

(3)上述排放还应受距最近陆地距离和最小水深的限制。

可以认为,上述三个原则如果能确保实现,那么就能做到:在排放前有毒液体物质已经降低到“可忽略”的最小量,且排放入海后将立即和海水混合并迅速扩散。这样就能从根本上避免了构成对海洋环境危害的可能性。表 6-2 ~ 表 6-5 为附则Ⅱ规定的散装有毒液体物质的排放标准。

散装有毒液体 A 类物质排放标准 表 6-2

排放区域	排放要求
特殊区域外	禁止排放,除非满足下列条件:货舱排空后进行强制预洗,其剩余物浓度达到本附则附录Ⅱ规定的残液浓度要求后,继续将该液货舱排空,并符合排放时应遵守的条件即可排放
特殊区域内	禁止排放,除非满足下列所有条件:货舱排空后,进行强制预洗,其剩余物浓度达到本附则附录Ⅱ规定的残液浓度要求后,继续将该液货舱排空,并符合排放时应遵守的条件即可排放
排放时应遵守的条件	处于航行状态,自航船舶大于或等于 7kn,非自航船舶大于或等于 4kn;水线下排放;距最近陆地 12 n mile 以外;水深大于或等于 25m

散装有毒液体 B 类物质排放标准 表 6-3

排放区域	排放要求
特殊区域外	禁止排放,除非满足下列条件: (1)排放程序和布置标准须经批准,排出物浓度和排放率不超过 1mg/L(船尾迹流); (2)每一货舱之内残余物:1986 年 7 月 1 日及以后建造的散化船,管内及吸口处残余物小于或等于 $0.1m^3$;现有船舶到 1994 年 10 月 2 日后,管内及吸口处残余物小于或等于 $0.3m^3$;1986 年 7 月 1 日以前建造的散化船,管内及吸口处残余物小于或等于 $0.1m^3$ 或舱容的 1 /3000(取大者); (3)符合排放应遵守的条件
特殊区域内	禁止排放,除非满足下列条件:排放程序和布置标准须经批准,排出物浓度和排放率不超过 1 mg/L(船尾迹流);货舱卸货后已经过预洗,洗舱水已排入接受设备;符合排放时应遵守的条件
排放时应遵守的条件	处于航行状态,自航船舶大于或等于 7kn,非自航船舶大于或等于 4kn;水线下排放;距最近陆地 12 n mile 以外;水深大于或等于 25m

散装有毒液体 C 类物质排放标准　　表 6-4

排放区域	排放要求
特殊区域外	禁止排放,除非满足下列条件: (1)排放程序和布置标准须经批准,排出物浓度和排放率不超过 10 mg/L(船尾迹流); (2)每一货舱之内残余物:1986 年 7 月 1 日及以后建造的散化船,管内及吸口处残余物小于或等于 $0.3m^3$;现有船舶到 1994 年 10 月 2 日后,管内及吸口处残余物小于或等于 $0.9m^3$;1986 年 7 月 1 日以前建造的散化船,管内及吸口处残余物小于或等于 $3m^3$ 或舱容的 1 /3000(取大者); (3)符合排放应遵守的条件
特殊区域内	禁止排放,除非满足下列条件:排放程序和布置标准须经批准,排出物浓度和排放率不超过 1mg/L(船尾迹流);每一液货舱内残余物小于或等于 $0.1m^3$ 或舱容的 1 /3000(取大者);符合排放时应遵守的条件
排放时应遵守的条件	处于航行状态,自航船舶大于或等于 7kn,非自航船舶大于或等于 4kn;水线下排放;距最近陆地 12 n mile 以外;水深大于或等于 25m

散装有毒液体 D 类物质排放标准　　表 6-5

排放区域	排放要求
一切区域	禁止排放,除非满足下列条件:D 类物质与水之比不大于 1:10;符合排放时应遵守的条件
排放时应遵守的条件	处于航行状态,自航船舶大于或等于 7kn,非自航船舶大于或等于 4kn;水线下排放;距最近陆地 12 n mile 以外

附则Ⅱ对特殊区域有明确的定义:“特殊区域”系指这样一个海域。在该海域中,涉及其海洋学和生态学情况以及运输的特殊性质等公认的技术原因,要求采取特殊强制方法以防止有毒液体物质污染海洋。

附则Ⅱ规定的特殊区域为:波罗的海区域和黑海区域。

第二节　对散装有毒液体物质操作排放的控制

一、排放有毒液体物质的程序和布置标准与手册

1. 程序和布置标准的目的与内容

修订后的 MARPOL 73/78 附则Ⅱ第 5、第 5A 条和第 8 条关于控制有毒液体物质的排放和措施中规定:不需采用仪器监控的手段而是通过设备的布置和执行规定的操作程序来控制有毒液体物质的污染。为此必须制定将有毒液体物质排放入海的程序和布置的标准,评定液货舱及其附属管路中残余物的程序标准和通过预洗和通风从液货舱除去货物残余物的程序标准,以便为缔约国认可这样的程序和布置提供一个统一的指导性依据。1985 年 12 月 6 日,国际海事组织海上环境保护委员会第 22 届会议通过了“排放有毒液体物质的程序和布置标准”(简称“程序和布置标准”或“P&A 标准”)。

制定“P&A 标准”的目的是为了有效地执行附则Ⅱ对船舶装运散装有毒液体物质作业和排放的管理,特别是对有毒液体物质,液货舱和管系的清洗水、洗舱水、货泵舱底水的排放管理,应符合附则Ⅱ第 5 条(排放有毒液体物质),第 5A 条(泵吸、管路和卸货布置)和第 8 条(控制措施)的各项规定,或者说是上述几条的补充。没有它无法实现上述几条规定,所以它为修

正后的附则Ⅱ所要求并与附则Ⅱ同时生效。

应该指出，"程序和布置标准"只是一个标准的模式，它不是作为散化船直接执行的标准，而是作为散化船根据本船的结构、设备的配备情况制定《P&A 手册》的依据。

"P&A 标准"共有 12 章和 4 个附录，主要包括：

(1)新的散化船的结构和设备标准；"新船"载运 A、B、C、D 四类物质的操作标准。

(2)现有散化船的结构和设备；"现有船"载运 A、B、C、D 四类物质的操作标准。

(3)关于液货舱、泵吸和管路内残留量的确定方法。

(4)预洗程序、通风程序和《P&A 手册》的标准格式等。

本节介绍水下排放口、排放率和《P&A 手册》。有关预洗程序、残留量的确定方法等在后面的小节中介绍。

2. 舷外水下排放口的位置和尺寸及排放率的确定

(1)水下排放口的位置。对于水下排放口的位置，应位于液货舱区域内，靠近舭部的拐弯处。布置时应避免在船舶吸入海水时将残余物/水混合物重新吸入舱内。

为了使有毒液体物质的残余物与海水迅速充分混合，应该将其引入船尾迹流。多数的有毒液体物质不像油类物质那样浮在海面上，所以化学品液货船排放有毒液体物质残余物通常是通过水下排放口进行，借助于船舶的边界层来实现。船舶行驶时，在船舷和水流间形成的这个边界层是水的紊流区域，如果能够做到使有毒液体物质的残余物排入这个边界层，那么排出物首先可在边界层内迅速稀释，随后即可进入船尾迹流中进一步稀释、扩散。

(2)水下排放口的尺寸。为了确保残余物或残余物/水混合物排入船舶边界层并引入船尾迹流，并控制船尾迹流中残余物的浓度，除了应考虑水下排放口的正确位置外，一个措施就是靠通过水下排放口正确的尺寸来实现。

当排放方向和船壳板正交时，排放口的最小直径由下式确定：

$$D = \frac{Q_D}{5L}$$

式中：D——排放口最小直径(m)；

L——从船首垂线到排放口的距离(m)；

Q_D——船舶通过排放口排放残余物/水混合物的最大排放率(m^3/h)。

当排放方向与船壳板成一角度时，上述关系应加以修正，将用垂直于船壳板的 Q_D 的分量来代替 Q_D。

(3)排放率的确定。排放率可以用来确定排放船尾迹流中的浓度是否符合标准。排放率确定公式又被称为稀释公式，它适用于含 B 类物质残余物/水混合物排放。而对于 C 类物质，则放宽这种要求，可以不控制排放率。

在将可溶性(在洗舱温度下，可以任何比例与水相溶)的残余物/水混合物排放入海之前，综合浓度 C_S 按下式确定：

$$C_S = \frac{N}{V_r}$$

式中：N——含有 B 类残余物的液货舱数，这些残余物已驳至液舱(为简单起见，假定每舱含有 1 m^3 的残余物)；

V_r——污液舱排放前残余物/水混合物的容积(根据空当值表确定)(m^3)。

排放率不得超过按上述设计排放口的最大排放率，或由下式来确定排放率：

$$Q_D = \frac{KV^{1.4}L^{1.6}}{C_S} \quad （使用一个排出口时）$$

$$Q_D = 1.5\frac{KV^{1.4}L^{1.6}}{C_S} \quad （使用两个排出口时）$$

式中：Q_D——残余物/水混合物的排放率（m^3/h）；

V——船速（kn）；

L——船长（m）；

C_S——洗舱残余物（或残余物/水混合物）的浓度，即上述的综合浓度，实际上为舱容比，如舱容为 10 m^3，残余物为 1m^3 时，则 $C_S = 1/10$；对 B 类残余物 K 取 4.3×10^{-5}。

当排放非溶性的残余物/水混合物时，排放率由下式确定：

$$Q_D = KV^{1.4}L^{1.6} \quad （使用一个排出口时）$$

$$Q_D = 1.5KV^{1.4}L^{1.6} \quad （使用两个排出口时）$$

在操作管理中，只要控制 Q_D，就可使污水在船的尾流中充分稀释，达到排放标准。实际上，L，V，C_S 已知，则 Q_D 即可决定，制成的图表亦可直接查用。

排放时还必须按照关于船舶位置、船速和排放口位置等其他排放要求进行。

3. 程序和布置手册

要求散装运载有毒液体物质的每艘船舶都应提供一本《P&A 手册》。该手册按"P&A 标准"编写，其目的是：为船员可靠地处理排放有毒液体物质和处理残余物质提供指导；作为主管机关批准的手段，即批准船舶手册，以便通知第三者该船舶的程序和布置是满足要求的；作为港口当局管理的手段，即查明船舶按照手册操作就不会造成海洋环境污染。

《P&A 手册》的主要内容有：叙述 MARPOL 73/78 附则Ⅱ的主要特点。它叙述附则的目的，涉及特殊区域和对其严格的排放标准，解释处理 A、B、C、D 类残余物的指导原则。进一步强调某些货物残余物排放操作和液舱的清洗与通风作业只能根据经核准的程序和布置来实施。

为了对执行的程序有更好的理解，《P&A 手册》包括了货泵和扫舱系统的说明和简图，货物和压载舱的说明和其他有关的泵吸和管系的说明，污液舱和水下排放口，通风系统及洗舱实施的说明；涉及货物卸载和扫舱作业的程序。

《P&A 手册》还包括一些图表和补编：

(1) 船舶被允许载运的有毒液体物质清单；

(2) 液货舱资料；

(3) 含有 A、B、C、D 类物质残余物的液货舱清洁及洗舱水/压载水的处理流程图；

(4) 预洗和通风程序；B 类物质允许残余物排放率的确定。

由船方制定的《P&A 手册》，必须经船旗国的主管机关审核批准，作为船上重要的防污文书之一遵照执行。我国航行于国际航线的几艘散装液体化学品船，船舶所有人派技术人员随船实地考察，根据国际海事组织的"P&A 标准"和船上的具体情况，制定该船的《P&A 手册》，并经当地港务监督审核批准后执行。

二、有效扫舱

1. 有效扫舱的概念及要求

有效扫舱（Efficient stripping）的概念目前已经为化学品液货船的有关各方所了解。但其实,它既不是 MARPOL 73/78 附则Ⅱ,也不是为附则Ⅱ所要求的程序和布置标准。有效扫舱是指附则Ⅱ第 5A 条中关于泵吸、管系和卸货布置在有利的泵吸条件下的效率试验要求。有效扫舱是针对承运 B 类或 C 类物质的化学品液货船而言的。装载 B、C 类物质的船舶,必须满足附则Ⅱ第 5A 条的要求。

因此,有效扫舱的目的是为了实现对装载 B 类或 C 类物质液货舱卸载之后的残余物量的控制,满足附则Ⅱ排放规定对液货舱残余物量限制的一项具体措施。即该船配备了满足附则Ⅱ第 5A 条规则的泵吸扫舱系统,并按照船上经认可的《P&A 手册》作业,那么对于船尾迹流中残余物的浓度不用经过检测计算就能保证满足附则Ⅱ排放规定对于船尾迹流浓度的限制。

装载 A 类物质的船舶不需要满足有效扫舱的要求,这是因为装载 A 类物质的船舶卸货后,必须经过冲洗,冲洗后的废液必须排到岸上接收设备。这样确保在任何情况下,A 类物质卸完后,船上仅留有微不足道的残余物。而 D 类物质排放入海并无数量限制,故对有效扫舱和强制预洗均无要求。有效扫舱的最初构思是希望将一个化学品液货舱及毗连的泵和管系里的液货卸到最后一滴,这样,就不存在残余物的问题,也不需要岸上接收设备,也就不会污染海域。当然,这“最后一滴”只是一个理想值。不过,通过合理的布置泵吸扫舱系统,使得液货舱及毗连的泵和管系里的液货尽量减少,从而使其能满足附则Ⅱ的排放规定,还是可以达到的。

MARPOL 73/78 附则Ⅱ第 5A 条规则对“泵吸系统”能力有这样一些规定。

(1)对装载 B 类物质货舱要求。根据附则Ⅱ第 5A (1)、(2)条规定,一个货舱被证明可装载 B 类物质时,应设置泵吸和管路设施,经过在有利的泵吸条件下试验,保证液货舱的附属管路内及直接相邻该液货舱吸口点处留存的残余量不超过下列值:

对新船,为 $0.1m^3$;

对现有船,为 $0.3m^3$(应将舱壁粘着物考虑在内)。

(2)对装载 C 类物质货舱要求。根据附则Ⅱ第 5A(3)、(4)条规定,对每一指定载运 C 类物质的液货舱,应设置泵吸和管路设施,经过在有利的泵吸条件下的试验,保证液货舱的附属管路内及直接相邻该液货舱吸口点处留存的残余量不超过下列值:

对新船,为 $0.3m^3$;

对现有船,为 $0.9m^3$(应将舱壁粘着物考虑在内)。

(3)装载 B 类和 C 类物质货舱的“泵吸条件”应经主管机关批准,应进行水试验。水试验应以 IMO 制定的标准为基础,经主管机关批准。

有效扫舱的优点:

(1)减轻了港口接收设备的负担。对于港口而言,由于船舶可能在任何港口排放任意数量的有毒废液的残余物,导致港口或码头很难对这种残余物的回收和最终处理做好充分准备。采用有效扫舱后,对于非凝固性或高粘度的 B 类和 C 类物质,则可免去对港口接收设备的需求。

(2)免除预洗程序。如果装载 B 类和 C 类物质的货舱在卸货后已经过有效扫舱,就不必“预洗”。可省去洗舱的工作量和时间,减少污液量。

(3)减少营运中货物的损失。由于采用有效扫舱系统后,清舱效率提高了,舱内的残液和甲板管系、泵内的残液可最大限度地卸到岸上,所以最后的残留量很少。

2. 泵吸系统的布置

化学品液货舱常用的泵吸和管路布置如图 6-2 所示。

目前较为典型的扫舱系统有以下三种:

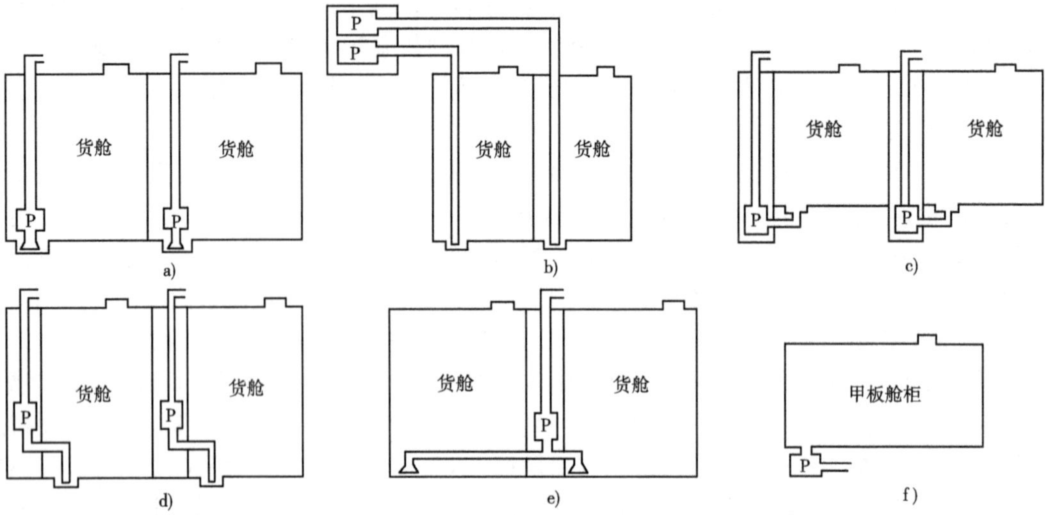

图 6-2　化学品船的泵吸和管路布置

a)液货舱设有深阱并装有深阱泵的布置;b)液货舱设有深阱,货泵装设在高于货舱的泵房布置;c)液货舱设有深阱,且货泵装设在低于货舱的泵房内;d)液货舱设有深阱,货泵装设在泵房的布置;e)货泵设在泵舱且共用同一排放管路的布置;f)货泵装设在低于货舱泵房的布置

(1)货泵能满足规范要求。这种系统的泵和管系不需改进。适用于现有的小型化学品液货船。当货物卸完后,因管系直径和货泵相对较小,泵和管系中仍充满液货,能满足水试验中残水量的限制。

(2)货泵和管系由压缩空气排空(图 6-3)。最简单的方法是向水平管系或近似水平的管系中喷气,将垂直管中的液体吹向总管排空。在较大的船上,这一问题将对残余量产生较大的影响。为了解决这个问题,采用从上方施加气压来排空泵和管系。该办法必须采取措施防止把残余液货吹回到货舱去。这些措施包括在泵吸入口设置一只底阀或在回转泵的叶轮本身采取此改进措施。泵和管系通过一条小管径的上升管,排空至上甲板的水平管,然后依次吹向总管。

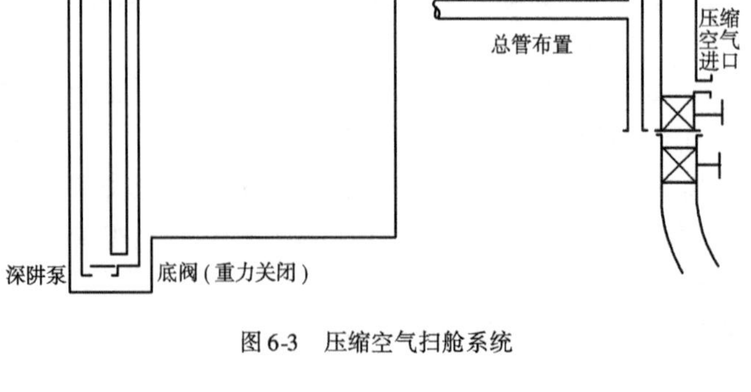

图 6-3　压缩空气扫舱系统

(3)货泵和管系由独立的泵排空。通过独立的泵排空货泵和管系也是一种解决方法。这种扫舱系统也有一些问题,如结构性问题或增加货物污染的可能性等。在较小型的或设有泵舱的船上,扫舱泵或喷射器可以装在泵房里而不是在货舱里。在大型船上,扫舱泵必须装在货舱内。图6-4为采用独立泵的扫舱系统。

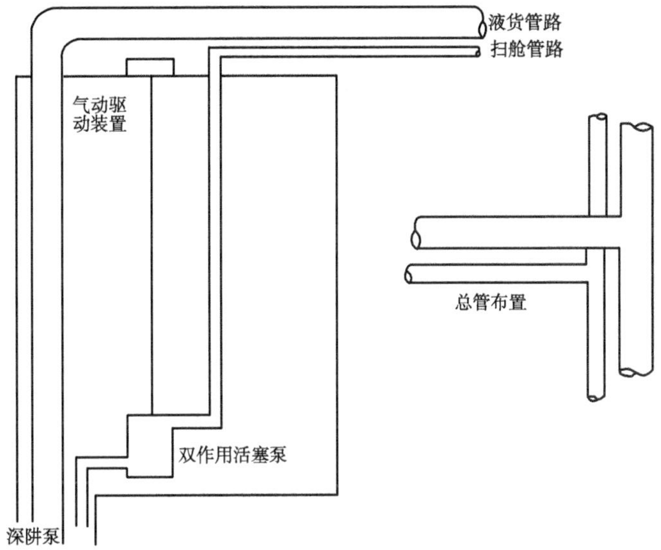

图6-4　采用独立泵的扫舱系统

3.液货舱、泵及管路内残余物量的确定

为了证明船舶可以进行有效扫舱,扫舱系统必须用水作为试验介质进行试验,确定液货舱、泵及管系内的残余物量。这是颁发证书前的检验项目之一,用来检验受试验的舱是否能够装载B类和C类物质。程序和布置标准的附录A中有关于水试验的详细说明和计算公式。

对运载B类和C类物质的新船和现有船舶,其液货舱的泵吸系统能力应该能够分别满足附则Ⅱ第5.A条规定的0.1m^3(或0.3m^3)以及0.3m^3(或0.9m^3)的要求。为此进行水试验,以验证系统的性能是否符合此要求。测得的量值称为"扫舱量",并应记录在每艘船舶的《P&A手册》中。

对不符合附则Ⅱ第5A(2)条或第(4)(a)条有关泵吸效率要求的现有船舶的液货舱,要求计算留存液货舱及其附属管路内的残余量。

残余物总量为水试验的结果与计算出的舱壁留存残余物量之和,其值应分别小于1m^3和3m^3。

(1)水试验条件。船舶的纵、横倾状态应有利于吸入口处的排泄。水试验时,船舶的尾倾不应超过3°,横倾不应超过1°。水试验时选择的纵、横倾状态,应为船舶《P&A手册》中对液货舱扫舱处于最小有利纵、横倾状态。

(2)水试验程序。首先确信拟试验的液货舱及其附属管路已清洗干净并能安全进入液货舱。然后将水注入液货舱达到卸货程序正常结束时所必需的深度。再按照船舶《P&A手册》泵吸并扫清液货舱及其附属管路内的水。将留存在液货舱及其附属管路内的水收集在经校准的容器内进行计量,留存水应从下列各点收集:

①液货舱吸口点及其邻近处所;

②液货舱底部各汇集阱区域;

③货泵的低点泄放；

④所有液货舱附属管路的最低点泄放直到汇集管截止阀为止。

根据以上收集到的总的水容积确定出液货舱的扫舱量。

(3)粘着残余物的计算。粘着残余物用下列公式计算：

$$Q_{RES(surf)} = 1.1 \times 10^{-4}A_d + 1.5 \times 10^{-5}A_w + 4.5 \times 10^{-4}L^{1/2}A_b$$

式中：A_b——液货舱底部面积和面向上方的货舱构件面积的水平分量(m^2)；

A_d——甲板下面积和面向下方的液货舱构件面积的水平分量(m^2)；

A_w——液货舱壁表面积和液货舱构件面积的垂向分量(m^2)；

L——液货舱长度(m)；

$Q_{RES(surf)}$——粘着在液货舱表面上的残余物总量(m^3)。

4. 有效扫舱系统的要点

(1)残余物的排放要求。有效扫舱后剩余的残余物，可按照船上经批准的《P&A手册》的安排，直接排放入海，但还应满足下列要求：

①船舶必须至少离岸12 n mile，水深至少为25m；

②船舶应在航行中并且排放到船舶的边界层中；

③水下排放口的大小与泵的排放速率相匹配。

由于有效扫舱使得液货舱里的残余物由原先附则Ⅱ排放规定对残余物的限制(每舱1 m^3或3 m^3)减少到10%(每舱0.1 m^3或0.3m^3)。所以，不用经过复杂计算即可得知，在船尾迹流中残余物浓度已经充分满足附则Ⅱ排放规定中提出的1mg/L的要求。

(2)与岸上的合作。由于有效扫舱延长了化学品船卸货的时间，势必给港口、码头的安排上带来新的问题。使用压缩空气的扫舱系统需依赖于岸上的气压系统。这就需要港口码头的配合。因为某些船舶若不能实施有效扫舱就得进行强制预洗，这样才能达到残余物“忽略不计”的标准。所以，岸上若不能提供气压系统就必须配备接收设备。总之，没有岸上设施的合作就达不到附则Ⅱ的要求。

扫舱系统中一般都应用较细的扫舱管道将货泵和管路中的残余液货排至岸上。舱面上众多的细管内的液货在天气寒冷时很容易冻结，如果被清扫货舱里装的是粘度较大或熔点较低的物质，有效扫舱作业就很难实施。为解决这一问题，要求货物卸货温度要高于货物熔点，或禁止某些货物直接装载在边舱，要装在有加热设施的中间舱中。

附则Ⅱ还规定对于凝固性物质或高粘度的B类或C类物质卸货后必须进行强制预洗。

(3)有效扫舱系统的免除。附则Ⅱ第5A(6)、(7)条规则规定，只有符合下述条件才可予以免除配备有效扫舱系统：

①船舶航行于MARPOL 73/78缔约国国内或缔约国间的港口或装卸站之间的限制航线；

②该船卸载后，经预洗随后排往接收设备，有关港口要有充分的接收设备。此项经港口国认可后，或由于船舶设计、构造、设备和贸易特点，各货舱仅装载指定的某一货物，设计上能达到货舱不装载压载水能够安全航行，且仅在修船前才需洗舱，洗舱水在修船的港口能有接收设备予以接收；

③船舶的证书签署有效，并在证书上指定为限定航线。

主管机关要将这种免除细节通知国际海事组织。

三、强制预洗

强制预洗(Mandatory Prewash)是要求曾经装载A、B、C、D类物质的液货舱，在B、C类物质还未被有效扫舱的情况下，必须在卸货港内按规定的方法加以清洗。洗舱水必须排放在卸货港的岸上接收设备。

强制预洗不仅要使港口能估计出对接收设备的需求量，而且要保证某一港口的接收设备只适用于在该港装卸的有毒液体物质。对于 B 或 C 类物质，则只有因种种原因不能实施有效扫舱时才采用强制预洗程序。

1. 强制预洗的物质

按照附则Ⅱ第 5、5A 条规则规定：

(1) 刚卸去 A 类物质的货舱必须清洗，所产生的残余物/水混合物应排入接收设备，直至其浓度等于或低于附则Ⅱ附录Ⅱ所规定的特定值时，剩余洗舱水仍应继续排往接收设备，直至该液货舱排空，随后加入该舱的任何水可以按照规定的速率、排放量和地理位置等要求排放入海(这里所指的任何水，可包括随后加入该舱的洗舱水或压舱水)。

由于这时对残余物/水混合物中有毒液体物质浓度的测定存在许多困难。所以，采用简便的方法控制该浓度达到附则Ⅱ附录Ⅱ所规定的值，即该货舱可采用"P&A 标准"附录 B 规定的预洗程序来代替上述洗舱过程。

(2) 刚卸去 B 类或 C 类物质的货舱，若属于凝固性或高粘度的物质，或未经有效扫舱，而代替措施又不能使剩余货物量减至附则Ⅱ第 5A 条规则规定的量时，必须对该舱按照"P&A 标准"附录 B 规定实施预洗。

2. 预洗程序

预洗与全部清洗的程序是不相同的，预洗取决于货物的化学或物理性质，拟装载的下一个货品，或者船舶涂料等变量。有时预洗之后需要彻底(大范围)清洗，有时则不需要。

"P&A 标准"附录 B 针对 A、B 和 C 类物质的不同情况，绘出了具体的预洗程序。从这一附录中可以了解到保证适当预洗应采用的参数。它们是：

(1) 足够高的水压；

(2) 洗舱机的数量或位置；

(3) 洗舱水的温度；

(4) 洗舱机运转循环次数；

(5) 旋转式洗舱机。

对 A 类物质、B 类及 C 类固化物质和一切舱壁面的清洗，必须要有足够的水压，对有待清洗的舱壁面产生一种有效的冲击。对于 A 类物质，洗舱机所处的位置，应能使所用的舱面都能被冲洗到。对于 B 类和 C 类物质，则只需要一个位置。

对于凝固物质，卸货后应尽快进行洗舱，如有可能，应在洗舱前对液货舱进行加热。预洗前，最好能先除去舱盖和舱口上的残余物。

洗舱中应利用适当的船舶纵倾和横倾，促使水流向液货舱的吸口处，并不间断地泵出污液，尽可能使舱内残余液减至最少。如果达不到这些条件，则洗舱程序应重复 3 次，每次洗舱之后还应进行彻底扫舱。

对于那些温度在 20℃时其粘度等于或大于 25mPa · s(厘泊)的物质，应使用热水洗舱(水温至少为 60℃)。

所使用的洗舱机运转循环数不得少于表 6-6 中的规定数。洗舱机运转一个循环的定义是：洗舱机运转至两个相同方位的过程(旋转 360°)。完成洗舱后，洗舱机还应该继续保持运转，直至冲洗完管路、泵和滤器为止。

洗舱机运转在每一位置上的循环数　　表 6-6

物质类别	洗舱机运转循环数	
	非凝固物质	凝固物质
A 类(残余物浓度为 0.1% 或 0.05%)	1	2
A 类(残余物浓度为 0.01% 或 0.005%)	2	3
B 类	1/2	1
C 类	1/2	1

通常采用水做预洗货舱的介质。然而,对于装有会与水有反应的危险性货物的货舱,预洗所用的介质可能用其他物质(汽油、甲苯等),当使用这些物质洗舱时,必须始终排至岸上接收设备,并特别注意操作安全。

3. 对强制预洗规定的免除

根据附则Ⅱ第 8 条的规定。预洗程序应在该船驶离卸货港之前实施,并且预洗污水必须排至岸上接收设备。但在下列情况下,应船长要求,港口检查员可给予免除:

(1)已卸载的液货舱,再次装载相同或相容的物质,而且该舱在装载前,不予清洗或不用作压载;

(2)已卸载的液货舱,要在另一个港口预洗,应有书面记录证实该港设有适当的接收设备,且足以用于此种接收;

(3)已卸载的液货舱残余物将用通风程序予以清除,且该通风程序是主管机关以"P&A 标准"附录 C 为基础批准的。

四、通风清除液货舱内残余物

1. 通风程序的适用性

MARPOL 73/78 附则Ⅱ第 5 条规定,经主管机关批准的通风程序可用于清除舱内残余物。经过通风清舱后,加入该舱内的水可视作清洁水,不受 MARPOL 73/78 有关排放要求的限制。然而并不是所有物质都能够适用于通风程序。"P&A 标准"第 4.3 节规定,通风程序只适用于那些在 20℃时,其蒸气压力大于 5×10^3Pa 的物质。因此,只有那些易挥发的物质才适用于通风程序。

2. 通风程序的要点

"P&A 标准"附录 C 规定的通风清除液货舱内残余物的要点是:

(1)管路内的液货应安全卸净,并用通风设备进一步将液体清除;

(2)横倾和纵倾应尽可能调整到最小程度,以促使舱内残余物的挥发;

(3)使用的通风设备所产生的气流,应能到达液货舱底部。

(4)通风设备应放置于离液货舱汇集阱或吸口点最近的液货舱开口处;

(5)通风设备应根据实际尽可能安装于能使气流直接吹到液货舱收集阱或吸口点位置,并尽可能避免使气流冲击液货舱构件;

(6)通风应持续到液货舱内见不到残余液体为止。应通过目力检查或一种等效方法进行核实。

3. 采用通风程序应注意的问题

通风清除液货舱内残余物是一个简便的程序。如果货舱、泵和管路中的液货残余物能够被吹干,那么就不会对海洋环境造成危害。同时,颇为麻烦的洗舱、扫舱、排放程序就可以省去。然而，通风程序可能会引起其他的危害，所以，采用通风程序之前，应充分考虑到由此而引起的通风危险和污染问题，并要取得港口当局的密切合作。涉及的主要问题是：

（1）安全问题。应考虑到与货物的可燃性、爆炸性有关的安全问题。例如，采用通风程序可能会在该船及周围形成一个可燃、爆炸性的气层。为此，可参阅 IBC 规则、BCH 规则和国际航运公会“液货船安全指南（化学品）”中指出的与液货舱通风有关的危险。

（2）污染问题。应考虑到货物毒性有关的污染问题。因为在通风过程中逸出的货物蒸气会在该船及周围形成一个毒性的气层，有可能对人的健康造成危害，再通过进一步扩散会导致更大范围的空气污染。港口当局可能会因此对此种通风作业提出异议或禁止。因此，在采用通风程序之前，必须事先与港方取得协调。

第七章　防止船舶生活污水、垃圾污染

第一节　船舶生活污水处理

MARPOL 73/78 公约将船舶生活污水定义为：厕所、小便池排出的任何形式的废水和其他废弃物；医务室(含药房、病房等) 的洗面盆、洗澡盆的废水以及这些处所排水孔的排出物；装有活畜禽货处所的排出物；或混有上述排出物的其他废水。按照所排水的水质不同，船舶生活污水又可分为“黑水”和“灰水”两种类型。“黑水”是指污染物含量较高的厕所排水，即粪便污水；“灰水”是指污染较轻的洗浴、厨房、洗衣等废水。按国际公约规定，黑水要经过处理才能排放。对于灰水的处理虽然还没有像黑水那样严格而明确的处理限制，但由于灰水特别是厨房废水的有机污染十分严重，也已经引起世界范围的关注。

一、船舶生活污水的性质指标和排放规范

1. 船舶生活污水的性质指标

船舶生活污水所含的污染物质千差万别，可用分析和检测的方法对污水中的污染物质作出定性、定量的检测以反映污水的水质。其指标一般可分为物理、化学、生物三大类。

1)物理性指标

船舶生活污水的物理性指标包括了温度、色度、嗅和味、固体物质。固体物质又包括了溶解物质(DS)和悬浮固体物质(SS)。悬浮固体物质影响水的纯净度，吸附有害物质和细菌，是衡量水体水质污染程度的重要指标之一。水样通过孔径为 0.45μm 的滤膜时，被截留在滤膜上并于 103 ~ 105℃ 烘干至恒重的固体物质，即水中的悬浮固体。常用大写字母 C 表示水中悬浮物含量，计量单位是毫克/升。悬浮固体的缓慢沉降会形成水底淤泥，采用筛滤、沉淀等简单方法即可使悬浮固体与废水分离。船舶及港口污水设备中就常利用沉淀作为处理的第一阶段。

2)化学性指标

通常以生化需氧量(BOD)和化学需氧量(COD)作为水质的化学性指标。

生活污水中所含的碳水化合物、蛋白质、脂肪等有机化合物在微生物作用下最终会分解为简单的无机物质、二氧化碳和水。这些有机物在分解过程中需要消耗大量的氧，故属耗氧污染物。耗氧有机污染物是使水体产生黑臭的主要原因之一。污水的有机污染物的组成较复杂，现有技术难以分别测定各类有机物的含量，通常也没有必要。从水体有机污染物看，其主要危害是消耗水中溶解氧。在实际工作中一般采用生化需氧量(BOD)、化学需氧量(COD)等指标来反映水中需氧有机物的含量。

生化需氧量(BOD)表示水中有机物由于微生物的生化作用进行氧化分解，使之无机化或气体化时所消耗水中溶解氧的总数量。常用单位为毫克/升。其值越高说明水中有机污染物质越多，污染也就越严重。一般有机物在微生物作用下，其降解过程可分为两个阶段，第一阶

段是有机物转化为二氧化碳、氨和水的过程，第二阶段则是氨进一步在亚硝化细菌和硝化细菌的作用下，转化为亚硝酸盐和硝酸盐，即所谓硝化过程。生化需氧量（BOD）一般指的是第一阶段生化反应的耗氧量。微生物分解有机物的速度和程度同温度、时间有关，最适宜的温度是15～30℃，从理论上讲，为了完成有机物的生物氧化需要无限长的时间，但是对于实际应用，一般认为反应可以在20天内完成，称为20日生化需氧量（BOD_{20}），而根据实际经验发现，经5天培养后测得的生化需氧量约占总生化需氧量的70%～80%，基本能够代表水中有机物的耗氧量。为使BOD值有可比性，因而采用在20℃条件下，培养5天后测定溶解氧消耗量作为标准方法，称5日生化需氧量，以BOD_5表示。

化学需氧量（COD）是指在一定的条件下，采用一定的强氧化剂处理水样时，所消耗的氧化剂量，它是表示水中还原性物质多少的一个指标。水中的还原性物质有各种有机物、亚硝酸盐、硫化物、亚铁盐等，但主要的是有机物。因此，化学需氧量（COD）又往往作为衡量水中有机物质含量多少的指标。化学需氧量越大，说明水体受有机物的污染越严重。化学需氧量（COD）的测定，随着测定水样中还原性物质以及测定方法的不同，其测定值也有所不同。目前应用最普遍的是酸性高锰酸钾氧化法与重铬酸钾氧化法，后者主要用于测定船舶生活污水。

化学需氧量（COD）的测定不受水质条件限制，测定的时间短。但是化学需氧量（COD）不能区分可被生物氧化的和难以被生物氧化的有机物，不能表示出微生物所能氧化的有机物量，而且化学氧化剂不仅不能氧化全部有机物，反而会把某些还原性的无机物也氧化了。所以采用生化需氧量（BOD）作为有机物污染程度的指标更为合适，在水质条件限制不能作生化需氧量（BOD）测定时，可用化学需氧量（COD）代替。

3）生物性指标

船舶生活污水通常以水中大肠菌群的数量作为其生物性指标。

大肠菌群并非细菌学分类命名，而是卫生细菌领域的用语，它不代表某一个或某一属细菌，而指的是具有某些特性的一组与粪便污染有关的细菌。一般认为该菌群细菌可包括大肠埃希氏菌、柠檬酸杆菌、产气克雷伯氏菌和阴沟肠杆菌等。

水是传播肠道疾病的一种重要媒介，而大肠菌群被视为最基本的粪便传染指示菌群。大肠菌群的值可表明水样被粪便污染的程度，间接表明有肠道病菌（伤寒、痢疾、霍乱等）存在的可能性。

2.船舶生活污水的排放规范

为了防止船舶生活污水污染，国际海事组织（IMO）在MARPOL73/78公约的附则Ⅳ“防止船舶生活污水污染规则”第11条对生活污水的排放作出了明确的规定：船舶在距最近陆地3n mile以外，使用主管机关所认可的设备，排放业经粉碎和消毒的生活污水，或在距最近陆地12n mile以外排放未经粉碎和消毒的生活污水。但不论哪种情况，不得将集污舱中贮存的生活污水即刻排光，而应于船舶以不低于4kn的航速航行时，以适当的速率排放，排放速率应经主管机关认可。而在距离最近陆地3n mile以内时，则要求使用经主管机关批准的生活污水处理装置，并且排出的废液在其周围水中不产生可见的漂浮固体且不能使水变色。

经过最新修正的附则Ⅳ要求2003年9月27日及以后建造的400总吨及以上的新船和小于400总吨但经核定许可载运15人以上（包括船员）的新船必须满足上述要求。对400总吨及以上的现有船舶和小于400总吨但经核定许可载运15人以上（包括船员）的现有船舶必须在2008年9月27日之前符合要求。

结合国际海事组织（IMO）海上环境保护委员会决议MEPC.2（Ⅵ）《生活污水处理装置国

际排放标准和性能试验规程》中关于污水处理装置的排放标准，目前国际规则确定的船舶生活污水排放标准如表 7-1 所示。

国际船舶生活污水排放标准　　表 7-1

指　　标	距最近陆地 3n mile 以内 （生活污水处理装置运转）	距最近陆地 3～12n mile （经粉碎和消毒）
生化需氧量	不大于 50mg/L	
悬浮固体量	不大于 100mg/L	粉碎至颗粒直径不大于 1.68mm（美国 12 号筛）
大肠菌群数	不大于 250 个/100mL	不大于 1000 个/100mL

此外，我国的国家标准“船舶污染物的排放标准”（GB 3552—83）对船舶生活污水排放浓度也有详细的规定，如表 7-2 所示。和上述国际标准相比，我国的法规稍显滞后一些。

我国船舶排放生活污水最高允许排放浓度　　表 7-2

指　　标	内　　河	沿　　海	
		4n mile 以内	4～12n mile
生化需氧量	不大于 50mg/L	不大于 50mg/L	
悬浮固体量	不大于 150mg/L	不大于 150mg/L	无明显悬浮物固体
大肠菌群数	不大于 250 个/100mL	不大于 250 个/100mL	不大于 1000 个/100mL

二、船舶生活污水的处理方式

根据国际海事组织（IMO）在 MARPOL 73/78 公约附则Ⅳ中的规定，每艘国际航行的营运船舶，必须采用装设生活污水收集贮存装置（集污舱）、生活污水粉碎消毒系统或生活污水处理装置等三种生活污水处理方法之一。而生活污水处理装置按净化机理又可分为生物学方法、物理化学方法、加热浓缩方法、电化学方法和密度差分离方法等，目前船上的生活污水处理装置多采用生物处理排放方式和物理化学处理排放方式。

1. 收集贮存方式

船舶装设生活污水贮存柜，在禁止排放区域内，将生活污水全部暂时存入贮存柜中。当船舶航行到允许排放海域时再排放，或排至港口接收设备。该方法设备简单，造价低，也容易管理和操作。但如果船舶在禁排区内时间过长，污水贮存量又存在一定限度，处理将发生困难。而且未经处理的污水存在柜内易发臭，使大量微生物孳生，也不卫生，使用药品杀菌，将增加药品费用和岸上处理费，特别是目前并非所有港口都具有接收设备，所有这些都限制了它的应用，故已逐渐由各种形式其他类型的污水处理装置所取代。

2. 粉碎消毒后排出方式

根据 MARPOL 公约附则Ⅳ中的规定，船舶在距最近陆地 3～12n mile 的范围内，可以使用主管机关所认可的生活污水粉碎消毒系统，排放业经粉碎和消毒的生活污水。

生活污水粉碎消毒系统的国际标准为：

（1）大肠菌群数≤1000 个/100mL

（2）粉碎标准：1L 样品，通过具有 1.68mm 网眼的美国 12 号筛或其他等效设备，留存在网上的物质，在 103℃的炉中干燥至恒定以后，重量应不超过总悬浮固体的 10% 且不得超过 50mg。

生活污水粉碎消毒系统接收污水或已经处理过的固体残渣，用粉碎泵反复进行粉碎，同时加入化学药品进行消毒,最后排出舷外。

生活污水粉碎消毒装置操作方便,体积小,适应船舱有限空间的布置,但这些装置未对污水中有机物进行降解转化,其有机物总量并没有减少,同时消毒剂的加入,对水体产生化学品的二次污染。因此,从环保发展看,这些装置的适用性将受到很大的限制。

3. 生物处理排出方式

1)传统的活性污泥法

生物处理主要采用活性污泥法,其主要原理是利用以好氧菌为主的活性污泥对污水中有机物质进行分解处理。该法是在人工充氧条件下,对污水和各种微生物群体进行连续混合培养,形成活性污泥。利用活性污泥的生物凝聚、吸附和氧化作用,以分解去除污水中的有机污染物。然后使污泥与水分离,大部分污泥再回流到曝气室,多余部分则排出活性污泥系统。活性污泥法本质上与自然界水体自净过程相似,只是经过人工强化,污水净化的效果更好。

典型的活性污泥法是由曝气室、沉淀室、污泥回流系统和剩余污泥排除系统组成。其工作流程如图 7-1 所示。

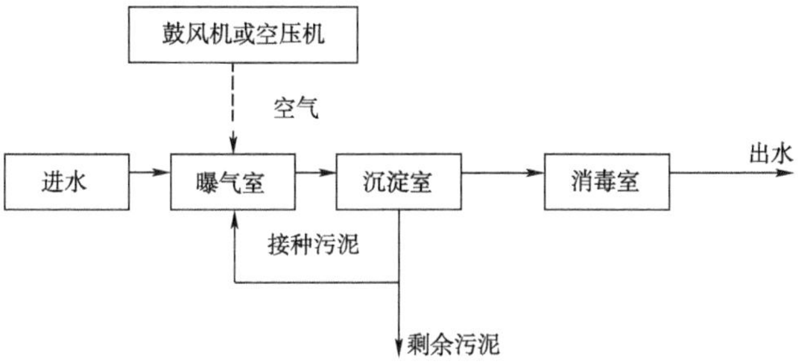

图 7-1 生物学处理流程图

污水和回流的活性污泥一起进入曝气室形成混合液。空气通过铺设在曝气室底部的空气扩散装置,以细小气泡的形式进入污水中,目的是增加污水中的溶解氧含量,并使混合液处于剧烈搅动的状态之下,形成悬浮状态。溶解氧、活性污泥与污水互相混合、充分接触,使活性污泥反应得以正常进行。

第一阶段,污水中的有机污染物被活性污泥颗粒吸附在菌胶团的表面上,同时一些大分子有机物在细菌胞外酶作用下分解为小分子有机物。

第二阶段,微生物在氧气充足的条件下,吸收这些有机物,并氧化分解,形成二氧化碳和水,一部分供给自身的增殖繁衍。活性污泥反应进行的结果,使得污水中有机污染物得到降解而去除,活性污泥本身得以繁衍增长,污水则得以净化处理。

经过活性污泥净化作用后的混合液进入沉淀室,混合液中悬浮的活性污泥和其他固体物质在这里沉淀下来与水分离,澄清后的污水作为处理水排出系统。经过沉淀浓缩的污泥从沉淀室底部排出,其中大部分作为接种污泥回流至曝气室,以保证曝气室内的悬浮固体浓度和微生物浓度;增殖的微生物从系统中排出,称为“剩余污泥”。

经过沉淀处理的污水最后经过消毒室,经杀菌消毒处理后排放舷外。

2)膜分离—生物处理技术

膜分离—生物处理技术(MBR)是近年来国际上关于船舶生活污水处理的重要研究方向之一,它在传统生物处理法的基础上应用先进的膜分离技术,利用超滤膜进行固液分离,分离效果显著,大大改善了出水水质,膜的高效截留作用还有助于生活污水处理装置保持较高的微生物浓度,强化了生物处理的效果。该技术在船舶生活污水处理领域已经得到了初步的应用,在现有活性污泥法船舶生活污水处理装置的基础上增设膜分离组件，进行后阶段深化处理，取得了良好的效果。其工作流程如图 7-2 所示。

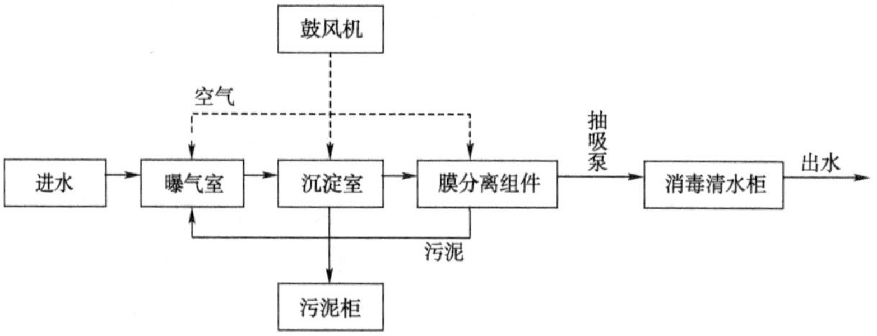

图 7-2　采用膜分离技术的生物学处理流程图

4. 物理化学处理排出方式

图 7-3 为物理化学法生活污水处理流程图，生活污水首先汇集于收集柜，接着通过凝聚、沉淀、过滤等手段来实现固液分离，消除水中的固体物质，使之与可溶解有机物质相脱离，从而降低生活污水的生化需氧量，再经过投放药剂处理消毒，符合排放标准后排出舷外。分离出的固体物质可由船用焚烧炉焚烧处理或由岸上接收。也可以在此基础上将厕所冲洗系统和排水系统设计成闭式循环系统，利用净化后的污水作为冲洗介质来循环使用，进而实现"零排放"。

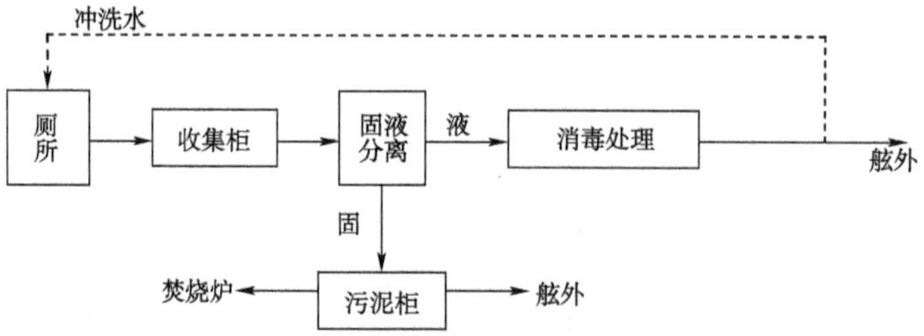

图 7-3　物理化学处理流程图

物理化学法生活污水处理装置体积较小，使用灵活，对污水量的变化适应性较强。但是装置化学药剂消耗量大，运行成本较高，且没有进行生化反应，对有机物的去除不够彻底。

三、船舶生活污水处理相关设备实例

1. WSF-15 型生活污水收集贮存装置

如图 7-4 所示为 WSF-15 型生活污水收集贮存装置的系统图，该系统主要由污水柜 3、排污泵 5 以及污水管路所组成。污水柜与外界保持密封，但装有带防火罩的透气管 11，配备有冲洗设备，排放时通过防浪阀或经国际通岸接头排出舷外。由于排污泵容易被坚硬粪便或碎纸片等固体物质堵塞，影响其正常运转，因此排污泵一般都带有粉碎装置。为了防止系统在工作中散发臭味，需要适时地通过加药器 10 进行投药处理。

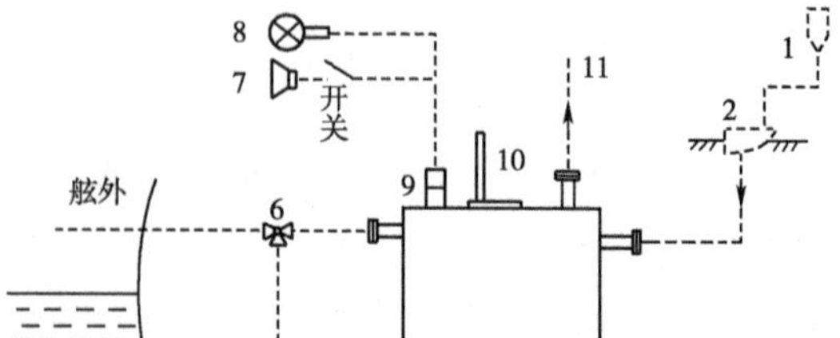

图 7-4　WSF-15 型生活污水收集贮存装置

1-定量水箱；2-厕所；3-污水柜；4-闸阀；5-排污泵；6-三通旋塞；7-报警器；8-报警灯；9-传感器；10-加药器；11-透气管

2. WCH 型生活污水粉碎消毒装置

WCH 型生活污水粉碎消毒装置在船舶上用于对生活污水进行粉碎消毒处理并兼具一定贮存的功能。

该生活污水粉碎消毒装置由贮存柜、粉碎泵组、液位控制器、电控箱、液位计、加药器及控制转换阀组成。在设备的进水、出水的管路上设置有取样旋塞,可以方便地获取水样。

如图 7-5 所示为 WCH 型生活污水粉碎消毒装置的系统原理图。生活污水经下水管流入贮存柜,当污水水位升至控制高位时,电气控制箱根据传感器信号发出约 1min 的声光报警信号,并可自动或人工启动粉碎泵组使污水在贮存柜中通过循环阀被往复循环粉碎,此时管理人员应关闭生活污水进口阀,同时向柜中加入消毒药品,使之进入贮存柜中与生活污水混合,从而杀灭污水中的细菌。操作人员从加药起计时,两小时后方可排放经过处理的污水。在排放时,应关闭循环阀,开启排放阀。当贮存柜中污水液位降到预设的控制低位时,泵组会自动停止排放。此时操作人员关闭排放阀,重新打开进口阀和循环阀,使生活污水重新流入贮存柜中。

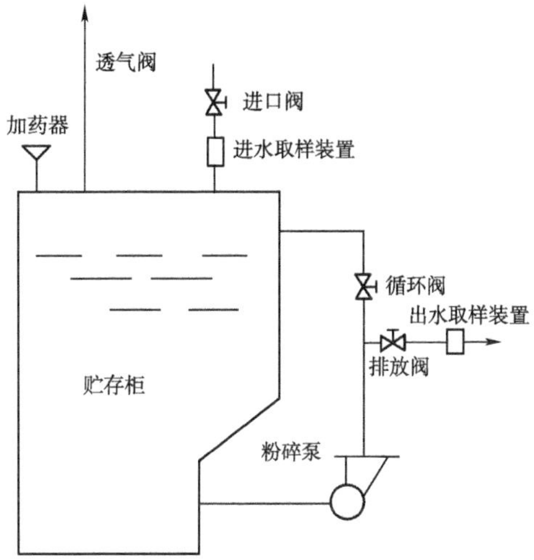

图 7-5　WCH 系列粉碎消毒装置

该装置采用漂粉精(主要成分为次氯酸钙)为消毒药品,其有效含氯量高于 65%。每次往复循环粉碎前应向加药筒内按每立方米污水 0.5kg药品的量加入漂粉精。加药时打开加药器闸阀将称好的药品倒入,使之流入消毒柜,最后用清水冲掉粘附在加药器上的药粉。

3. 三叉牌活性污泥法生活污水处理装置

采用生物学方式(活性污泥法)处理船舶生活污水较为典型的是英国的三叉牌(Super-Trident)生活污水处理装置,该装置基本结构如图 7-6 所示。

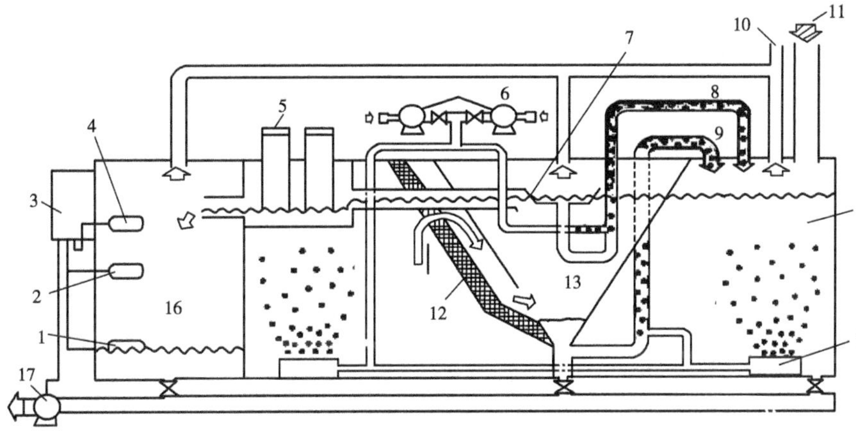

图 7-6　三叉牌船舶生活污水处理装置

1-低位浮子开关;2-高位浮子开关;3-控制箱;4-浮子式报警器;5-加氯器;6-鼓风机;7-浮渣盘;8-浮渣回送管;9-污泥回送管;10-透气管;11-污水进口;12-滤网;13-沉淀室;14-曝气室;15-扩散器;16-消毒杀菌室;17-排水泵

曝气室 14 中装有一定浓度的由好氧菌组成的活性污泥,底部设置有吹送空气的板式扩散器 15。沉淀室 13 呈漏斗状,底部连接有污泥回送管 9,便于活性污泥流回曝气室,上部中心处亦设置有浮渣盘7,用于收集表面浮渣,并通过浮渣回送管8返回曝气室。鼓风机6提供的压缩空气大部分经扩散器供入曝气室,其余通至污泥回送管和浮渣回送管,协助污泥和浮渣的返回。消毒杀菌室16的上部设置有加氯器5,侧壁安装有浮子式液位控制开关1、2及报警器4,液位开关根据消毒杀菌室液位的变化控制排水泵17的起停。曝气室、沉淀室和消毒杀菌室的顶部均有透气管10通大气。

该装置基本的处理流程是:曝气分解、沉淀、杀菌消毒,达标后排放。

污水首先由曝气室的顶部进入,压缩空气经安装在池内底部的几个扩散器供入污水中,保证好氧菌生存所需氧气的供应,通过搅拌使进入池内的污水与活性污泥充分混合并完全接触。由于有空气的吹入,好氧菌在有氧的情况下其作用更加活化,对污水中的有机物进行吸附和分解,从中吸收自身繁殖所需的养分,这一过程称为曝气。

污水经过曝气后,有机物分解成水和二氧化碳,二氧化碳经透气管逸出,从而使污水得到了净化,同时又合成了新的活性污泥,水和新形成的活性污泥通过滤网12进入沉淀室,活性污泥形成团状沉淀到底部,一部分活性污泥需要通过污泥回送管送回曝气室,以保持该室活性污泥的浓度,多余的部分则定期排出。

沉淀后的水溢流过加氯器,加氯器内装有次氯化钙药片,药片与水流接触溶解,形成含氯溶液后一起流入消毒杀菌室,达标后的净化污水通过排水泵自动排放。

装置的出水水质指标为:

大肠菌群数 < 200 个/100mL

悬浮固体(SS) < 40 mg/L

生化需氧量(BOD_5) < 40 mg/L

在装置的操作管理中应注意:

装置应连续运行,运行中不能停止供风。否则,活性污泥中的好氧菌群会因缺氧而死亡。每3个月检查曝气室活性污泥浓度,一般保持污水呈巧克力色。如表面出现浮渣,说明浓度过大,需要进行调整。应及时补充消毒剂,通常3个月补充一次,按每人每月20g的量投放。装置运行时,应控制进入的水量,不能超过装置的处理量(一般厕所冲洗量在60~65L/天)。不允许向便池内丢入如破布、棉纱等粗制纤维一类物品,以免进入装置造成阻塞。

4. MBR型膜生物生活污水处理装置

MBR型膜生物船舶生活污水处理装置是中船重工704研究所的最新研究成果,它将传统的活性污泥法污水处理技术和先进的膜分离技术相结合用于处理船舶生活污水。

装置基本结构如图7-7所示。本体1上设置有电控箱2、鼓风机3、排放泵4、抽吸泵5以及进水组件,内部有一级曝气柜6、二级曝气柜7、沉淀柜8、液位/膜柜11和消毒清水柜12等各式柜体。鼓风机则通过曝气盘13同时向曝气柜、沉淀柜和液位/膜柜内供应空气。

一级曝气柜由前柜6-1和后柜6-3两封闭容水空间组成,二柜之间的隔板6-2底部开设有流通口,污水自前柜顶部进入垂直向下流动,并流经柜内布设的曝气盘,随后自后柜的顶部流出。污水按设定程序分批进入一级曝气柜,该柜是一完全混合的曝气柜,柜内的活性物质是细菌和低级霉菌占优势的混合菌种,采用高MLSS值(混合液污泥浓度值),可在较短时间内去除污水中绝大部分有机物,在柜顶部设有和鼓风机连通的进气口,以便向柜内供气。

二级曝气柜结构和流向均和一级曝气柜相同,污水自一级曝气柜后柜的顶部开口流入,在二级曝气柜中,同样以鼓风机自柜顶进气口供气,用以培养原生物占优势的菌种,摄食游离细菌、有机碎屑并净化尚未被除去的污染物,增进絮凝,澄清污水。

沉淀柜与二级曝气柜后柜 7－3 的顶部相通，污水经生物学处理后进入沉淀柜，在重力作用下将污水中重质污物沉淀，污泥自排污口 9 排出后进入沉淀柜侧下方的封闭柜体——污泥柜 10 贮存。沉淀柜的内部也设置有曝气盘，以加强对污水的进一步生物处理。

液位/膜柜由液位柜和膜组件柜两部分组成，二者是相互连通的封闭容水腔，液位柜位于膜组件柜的上方，其侧壁顶部开口和沉淀柜连通，二容水腔内也均布置有曝气盘，以加强生物处理。在膜组件柜中设置有膜组件 14，该柜连接有抽吸泵，在抽吸泵的作用下，自行流动的污水经膜组件进行固液分离，被分离膜截留的活性污泥则被送回曝气柜。抽吸泵的起停由液位柜的液位控制。

抽吸泵将液体排入消毒清水柜，柜内盛置有消毒剂，以供对需要排放的生活污水进行最后的消毒处理，最后经排放泵排放达标污水。

MBR 型膜生物生活污水处理装置的出水水质指标为：

大肠菌群数 ＜ 20 个/100mL

悬浮固体（SS）＜ 10 mg/L

生化需氧量（BOD_5）约 3 mg/L

传统的活性污泥法生活污水处理装置仅仅依靠重力沉淀分离固液，分离效果不佳，影响了出水水质。MBR 型污水处理装置由于采用了先进的膜分离技术，出水水质显著改善。

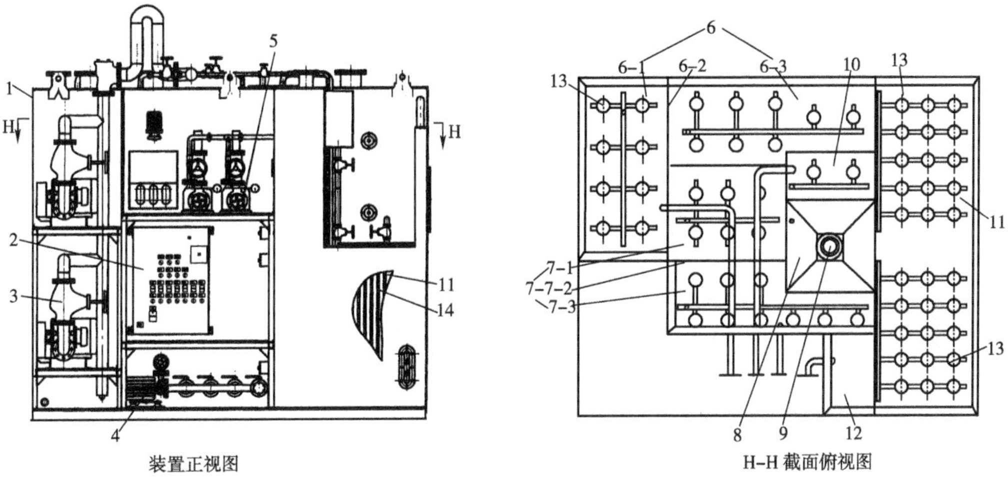

图 7-7　MBR 型膜生物生活污水处理装置

1-本体；2-电控箱；3-鼓风机；4-排放泵；5-抽吸泵；6-一级曝气柜（前柜、隔板、后柜）；7-二级曝气柜（前柜、隔板、后柜）；8-沉淀柜；9-排污口；10-污泥柜；11-液位/膜柜；12-消毒清水柜；13-曝气盘；14-膜组件

5. AWWU 型物化法生活污水处理装置

丹麦 ATLAS 公司生产的 AWWU 型生活污水处理装置是典型的物理化学法生活污水处理装置。该装置用氢氧化钙作为絮凝消毒剂，处理船舶日常产生的生活污水，能有效地去除污水中的有机物、悬浮固体，并能杀灭大肠菌群。

图 7-8 为 AWWU 型生活污水处理装置的原理图。污水首先流入机械分离器 8 进行固液分离，机械分离器实际上是一种由不锈钢片联成的过滤带，它将分离出来的固体经输送管 6 送入污泥箱 5，最终通过压缩空气吹入专用的污泥贮存柜 4。污泥贮存柜中的污泥可以由本船的焚烧炉焚烧处理或由港口方面接收，也可以在船舶驶离禁排水域后排放入海。而通过过滤带的液体则流入了混合箱 7。

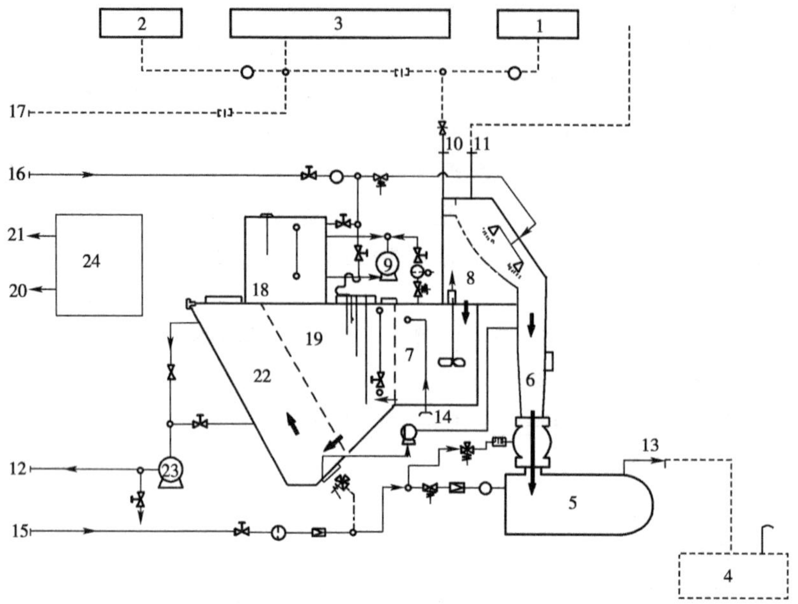

图 7-8　AWWU 型生活污水处理装置

1-厕所;2-厨房;3-浴室及洗涤池;4-污泥贮存柜;5-污泥箱;6-输送管;7-混合箱;8-机械分离器;9-加药泵;10-污水进口;11-透气口;12-处理水排出;13-排渣;14-意外溢流;15-压缩空气进口;16-海水进口;17-旁通舷外;18-絮凝剂贮存器;19-絮凝箱;20-电源;21-警报接线;22-沉淀箱;23-排出泵;24-配电板

在混合箱中,污水与来自絮凝剂贮存器 18 中的化学处理药剂(氢氧化钙)混合,同时用电动机经减速装置驱动的搅拌器来强化污水和化学药剂的混合效果,搅拌器转速不宜过高,否则易使污水乳化。絮凝箱采用连续式和排注式相结合,以平衡和缓冲船舶产生的污水的不均匀性及波动性。

经与化学药剂搅拌后,污水开始絮凝产生微小的胶体颗粒并流入絮凝箱 19。在絮凝箱中,水中细小胶体与分散颗粒由于分子间吸引力的作用互相粘结凝聚,形成大颗粒的絮状物。为了获得足够的絮凝时间并在高峰负荷时起到容积缓冲作用,絮凝箱的容积必须足够大。

絮状物与污水从絮凝箱的下部一并流入沉淀箱 22,沉淀箱采用逆向流斜板以增强沉淀效果,其基本原理是来自絮凝箱的原水进入各斜板单体间自下而上流动,水流方向与颗粒沉淀方向相反,大颗粒絮状物借自重而下滑进入箱底集泥区,最终沉积在箱底的污泥絮体由污泥泵送至污泥箱,而澄清后的水则经分离区,由排出泵 23 导流出沉淀柜。经过处理达标后的污水可以直接排放舷外或贮存以备循环使用。

氢氧化钙作为无机絮凝剂的一种,可以使生活污水中的悬浮物结合在一起以利于沉淀,颗粒物质的沉淀,毫无疑问地降低了悬浮固体物质(SS)的指标。同时由于大量有机物被絮凝去除,生化需氧量(BOD)也得到了降低。另外,氢氧化钙属于强碱,其水溶液有消毒杀菌作用,故不再需要投放其他消毒药品。投药量在 500 ~ 700 mg/L 的范围内,污水净化效果最好,处理后的污水清亮、无色、无臭,完全符合排放标准。

6. ORCA IIA 型物化法生活污水处理装置

ORCA IIA 型生活污水处理装置是获得美国海岸警卫队和国际海事组织认可的物理化学法生活污水处理装置。与 AWWU 型物化法生活污水处理装置不同的是,它通过对污水进行循环粉碎并使其通过筛网的方式实现固液分离。装置结构简单,处理能力强。

如图 7-9 所示，含有固体残渣的生活污水首先进入处理柜，由粉碎泵循环粉碎，装置采用经过稀释的 5% 次氯酸钠溶液作为消毒药剂，在循环粉碎过程中由药剂泵泵入处理柜进行消毒处理，经粉碎处理后能够通过筛网的生活污水被送入一系列串联的沉淀柜，而被筛网截留下来的大颗粒固体残渣则由反冲洗泵冲回处理柜继续循环粉碎，避免堵塞筛网。在沉淀柜中，污水中残存的微小固体颗粒在流动过程中逐渐发生沉降，沉淀至底部的污泥通过污泥泵返回处理柜中重新进行粉碎处理。排放泵将处理好的达标污水排至舷外，全部处理过程自动控制。污水经反复粉碎消毒后最终全部排出，处理完毕后基本没有污泥残留。

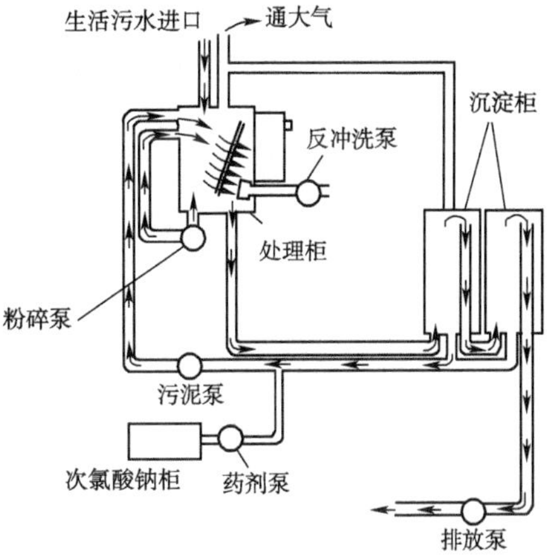

图 7-9　ORCA IIA 型生活污水处理装置

ORCA IIA 型生活污水处理装置的出水水质指标为：

大肠菌群数 < 250 个/100mL

悬浮固体(SS) < 50 mg/L

生化需氧量(BOD_5) < 50 mg/L

需要注意的是该装置通过浓度为 5% 次氯酸钠溶液在消毒的同时对污水进行稀释，上述指标中的生化需氧量(BOD_5)的值虽然符合国际标准，但所排放的污水中的有机物总量其实并没有减少。

第二节　船舶垃圾管理

依据 MARPOL 73/78 公约附则Ⅴ—防止船舶垃圾污染规则的定义，船舶垃圾是指产生于船舶正常运营期间并需要持续或定期处理的各种食品、日常用品和工作用品的废弃物(不包括鲜鱼及其各部分)。但 MARPOL 73/78 公约其他附则中所定义的或列出的物质(如油类、生活污水或有毒液体物质)除外。

船舶垃圾有的漂浮于水面而导致水质恶化，有的沉入海底对海底栖生物造成影响和破坏，有的则溶解于水而消耗大量的溶解氧，使水生物窒息而死。在垃圾中还存在着大量的病原体、微生物，处理不当会给人体带来危害。

一、船舶垃圾的组成和排放规范

1. 船舶垃圾的组成

船舶垃圾由于船舶类型不同，产生的途径也会有很大的差异，但是归纳起来，船舶垃圾大致在以下过程中产生：

(1)运输货物而产生的离散和捆系用品的残余物，如稻草席、胶合板、纸、硬纸板、金属丝、塑料衬料等包装材料；

(2)由于船舶维修和保养而产生的油漆废料(湿的和干的)、铁锈、油破布、更换零件的包装材料、索具的废物(钢质的、植物纤维的、合成的绳索与织物等)、修理机械和设备的废料(润滑油、油烟、耐火砖、水垢、焦渣、用过的零件、纸板、金属板和金属条切屑废料、纸板屑、木屑、各种天然的和合成的材料等)；

(3)日常生活和卫生保健工作带来的一些日常生活垃圾和各种废物，包括食品废弃物、医疗废弃物、纸制品、织物、玻璃、金属饮料罐、陶器、塑料等；

(4)船舶动力或生活用燃油产生的污油泥。

船舶垃圾的产生量受多种因素的影响，包括船上人数、生活习惯、生活水平、文化传统、设备老化程度等，但是主要取决于船上人员的数量。

2. 船舶垃圾的排放规范

MARPOL 73/78 公约附则V对船舶垃圾在海上排放的相关规定为以下几点：

(1)一切塑料制品及其焚烧后的灰烬禁止处理入海；

(2)禁止将漂浮的垫舱物料、衬料和包装材料在距最近的陆地 25n mile 内处理入海；

(3)禁止将食品废弃物、纸制品、碎布、玻璃、金属、瓶子、陶器等废弃物在距最近的陆地 12n mile 内处理入海；业经粉碎(能通过筛眼不大于 25mm 的粗筛)的上述垃圾禁止在距最近的陆地 3n mile 内处理入海；

(4)如果垃圾与具有不同处理或排放要求的其他排放物混在一起时，则应适用其中较为严格的要求。

(5)距最近的陆地 12n mile 内的海上固定或浮动工作平台及停靠或在距其 500m 内的一切船舶禁止将物品处理入海；距最近的陆地 12n mile 外的海上固定或浮动工作平台及停靠或在距其 500m 内的一切船舶，其食品废弃物可经粉碎(能通过筛眼不大于 25mm 的粗筛)后处理入海。

(6)在特殊海域(地中海区域、波罗的海区域、黑海区域、红海区域、海湾区域、北海区域、南极区域、加勒比海区域)禁止除食品废弃物以外的一切垃圾处理入海；食品废弃物应在距最近的陆地 12n mile 以外处理入海，其中在加勒比海区域，食品废弃物可经粉碎(能通过筛眼不大于 25mm 的粗筛)后在距最近的陆地 3n mile 以外处理入海。

上述规定可简要归纳为表 7-3。

海上垃圾处理规则 表 7-3

垃圾种类	所有船舶		海上平台
	在特殊区域外	在特殊区域内	
塑料制品：包括合成缆绳、渔网及塑料垃圾袋	禁止处理入海	禁止处理入海	禁止处理入海
能漂浮的垫舱物料、衬料和包装材料	距最近陆地 25n mile 以外处理入海	禁止处理入海	禁止处理入海
纸张、破布、玻璃、金属、瓶子、陶器和类似废弃物	距最近陆地 12n mile 以外处理入海	禁止处理入海	禁止处理入海
经过粉碎或磨碎的所有其他垃圾(包括纸张、破布、玻璃等)	距最近陆地 3n mile 以外处理入海	禁止处理入海	禁止处理入海
未经粉碎或磨碎的食品废弃物	距最近陆地 12n mile 以外处理入海	距最近陆地 12n mile 以外处理入海	禁止处理入海
经过粉碎或磨碎的食品废弃物	距最近陆地 3n mile 以外处理入海	距最近陆地 12n mile 以外处理入海	距最近陆地 12n mile 以外处理入海
混合垃圾	按其中处理要求最严格者处理	按其中处理要求最严格者处理	按其中处理要求最严格者处理

根据附则Ⅴ的要求,禁止处理入海的船舶垃圾必须移入港口或装卸站的垃圾接收设施。缔约国的港口和装卸站应有足够数量的垃圾接收设施。

此外,我国的国家标准“船舶污染物的排放标准”(GB 3552—83)对船舶垃圾的排放也有相应的规定,如表7-4所示。其内容与MARPOL 73/78公约附则Ⅴ的要求基本相同。

我国船舶垃圾排放标准 表7-4

排放物	内河	沿海
塑料制品	禁止投入水域	禁止投入水域
漂浮物	禁止投入水域	距最近陆地25n mile以内,禁止投入水域
食品废弃物和其他垃圾	禁止投入水域	未经粉碎的禁止在距最近陆地12n mile以内投弃入海。经过粉碎颗粒直径小于25mm时,可允许在距最近陆地3n mile之外投弃入海

二、公告牌、垃圾管理计划和垃圾记录保存

国际海事组织海上环保会第37届会议,于1995年9月14日,以MEPC.65(37)号决议的形式对MARPOL 73/78公约附则Ⅴ进行了修正,通过了防止船舶垃圾污染规则的第2条和新增第9条的修正案。该修正案已于1997年7月1日生效。

附则Ⅴ新增第9条“公告牌、船舶垃圾管理计划和船舶垃圾记录保存”。新增第9条的规定对新船于1997年7月1日生效,对于1997年7月1日前建造的国际航行船舶则在1998年7月1日生效。

2004年4月1日海上环保会以第MEPC.116(51)号决议的形式通过了对附则Ⅴ附录的新的修正案,对垃圾记录簿的格式等方面作了新的修正。该修正案已于2005年7月1日生效。

1.公告牌

总长度为12m或以上的船舶均应以公告牌的形式使船员和乘客知晓附则Ⅴ第3条和第5条关于垃圾处理的规定。公告牌应以船旗国的官方语言书写,对航行于其他缔约国政府管辖权范围内的港口或近海装卸站的船舶,公告牌还应以英语或法语书写。

公告牌的内容为告诉船员和旅客应遵守附则Ⅴ关于禁止和限制船舶向海上排放垃圾的规定,如有违反将被处罚。

公告牌应由耐久材料制成,宽度和长度应至少为12.5cm×20cm,应永久性地被固定在船上适当区域的显著位置上,如餐厅、主甲板等处。

2.船舶垃圾管理计划

所有400总吨及以上和经核定可载运15人或以上的船舶,应制定船员须遵守的一个船舶垃圾管理计划。该计划应就收集、贮存、加工和处理垃圾以及船上设备使用等提供书面程序,还应指定负责执行该计划的人员。该计划应符合国际海事组织制定的指南,并用船员的工作语言书写。

国际海事组织海上环保会第38届会议,于1996年7月10日,以MEPC.70(38)号决议的形式通过了《关于船舶垃圾管理计划编制指南的决议》及指南,要求各缔约国政府在附则Ⅴ修正案生效前散发,并采取必要措施确保船方按该指南制定船舶垃圾管理计划。

指南对《船舶垃圾管理计划》须写入的事项作了如下要求:

1)指定负责执行计划人员

(1)根据规定,计划中须指定一名人员执行计划中的程序。

(2)各部门人员须协助负责人以确保在船上各区域有效收集、分类和处理垃圾,以便按照

船舶管理计划执行程序。

2)船舶垃圾收集程序

(1)确定收集和分类垃圾的合适容器。

(2)确定容器、收集和分类站的地点。

(3)描述船舶垃圾从产生地点到收集和分类站的运输过程。

(4)描述在初始收集分类站和下列其他相当处理方式之间如何处理:

①接收设备的需求,需考虑地方循环利用布置的可能性;

②船上处理;

③贮存;

④海上处置。

(5)描述为便于船舶垃圾收集所作的培训方案。

3)船舶垃圾处理程序

(1)确定设备操作的负责人。

(2)确定可用的处理装置及其能力。

(3)确定处理装置和处理站的地点。

(4)确定将被各种可用处理装置处理的船舶垃圾种类。

(5)描述船舶垃圾在初始处理站和贮存或处置之间将如何处置。

(6)描述与下述使用相当的有关处理程序:

①接收设备的要求,需考虑地方循环利用布置的可能性;

②贮存;

③海上处置。

(7)描述为便于船舶垃圾处理所作的培训方案。

(8)确定可行的操作维修程序(可参考船上可用文件)。

4)船舶垃圾贮存程序

(1)确定各种船舶垃圾可用贮存站的地点、用途及容量。

(2)描述船舶垃圾从贮存处置站与下列相当处置方式之间将如何处理:

①排入接收设备,需考虑地方循环利用布置的可能性;

②海上处置。

5)船舶垃圾处置程序

描述为确保符合 MARPOL 73/78 公约附则Ⅴ关于船舶垃圾处置要求的船上程序。

当一艘船舶停靠在另一缔约国港口时,如有明显依据认为船长或船员不熟悉船上主要的防止垃圾污染程序时,该船应接受该缔约国正式授权官员根据附则Ⅴ的要求进行的操作性检查。该缔约国应采取措施确保该船已按附则Ⅴ的要求调整至正常状态,才准其开航。

3. 船舶垃圾记录保存

400 总吨及以上和经核定可载运 15 人或以上的船舶,其航行于其他缔约国政府管辖权范围内的港口或近海装卸站,以及从事海底矿产勘探和开发的固定或浮动平台,均应备有 1 本《垃圾记录簿》。该《垃圾记录簿》不论是船舶的正式航海日志的一部分,还是其他形式,均应和经 2004 年最新修正的附则Ⅴ的附录中所规定的格式相一致,如表 7-5 所示。

《垃圾记录簿》应记录每次排放作业或完成的焚烧作业,并应由主管高级船员在排放或焚烧的当日签署。船长应在垃圾记录簿完成记录的每一页上署名。《垃圾记录簿》每项记录的内容都应同时用船旗国的官方语言和英文或法文书写，但在有争议或不一致的情况下，应以使用船旗国官方语言的记录为准。《垃圾记录簿》应被存放在船上适当的地方，以备检查，该记录簿应在作最后一次记录后保留2年。

缔约国政府的主管当局可检查在港适用船舶的《垃圾记录簿》，并可复制《垃圾记录簿》中的任何记录和要求船长证明该副本是该项记录的正确副本。经船长证明与《垃圾记录簿》的记录相符的副本，可在任何法律诉讼中作为该项记录中所述事实的证据。主管当局对船上《垃圾记录簿》的检查和副本的制作，应尽速进行，并不应对船舶造成不当延误。

《垃圾记录簿》填写的具体要求如下：

(1)当垃圾排放入海时：排放的日期和时间；船位(经度和纬度)；所排放垃圾的种类；每种排放垃圾的估算量；负责作业的主管高级船员签字。

(2)当垃圾排放至岸上接收设备或排放至其他船舶时：排放的日期和时间；港口或设施或船舶的名称；所排放垃圾的种类；每种排放垃圾的估算量；负责作业的主管高级船员签字。

(3)当焚烧垃圾时：焚烧的日期和开始及结束时间；船位(经度和纬度)；焚烧的垃圾的估算量；负责作业的主管高级船员签字。

(4)垃圾意外或其他例外排放：发生的时间；发生时所在港口或船位；垃圾的种类和估算量；垃圾处理、泄漏或落失发生时的情形、原因以及附注。

《垃圾记录簿》需要填写船舶垃圾估算量的数据。船上的垃圾数量应以立方米估算，如有可能应按类别分别估算。《垃圾记录簿》中含有许多垃圾估算量的参考数据。垃圾加工处理前后的体积估算会有所不同，有些加工处理程序可能无法对体积进行有效的估算，比如持续的废弃食物处理，因此在填写记录和诠释记录时应考虑到这些因素。船舶送交垃圾后，船长应向港口接收设备的经营者或接收垃圾的船舶船长收取详述这批垃圾估算量的收据或证明。该收据或证明必须同船上的《垃圾记录簿》一起保存2年。

垃圾排放记录 表7-5

船名________船舶编号或呼号________ IMO标号________

垃圾种类：

1 塑料制品

2 漂浮的垫舱物料、衬料、包装材料

3 粉碎的纸制品、碎布、玻璃、金属、瓶子、陶器等

4 货物残留物、纸制品、碎布、玻璃、金属、瓶子、陶器等

5 食品废弃物

6 焚烧炉灰渣(可能包含有毒或重金属残余的塑料制品除外)

注：在特殊区域内禁止排放除食品废弃物以外的任何垃圾。只有排放入海的垃圾必须分类。排入接收设施的非第1类垃圾只需列出其总的估计量。排放货物残余物需记录船舶起始和终止排放的位置。

时间/日期	船位	排放入海的估计量(m^3)					排入接收设施或其他船舶的估计量(m^3)		估计焚烧量(m^3)	证明/签字
		第2类	第3类	第4类	第5类	第6类	第1类	其他		

船长签字________日期________

三、船舶垃圾管理和处理程序

1. 船舶垃圾管理的四个阶段

对船舶垃圾管理和贮存的合适程序要根据船舶的条件而定,如船舶类型和大小、营运区域、船上垃圾处理设备和贮存场所、船上人员数量、航行时间、所靠港口的管理规章和接收设备。然而,考虑到不同的处理技术所需的费用,把需要特殊处理的垃圾分拣出来贮存是合理而经济的。正确的管理和贮存将会减少对船舶贮存场所的要求,也可使这些贮存的垃圾有效的排放至港口接收设备。

如图 7-10 所示,船舶垃圾的管理一般可分为收集、加工、贮存和排放四个阶段。

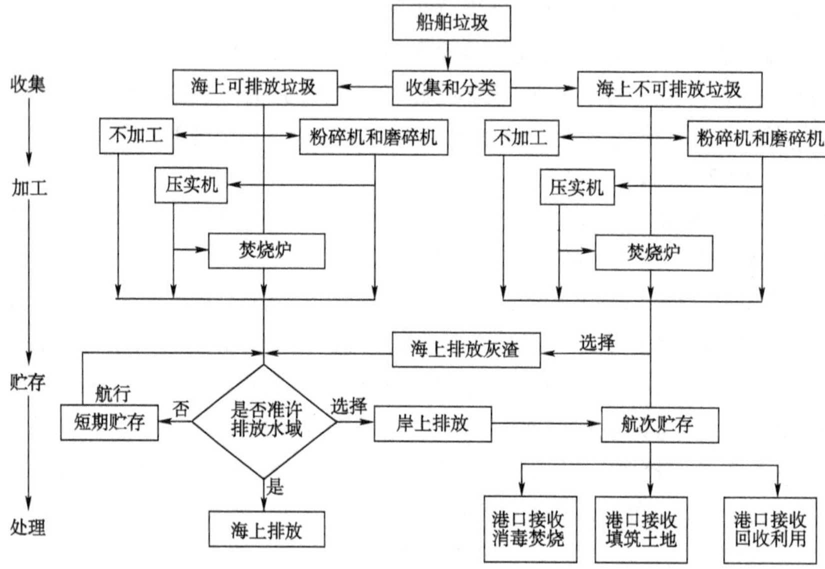

图 7-10 船舶垃圾管理流程图

1)收集阶段

垃圾的收集指的是把船舶各种不同类型的垃圾分类存放起来。首先注意把塑料和混有塑料制品的垃圾放在一起存放;其次把食品废弃物(包括被这种废弃物污染过的一般物品)存放在筒内,便于适时加以倾倒;对于按规定不能在海上处理的其他垃圾(如含油的物质等),将它们存放在一起;对那些源于疫区的垃圾,则要密封起来存放,以便以后消毒处理。

2)加工阶段

即利用船上的粉碎机、磨碎机、压实机和焚烧炉等把船舶垃圾作相应的加工处理。使一些原来不能直接排放的大块废弃物变成粒径小于 25mm 的垃圾,经加工后允许排放入海;对于不允许排放的垃圾经加工后可以缩小体积,减少在船上的贮存空间,更便于把垃圾卸至港口接收设备。

图 7-11 所示为一船用垃圾压实机,它用于压实船舶固体垃圾,减少其体积并使之规格化,以便贮存和处理。该船用垃圾压实机的底座由四根支腿和台板组成,底座之下和一侧分别有出料筐和出料油缸,出料油缸与出料筐相铰接,用于将出料筐推出。底座上有压实筒,该压实筒呈竖立布置,其侧壁上有投料门,垃圾可由投料门送入压实筒内。压实筒上部有压实油缸,压实油缸通过活塞杆与压实筒内的压实活塞相连接,从而实现对垃圾的压缩。压实筒与底座间有导轨和平移板,导轨固定在底座的台面上,平移板则安置于导轨上,平移板开启后,被压实

的垃圾落至出料筐。为避免垃圾压实过程中污水渗出所产生的二次污染，在平移板外伸部分之下安装有污水盒，该污水盒通过管道与压实筒的内腔相连通，使垃圾压实过程中渗出的污水直接排至污水盒中。

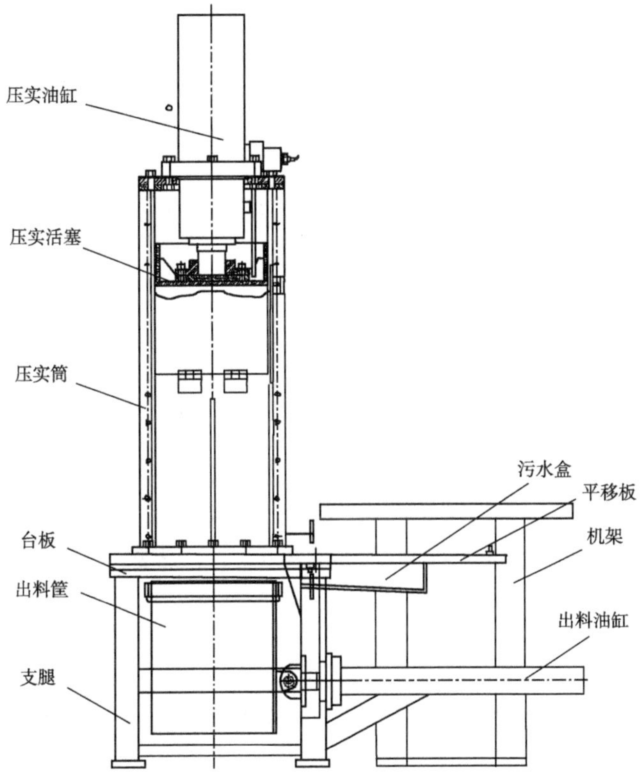

图 7-11　船舶垃圾压实机

3)贮存阶段

将船上收集的垃圾直接或经过加工后运往指定的贮存地点作短期或长期贮存。短期贮存是指按规定能在海上排放的垃圾暂时贮存在船上，待航行到规定海区进行排放；而长期贮存是指不可在海上排放的垃圾贮存在船上，待驶抵港口时由港口接收。对于短期和长期贮存的垃圾，应使用不同的容器贮存。在所有情况下，垃圾的贮存应避免对健康和安全产生危害，在贮存区域，应经常消毒以预防病疫的产生。

4)排放阶段

船舶垃圾的排放应满足 MARPOL 73/78 公约附则Ⅴ所制定的规范（本章已将相应的规范简要归纳为表 7-3），但应优先考虑把垃圾交由港口接收设施处理。为保证及时把船上产生的垃圾转移到港口接收设施，船方和代理应提前安排并通知垃圾接收部门。同时，应标识不同的处理要求，便于港口有关部门做好特殊处理和其他安排准备。

2. 各类垃圾的常用处理方式

食品废弃物等生活垃圾：在垃圾总类中所占的质量百分比有很大的差别，这主要是由不同的饮食习惯、出航时间的长短、船上的食品配备以及供给情况等诸多因素所决定的。根据公约的要求，该类垃圾经厨房污物粉碎机粉碎（能通过不大于 25mm 筛眼）后，可在距最近的陆地 3n mile 外允许的海域排放入海。

金属、玻璃等材料：采用金属/玻璃粉碎机将金属废物切碎成细条或碎片，将玻璃破碎成碎片,这样会容易地沉入海洋中。切碎的产物装在麻袋中形成一个不漂浮的包装,当离岸超过12n mile时排放入海。其中产生量比较多的金属饮料罐也可采取压实打包贮存的方式。

塑料:采用固体废物粉碎机将塑料切碎后压实或压熔成体积大大减小的块状物打包,或直接将塑料压实或压熔成块状物打包,送入贮藏舱室贮存,然后转至陆上进行回收利用。也可采用焚烧的方式,但对焚烧炉的要求较高,以防止燃烧带来的二次污染,并且其灰烬是不允许排放入海的。

纸、纺织品、木头等垃圾:该类垃圾均为可燃物,可直接焚烧,其中纸也可粉碎后在允许的海域排放入海。

燃油产生的污油泥和设备产生的各类废油:作为可燃物通过焚烧炉处理。

医疗废弃物:大多为污染物,应通过焚烧炉处理。

四、船用焚烧炉

在船上,焚烧炉主要用来处理渣油和废油,同时也可以处理污水处理装置中产生的污泥以及其他固体垃圾。船用焚烧炉大多数设计为间歇式工作,人工点火,人工添料。有资料表明:当不安装焚烧炉时,船舶的初始运行费用可以有所降低,但若从总体上考虑,也就是将岸上处理的投资也考虑进去,其运行费用则要高出40%。可见,在船上安装焚烧炉是一种经济的做法。但是必须注意的是在防止海洋污染,焚烧垃圾的同时,焚烧炉燃烧产生的烟、油黑和其他燃烧产物却增加了对大气的污染。当然,船上垃圾的燃烧对大气的污染并不十分严重,这是因为船上垃圾的燃烧量与船用锅炉和柴油机的燃料燃烧量相比是微不足道的。其次,因为焚烧垃圾一般是在公海上,船舶处于航行中时进行的,这样,污染成分散布的区域就很广,形成的污染浓度也很低。但是,当在港口或临近城市的区域使用焚烧炉之前,应得到港口有关当局的许可。

1. 焚烧炉的构造

焚烧炉一般都有一个由钢板制成的外壳,内衬用耐火砖形成燃烧炉膛。炉膛周围设有固体废料投料口,污油燃烧器用以向炉膛内喷入污(废)油。辅助燃烧器则可以保证点火助燃。另有排烟风机以保证炉膛呈负压并冷却排烟,防止烟气外漏和发生火灾。除此之外,还设置废油柜、控制箱、观察孔等。

焚烧炉根据使用的燃烧器型式不同,可以分为转杯式、压力喷雾式和重力滴下式等数种。转杯式燃烧器与锅炉使用的同名燃烧器基本类似,由旋转油杯和雾化风机组成,油杯呈扩张圆锥形,污油经高速旋转的油杯呈空心圆锥状进入炉膛,迅即被雾化风机供入的反向旋转的高速气流所粉碎,雾化效果好,运行时受油渣和水分的影响少;压力喷雾式燃烧器通过具有一定压力的空气或蒸汽的喷射使污油水雾化而发生燃烧,但其喷口小易堵塞;重力滴下式燃烧器则有一高速回转的漏斗状中央圆筒,污油凭借自身重力自污油柜滴入中央圆筒的内壁,被高速回转时所产生的离心力甩出从而实现雾化,该燃烧器结构简单,维护方便,但焚烧量大时易雾化不良冒黑烟。

2. 对焚烧炉的主要要求

(1)装置须是通用性的,能够燃烧油类液体垃圾,也能够燃烧固体垃圾;

(2)排气含灰量要低,通常含灰量不超过$4g/m^3$;

(3)排气温度必须在250~350℃之间;

(4)不能有气味外泄;

(5)必须能够在不停炉状态下安全地清除灰渣和不能燃烧的物体；

(6)有充分的安全防护设施,以保证操作者的安全；

(7)焚烧炉应尽可能自动化,要求当排烟温度过高、点火失败、雾化压力过低、风机故障、燃烧器供给泵故障等情况时要给出报警,并停炉。

3. 焚烧炉的操作和维护保养

焚烧炉在操作时应注意：

(1)固体垃圾应在点炉前打开送料口送入炉膛。

(2)点火前应先扫气30s以上,以驱除炉膛内的油气,防止爆炸。

(3)焚烧污油时要先放掉油柜中污水,并加热至80~100℃。

(4)先点燃辅燃烧器喷入的柴油,待炉膛达到一定温度(约600℃),再送入污油燃烧并停止喷入柴油。正常情况下,污油中混合有水时仍可连续燃烧。当不能连续燃烧时,则需一定量的柴油进行引燃(一般作为引燃用柴油的供给量与污油比例为1/5~1/10)。停炉前应改烧柴油,以冲洗污油管路。

(5)焚烧后的炉灰属无毒垃圾,可在距最近陆地12n mile以外排入海中。

(6)每次处理污油和垃圾时,应做好相应记录。

焚烧炉在维护保养中应注意：

(1)在冷态下清除炉内垃圾。

(2)经常清洁燃烧器,保证油路畅通和点火有效。

(3)定期检查炉门,对铰链要清洁后注油防锈,必要时更换炉门的石棉密封填料。

(4)如发现炉内耐火砖损坏应及时修理。

(5)每日定期检查和试验自动控制和报警装置,保证其工作有效。

4. 焚烧炉实例

LZMW-TeamTec GS500C型船用焚烧炉是我国引进挪威TeamTec(Galor)公司技术合作生产的产品,技术水准目前处于国际领先地位。该型焚烧炉操作简便,可以焚烧污油泥和塑料、纸板、食品废弃物等生活垃圾,且污油和固体垃圾可以同时焚烧。整个燃烧过程可全过程自动监控、调节和焚烧控制,炉温、烟温在设定范围内自动调节。图7-12所示为GS500C型船用焚烧炉系统示意图。

GS500C型船用焚烧炉主要由燃烧室(带辅助柴油燃烧器、柴油加热器和电控箱)、烟气风机、烟气风门以及两级污油柜所组成。

燃烧室外形尺寸为2416mm×1944mm×2097mm。如图7-13所示,燃烧室包括两个相连通的圆筒形炉膛,并配有辅助柴油燃烧器和压力喷雾式污油燃烧器,右侧的燃烧室可用来投放固体垃圾,手动旋转的加料柜安装在右侧燃烧室的顶部,加料柜的外形尺寸为400mm×500mm,大约能容纳125L固体垃圾。固体垃圾掉到燃烧室的格栅上,很容易被燃烧器加热并点燃,通过推料装置可将固体垃圾移到另一个燃烧室。燃烧室装配有观察门和出灰门,只有焚烧炉不处于燃烧状态时,出灰门才能被开启。在到达冷却设置温度之前,控制系统将保持炉门关闭状态。手动空气风门调节装置安装于观察门下方的出灰门上。燃烧室工作温度为850~1150℃,最高温度为1200℃。烟气出口位于燃烧室顶部,这样可以最充分地利用火焰。高温烟气先螺旋向下,然后在燃烧室中央不断旋转上升。垃圾被燃烧器火焰点燃,烟气从燃烧室流向出口,烟气出口的含氧量增加,烟气中残留物质微粒被充分燃烧以保证不造成二次污染。当烟气离开燃烧室时,从壁板底部吸入的冷却空气与之混合,使之在被烟气风机抽出,由烟囱排

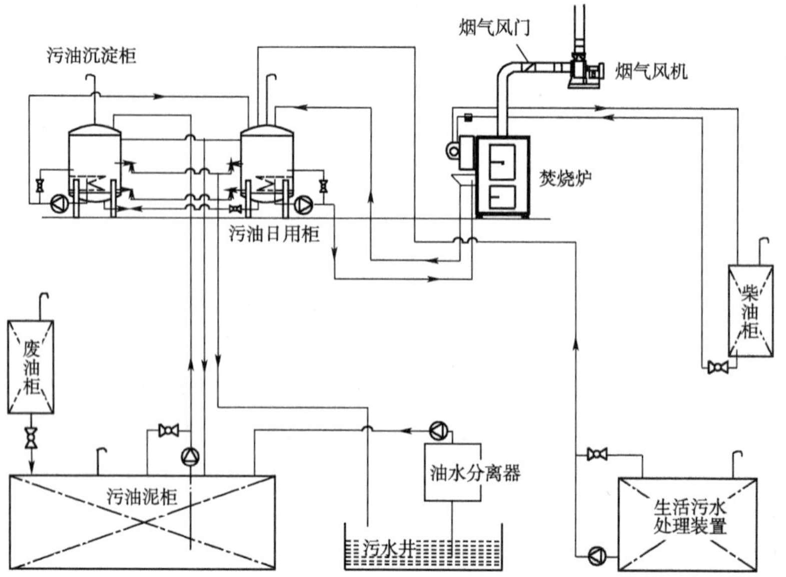

图 7-12　GS500C 型焚烧炉系统示意图

出前温度降至约 320℃。燃烧室为钢结构，配有 50mm 绝热材料，内部为耐火砖结构。这种耐火材料由低石灰、高铝成分构成，具有抗渣性和很好的抗热冲击性。燃烧室的外部由带冷却气体夹层的双层钢质壁板构成。该结构有效地降低了燃烧室外壁表面温度，保证燃烧室外壁表面温度不高于周围环境温度 15℃。

DN400 烟气风机系 GS500C 型焚烧炉配套产品，将焚烧炉炉膛产生的烟气排出，产生炉膛负压。该风机同时通过燃烧室的空气冷却夹层吸入周围气体，燃烧室中产生的高温烟气与冷却夹层吸入的气体混合，将排出气体的温度降至 320℃左右。

DN400 烟气风门受电控箱控制，自动调节烟气管中的烟气流量。操作人员可以直接从电控箱面板上读取炉膛负压，并调节压力到设定点。

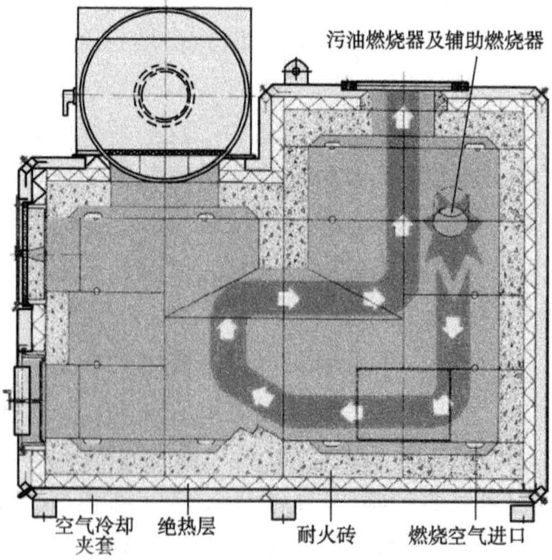

图 7-13　GS500C 型焚烧炉结构示意图

污泥柜具有作为焚烧炉污油泥服务柜的功能，污泥沉淀柜和污泥日用柜均装有加热装置，使污油泥降低粘度，便于管路输送及燃烧。油水分离器分离出来的污油以及机舱产生的其他废油通常含有较多的水分，污泥沉淀柜可以通过沉淀的方式将大部分水泄放回舱底。去除水分的污油则可送入污泥日用柜与生活污水处理装置的污泥水残渣混合、搅拌、粉碎和加热成均质乳状液喷入炉内。

该设备热容量大，整体尺寸小，性能安全可靠，废弃物经焚烧后排出的烟气无色、无异味，残剩微量灰渣，无毒、无菌，不会因此造成二次污染，整个焚烧炉为可拆卸结构，易于安装和维修。

GS500C 船用焚烧炉热容量最大为 730000kcal/h（850kW）；焚烧污油量最大为 95L/h，固体垃圾焚烧量可达 135kg/h。

第八章　防止船舶造成大气污染

国际社会对船舶造成大气污染议题的关注由来已久，随着海上运输船舶数量的日益增加，船舶对大气造成的污染也日趋严重，据挪威向国际海事组织提供的资料表明，2000 年船舶年排放 NO_x 达 602 万吨，占世界排放总量的 7%；SO_x 达 634 万吨，约占世界排放总量的 4%。船舶大气污染已经到了不容忽视的地步，特别是在港口、海峡和一些航线密集、船舶流量大的海区，船舶排放的废气甚至成为该地区的主要污染源。

国际海事组织（IMO）海上环境保护委员会（MEPC）从 1988 年就开始正式着手于防止船舶造成大气污染议题的研讨及审议工作。1997 年 9 月 15 日至 26 日，MARPOL 73/78 公约的 60 个缔约国政府代表及 15 个非缔约国观察员在 IMO 总部召开了 1997 年防止大气污染国际会议，会议通过了 MARPOL 73/78 公约的 1997 年议定书及 8 个决议。议定书将“防止船舶造成大气污染规则”作为附则Ⅵ纳入 MARPOL 73/78 公约，并于 2005 年 5 月 19 日生效。

美国在 2008 年 10 月 9 日向 IMO 提交批准书，成为第 53 个批准 MARPOL 73/78 公约附则Ⅵ的国家。从该附则的最新批准情况看，已有高达全球商船总吨位的 81.88% 的缔约国通过了该附则及其后续修正案，附则Ⅵ的条款也更加细化、明确。

附则Ⅵ对船舶排放大气污染物作出了严格的规定，其首次设定了船舶氮氧化物（NO_x）和硫氧化物（SO_x）的排放指标，禁止非法排放消耗臭氧层物质（ODS），限制液货船挥发性有机化合物（VOCs）的排放，并对燃油的硫含量在全球范围内规定了最高限量。

附则Ⅵ规定，所有 400 总吨及以上的船舶和固定、浮动式钻井平台应进行初次检验、定期检验、中间检验和年度检验，以保证其设备、系统、装置、布置和材料完全符合附则中适用的要求。对通过检验的船舶，发给或签署《国际防止大气污染证书》，即 IAPP 证书，有效期 5 年。

第一节　船舶柴油机废气排放的控制

一、船舶柴油机废气排放物的种类及危害

1. 柴油机废气排放物的种类

柴油机废气排放物的种类很多，依据其对人类的危害性，可分为有害排放物和无害排放物两大类。无害排放物包括氮气（N_2）、氧气（O_2）、二氧化碳（CO_2）和水蒸气等。其中 CO_2 对人类无直接危害，故一般作为无害排放物看待，但它对地球气候产生的温室效应会给人类带来较大危害。在环境较为封闭的场合，柴油机排出的 CO_2 也会对人体健康产生潜在的影响，因而有时也把 CO_2 视作有害排放物。

有害排放物又称污染物，它包括氮氧化物（NO_x）、硫氧化物（SO_x）、一氧化碳（CO）、碳氢化合物（HC）及微粒（PM）等。凡从柴油机中直接排出的污染物称为一次污染物，以上所列出的污染物都属于一次污染物。一次污染物排入大气后经光化学反应等化学变化后所生成的新污染物称为二次污染物，如光化学烟雾中的臭氧（O_3）、过氧酰基硝酸盐（PAN）等。有些污染

物，如二氧化氮（NO_2）和醛，既可在柴油机排气中直接找到，也可由光化学反应产生。因此，它们既可归入一次污染物，也可作为二次污染物看待。

柴油机的排放物按其物理形态划分，可分为气态排放物（如 NO_x、SO_x、CO 及 HC）和微粒排放物两大类。其中"微粒"一词被定义为除纯水以外，泛指其单个颗粒直径大于 0.002μm 的任何固态或液态微颗粒或亚微颗粒。柴油机排气中所含微粒物质主要由碳、碳氢化合物、硫化物、铅化物和含金属元素的灰分等组成。含金属元素的微粒主要来自燃油和润滑油的添加剂以及运动件摩擦所产生的磨屑等。那些以未燃燃油和润滑油为主的液态颗粒，常在冷启动时在排气管内凝聚，当直径较大时表现为白烟，而当直径较小时表现为蓝烟。柴油机排出的固态微粒其主要成分为碳，故常称为碳烟或碳粒。

2. 柴油机废气排放物的危害

1）氮氧化物（NO_x）

氮氧化物（NO_x）是燃烧过程中氮的各种氧化物总称，它包括 NO、NO_2、N_2O_4、N_2O、N_2O_3 和 N_2O_5 等，柴油机排气中的氮氧化物绝大多数为 NO，NO_2 次之，其余的含量很少。NO 是无色并具有轻度刺激性气味的气体，它在低浓度时对人体健康无明显影响，高浓度时造成人与动物中枢神经系统障碍。尽管 NO 的直接危害性不大，但 NO 在大气中可以被臭氧氧化成具有剧毒的 NO_2。NO_2 是一种赤褐色并带刺激性的气体，吸入人体后与血液中的血红蛋白作用，成为变性血红蛋白，使血液的输氧能力下降，并影响心、肝、肾等器官。据报道，人只要在 NO_2 含量为 100～150ppm 的环境中停留 0.5～1h，就会因肺气肿而死亡。

氮氧化物（NO_x）也是形成光化学烟雾的起因物质之一，而光化学烟雾曾导致 1943 年和 1954 年两次严重的美国洛杉矶烟雾，使许多人发病。

2）硫氧化物（SO_x）

燃料中的硫燃烧时主要生成 SO_2，另有 1%～5% 氧化成 SO_3。SO_2 是无色有强烈气味的气体，在浓度低时，主要是刺激上呼吸道粘膜。浓度高时，对呼吸道深部也有刺激作用。当人体吸入较高浓度的 SO_2 时，会发生急性支气管炎、哮喘、发绀和意识障碍等症状，有时还会引起喉头痉挛而窒息。低浓度 SO_2 长期暴露会发生慢性中毒，使嗅觉和味觉减退，产生萎缩性鼻炎、慢性支气管炎、结膜炎和胃炎。此外，当大气中含 SO_2 过多时，SO_2 则会溶于水蒸气而形成酸雨，使大片农作物及森林叶子变黄，造成对动、植物的危害，还会加速许多物质的腐蚀，从而影响自然界的生态平衡。

硫氧化物（SO_x）在温度较低时容易和水蒸气结合成硫酸（H_2SO_4），使设备发生腐蚀。由于一般硫酸在低温处存积，因此也叫低温腐蚀。另外，硫的燃烧产物（特别是 SO_3）使碳氢化合物加速聚合，致使气缸中结炭又多又硬，并且还促使润滑油氧化变质，导致气缸壁和活塞环加速磨损。SO_x 造成柴油机动力装置的腐蚀和磨损加剧，故燃用含硫量高的劣质燃油的机器，需采用高碱性气缸油相匹配，这样可以保护发动机免遭 SO_2 和 SO_3 冷凝后形成的硫酸的腐蚀。然而这仅仅将 SO_x 中很少一部分转变为硫酸钙，不能看成是减少 SO_x 含量的办法，排入大气的 SO_x 最终将被雨水洗出。

3）碳氧化物（CO_x）

柴油机排气中的碳氧化物（CO_x）主要包括了一氧化碳和二氧化碳。

一氧化碳（CO）是无色、无臭的有毒气体。它虽然对人的呼吸道无直接作用，但被吸入人体后，能以比氧强 210 倍的亲和力同血液中的血红蛋白结合，形成碳氧血红蛋白，阻碍血液向心、脑等器官输送氧气，使人发生恶心、头晕，疲劳等症状，严重时会窒息死亡。一氧化碳也会使人慢性中毒，主要表现为中枢神经受损，记忆力衰退等。

二氧化碳（CO_2）是一种无色、无臭的气体，本身没有毒性，但当大气中含量过高时，则会影响肺部吸氧呼碳，使进入血液中的 CO 逐出困难，进而形成贫氧现象。此外，由于地球上森林资源日益减少，而燃料燃烧后排入大气层中的 CO_2 不断增加，温室效应愈来愈显著。如大气中 CO_2 含量不断增多，CO_2 气体就好像一层日益加厚的透明薄膜一样，太阳的辐射热量透进来容易，却难以逸出，年积月累，全球气候将变暖，这就在世界范围内造成反常的气候变化，破坏了自然界的生态平衡。

4）碳氢化合物（HC）

碳氢化合物（HC）包括未燃和未完全燃烧的燃油、润滑油及其裂解产物和部分氧化产物，如多环芳烃、醛、酮、酸等在内的 200 多种成分，有时简称为未燃烃。人体内吸入较多的未燃烃，会破坏造血机能，造成贫血、神经衰弱，并会降低肺对传染病的抵抗力。另外，碳氢化合物与氮氧化物在阳光紫外线的作用下，会生成光化学烟雾。

5）微粒（PM）

微粒（亦称颗粒或颗粒物）对人类健康的危害性与微粒大小及其组成有关。微粒愈小，停滞于人体肺部、支气管的比例愈大，对人体的危害就愈大。

碳烟（也称黑烟）是燃烧系统微粒排放中最大微粒物质，主要由直径为 1.1～10μm 的多孔性碳粒构成，并在其表面凝结或吸附含氢成分——未燃烃以及 SO_2 等。碳烟悬浮在空气中，既影响能见度又污染空气。

二、关于船舶柴油机 NO_x 和 SO_x 排放的法律规范及控制措施

1. MARPOL 公约对 NO_x 和 SO_x 排放的控制标准

船舶柴油机排放的废气主要有氮氧化物（NO_x）、硫氧化物（SO_x）、碳氧化物（CO_x）、碳氢化合物（HC）以及微粒（PM）等，其中氮氧化物（NO_x）和硫氧化物（SO_x）对环境和人类的影响最为严重。MARPOL 73/78 公约附则Ⅵ—“防止船舶造成大气污染规则”对船舶柴油机的排放限制主要涉及到的就是氮氧化物（NO_x）和硫氧化物（SO_x）的排放。

1）氮氧化物（NO_x）排放的控制标准

除应急发电柴油机、救生艇发动机以及应急设备或装置使用的柴油机外，每一台在 2000 年 1 月 1 日或以后建造的船舶上输出功率超过 130kW 的柴油机，以及每一台在 2000 年 1 月 1 日或以后经过重大改装的输出功率超过 130kW 的柴油机，其氮氧化物（NO_x）的排放量必须满足如下指标：

低速机（$n<130$r/min）为 17g/（kW·h）；

中速机（$n=130\sim2000$r/min）为 $45\times n^{-0.2}$g/（kW·h）；

高速机（$n>2000$r/min）为 9.84g/（kW·h）。

2）硫氧化物（SO_x）排放的控制标准

附则Ⅵ对硫氧化物（SO_x）的一般要求规定，船舶使用的任何燃油的含硫量不得超过 4.5%。在硫氧化物（SO_x）排放控制区的船舶所使用的任何燃料中，含硫量不得超过 1.5%。船舶可使用经主管机关按 IMO 制订的导则认可的废气净化系统将船舶的硫氧化物总排放量减少至 6.0g/（kW·h）或以下，也可使用其他技术将硫氧化物总排放量限制在同等水平，但是应当经过主管机关依据 IMO 导则认可。波罗的海区域、北海区域（包括英吉利海峡）被指定为硫氧化物（SO_x）排放控制区。

此外，MEPC 第 58 次会议于 2008 年 10 月 6 日至 10 日在英国伦敦 IMO 总部召开，会议一致通过了 MARPOL 73/78 公约附则Ⅵ关于减少船舶排放废气的修正案，对船舶大气污染物的排放提出了进一步的要求。该修正案于 2010 年 7 月 1 日默认生效。

修正案要求从 2012 年 1 月 1 日开始，全球重质燃油的含硫量从现在的 4.5% 降低至 3.5%，并在 2018 年之前作出可行性评估，如果通过评估，则到 2020 年 1 月 1 日，将要求全球船用重质燃油的含硫量降低到 0.5%。对于硫氧化物（SO_x）排放控制区，从 2010 年 7 月 1 日开始，该区域船舶所使用的燃油含硫量不得超过 1.0%，从 2015 年 1 月 1 日开始不得超过 0.1%。

在 NO_x 排放控制方面，修正案根据船舶的建造年份制定了三层控制标准。

第一层标准要求 2000 年 1 月 1 日及以后，2011 年 1 月 1 日之前建造的船舶上安装的柴油机的氮氧化物（NO_x）排放量在下列限值内：

低速机（$n<130$r/min）为 17g/(kW·h)；

中速机（$n=130\sim2000$r/min）为 $45\times n^{-0.2}$g/(kW·h)；

高速机（$n>2000$r/min）为 9.84g/(kW·h)。

第二层标准要求 2011 年 1 月 1 日及以后建造的船舶上安装的柴油机的氮氧化物（NO_x）排放量在下列限值内：

低速机（$n<130$r/min）为 14.4 g/(kW·h)；

中速机（$n=130\sim2000$r/min）为 $44\times n^{-0.2}$g/(kW·h)；

高速机（$n>2000$r/min）为 7.7g/(kW·h)。

而第三层标准最为严格，当船舶航行于指定的排放控制区时，2016 年 1 月 1 日及以后建造的船舶上安装的柴油机的氮氧化物（NO_x）排放量必须在下列限值内（控制区外仍适用第二层标准）：

低速机（$n<130$r/min）为 3.4 g/(kW·h)；

中速机（$n=130\sim2000$r/min）为 $9\times n^{-0.2}$g/(kW·h)；

高速机（$n>2000$r/min）为 2.0g/(kW·h)。

2. 船舶柴油机 NO_x 排放的控制措施

柴油机燃料中一般含氮量不到 0.02%，排气中的氮氧化物主要是由空气中所含的氮在高温下氧化而成，其氧化反应过程可用扩充的 Y. 切尔杜维奇（Y. Zeldovich）机理加以说明。

$$N_2 + O \Leftrightarrow NO + N \tag{8-1}$$

$$O_2 + N \Leftrightarrow NO + O \tag{8-2}$$

$$N + OH \Leftrightarrow NO + H \tag{8-3}$$

上述反应中的氧原子是氧气在高温分解时所产生的，氧原子的存在诱发了 NO 生成的连锁反应。由于在整个反应过程中，式（8-1）起决定作用，所以氧原子浓度以及反应温度对 NO 的生成最为重要。NO 的生成量还与反应时间有关，如果燃气在富氧和高温条件下停留时间长，NO 的生成量必然增加。随着膨胀冲程缸内温度下降，NO 的生成率也迅速下降。但因逆向反应速率很低，NO 不能很快达到相应的平衡浓度，因此，其排放浓度大大高于平衡浓度。NO_2 不是在气缸内生成的，而是 NO 排入大气后与空气中氧气反应生成的。

通过上述分析可知，对氮氧化物生成有重要影响的因素是：高温、富氧、长时间停留。如果这三个条件同时成立，那么氮氧化物的生成将明显增多。所以控制 NO_x 的排放，从本质上讲，就是避免这三个因素在燃烧室中同时形成。当然，从燃烧理论来讲，NO_x 排放是良好燃烧的副产品，因此要降低 NO_x 排放就不可避免地要降低柴油机的热效率，使柴油机运营成本增大。

船舶柴油机的排放控制措施分为机内控制（一次控制）和机外控制（二次控制）。机内控制是指在可燃混合气燃烧之前采取的降低污染物排放的措施，包括了湿法降低 NO_x 技术（燃油乳化、气缸直接喷水、增压空气加湿）、废气再循环技术（EGR）、优化柴油机结构参数和运行参数、添加燃油添加剂等。机外控制则是指是在机内控制基础上，进一步降低排放量，以期满足附则Ⅵ的要求所采取的措施，包括了选择性催化还原技术（SCR），废气洗涤法等。以下对目前船舶柴油机常用的控制 NO_x 排放的措施加以重点说明。

1）燃油乳化

燃油乳化，是指燃油在喷入气缸前，在燃油中混合一定的水分，并在超声波和机械搅拌的作用下，将重油乳化成为油包水的油滴。喷入气缸后由于水蒸气的"微爆"作用使油滴破碎成更细小的油滴，因而促进了混合气的形成和燃烧。燃烧过程中，由于水的吸热作用，可降低最高燃烧温度，水与油混合喷入还可以降低燃油密度，使最高燃烧温度进一步降低，从而减少柴油机的 NO_x 排放量。

燃油的乳化必须在其进入燃油系统的循环回路前完成。水的增加量根据排气中测得的 NO_x 来决定，因此需要对 NO_x 进行连续监测。对于采用燃油乳化措施的船舶，燃油系统应设置一个特殊设计的安全系统，当船舶失电时，将不会影响油/水乳化的稳定性。这样，机器再启动时仍可使用稳定的乳化燃油，而无需切换到纯燃油状态。

燃油乳化技术也有其局限性，水和重质燃油的乳化比较容易实现，但水和轻、重柴油的乳化就存在一定的困难。另外，使用乳化燃料时，原喷油泵的喷射量以及喷射特性不能满足柴油机运转时所需求的燃料量，尤其是在大负荷情况下，柴油机几乎不能正常运转；加之乳化燃料的粘度较大，雾化效果不好，造成燃烧恶化，反而使一些有害气体的排放增加。因此需要改造柴油机的高压油泵、高压油泵凸轮轴和喷油器。在实际应用当中，乳化燃油的方式只能降低 NO_x 排放约 20% ~30%。

2）气缸直接喷水（DWI）

鉴于燃油乳化技术有较为明显的缺点，瓦锡兰公司开发并应用了气缸直接喷水技术（DWI）。该技术通过复合型喷油器将水和燃油先后喷入燃烧室，实现水与燃烧混合气的混合，从而降低了燃烧的温度，能够减少 NO_x 排放量约 50% ~60%。

如图 8-1 所示，气缸直接喷水系统的核心元件是同时拥有喷水针阀 6 和喷油针阀 7 的复合型喷油器。液压高压水泵 2 将清洁淡水（自来水或蒸馏水）加压至 20 ~40MPa，高压水导入装在每个缸头上的机械式流量保险装置 3，最后经喷水针阀送入燃烧室，喷水定时和持续时间由控制单元 4 通过启闭电磁阀 5 确定，机械式流量保险装置可以在水流量过大的情况下紧急切断向气缸的供水。向气缸内的喷水在上止点前完成，喷油行程在喷水行程结束后开始。如果需要，也可以在不影响柴油机工作的情况下屏蔽掉喷水系统。

DWI 技术在降低 NO_x 排放的同时也降低了柴油机的热负荷，并提高柴油机的运行清洁性，消耗淡水量也较少，实践表明，当发动机负荷在额定功率的 40% 以上时，喷水系统对降低 NO_x 排放最为有效。但是 DWI 技术会导致燃油消耗率略有提高，燃烧含硫量较高的燃油时需考虑燃烧室材料和采用特殊的喷嘴。

3）增压空气加湿

亦称为进气空气加湿，水以高压水雾的形式在压气机后喷入增压空气，有时还需要提高空冷器中增压空气的温度，以防止水雾凝结。这种方法可减少 50% ~60% 的 NO_x 排放，降低主

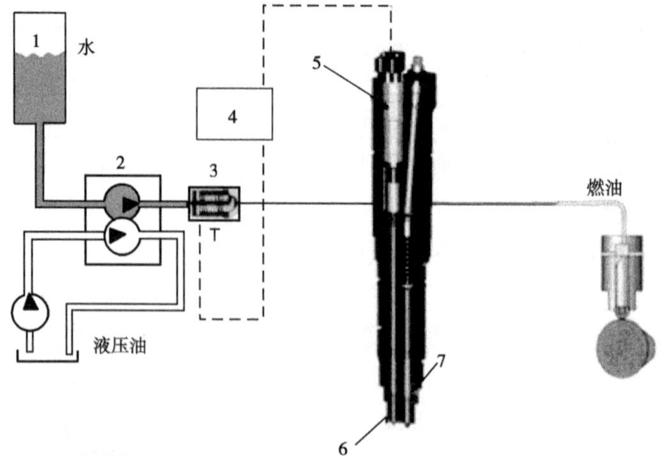

图 8-1　气缸直接喷水系统

1-淡水柜;2-液压高压水泵;3-机械式流量保险装置;4-控制单元;5-电磁阀;6-喷水针阀;7-喷油针阀

机的热负荷并提高柴油机的运行清洁性,必要时也可以屏蔽掉喷水系统,而不影响柴油机的正常运转。增压空气加湿系统有结构简单、成本低和不增加燃油消耗率等优点,但是采用增压空气加湿技术需要较多的淡水且对水质要求较高,并且有可能对气阀和阀座产生腐蚀。

4)废气再循环(EGR)

废气再循环(EGR)是将排气管中的一部分废气引入进气管,再进到气缸中。废气的稀释作用减缓了 NO 的生成速度、降低了燃烧温度,从而有效地降低了 NO 排放浓度。图 8-2 所示为柴油机采用废气再循环法的示意图。

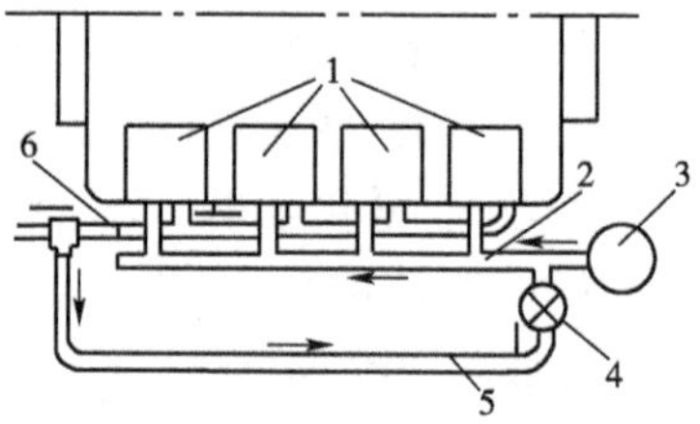

图 8-2　废气再循环法示意图

1-气缸;2-进气管;3-空气滤清器;4-EGR 阀;5-再循环管;6-排气管

废气再循环之所以能够使排气中的 NO_x 浓度下降,是因为:

(1)柴油机排出的废气中,由于含氧量少,在其再循环回气缸内后,使燃烧时反应混合物中的氧含量与不循环时相比,有显著降低。燃烧和爆炸过程中 NO 的生成反应速度与氧浓度的平方根成正比,因此 NO 的生成反应速度降低,于是废气中的 NO_x 浓度也相应下降。

(2)废气中含有较多的水蒸气和 CO_2,在高温下,水蒸气和 CO_2 的比热比空气大得多。若燃料油的燃烧热值一定,燃烧混合气比热大者,会使燃烧过程所达到的火焰温度较比热小者为低。由于在燃烧和爆炸过程中,NO 的生成速度与燃烧绝对温度成指数关系,因此燃烧温度的降低导致废气中 NO_x 的浓度降低。

当然,废气再循环技术也有其不足之处,会使发动机热负荷较高,排气温度增加,柴油机的动力性及经济性也有所下降。废气再循环量过大还会使燃烧速度变慢,稳定性变差,HC 及 CO 排放量增加。

图 8-3 所示为 MAN B&W 公司的 4T50MX 型柴油机进行废气再循环试验的测试结果。显然,随着废气再循环量的增加,NO_x 排放减少。废气再循环量为 15% 时,对燃烧过程生成 NO_x 的抑制效果可达到 50% 左右。瓦锡兰公司的 Sulzer 4RTX54 型柴油机也进行过废气再循环试验,结果表明,6% 的再循环量,可以减少约 22% 的 NO_x 排放。

废气再循环又可分为热循环和冷循环。前者为废气不经过冷却,直接与进气混合而引入气缸，后者则是指废气经过冷却器冷却后引入气缸。从降低 NO_x 的效果和发动机动力性能考虑，应使用冷循环（废气温度降到 160 ~ 180℃）。冷循环的缺点是需要安装冷却装置，这样必然提高船舶动力装置复杂性，并给船舶运营管理带来额外负担；而且润滑油品质会发生劣化，使发动机各部分的腐蚀及磨损都较大。

5）优化柴油机结构参数和运行参数

延迟喷油定时是在燃烧过程中降低 NO_x 发生量的简便、有效的改进方法。延迟喷油定时的作用主要是使燃料燃烧所形成的温度颠峰值降低，但会使油耗率略有增加。对于经常在热带航区航行的船舶动力装置，由于冷却水温较高，利用此方法能将 NO_x 的排放量减少 10% ~15%。

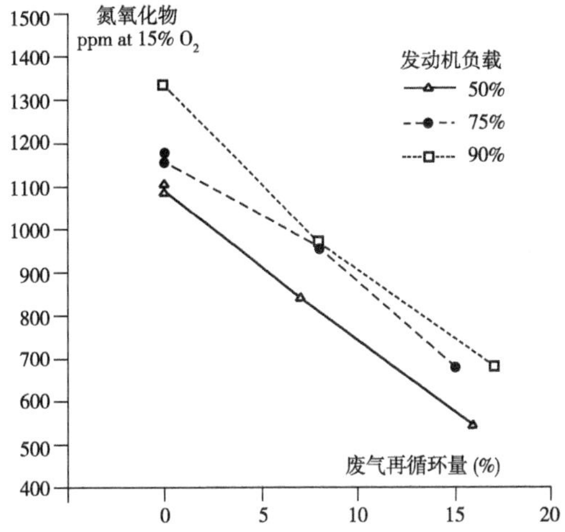

图 8-3 废气再循环量对 4T50MX 型柴油机 NO_x 排量的影响

通过调整喷油规律，减少上止点前喷入气缸的燃油量；或者调整气阀正时，以降低最高燃烧温度和压力，也可减少 NO_x 发生量。另外，改进喷油器的结构，如减小喷油器压力室容积，改变喷油嘴喷孔数目、孔径和长度等，也是控制 NO_x 排放的有效措施之一。

但是要解决降低污染物排放和保证发动机性能之间的矛盾，目前较好的办法是采用柴油机电子控制技术或智能喷油系统。近年来发展的共轨电控喷油技术，能实现柴油机在不同负荷的情况下以优化的喷油提前角和喷油压力将燃油喷入气缸，在降低了燃油消耗率的基础上，也降低了 NO_x 的排放。

6）选择性催化还原法（SCR）

用氨作还原剂对含 NO_x 的气体进行催化还原处理，使氨能有选择地和气体中的 NO_x 进行反应，而不和氧发生反应，称为选择性催化还原法。利用选择性催化还原法来降低废气中的 NO_x，废气在通过一层特殊的催化剂之前与氨相结合，温度为 300 ~ 400℃，NO_x 还原为 N_2 和 H_2O。用 SCR 法净化 NO_x 时，主要发生以下反应：

$$4NO + 4NH_3 + O_2 \rightarrow 4N_2 + 6H_2O$$

$$6NO_2 + 8NH_3 \rightarrow 7N_2 + 12H_2O$$

图 8-4 为船用低速柴油机 SCR 系统的布置示意图。SCR 的反应器为一个独立的装置，垂直于机旁，通过排气管和阀件与之连接。另一种可供选择的布置方式是水平设置 SCR 反应器，置于增压器之上，对机舱的布置更方便。

NO_x 清除的程度取决于所加的氨量（表示为 NH_3/NO_x）。NH_3/NO_x 的比值高，则可得到高的 NO_x 净化率，同时，在被处理过的烟气中未用过的氨（称为氨的流失）将增加。氨的流失应尽可能低，这是因为烟气在其下游的锅炉或其他热交换器中冷却时，氨可能与排气中的 SO_3 反应，导致加热面被硫化氨所污染。

液氨、氨水、尿素都可用作还原剂。对于船用来说，需要安全且容易处理的还原剂，因此采用尿素最合适。不论采用哪种还原剂，运行费用和贮存柜容量都将是船舶设计和运行时所需考虑的重点。NH_3 是可燃性气体，因而其输送管路采用双层管壁并设有必要的透气装置。环形空间中置有 NH_3 漏泄监测器。喷入排气管中的含氨量由一台程序计算机控制，使氨的喷射量与发动机产生的 NO_x 成比例。NO_x 的产生量与发动机负载的关系在试验台试验时进行了测量,所取得的关系编入程序计算机用来控制氨的剂量。氨的剂量随后按反馈系统基于所测得的 NO_x 出口信号的偏差来进行调节。如果仅仅按 NO_x 排出信号来控制氨喷射量,反应器调节 NH_3 剂量的响应太慢,会导致 NO_x 和氨出口浓度的波动太大。

SCR 反应器含有多层催化剂。催化剂的容量以及反应器的尺寸取决于催化剂的活性、所期望的 NO_x 净化程度、NO_x 的浓度、烟气压力和可接受的 NH_3 流失量等因素。船用 SCR 在较严峻的条件下工作,如采用低硫燃油、机器负载频繁迁移等影响因素较多。催化剂的耐用性对维修时间和运行费用有重要的影响。

SCR 技术的最大优点在于它能降低 NO_x 排放 85% ~90%,甚至更多,并且不影响柴油机的燃油消耗率。如果机内控制措施仍不能满足排放法规的要求,可以应用 SCR 技术有效地弥补这一点。国外一些柴油机制造厂早已开始 SCR 实船应用的开发研究工作,所有试验研究都证实了 SCR 不仅有效地降低了 NO_x 的排放量,同时也降低了 CO、HC 等污染物的排放,能够较好地满足一些航区对 NO_x 排放控制较严的要求。

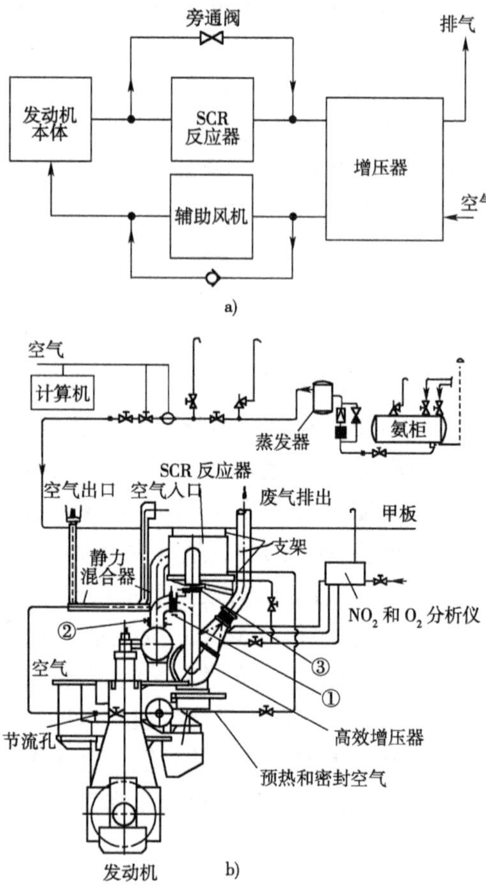

图 8-4　船用低速柴油机 SCR 系统布置图

然而,SCR 技术也存在不少问题,其系统装置的体积与发动机相当,投资费用为船舶的 5% ~8%,运行费用(主要是还原剂消耗)也很高,负荷变化时难以适当地控制氨的喷入量,此外应用于船舶时,还有还原剂的装卸、贮存和安全问题需要考虑。

尽管如此,因为 SCR 技术可以非常有效地降低船舶柴油机 NO_x 排放,所以还是成为了降低 NO_x 排放的机外控制技术的首选方案,并且随着各国的重视,科学技术的不断发展,SCR 将会越来越小型化,成本也会降低,必将会在航运界中得到普及。

3. 船舶柴油机 SO_x 排放的控制措施

控制 SO_x 排放的方法,可以是选用低硫燃油,或从烟气中脱硫(净化来自燃料燃烧过程中产生的低浓度烟气,其含硫量大多为 0.1% ~0.5%)。

燃油中的硫几乎 100% 氧化变成排气中的 SO_x,不可能在燃烧过程中得到控制,因此降低 SO_x 排放的根本措施在于燃用低硫燃油。在石油的炼制过程中,一般都经过脱硫工序,成品油中的含硫量比原油中低得多,问题是燃油价格在一定程度上决定于含硫量,如果燃油中硫的含量从 3.5% 降到 1.0 %,则价格将提高 10% ~20%,而且燃油脱硫的精炼过程需耗费大量能量并造成新的污染(脱硫 1t 需释放 $6tCO_2$),同时不同地区对船舶进港所用燃油的含硫量要求不一,转换使用含硫量不同的燃油会因不相容性而产生品质不稳定的燃料,可见仅仅使用低硫分燃料也并非万全之策,船舶排烟脱硫处理将是今后船舶防止 SO_x 污染大气的重点发展方向。

燃料中的硫燃烧时主要生成 SO_2,从烟气中脱除 SO_2 的技术,早在 20 世纪 30 年代就已在陆上工业进行试验和使用，但因烟气量大而 SO_2 浓度低，脱硫成本较高故难以得到发展。近些年来，各国普遍开展这一方面的研究，提出的方法有多种，各有优缺点。根据净化的原理和流程来分类，烟气脱硫方法大致有三类：

(1)用各种液体和固体物料优先吸收或吸附 SO_2；(2)在气流中将 SO_2 氧化为 SO_3，再冷凝为硫酸；(3)在气流中将 SO_2 还原为 S，再将硫冷凝。

湿法脱硫，即利用液体作为吸收剂在洗涤塔中吸收并除去烟气中所含的 SO_2，是烟气脱硫的主要技术手段，根据所用吸收剂的不同，又可分为石灰石膏法、氢氧化镁法以及碱性水溶液法等。目前又兴起了使用海水作为吸收剂脱硫的海水脱硫法，利用海水呈碱性与 SO_2 可以溶于海水的基本原理，在洗涤塔内大量喷淋海水，烟气中的 SO_2 被海水吸收而除去，净化后的烟气经除雾器除雾和烟气加热器加热后排放，溶于海水中的 SO_2 则排入海中。实践证明采用海水脱硫法除硫效果可达90%，虽然此法将对水质有所影响，但这种影响不会对环境造成长期的损害。

当然，无论是采用洗涤塔的湿法脱硫技术，还是其他烟气脱硫的办法，柴油机 SO_x 排放后处理都需要有较大的投资。为此，是选用低硫燃油，还是采用高硫燃油并添置烟气后处理脱硫设施仍需仔细权衡。所幸的是，中国产原油属远东低硫原油，大庆原油含硫量不到0.1%，胜利和江汉油田的原油含硫量分别为0.98%和1.28%，远小于 MARPOL 73/78 公约附则Ⅵ中对船用燃油含硫量的质量百分比不超过4.5%的规定。中东原油的含硫量偏高，在2.5%以上，委内瑞拉 Boscan 原油含硫量最高为5.5%。

三、IMO 控制船舶柴油机 CO_2 排放的努力

温室效应，又称“花房效应”，是大气保温效应的俗称。大气能使太阳短波辐射到达地面，但地表向外放出的长波热辐射线却被大气吸收，这样就使地表与低层大气温度增高，因其作用类似于栽培农作物的温室，故名温室效应。如果大气不存在这种效应，那么地表温度将会下降约3℃或更多。反之，若温室效应不断加强，全球温度也必将逐年持续升高。

20世纪中期以来，人类活动排放的温室气体加剧了全球气候变暖的步伐，并带来了相当于全球 GDP 总量5%的经济损失。在全球所排放的各种温室气体中，CO_2 因其绝对的数量优势被认为是导致气候变化的罪魁祸首。尽管国际海运所排放的 CO_2 仅占全球总排放量的1.8%～3.5%（统计和计算方法的不同导致了估计结果有所差异），但其总量却相当于法国整个国家的排放量。仅从1990年到2002年，国际海运排放的温室气体就增加了28%，随着国际贸易的发展和海运量的增长，这个数字还将继续攀升。可见，温室气体排放是国际海运面临的严峻的环境挑战，实施国际海运的温室气体减排对减缓全球气候变暖有着深远的意义。

目前，对于国际海运温室气体排放还无任何国际法规，仅在《联合国气候变化框架公约》的《京都议定书》中明确，要求其附件Ⅰ所列的国家通过国际海事组织（IMO）限制并减少温室气体的排放，IMO 成为了组织实施国际海运温室气体减排的政府间国际组织。

1997年，MARPOL 73/78 公约缔约国大会通过了关于船舶 CO_2 排放的决议，决定对船舶温室气体排放进行研究，并提请海上环境保护委员会（MEPC）审议可行的温室气体减排战略。

2000年，IMO 发布了《船舶温室气体排放研究》报告。文中初步估算了国际海运所排放的温室气体在全球总排放量中的比例，并从技术、营运和市场等方面探讨了国际海运温室气体减排的措施。

2003年11月，IMO 在第23次大会上通过了 A.963(23)决议，敦促 MEPC 建立限制或减

少国际海运温室气体排放的机制。

2005 年,IMO 散发了 MEPC/Circ. 471 通函《船舶 CO_2 排放指数自愿试用临时导则》,使船舶经营者可对其船舶在 CO_2 排放方面进行相关的性能评估。

2006 年,在 MEPC 第 55 次会议上,带有明确的时间表的"限制或减少国际海运 CO_2 排放机制工作计划"得以通过。根据该计划,对技术、营运及基于市场的温室气体减排措施的审议被正式提上 IMO 的工作议程。

2007 年,在 MPEC 第 56 次会议上,委员会讨论了更新"IMO 温室气体研究"的时间框架,同意更新的研究报告应提交 MPEC 第 59 次会议,还审议了更新"IMO 温室气体研究"的工作范围和建议。

在 2008 年 4 月召开的 MEPC 第 57 次会议上,成员国就 IMO 关于国际海运温室气体减排的未来工作框架达成了共识;批准了秘书长关于加紧进行有关温室气体减排工作的建议,特别是 CO_2 排放指数方案的制订以及 CO_2 排放基线调查的开展;温室气体排放工作组还编写了下一步的工作计划,包括控制 CO_2 排放的短期及长期措施,该计划获得了海环会批准。

控制船舶 CO_2 排放的短期措施包括建议建立全球航运燃油税征收方案以减少温室气体排放。根据该计划,所有从事国际航运的船舶将需缴纳基于每吨定值的燃油税。如果该计划投入实施,则可获得所用燃油以及 CO_2 排放的基线信息。其他需要考虑的短期措施还包括:改善燃油消耗;能源效率设计和管理计划/采用测试模型估算新船的 CO_2 排放指数;岸基能源供应;使用风能;自愿/强制报告 CO_2 指数值的要求;船舶减速航行;提高交通管制、船队管理、货物操作和能源效率等。

温室气体排放工作组确认的长期的措施获得了海环会的批准并需进一步研究,这些措施包括:船舶设计指数的技术措施;使用替代燃料;强制性新船 CO_2 设计指数;CO_2 营运指数的外部核查制度;统一的 CO_2 营运排放指数以及对不符合惩罚;排放交易机制和/或清洁发展机制;港口强制征收 CO_2 排放费等。

尽管各国针对自身的情况对 IMO 提出的船舶减排措施存在着较大的争议,但全球气候恶化的问题客观存在,温室气体减排的工作势在必行,减排步伐不会停滞。

第二节　船舶 CFCs 对大气的污染及替代

一、制冷剂的分类及 CFCs 的危害

制冷剂是制冷装置用来完成制冷循环的工质。船上目前普遍使用的制冷剂是氟利昂(freon),它是卤代烃的商品名。用作制冷剂的氟利昂是甲烷(CH_4)或乙烷(C_2H_6)中的氢原子被卤素氟(F)、氯(Cl)原子全部或部分取代而成的产物。由甲烷制成的用 R××表示,由乙烷制成的用 R1××表示,若有分子式相同的异构体则在最后加 a、b、c 等字母以示区别。

臭氧层位于离地面 15~50km 的大气平流层中,集中有地球上 90% 的臭氧气体。太阳光线中的紫外线依据自身波长的不同,可分为短波紫外线(UV-C)、中波紫外线(UV-B)和长波紫外线(UV-A)。当臭氧层中的氧气分子受到短波紫外线(UV-C)的照射时,氧分子会分解成原子状态。氧原子的不稳定性极强,极易与其他物质发生反应。如与氢(H_2)反应生成水(H_2O),与碳(C)反应生成二氧化碳(CO_2)。同样的,与氧分子(O_2)反应时,就形成了臭氧(O_3)。臭氧形成后,由于其密度大于氧气,会逐渐地向臭氧层的底层降落,在降落过程中随着

温度的上升,臭氧不稳定性愈趋明显,再受到长波紫外线(UV-A)的照射,又被还原为氧气。臭氧层就是保持了这种氧气与臭氧相互转换的动态平衡。臭氧能有效地吸收对动植物有害的太阳紫外线 UV-B 和 UV-C,而对生物基本无害的太阳紫外线 UV-A 却能全部通过。正是由于有臭氧层这道天然屏障,才使得地球上的人类和其他生物能够正常生长和世代繁衍。

20 世纪 70 年代初,研究大气的科研人员发现大气臭氧层有不断耗减的趋势,并于 1985 年首次在南极上空发现臭氧层空洞,同时全球气候有变暖的迹象。1973 年日本召开的一次国际学术会议上,一些环境科学家认为臭氧层内臭氧浓度的下降是因为人类活动所散发的物质进入臭氧层并参加使臭氧消亡的反应,破坏臭氧层内的自然动态平衡所导致的。1974 年美国加州大学化学系的罗兰德教授和莫尼娜博士首次在英国学术杂志“Nature”上提出含有氯原子的氟利昂制冷剂可能会分解臭氧,威胁臭氧层的厚度。虽然对臭氧层是否耗减及何种机制引起耗减的问题曾在科学界、企业界、各国政府部门内进行长达 10 年之久的激烈争论,但事实上经各国科学家长期而大量的观察研究确定含氯氟利昂是破坏臭氧层的主要因素之一。美国宇航局(NASA)为寻求揭示臭氧层空洞的生成机制,于 1986 年及 1987 年两次牵头组织数十名科学家赴南极进行“国家臭氧探险”活动,考察结果很好地解释了含氯氟利昂耗减臭氧层的原因和机理。

含氯的氟利昂升至高空臭氧层后,在强烈的紫外线作用下释放出氯离子,会起催化作用而大量损耗臭氧,破坏臭氧的生成和分解平衡,降低臭氧的浓度,使到达地面的紫外线显著增强,对人类的健康和农作物、海洋浮游生物的生长不利,并可能引起气候异常。分解臭氧的能力可以用“臭氧耗损潜值”ODP 来衡量,它是以 R11 为基准,将其 ODP 值定为 1 而得出的相对指标。

另外,大部分制冷剂及某些其他气体也会在一定程度上造成“温室效应”,即能吸收到达地面后又被反射的太阳射线,再辐射加热地面空气,从而使全球变暖,对人类生存环境产生不利影响。“全球变暖潜值”GWP 是衡量物质温室效应大小的相对指标,常以 CO_2 为比较基准,定其 GWP 值为 1。氟利昂的 GWP 值是 CO_2 的几千倍,但由于其消耗量少得多,所以对全球变暖的影响不足 1%。

CFCs 表示不含氢的氯氟烃(即不包含氢原子的含氯氟利昂制冷剂),ODP 值高。CFCs 化学稳定性好,不易在对流层分解,扩散入臭氧层后受短波紫外线 UV－C 的照射分解出氯离子,参与对臭氧的消耗,反应过程如下:

$$CF_XCl_Y \rightarrow CF_XCl_{Y-1} + Cl$$
$$Cl + O_3 \rightarrow ClO + O_2$$
$$O_2 \rightarrow 2O$$
$$ClO + O \rightarrow Cl + O_2$$

CFCs 分解出的氯离子消耗臭氧是连锁循环性反应,一个氯离子能够消耗近 10 万个臭氧分子。根据《关于消耗臭氧层物质的蒙特利尔议定书》,CFCs 已从 1996 年(发展中国家推迟至 2010 年)起禁用。

HCFCs 表示含氢氯氟烃,因为含有氢使其不够稳定,在对流层易于分解,对臭氧层的破坏能力远低于 CFCs,故 ODP 值较低,按协议属于第二批受控物质。2020 年(发展中国家 2030 年)起禁用,欧盟已提前至 2015 年禁用,而 R22(属于 HCFCs)在德、意等国 2000 年即已禁用。

HFCs 表示不含有氯原子的含氢氟化烃,ODP 值为零,对臭氧层无破坏作用,所以也叫环保制冷剂,未限制使用。

共沸冷剂目前多由两种氟利昂按一定比例混合而成,用R5××表示。这类冷剂在气化或液化的相变过程中,液、气相物质组分的质量分数始终不变;相变压力既定则相变温度始终不变,彼此有既定的相应关系,就和单一物质一样。共沸冷剂的标准沸点比组成它的纯冷剂都低,故能适用的蒸发温度较低;若蒸发温度既定,采用共沸冷剂的吸气压力比采用纯冷剂高,密度更大,故单位容积制冷量大。但现研发的共沸冷剂含有禁用氟利昂,目前尚未有适用品种。

非共沸冷剂现今也是由两种或三种氟利昂以一定的质量百分比混合而成,它的编号是R4××,若有组分相同而各组分质量分数不同的则在最后加A、B、C等字母以示区别。这类冷剂在既定压力下相变时,各组分在气相和液相中所占的质量分数不同,且一直在发生变化,相变温度也在改变。气化开始和结束(即液化结束和开始)的温度分别称为泡点和露点,两者的温度差称为温度漂移。使用非共沸制冷剂的系统如果在只有气体(例如吸、排气管)或只有液体(例如液管)处发生漏泄,系统中冷剂组分的质量百分比不会改变。但是在停机期间,或工作时在冷剂同时存在气、液相的地方(例如冷凝器、蒸发器),如果发生气体或液体漏泄,则系统中冷剂组分的质量百分比就会改变,装置的性能(制冷量和效率等)就会有某种程度的变化。

对于定压相变过程中温度漂移小(<1℃)的混合冷剂,则可称为近共沸制冷剂,其气、液相中各组分的质量分数相近。实验证明,使用近共沸冷剂的装置即使多次漏泄和补充冷剂,性能几乎不变。

R12(二氟二氯甲烷,CCl_2F_2)是曾经被广泛使用的制冷剂,其标准大气压力下的沸点为-29.8℃,因其属于CFCs,1996年(发展中国家推迟至2010年)起已被禁用。

R717(氨,NH_3)价格低廉,标准大气压力下的沸点为-33.4℃,它的单位容积制冷量(+30℃/-15℃)约比R12大69%,而且粘度比氟利昂低不少,热导率大很多,与大多数材料相容(除铜及磷青铜以外的铜合金)。其主要缺点是有强烈的刺激性气味,在空气中容积含量达0.5%~0.6%时对人的呼吸器官和粘膜就会有刺激作用,人在其中停留半小时以上就会中毒,含量达11%~14%可燃,16%~25%可以爆炸。故氨作为制冷剂目前主要用于陆地冷库和某些水产品加工船。

二、船舶适用的CFCs替代冷剂

表8-1所示为当前船舶制冷装置使用的非CFCs类制冷剂,它们都有各自不同的热力参数和物理参数。显然,除了R22有较低的ODP值外,其余冷剂ODP值都为零。

船用非CFCs类制冷剂的热力参数和物理参数　　表8-1

制冷剂	R22	R134a	R404A	R407C	R410A
分子式或组分	$CHClF_2$	CH_2FCF_3	R125/143a/134a (44/52/4)	R32/125/134a (23/25/52)	R32/125 (50/50)
相对分子质量	86.47	102.03	97.60	86.20	72.58
标准沸点/温度漂移(℃)	-40.8	-26.5	-46.48/0.78	-43.8/7.08	-51.6/0.05
p_K(30℃)/p_0(-15℃)(MPa)	1.20/0.297 =4.05	0.771/0.164 =4.7	1.415/0.363 =3.9	1.175/0.264 4.45	1.897/0.484 =3.92
等熵压缩排温(℃)(低温工况)	90	75	70	80	94

续上表

制冷剂	R22	R134a	R404A	R407C	R410A
临界温度 t_C(℃) 临界压力 p_C(MPa)	96.1 4.98	101.1 4.06	72.1 3.74	87.3 4.63	72.5 4.95
ODP	0.034	0	0	0	0
GWP	1700	1300	3800	1700	2000

1)R22(二氟一氯甲烷,$CHClF_2$)

标准沸点 -40.8℃,适合船舶冷库及空调制冷装置使用,是目前船上使用最广泛的冷剂。它属于 HCFCs,其 ODP 值仅为 CFCs 的 2% ~10%,但毕竟还是会破坏臭氧层,今后需由新的冷剂取代。它不燃、不爆,单独存在时即使温度超过 500℃ 仍然稳定,来源亦广泛、安全、可靠,是一种公认成熟优秀的制冷工质。它的单位制冷量和单位容积制冷量,在标准工况下,分别比 R12 高 40% 和 60%,即采用 R22 替代 R12,可以提高制冷装置的制冷量。

R22 制冷剂与火焰接触时(800℃以上)会分解产生微量有毒的光气,故在使用中应避免接触明火。它易漏又不易察觉,因比空气重得多故不易散发,若在狭窄闭塞空间内装置严重漏泄以致在空气中浓度太大,人停留过久会缺氧窒息。另外,当蒸发温度为 -15 ~30℃ 范围内时,R22 制冷系统的冷凝压力有较大增长,排气温度也偏高。因此,如采用 R22 替代 R12,则原系统的制冷压缩机、冷凝器、蒸发器、压力控制器也均应能承受较高的工作压力。由于 R22 对橡胶密封件腐蚀性较强,故在制冷系统中应考虑 R22 对有关部件的腐蚀。

2)R134a(四氟乙烷,CH_2FCF_3)

R134a 制冷剂属于 HFCs,ODP =0,其热力学性能包括分子量、沸点、临界参数、饱和蒸气压力和汽化潜热等均与 R12 相近,是 R12 的代用品。且在相同工况下,其排气温度将低于 R12。标准沸点 -26.5℃,用于伙食冷库制冷不够低,可用于空调制冷装置。

R134a 的单位容积制冷量与 R12 相近,制冷量相同时压缩机的容积流量需比用 R22 时大 50% 以上,较适合螺杆式、离心式压缩机。R134a 分子较小,渗漏性很强,因不含氯而不能用卤素检漏灯检漏,船舶应配备电子检漏仪。R134a 易被硅胶所吸附,故干燥剂应采用分子筛。另外,R134a 与矿物油不相容,应采用脂类油 POE,某些场合也有用聚二醇类油 PAG,这些滑油生产工艺苛刻,价格都比较高,前者吸水性约为矿物油的 10 倍,后者更为 100 倍,使用和保管时要特别注意防潮。

3)混合工质

R404A 是组分为 R125/143a/134a(44/52/4)的 HFCs 近共沸混合物,在标准大气压的泡/露点是 -46.48/ -45.71℃,现有的船舶伙食冷库和空调制冷装置已采用。因其所有组分都不含氯,故 ODP =0。其工作压力比 R22 约高 20%,排气温度较低,制冷量相对稍高些,性能系数 COP(压缩机单位轴功率的制冷量)则比 R22 低百分之十几。其装置应采用脂类油 POE,并以分子筛为干燥剂。

R407C 是组分为 R32/125/134a(23/25/52)的 HFCs 非共沸混合物,标准大气压的泡/露点是 -43.79/ -36.71℃,已经在有些船上用于替换 R22 使用,ODP =0。它与 R22 相比在同温度下工作压力高 10% 左右,排气温度稍低,制冷量接近,不作优化匹配则性能系数比使用 R22 的装置稍低。R407C 是非共沸混合物,其装置设计和管理应尽量防止冷剂外泄,补充冷剂时应以液态冲注。实践证明漏泄量 <20% 时对装置性能影响不大。其装置同样应采用脂类油 POE,并以分子筛为干燥剂。

R410A 是组分为 R32/125(50/50)的 HFCs 近共沸混合物,标准大气压的泡/露点是 -51.57/-51.52℃,相变温度漂移可以忽略,ODP=0,能替代 R22。相比之下排气温度略高,传热性能较好,液体流动阻力较低,制冷量可为 R22 的 1.4~1.5 倍,性能系数略低;但其工作压力比 R22 约高 60%,压缩机和管路、设备需专门做相应的设计,目前尚未用于船舶制冷装置。使用这种冷剂的装置也应采用脂类油 POE 并使用分子筛作为干燥剂。

第三节　挥发性有机化合物的污染及控制

船舶运输的三大液体散货是:石油、液化气和化学品。其中,石油包括原油、成品油(汽油、煤油、柴油)和油渣等,其运输量占整个液体散货的 70% 以上;液化气是指在常温常压下为气态,经加压和冷却而转变为液态储运的石油气。除了石油和液化气以外,我国海运散装化学品的品种也已达几十种之多。

液体散货在货物转运和存储过程中会生成挥发性有机化合物(VOCs),即石油、成品油及各类液体化学品的蒸气,它的扩散会对港口大气环境造成一次及二次污染。美国科学家曾在调研了全美油码头和油轮后发现,通过这种途径排入大气中的 VOCs 的数量竟达到了通过汽车尾气排入大气中的 VOCs 总量的 1/10,而且是造成局部地区光化学烟雾的主要原因之一。装卸储运过程中的油气和化学品蒸气主要产生于:

(1)向储罐、船舱及火车罐内装液体货物时,罐(舱)内等体积的油气或化学品气被液体置换顶出罐(舱),通常称其为罐(舱)的“大呼吸”。装卸原油时,有时需加热克服原油的粘滞性,油温升高后将促使油品中的轻组分挥发,污染更加严重。

(2)因环境温度变化,使罐(舱)内浓度较高的混合气由于膨胀而被排出,通常称其为罐(舱)的“小呼吸”。但这类逸出数量不大,且绝大多数发生在远离港口的大洋中。

(3)因密封不严或管理不善造成的跑、冒、漏、滴。

此外,液体散货在水上运输和岸边贮存过程中的溢出、泄漏事故,也存在潜在的污染风险。许多液体散货在溢出、泄漏后,因暴露于空气中而挥发。以石油为例,在 2~3 天内的挥发率可达 20%~70%。假定一个中型溢油事故的溢油量为 200t,则挥发进入空气的速率很有可能大于 100kg/h。泄漏事故中的蒸气扩散将有可能造成短时期的空气污染和生态损害。因此,采取防止各类事故发生的措施,加强污染监测和模拟预测,制定相应的应急反应计划,提高事故预防和应急反应能力,完善水上安全监督管理体制,是避免事故发生或在事故发生后减轻污染损害的重要防治对策。

由于石油运输占整个液体散货运输量的绝大部分,故本节主要讨论由石油运输造成的挥发性有机化合物的污染及相关的控制和处理措施。

一、挥发性有机化合物的危害

石油储运过程中产生的挥发性有机化合物逸入大气后,会与氮氧化物在阳光紫外线的作用下,经过光化学反应产生一种毒性很大的浅蓝色刺激性烟雾——光化学烟雾。光化学烟雾中含有臭氧(O_3)、过氧酰基硝酸盐(PAN)及各种醛、酮等物质,这些物质统称为光化学氧化剂,以臭氧为代表,所以光化学烟雾污染的标志是臭氧浓度的升高。

光化学烟雾对环境和生态的危害是多种多样的,其主要危害可归结为以下三类。

1. 对人体的危害

臭氧是一种强氧化剂，大气中的臭氧含量一般为 0.00004 ~ 0.0008ppm，距离地面 15 ~ 50km 的臭氧层可以有效阻挡紫外线对人类和动植物的伤害，但是地面附近臭氧浓度过高反而会对人们的呼吸道系统产生严重的破坏作用。专家研究的结论表明，当空气中的臭氧浓度达到 0.1ppm 时，人的呼吸道系统就会发炎；如果浓度增加到 5ppm 时，人的生命就会发生危险。调查表明，德国某些油运码头在阳光充足的夏季，臭氧的浓度有时高达 0.4ppm。过氧酰基硝酸盐（PAN）的毒性介于 NO 和 NO_2 之间，对眼睛和呼吸器官有强烈的刺激作用，会导致皮肤癌的发生。此外，光化学烟雾能促使哮喘病患者哮喘发作，能引起慢性呼吸系统疾病恶化、呼吸障碍、肺部功能损害等症状。长期吸入光化学氧化剂会降低人体细胞的新陈代谢，加速人的衰老。

2. 促进酸雨的形成

光化学烟雾的另一个潜在的严重影响是极大地增加了过氧化氢（H_2O_2）的生成。当油轮逸出的 VOCs 和 NO_x 在紫外线照射下生成光化学烟雾之后，有机化合物的衍生物和 NO_x 在紫外线照射下继续作用，生成过氧化氢。过氧化氢是形成酸雨的关键物质，它会与云层中的二氧化硫（SO_2）作用生成酸雨。

3. 对农作物和森林的影响

地面附近的光化学烟雾使得农作物和树木明显变得衰弱，以至于没有足够的能力去抵御病虫害。光化学烟雾对农作物和森林生态系统产生的破坏，比人们想象得要大。据美国农业部谷物损耗评价组估计，由于光化学烟雾的影响，每年由装油过程逸入大气的 VOCs，就使美国农作物减产价值 400 万美元的谷物。

二、挥发性有机化合物的排放控制

1. 油轮 VOCs 蒸气释放控制系统（VECS）

针对液体散货在货物转运和存储过程中生成的挥发性有机化合物造成港口大气污染的问题，MARPOL 73/78 公约附则Ⅵ第Ⅲ章第 15 条要求：当缔约国对其管辖的某些港口或装卸站有挥发性有机化合物的控制要求时，到达这些港口或装卸站的液货船应设置蒸气释放控制系统（Vapor emission control system，VECS）回收 VOCs 蒸气，并与港口设置的接收设备配套使用。虽然第 15 条规定是非强制性条款，各缔约国可根据本国实际情况，决定是否控制到港液货船释放其产生的挥发性有机化合物。但是一旦主要有关国家选择该规定，即使中国不选择，那么对于中国籍国际业务的船舶，影响也是一样的，即必须在设备和技术上达到履约要求。显然这个“选择性”对我国的主要海运企业而言，没有多少余地。

油轮蒸气释放控制系统的基本原理是对装卸油时产生的油气加以收集，并输送到岸上进行处理。防止油气中的烃类气化物扩散到大气中去，以确保安全和防止环境污染。

由于大部分油轮已采用惰性气体保护系统，目前所用的装油方式是闭式装油，即装油时自舱内排除的油气直接由一个专用通气系统排除，油气通过甲板上方的通气桅排出，并使其在大气中淡化和消散。在通气桅排气口附近安装火焰消除器或高速排气阀以防逆燃。为了释放超压或负压，在通气系统中设置 P/V 阀，与此同时，使用惰性气体系统以保持舱内少量正压。而 VECS 系统的油气收集方法则是通过油舱的惰性气体管路将油气输送到船侧的接岸上集气管接头处。装油时油舱内形成的油气压力，一般来说有足够能力将油气排出舱外，并送至处理装置加以处理（焚烧或回收作为燃料）。因此系统对现有油轮而言，不需要大的改装，仅需将一个分支的惰性气体管与油轮总集气管相连,以便与码头上的油气回收软管连接。

油轮 VOCs 蒸气释放控制系统的主要组成部分包括四大部分,即闭式液位测量系统、货舱液位报警、高低气压报警以及油气收集管路。

2. 减少储罐 VOCs 污染

减少储罐 VOCs 污染一般采用储罐有机化合物蒸发回收系统,既可达到环境保护的目的又可回收有机化合物蒸气作为化工原料。此外,采用浮顶储罐或内浮顶储罐是未装设回收系统的储罐的较好的替代措施。这种方法在罐内液面上加一个可随液面升降的浮动顶盖,使液体无蒸发空间,可有效地减少油气逸散。

浮顶储罐的浮顶是一个漂浮在储液表面上的浮动顶盖,随着储液的输入输出而上下浮动,浮顶与罐壁之间有一个环形空间,这个环形空间设置有密封装置,使罐内液体在顶盖上下浮动时与大气隔绝,从而大大减少了储液在贮存过程中的蒸发损失。采用浮顶罐贮存油品时,可比固定顶罐减少油品损失 80% 左右。

内浮顶储罐是带罐顶的浮顶罐,也是拱顶罐和浮顶罐相结合的新型储罐。内浮顶储罐的顶部是拱顶与浮顶的结合,外部为拱顶,内部为浮顶。与浮顶罐比较,因为有固定顶,能有效地防止风、砂、雨雪或灰尘的侵入,绝对保证储液的质量。同时,内部的浮动顶盖漂浮在液面上,使液体无蒸气空间,在密封相同情况下,与浮顶罐相比可以进一步降低蒸发损耗,大大减轻了对大气的污染,同时减少了着火爆炸的危险,特别适合贮存高级汽油和喷气燃料及有毒的石油化工产品。而且由于液面上没有气体空间,还可减少对罐壁罐顶的腐蚀,从而延长储罐的使用寿命。

美国国家环境保护局也建议使用内浮顶储罐贮存易挥发的烃类产品。为防止环境温度对储罐的影响,宜在汽油等轻质油储罐上设置喷淋冷却设备,并在储罐上涂银粉,以减少对太阳辐射的吸收,降低罐体温度,减少油气逸散。

3. 采用密闭循环系统装卸货物

当液货从甲容器向乙容器装卸时,乙容器的蒸汽通过甲、乙容器顶部的气相连通管自然排入甲容器中,其体积与甲容器输入乙容器的液货体积相等。采用此方法装卸货物,可有效防止液货蒸气外泄。

4. 设置氮气自动密封装置

岸罐及管道进料前用氮气惰化,并维持一定的压力,进货后液面再覆盖一层氮气与空气隔绝。当储罐卸货或温度下降导致罐内混合气层压力低于一定压力时,氮气装置自动打开补气以维持正压来达到货物蒸气不外泄的目的。

三、挥发性有机化合物的处理

处理挥发性有机化合物最经济、简便的办法是燃烧处理法。燃烧处理即把油轮装卸过程中产生的或油罐“大小呼吸”中逸出的 VOCs 通过管道泵送到指定的地点焚烧。燃烧处理方法有:点明火处理、封闭燃烧和焚烧炉焚烧法。处理后的产物主要是 CO_2 和 H_2O,以及少量的 NO_x 和 CO。燃烧处理 VOCs 的效率可达 98%,世界上许多油港码头曾采用这一处理手段。

燃烧法的不足之处是白白烧掉了宝贵的石油资源。另外,燃烧装置本身对港区是一个潜在的火灾源,尤其是 VOCs 为非惰性时,危险指数将会增加。如果油轮逸出的 VOCs 为惰性时,燃烧处理很安全,然而由于氧气含量少,处理时需要泵入一定量的助燃气,但与此同时会降低 VOCs 浓度,影响燃烧效果。更为严重的问题是,燃烧处理仅是把一种污染物转变为另一种形式的污染物，VOCs 燃烧后的产物 CO_2 和 NO_x 会加剧温室效应和酸雨的形成。联合国环境规划署以及许多国家政府纷纷呼吁减少和限制排入大气中石化燃料的废气。在这种压力下，工业化国家不得不采取措施回收 VOCs，目前一般多采用净油吸附法或直接冷冻回收法。

1. 净油吸附法

净油吸附法是利用减小 VOCs 蒸气压的原理，在较高的压力下，通过凝聚和冷却，将 VOCs 转移到净油中回收。本法在常温下，压力为 1～2MPa（大气压力仅为 0.1MPa）时，一般可回收 80%～90% 的 VOCs。如将净油吸附剂冷却，VOCs 去除率可达 95%。但是当温度过低时，VOCs 中的水分会出现结冰现象，影响设备正常运转，这个问题通过加入适量的防冻剂降低液体 VOCs 的冰点来解决。实际应用中多采用装运的油种作净油吸附剂，回收完毕后的净油与 VOCs 液体一起再装回原油轮中，既经济又方便。一艘装载 25 万吨阿拉伯轻原油的油轮，曾通过该法回收了 93tVOCs，经济效益相当可观。增加压力和降低温度，可以获得更高的回收率，但这也会相应地增大回收成本。

2. 直接冷冻回收法

直接冷冻技术是使 VOCs 通过一系列冷却装置冷凝后回收，不需要任何净油吸附。这一方法特别适用于处理装运汽油等挥发点高而 H_2S 和 CO_2 含量少的石油产品的油轮。第一级冷却温度为 0℃ 左右，这一步可除去 VOCs 中的大部分水分和重油组分，然后经过四级冷却分离，各分离器之间的温度选择主要取决于所回收的 VOCs 的组分和预定的回收效率。通过一系列冷却装置回收之后，回收效率可达到 90%～95%，剩余的 VOCs 到达排气阀门出口处，因突然膨胀到周围的大气压，其温度进一步降低，又可回收部分 VOCs。实践证明，普通阀门可降低温度 5～10℃；特制的涡轮膨胀阀可使出口处温度降低 30～50℃，从而使 VOCs 出口处温度低于 -100℃，回收效率达 99%。

本装置的不足之点是：

(1)低温运行时，管道结冰，会影响机器正常运转，需要加入大量防冻剂，增加了回收费用。

(2)冷却装置易被 VOCs 中的 H_2S 腐蚀，特别是装运原油时，VOCs 要预先用苛性碱除去 H_2S，然后进入冷却系统。

第九章　防止船舶噪声及其他污染

第一节　噪声污染与控制

一、噪声概述

声音是人们日常生活中很熟悉的客观物理现象。当发声体振动时，就产生声音。例如：当你迈步在林中小路时，阵风吹来，就会听到树叶运动而发出“沙沙”的响声；当人们在欣赏一支乐队演奏时，就会发现这些悦耳动听的乐曲正是那些乐器上的振动体振动发声的组合。因此，声音是由机械振动产生的，而发出声音的发声体称声源。

声音通过空气传入人耳，引起耳内鼓膜振动，刺激听觉神经，产生声的感觉。声源的振动，通过周围介质向四周传播就形成声波。声音不仅可在空气中传播，也可在液体和固体中传播。例如：人们潜入水中，能听到远处石块投入水中的声音；把耳朵贴在铁轨上、能听到远处行驶在该铁轨上的火车响声，等等。因此，一切弹性介质都可以传播声音。

什么是噪声？噪声是声波的一种，具有声波的一切特性。从物理学观点看，噪声是指声强和频率的变化都“无规律”地组合在一起的声音。广义地讲，凡是人们不需要的声音都可看作是噪声。如晚间睡眠休息时即使是悦耳的音乐声也能成为人们不需要的干扰噪声。因此凡是对生理有伤害的声音；音调不和的声音，妨碍正常谈话的声音；干扰睡眠、休息和娱乐的声音等等都属于噪声。由于噪声对人们有一定的生理和心理影响，因此精确地描述噪声，既要考虑声波运动的物理特性，又要考虑人们生理声学和心理声学特性。

当今世界，噪声污染、空气污染和水污染已并列为三种主要污染现象，日益成为人们普遍关注的问题。随着经济的发展，噪声问题也越来越变得突出。船舶环境同样存在较为严重的噪声污染与干扰问题，如机舱内的机械撞击、气流振动产生的噪声。船舶噪声不仅会导致某些结构声振疲劳破坏，还会影响舱内各种仪器、设备作用的正常发挥，对居住在舱室的人来说，轻则影响到环境的舒适性，使人无法正常交谈、休息和工作，甚至超过人们能够容忍的程度，重则对人体健康造成危害。如何采取各种措施，有效控制噪声，防治噪声污染已成为十分重要的问题。船舶舱室噪声具体分为螺旋桨、船舶机械和结构噪声。

噪声污染是一种物理污染，一般对人并不致命，同时噪声源停止，污染也就消失；此外，噪声对人虽有干扰作用，但是人们也不能在毫无生息的环境中长期生活。噪声污染又不像化学污染，只在产生后果后才引起人们注意，它往往使在噪声污染环境中的人们都直接感觉到它的干扰，是受到抱怨或控告最多的污染源。

噪声按声源不同，主要可分为：空气动力性噪声、机械性噪声和电磁性噪声。

空气动力性噪声是由于气体振动产生的。当气体中有了涡流或发生了压力突变等情况时，就会引起气体扰动而产生空气动力性噪声。如船上的柴油机排气、空压机或通风机的气流声。

机械性噪声是由于固体振动产生的。在金属撞击、摩擦、交变应力作用下,机器的金属板、轴承、齿轮等发生碰撞、冲击、振动而产生机械性噪声。如柴油机的气阀机构、活塞连杆、机床的齿轮、轴承等发出的声音。

电磁性噪声是由于高频谐磁场的相互作用,产生周期性的交变力引起电磁振动而产生的。如电机定、转子的吸力,电场和磁场的相互作用,磁致伸缩引起的铁芯振动等都能产生电磁性噪声,发电机、变压器等产生的噪声就属于此类。

船舶噪声主要来源于主机、柴油发电机、传动系统、螺旋桨、通风和空调设备以及起货机等。

按噪声的传播途径分有空气噪声、水噪声和固体(结构)噪声。空气噪声是空气介质传播的噪声;水噪声是水介质传播的噪声;固体噪声又称为结构噪声,它是建筑中经过固体(建筑结构)传播而来的机械振动引起的噪声。

按频谱的性质,噪声可分为有调噪声和无调噪声。有调噪声就是含有非常明显的基频和伴随着基频的谐波,这种噪声大部分是由旋转机械(如风机)产生的。无调噪声是没有明显的基频和谐波的噪声,如排气放空。

按噪声的特征,又可分为稳态噪声和脉冲噪声。稳态噪声在整个时间历程内基本上保持不变,又称为连续噪声。如环境噪声、活塞式机械的噪声、警报器声等。脉冲噪声是极短时间内(一般小于 10μs)声压级剧增到峰值且持续时间很短的噪声。爆炸声、撞击声等的表现为脉冲噪声。

噪声控制的标准,在对于不同情况或不同场所是不相同的,这一点与空气污染或水污染完全不同。在强噪声环境下工作,虽然有不舒服的感觉,但并不感到痛苦,而且休息后基本可恢复,因此常常被忽视。但是如果长期处于这种噪声环境中,产生的、永久性的听力损害和其他疾患就将影响人们健康。在噪声污染的防治工作中,应该充分地认识到这种情况。

噪声控制是采用技术措施控制噪声源的发生、输出、传播和接收,以得到人们所要求的声学环境。降低噪声是噪声控制的主要内容,但是两者并不等同。例如,现代化大型敞开式办公室中,为了解决声音相互干扰问题,最简单有效的办法是在天花板上,安装若干扬声器阵,使室内产生一种均匀的声音即所谓“白噪声”,这样,邻近的谈话声就被白噪声所淹没而听不见,但本组谈话因距离近而不受影响,达到声隔离目的。可见噪声控制与降低噪声是有区别的。

噪声控制需要合理投资,这种投资并非浪费,因为保护工作人员听力就是保护生产力,提高工作和学习效率,收获难以估计,保证休息更是长远利益。不过,控制噪声常常比较困难,需要对每个问题逐个研究。降低噪声与机器设备的设计制造水平与安装、管理优劣密切有关。因此,不要等噪声问题已经出现,再采取控制噪声的措施,这样费用就会大量增加,这是应该加以注意的。

二、噪声的物理量度

1. 声波的频率、波长和声速

1)频率

发声体每秒振动的次数称为频率,用符号 f 表示,单位是赫兹,简称赫,用符号 Hz 表示。当物体每秒振动一次时表示为:

$$1\text{Hz} = 1\ 次/\text{s}$$

物体每振动一次所需要的时间称为周期,用符号 T 表示,它的单位是秒(s),所以频率又可表示为：

$$f = \frac{1}{T}$$

2）波长

振动在一个周期中传播的距离称为波长，用符号 λ 表示，单位为米（m）。波长实际上就是两个相邻近的振动相位相同的点之间的距离。

3）声速

声波每秒钟传播的距离叫做声波传播速度，简称声速，用符号 c 表示，单位是米/秒（m/s）。

2. 声压、声强和声功率

1）声压

声音在空气传播的过程中，引起空气质点的振动，致使空气密度发生变化，这时大气压力产生迅速的起伏变化，这个起伏的量称为声压。也可以说，声压是指有声波时，介质中的压力超过静压力的值。当声波不存在时，声压为零。某点的声音强弱，可以用该点的声压大小来表示。声压通常用符号 p 来表示，其单位为帕（Pa），$1\text{Pa} = 1\text{N/m}^2$。通常声压愈大，表示耳朵中鼓膜受到的压力愈大。在声学测量技术中，声压是比较容易测量的物理量，所以用声压来度量声音的强弱。

对于正常人耳刚能听到的声压称为闻阈声压，对于频率为 1000Hz 的声音，闻阈声压为 2×10^{-5} Pa。使正常人耳引起疼痛感觉的声音的声压称为痛阈声压，痛阈声压为 20Pa。各种环境中噪声的声压大小如图 9-1 所示。

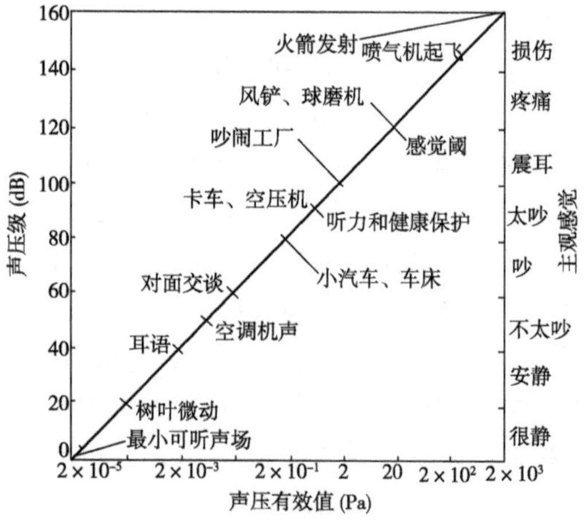

图 9-1　典型声源的声压级

2）声强

在单位时间内，垂直于声音传播方向的单位面积上通过的声音能量叫声强。声强的单位是瓦特/平方米（W/m^2），用符号 I 来表示。声强是衡量声音强弱的标志。声强愈大，表示单位时间内耳朵接受到的声能愈多。它是以能量的方式说明声音的强弱，并与声压有着密切的关系。

当声波在自由声场中传播时，在传播方向上，声强 I 与声压 p 的关系如下：

$$I = \frac{p^2}{\rho c}$$

式中：p ——声压（Pa）；

ρ ——媒质（如空气）密度（Kg/m^3）；

c ——声音速度（m/s）。

从上式可见，声强与媒质的特性阻抗（即 ρc 值）成反比，而与声压的平方成正比。从闻阈到痛阈，声强的变化范围是 $10^{-12} \sim 1\ \text{W/m}^2$。在噪声测量中，由于声强测量比较困难，往往根据声压测定的结果间接求出声强。

3）声功率

在单位时间内声源发射出来的总声能,称为声功率。声功率的单位为瓦特(W),用符号 W 来表示。声功率是声源特性的物理量,它的大小反映声源辐射声能的本领。

在自由声场中,声源向四周辐射声波,围绕声源作一假想封闭曲面 S,则声源的声功率为:

$$W = \Phi I_n ds$$

式中:I_n ——声波沿着面积元 ds 的法线方向传播的声强(W/m^2)。

几种典型声源声功率的数值如表 9-1 所示。

几种声源声功率数值 表 9-1

声　源	宇宙火箭	喷气飞机	大型鼓风机	气锤	织布机	钢琴	小电钟	轻声耳语
声功率(W)	4×10^{-8}	104	102	1	10^{-1}	2×10^{-3}	2×10^{-8}	10^{-9}
声功率级(dB)	196	160	140	120	110	93	43	30

3. *声强级、声压级和声功率级*

声波频率为 1000Hz 时,正常人耳刚听到声音的声压为 2×10^{-5}Pa,普通人们谈话声压为 $2\times10^{-5}\sim7\times10^{-2}$Pa,大街上载重汽车、摩托车的声压为 0.2~1.0Pa。很强的噪声,如凿岩机、球磨机的声压为 20Pa(此声音使人耳产生疼痛的感觉),喷气式飞机附近声压约为 200~630Pa。高达数百帕的声压可引起鼓膜损伤,耳朵出血。由声学理论知道,声压越大,声音越强,声压越小,声音越弱。正常人耳刚刚能听到的闻阈声压与刚刚使人耳产生疼痛感觉的痛阈声压的比值为 100 万倍;闻阈声强与痛阈声强的比值为 10000 亿倍。由此可知,人的耳朵听觉范围是非常宽广的。在此宽广范围内,用声压和声强的绝对值去度量声音的强弱是很不方便的。况且,度量最低声压和最高声压比值为 100 万倍的仪表也很难实现。为了实用上的方便,人们引出“级”的概念来度量声音的相对强弱。将声强、声压及声功率用对数加以处理,以使其变化范围减小,使之变为相应的声强级、声压级和声功率级。级是一种作相对比较的无量纲单位。由于对数无量纲,因此用对数标度应选取基准量(或称参考量),再取被量度量与基准量的比值求其对数,这个对数值称为被量度量的“级”,一般用 L 表示。这表明人的听觉与声压不是成正比关系:在声压低时,声压稍许变化,人耳就能区别;在声压高时,声压的变化却必须很大时才能区别。

1)声强级

相当于声强 I 的声强级 L_I 定义为:

$$L_I = \lg\frac{I}{I_0} \qquad (B)$$

式中:I ——声强(W/m^2);

I_0 ——频率为 1000 Hz 的基准声强值,取为 $10^{-12}W/m^2$。

由于声强级 L_I 的单位“贝尔(B)”太大,实用中多采用 1/10 的贝尔,即“分贝”来表示,其符号为 dB。由上式可得:

$$L_I = 10\lg\frac{I}{I_0} \qquad (dB)$$

2)声压级

大多数声学测量仪器,是直接测量声压的。因此声压级用得最广泛。相当于声压 p 的声压级 L_P 定义为:

$$L_P = 10\lg\frac{p^2}{p_0^2} \qquad (dB)$$

由上式可得

$$L_P = 20\lg\frac{p}{p_0} \qquad (\text{dB})$$

式中：p ——声压(Pa)；

p_0 ——基准声压，取为 2×10^{-5}Pa。

由于

$$I = \frac{p^2}{\rho c}$$

可得

$$L_I = L_P + 10\lg\frac{p_0^2}{I_0\rho c} \qquad (\text{dB})$$

上式的第二项是取决于环境气压和气温的常数，一般情况下由于其值很小，可以忽略不计。所以，对于大多数噪声测量来说，可以近似认为 $L_P \approx L_I$ 。

3)声功率级

表示声源向周围空间辐射声功率的大小，相当于声功率 W 的声功率级 L_W 可定义为：

$$L_W = 10\lg\frac{W}{W_0} \qquad (\text{dB})$$

式中：W ——声功率(W)；

W_0 ——基准声功率，$W_0 = 10^{-12}$W。

引入了"级"的概念之后，在使用上可大大缩小表示声音强弱的物理量数值范围。例如，对于闻阈到痛阈的声压，其比值变化范围为 100 万倍。使用了"级"的处理方法后，便可压缩到 0 ~ 120dB 的变化范围之内。由此可见，它可以大大提高声压计算的简明程度。

4. 分贝的计算

对于噪声控制问题，常需要考虑几个声源形成的噪声。例如对一个区域内某运转设备的声级，再加上另一机器的声级，求其合成作用，或者从几台设备中抽掉或改变一台机器，求其声级的改变。这种运算的基础是叠加原理。由于分贝是对数单位，因此分贝的计算不能按一般的自然数运算，而必须按对数法则进行运算。当噪声源不止一个时，总的声压级可按以下方法计算。

1)分贝相加

设 $W_1, W_2, W_3, \cdots, W_n$ 和 $I_1, I_2, I_3, \cdots, I_n$ 分别为声源 $1,2,3,\cdots,n$ 的声功率和声强，则它们合成的总声功率 W 和总声强 I 为：

$$W = W_1 + W_2 + W_3 + \cdots + W_n$$

$$I = I_1 + I_2 + I_3 + \cdots + I_n$$

由此可得总声功率级和总声强级为：

$$L_W = 10\lg\frac{W}{W_0} = 10\lg\frac{W_1 + W_2 + W_3 + \cdots + W_n}{W_0}$$

$$L_I = 10\lg\frac{I}{I_0} = 10\lg\frac{I_1 + I_2 + I_3 + \cdots + I_n}{I_0}$$

2)分贝相减

在存在本底噪声的环境里，由仪器测出的机器噪声，实际上是声源本身的声压级和底噪声的声压级之和。本底噪声是指声源停止发声后，环境的声压级大小。因此，欲求出声源本身的声压级，必须减去本底噪声。

设 L_0 是机器本身的声压级和本底噪声合成的声压级，L_A 是机器本身的声压级，则

$$L_A = L_0 - \Delta fL$$

由上式可知，机器本身的声压级 L_A 等于仪表测量出来的合成声压级 L_0 减去修正值 ΔfL，修正值 ΔfL 见表 9-2。

有本底噪声时的修正值 表 9-2

合成声压级与本底噪声压级之差 $L_0 - L_A$ (dB)	1	2	3	4	5	6	7	8	9	10
修正值 ΔfL (dB)	6.9	4.40	3.00	2.30	1.70	1.25	0.95	0.75	0.60	0.45

5. 频谱与频谱分析

1）倍频程与 1/3 倍频程

频率是描述声音特性的主要参数之一，控制噪声必须要研究声音的频率分布情况。任何噪声都不只是一个频率声音，一般噪声都是从低频声到高频声无数个频率成分的声音组合而成。如锯和铆钉枪的噪声，它们辐射的主要噪声频率成分是在 1000Hz 以上，这种噪声称为高频噪声。又如汽车和空气压缩机噪声，其噪声频率主要成分在 500Hz 以下，这种噪声称为低频噪声。有些高压风机的噪声主要频率在 500 ~ 1000Hz 之间，这种噪声称为中频噪声。有的机器如纺织机械的噪声，从低频噪声到高频噪声，它们的噪声强度都差不多，这种噪声称为宽带噪声。

在噪声控制中，研究的声音主要是可听声，其频率范围为 20 ~ 20000Hz，小于 20Hz 的为次声波，大于 20000Hz 的为超声波。如果将机器所发出的噪声的每一个频率及其相应的声压级都要求分析出来，这在技术上虽然是可以办得到的，但在使用上则极为不便并且也不实用。由于声能连续分布在宽阔的频率范围内，因此一般是将整个声频范围划分为若干个段落，大致地进行分析。为此，将可听声的频率变化范围分成若干个段落，称为频程或频带。

倍频程的划分是将 20 ~ 20000Hz 的声频范围，按频率倍比关系划分为 10 个段落，每个频带的上限和下限频率相差一倍，即频率比为 2^1 的频程，称它为倍频程。两个频率相差 2 个倍频程，频率比为 2^2 ，以此类推，n 个频率相差 n 个倍频程，则频率比为 2^n 。可用公式表达为

$$f_{上} = 2^n f_{下}$$

式中：$f_{上}$——上限频率即频段中最高的频率；

$f_{下}$——下限频率即频段中最低的频率；

n——倍频程数。

工程上常用的有 1/1 倍频程和 1/3 倍频程。为了简便，某一倍频程可由其中心频率（$f_{中}$）来表达。

在倍频程中，中心频率 $f_{中}$ 及频带宽 Δf 按下式近似计算：

$$f_{中} = \sqrt{f_{上} \cdot f_{下}}$$

$$\Delta f = f_{上} - f_{下} = 0.707 f_{中}$$

船舶噪声测量通常用倍频程，目前通用的倍频程中心频率为 31.5Hz，63Hz，125Hz，250Hz，1000Hz，2000Hz，4000Hz，8000Hz，16000Hz。这十个倍频程可以把可听声全部包括进来，大大简化了测量。实际上，在噪声控制的现场测试中，往往只要用 63 ~ 8000Hz 八个倍频程就可以了，它们所包括的频段如表 9-3 所示。

倍频程频率范围　表 9-3

中心频率(Hz)	63	125	250	500	1000	2000	4000	8000
频率范围(Hz)	45 ~ 90	90 ~ 180	180 ~ 355	355 ~ 710	710 ~ 1400	1400 ~ 2800	2800 ~ 5600	5600 ~ 11200

此外,为了得到比倍频程更详细的频谱,也常用 1/3 倍频程,即再把一个倍频程分为三份,所用的中心频率为 40、50、63、80、100、125、160、200、250、320、400、500、630、800、1000、1250、1600、2000、2500、3200、4000、5000、6300、8000、10000、12500、16000Hz。其中 $f_上 = \sqrt[3]{2}f_下$。

2)频谱分析

声源作简谐振动时,声波的声压和时间的关系反映在时间域上是一正弦曲线,这种只有单一频率的声音称为纯音。除了音叉等仪器或个别的乐器发出的声音外,单一频率的声音是很少见的。一般声音都是由强度和频率不同的纯音所组成,这种声音叫复音。复音的强度和频率的关系图形称为声频谱,简称为频谱。通常以频率(频带)为横坐标,以声压级(或声强级、声功率级等)为纵坐标,绘出噪声大小的频率分布的特性图,称为噪声的频谱图。用频谱图来表示声频谱。有了声频谱就可以在频率域上描述声音的变化规律。

一般噪声测量项目中最主要是测量噪声的频谱。所谓频谱分析就是在噪声频谱图上,研究分析噪声源各频率成分和声压级(或声强级、声功率级)的分布情况及其相互关系。它有助于噪声源的特性分析,有助于在频谱图上找出声压级的峰值及对应频率,为寻找噪声源提供了依据。可见,频谱分析是噪声控制中的关键性工作。

三、噪声的主观评价及船舶噪声标准

1. 噪声的主观评价

高强度噪声危害人体健康,污染周围环境,为了减少和消除这种污染,必须对噪声实行控制。而最佳的控制措施是消除或减少噪声源。为了对噪声的各种效应作出数量限制,首先要规定噪声的评价量,如响度、响度级、A 声级、感觉噪声级、语言干扰级、噪声评价数、噪声评价标准、交通噪声指数等等,在此基础上引出各种评价标准,就是在不同条件下为各种目的所允许的最高噪声级或频谱。根据噪声影响大小来制定标准。

噪声的影响除与它的物理量有关外,还与人的生理、心理及主观感觉有关,情况十分复杂。对后者主观感觉的测量就只能依靠有统计数量的听者作比较,再从他们的判断中得出平均数。虽不可能精确,但还是可以从中得出一些以物理量度为参量的主观感觉度和评价。下面介绍几种噪声评价方法。

1)等响曲线

响度是反映人耳对声音轻与响的主观尺度,是量度一个声音比另一个声音响多少的量。声压级只是表征噪声的声压在物理上的强弱,而不能准确地表征人对噪声的主观感觉。人对噪声的感觉不但与噪声的物理量有关,而且还与人的生理和心理状态有密切关系。一般地说,声压级越高,声音越响,但声音的响度并不与声压级成正比,声压加大一倍,声音不一定加倍地响。由于人耳结构的特殊性,即使声压级相同,而频率不同,听起来的响度就不同。亦即人耳对声音大小的感觉不但与声压有关,并且与频率有直接关系。例如,大型离心压缩机与汽车的噪声,声压级均为 90 dB,但人耳的主观感觉是前者比后者响得多。原因是前者的噪声以高频成分为主,而后者则主要是低频声音。由此可知,人耳对高频声音较为敏感,而对低频声音则较为迟钝。如何使噪声的客观物理量与人耳感觉的主观量统一起来,这就是噪声评价的重要问题。例如 100Hz 与 1000Hz 的声音，声压级若都是 40dB，听起来的响度 1000Hz 就比 100Hz 响得多，若使两者听起来一样响，就得把 100Hz 的声压级提高到 51dB 才行。用这种对比试验方法得出了如图 9-2 所示的一组曲线，图中每条曲线上各点所代表的声音听起来都是一样响的，所以称为等响曲线。

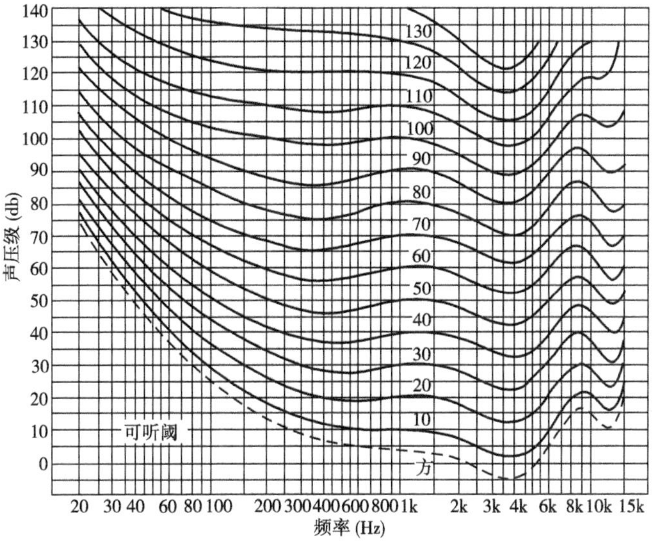

图 9-2　等响曲线

等响曲线是根据大量听者认为响亮程度相同的纯音的声压级与频率关系而得出来的。图中纵坐标是声压级（或声压、声强），横坐标是频率，两者均为客观物理量。等响曲线以 1000Hz 纯音作为基准声学信号，仿照声压级的概念提出一个“响度级”参数，其单位称为“方”（phon），表示为 L_N 。一个声学信号听起来与 1000Hz 纯音一样响，则其响度级“方”值就等于 1000Hz 纯音声压级的分贝值。例如，某声音听起来与频率为 1000Hz、声压级为 90dB 的纯音一样响，则此声音的响度级为 90 L_N 。响度级既考虑了声音的物理效应，又考虑了人耳的听觉生理效应，它反映了人耳对声音的主观评价。

2）A 声级

在噪声控制工程中，为了能用仪器直接读出反映人耳对声音强弱的主观感觉的评价量，人们提出了用电子网络（亦称计权网络）来模拟不同声压下的人耳频率特性。声级计便是满足这种要求的仪器。线性网络用来反映客观声压级，对任何频率均无衰减。计权网络实际上是一种电子滤波线路。它是按照等响曲线所表示人耳对声音频率的响应而设计的。在声级计中，一般设计了 A、B、C 三条计权网络。C 计权网络是模拟等响曲线中 100 L_N 曲线倒立后的形状而设计的，它在整个可听频率范围内有近似平直的特性，对可听声音的频率范围基本上不衰减。因此，它一般代表总声压级。B 计权网络是模拟等响曲线中 70 L_N 的曲线倒立后的形状而设计的，它对 250Hz 以下的声音有较大的衰减。A 计权网络是模拟等响曲线中 40 L_N 的曲线而设计的。它对 1000Hz 以下的声音有较大的衰减。用 A 计权网络测量出来的噪声强度，由于它对低频声较迟钝，而对高频声较灵敏，故与人耳对噪声的主观感觉比较接近。A 声级代表了人耳对频率的计权，长期实践证明，不论噪声强度是高是低，A 声级都能较好地反映人对噪声吵闹的主观感觉，即 A 声级越高，越觉得吵。同时，A 声级同人耳的损伤程度也对应得很好，即 A 声级越高，损伤也越严重。并且它测出的量是单一的数值，是噪声所有成分的综合反映，测量的结果容易与人耳主观感觉接近，所以在噪声测量中得到广泛的应用，并作为评价噪声的标准。

用 A 计权网络测量出来的声压级数值，实际上是在可听频率范围内按照特定的频率计权而合成的声压级数值，称为 A 声级，记作 L_A，单位为分贝(A)，即 dB(A)。

这里应注意声级与声压级是不同的。声级又称噪声级，它表示经过频率计权后的声压级。配有 A、B、C 计权网络的声学仪器，用这些计权网络测量噪声强度时，其读数称为声级。

3) 等效连续 A 声级

A 声级只反映了噪声影响与频率的关系，而噪声的影响还同持续时间有关，即与作用的能量有关。

我国工业企业噪声检测规范(试行)规定，稳定噪声用"慢"档测量 A 声级。不稳定噪声则需测量等效连续 A 声级，或测量不同 A 声级下的暴露时间，计算等效连续 A 声级。也就是用等效声级作为评定间断的、脉冲的或随时间变化的不稳定噪声的大小。其实质就是将间歇暴露的几个不同 A 声级，以一个 A 声级表示该段时间的噪声大小。

等效连续 A 声级的定义为，在声场中一定位置上，用某段时间内能量平均的方法，将变化的 A 声级，以一个 A 声级来表示该段时间内的噪声大小，即

$$L_{eq} = 10\lg\left[\frac{1}{T}\sum_{i=1}^{n} T_i \cdot 10^{\frac{L_{Ai}}{10}}\right] \qquad (\mathrm{dB(A)})$$

式中：L_{eq} ——等效连续 A 声级(dB(A))；

T ——各段时间间隔的总和，$T = \sum_{i=1}^{n} T_i$；

L_{Ai} ——某一段时间间隔内的 A 声级。

当时间间隔都相等时，即 $W_m T_i$ (min) 相同时，上式变为

$$L_{eq} = 10\lg\left[\frac{1}{N}\sum_{i=1}^{n} T_i \cdot 10^{\frac{L_{Ai}}{10}}\right] \qquad (\mathrm{dB(A)})$$

式中：N ——时间间隔数。

等效连续 A 声级可以用积分式声级计直接测得，也可以利用一般声级计测量不同 A 声级及其暴露时间，然后计算等效连续 A 声级。测量时仍用慢档，将 A 声级从小到大排列成数段，每段 5 dB(A)（表 9-4），然后把各段 A 声级的暴露时间统计出来，并填入表 9-4 中。以每个工作日 8h 为基础，低于 78 dB(A)的不予考虑，则一天的等效连续 A 声级可按下式近似计算：

$$L_{eq} = 80 + 10\lg\frac{\sum_{n} 10^{\frac{n-1}{2}} \cdot T_n}{480} \qquad (\mathrm{dB(A)})$$

各段中心声级和相应的暴露时间 表 9-4

n 段	1	2	3	4	5	6	7	8
中心声级 dB(A)	80	85	90	95	100	105	110	115
各级范围 dB(A)	78 ~ 82	83 ~ 87	88 ~ 92	93 ~ 97	98 ~ 102	103 ~ 107	108 ~ 112	113 ~ 117
暴露时间 T_n(min)	T_1	T_2	T_3	T_4	T_5	T_6	T_7	T_8

4) 噪声评价曲线

由于噪声对人体的影响是很复杂的，它不仅与噪声的强度、频谱和持续时间长短等客观因素有关，而且还与人们的心理状态和身体状况等主观因素有关，所以在制定标准时就提出了一

个如何对噪声进行评价的问题。目前公认的是用A声级作为噪声评价指标,这是因为A声级与人的主观感觉比较接近,并且可用声级计直接测量,缩小了测量范围,简化了工作。声级计频率特性的标准化也有利于保证测量结果的一致性和相互对照,此外它还可和其他评价方法进行换算。

使用A声级评价的缺点是不能准确地反映噪声源的频谱特性,相同A声级其频谱特性可以有很大的差异。在噪声控制的工程设计中,往往需要了解各倍频程的噪声允许标准,从而引出另一评价方法——噪声评价曲线,如图9-3所示。图中*NR*值为评价曲线的号数,它就是中心频率为1000Hz的倍频程声压级的分贝数,也称为噪声评价数,考虑到高频噪声对人体的影响要严重些,因此高频噪声的倍频程声压级要控制在较低的水平,而低频噪声的倍频程声压级可适当提高些。这样在同一曲线上各倍频程噪声可认为具有相同程度的干扰。例如*NR*80曲线1000Hz倍频程声压级为80dB,8000Hz倍频程声压级为74dB,要降低6dB,而125Hz倍频程声压级为90dB,即可提高12dB。

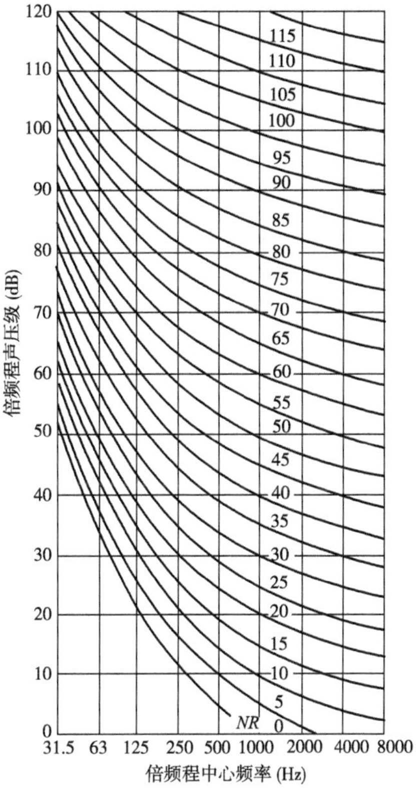

图9-3　噪声评价曲线

2. 船舶噪声标准

噪声干扰人们的工作和生活环境,危害人体健康,是影响面最为广泛的公害之一。为了避免和减小噪声的危害,保护人体健康,必须制定噪声控制的许用标准。噪声控制的标准,根据不同的目的要求有不同的限制标准。目前,国内外制定有各种噪声的允许标准。

1)国际标准化组织(ISO)推荐的标准

国际标准化组织(ISO)关于听力和健康保护的噪声标准规定,每天工作8小时,容许连续噪声的噪声级为85~90dB(A)。工作时间减少一半,容许噪声级提高3 dB(A)。例如假如噪声标准定为每天工作8小时,环境噪声级为85 dB(A),则若每天在强噪声环境下工作时间减少为4小时,容许连续噪声级提高到88 dB(A),每天工作两小时,容许噪声级提高到91 dB(A),以此类推。该标准以115 dB(A)作为最高限,即为了保护听力,在任何情况下不应超过115 dB(A),见表9-5。

上述标准只适用于稳态噪声,对于有起伏间歇,或随时间变化的噪声,应以等效连续噪声级进行评价。

不同暴露时间允许噪声级　　表9-5

每天噪声暴露时间	8h	4h	2h	1h	30min	15min	8min	4min	2min	1min	30s
ISO允许标准(dB(A))	85	88	91	94	97	100	103	106	109	112	115

2)我国颁布的噪声标准

我国1979年颁布的《工业企业噪声卫生标准》规定:工业企业的生产车间或作业场所的工作地点的噪声标准为85 dB(A)。现有工业企业经过努力暂时达不到标准时,可适当放宽,但不得超过90 dB(A)。这样可以保护绝大多数工人连续工作30年不发生噪声性耳聋,绝大多数工人在神经系统和心血管系统方面不致受到明显的影响。对每天接触噪声不到8h的工种,根据企业种类和条件,噪声标准可相应放宽。

3)船舶噪声标准

各类船舶都有各种噪声源,普遍存在着严重的噪声污染问题,它对船员的健康、生活休息和工作都有很大影响。强噪声还能使船上的一些精密仪器设备工作不正常,降低精度,缩短使用寿命。为了使造船和用船部门有一个鉴定船舶噪声污染程度的统一标准和评价降噪措施效果的合理依据,制订船舶噪声的适当标准就是必不可少的工作。

关于船舶噪声,1970年国际劳工联合会(ILO),在日内瓦召开的海事特别会议上通过了“关于船员、设备和工作区有害噪声的规定的建议”,建议各国政府制订船舶噪声的规则。目前一些造船和航运国家都制订了船舶噪声标准,作为船舶特殊环境的健康保护标准。部分国家的船舶噪声标准见表9-6。

部分国家的船舶噪声标准 表9-6

国名	生效日期	标准名称	居住舱室						机舱、驾驶室								敞开甲板
			居住舱室	休息室	办公室、会议室	文娱室、图书室	医务病房	厨房配餐间	无人机舱	有人机舱	控制室	车间储藏室	桥楼侧翼	海图室	驾驶室	报务室	
德国	1968	船舶容许噪声级的规定	60	65	65	60	60	70	110	90	75	85	65	60	60	60	70
瑞典	1976	海运部关于船舶噪声的条例和建议	55/65①	65		65		65/70②	100	80	70	75	70	60	60	55	65
挪威	1987		60	65	65	65	55	70	105	90	75	85	70	65	65	65	70
丹麦	1975		60	65		65		70	110	90	75	85	70	65	65	65	70
荷兰	1978		60	65	65	65	60	80	110	90	80	90	70	65	65	65	
英国	1978	商业部船舶噪声级实用规程	60	65	65	65	60	70	110	90	75	90	63/68	65	65	60	75
日本	1975	船主团体和全日本海员工会关于船舶噪声防止的确认书	60/65③							90	75	85			60		
美国	1968	海运部商船建造标准规则④	50 60	65		65		65		90 85	75	85		60	60		

续上表

国名	生效日期	标准名称	居住舱室						机舱、驾驶室								敞开甲板
			居住舱室	休息室	办公室、会议室	文娱室、图书室	医务病房	厨房配餐间	无人机舱	有人机舱	控制室	车间储藏室	桥楼侧翼	海图室	驾驶室	报务室	
加拿大	1971		70	74		74		74									
前苏联	1975		50				50	65	90	80	65				60	60	
波兰	1973	海洋商船工作安全和船员居住舱条件	60	65		55	55	75/80		90	75	90		65	65	60	
中国		运输船舶舱室噪声标准	60	65	65		60	70/80	110	90	75	85	70	60	65	60	

注:①包括邻室噪声;②来自器具的允许值;③努力目标55;④下一列为造船学会标准。

我国也十分重视船舶噪声标准的建立。早在20世纪70年代就组织有关单位对我国船舶噪声进行大量测试,广泛地调查研究,制订了船舶噪声标准。

我国关于船舶方面的现行噪声标准是按照1986年制定的关于内河船舶和海洋船舶的噪声标准来执行。国家标准GB 5980—86对内河船舶的噪声级作出了规定。该标准规定了内河船舶舱室噪声级地点最大限制值,并为船舶的设计、制造、检验和使用部门提供了对噪声的评价依据。该标准适用于货船、油船、客货船、推(拖)船、旅游船及耙吸式和绞吸式挖泥船。其他船舶参照执行。

国家标准GB 5979—86对海洋船舶的噪声标准进行了规定。规定中船舶常用场所的噪声标准见表9-7 。

各舱室噪声级最大限值 表9-7

	部位	限值 L_{PA}
机舱区	有人值班机舱主机操纵处	90①
	有控制室的或无人的机舱	110②
	机舱控制室	75
	工作间	85
驾驶区	驾驶室	65
	桥楼两翼	70
	海图室	65
	报务室	60
起居室	卧室	60
	医务室、病房	60
	办公室、休息室、接待室等舱室	65
	厨房：机械设备和专用风机不工作	70
	厨房：机械设备和专用风机正常工作	80

注:①机舱内任一测点的噪声级不得大于110dB。

②客舱参考执行。

该标准适用于货船、油船、客货船、推(拖)船、供应船及耙吸式和绞吸式挖泥船。其他船舶参照执行。

船长(指两柱间长)小于70m的船舶,对某些舱室,如有特殊要求,允许放宽5dB。

船上噪声测量应符合GB 4595—84《船上噪声测量》的规定。

四、船舶噪声的产生和危害

1. 船舶噪声源

船上各种运动着的机器设备以及装置系统内流动着的流体工质,都能因振动、撞击和气流扰动等成为船舶噪声源。在停泊和低航速时,船舶噪声主要是由机械性质的声源造成的,这种噪声的总声级随航速的变化不大。与此相反,由流体动力和空气动力形成的噪声级随运动的速度的增大而迅速增大(一般按三次方规律增加,在空泡状况时按更高次方规律增加)。高航速时,这种噪声是船舶声级的主要贡献者。特别是对水中声场和直接位于该类声源附近的舱室中的噪声场更是如此。

内燃机船的噪声源一般有下列几类:动力装置、传动系统、螺旋桨、锅炉、通风空调系统、货物装卸设备及船体振动等。

1)动力装置噪声标准

动力装置的噪声包括主机、柴油发电机组、减速齿轮箱及主辅机的排气管产生的噪声。主辅机是船舶上最强的噪声源,该噪声的强弱决定了内燃机船的噪声级。它既有进排气系统空气动力噪声,又有运动部件的撞击和发动机本身不平衡而产生振动所造成的机械噪声。影响主辅机排气噪声的主要因素是排气总管出口的声波辐射功率、排气通道、废气涡轮、排气系统火花熄灭和消声器中的声功率损失。

在正常的运行速度和负载下,大多数柴油机产生的噪声级,在离发动机罩1m处为95~105 dB。离柴油机机身1m处的A声级噪声计算公式为

$$L_{PA}=54+10\log(n_eP_e^{0.55})+30\log(\frac{n}{n_e})\qquad(\text{dB(A)})$$

式中:n_e——额定转速(r/min);

P_e——额定功率(kW);

n——工作转速(r/min)。

该L_{PA}与柴油机的A声功率级L_{WA}的关系为

$$L_{WA}=L_{PA}+3+4.51\log P_e\qquad(\text{dB(A)})$$

在船舶传动装置中,减速齿轮箱产生的噪声最强,它亦是船舶机舱里的主要噪声源之一,其噪声级甚至可以与柴油机相比。它既产生空气噪声也产生结构噪声,后者的影响更大一些。齿轮的加工和安装精度决定了噪声的强弱,解决齿轮噪声的途径,除提高其加工和安装精度外,加厚齿轮箱壁和采取封闭措施以减轻其振动和噪声辐射也是有效的办法。

电机噪声与其他船用机器相比是较低的,但在某些场合下也要采取措施加以消除。一般来讲电机噪声有机械噪声、空气噪声和电磁噪声。

2)辅助机械的噪声

辅助机械的噪声包括各种舱室机械如水泵、油泵、风机、锅炉等,甲板机械如货物装卸设备、绞锚设备以及各种挖泥机等工作机械等。

锅炉噪声主要在燃烧室附近较明显,自然通风时空气卷入火焰及可燃物小团粒随机爆裂,人工通风时通风机是主要的噪声源。液压系统的噪声,可来自液体动力引起的冲击、脉动、气穴声和机械振动,管道、油箱的共振、共鸣声等。

3）通风空调系统的噪声

通风空调系统是船舶舱室主要噪声源之一。其主要声源是通风机，其次是空气在管道、布风器和各种换热器中高速流动产生的噪声。其噪声强度取决于通风机的尺寸、压力值、转子的转速、动平衡重量以及结构的特点。在居住舱室里，通风空调系统的噪声有时能成为生活中的主要噪声源，严重影响人们的睡眠和休息。因此，在船员舱室和旅客舱室里，通风空调系统的噪声应特别注意。

4）螺旋桨噪声

螺旋桨噪声的强度较主辅机噪声的强度要弱，影响范围也主要限于尾部舱室。但是在某些情况下也会产生较高的噪声级，螺旋桨激起的船体振动也相当可观。其噪声性质可分为两种：一种是低频噪声，由桨叶和流体相互作用的流体动力效应及水流冲击尾柱而引起的；另一种是高频噪声，由"空泡"引起叶片振动产生的，有明显的音调特性。船舶达到一定的速度后，当叶片附近的压力减到某个阈值（一般为饱和蒸汽压力值）时，叶片上产生空泡。空泡噪声级与航速的5～6次幂成比例，是宽频带、无指向性的。

5）船体振动的噪声

船体振动的噪声是由主辅机及螺旋桨的扰动力和各种机械及波浪的冲击引起的振动而产生。船体的固有频率除高阶振动外，一般都在次声区，船体周期性的变形使壳板、木质盖板之间产生摩擦声，并使船体结构发出各种倾轧声，还会产生声振动和个别零件的叮当碰撞声。这些都能构成舱室内不愉快的、令人烦恼的噪声。

螺旋桨推力经轴系中的支点轴承和推力轴承作用于船体的交变力，是船体作强迫的弹性振动。当叶频及其低次谐波同船体弹性振动固有频率相吻合时，这类弹性振动的幅值特别大，此即船体共振。船体产生共振时，其辐射噪声级一般比螺旋桨的辐射噪声级大许多。

在船上，一些噪声源的辐射表面并不暴露于空气或水中，而是经过结构振动传到辐射表面，称作"结构噪声"。根据振动激励的物理性质，分为初级结构噪声和次级结构噪声。初级机构噪声是机械的支承连接件和非支承连接件（管路、电缆等）传递的动力激发的结构振动。初级结构噪声级的大小与机械振动状况、底座特性、隔声装置效率等多种因素有关。次级结构噪声是有机械空气噪声激励而引起的结构中的结构振动，其声级的大小与结构的惯性、刚性和阻尼，以及空气噪声级等有关。因此，在考虑减噪时应注意其特点，要尽量降低振动传输效率。船舶机械设备的噪声级可见表9-8。

小型柴油机船舶主要设备噪声级 表9-8

机器种类	dB(A)	机器种类	dB(A)
推进柴油机（低速）	100	鼓风机与抽风机	105
推进柴油机（中速）	105	货油泵涡轮机	105
推进柴油机（高速）	110	货油泵（在油泵舱内）	115
柴油发电机	105	给水泵	105
高速柴油发电机	110	液压泵	105
涡轮机推进机械	95	电动机	95
涡轮发电机	100		

有时需要预先粗略估算某机器设备可能发出的声功率，对一种特定类别的机器（如电动机、通风机），可通过声功率换算系数 F_n 近似算出估算值。换算系数 F_n 的定义为：

$$F_n = \frac{W}{W_m}$$

式中：W——机器的声功率（W）；

W_m——机器的功率（W）。

上述关系对机械和电气装置均适用。某些常用噪声源的换算系数见表9-9。

常见噪声源估算声功率换算系数 表9-9

噪　声　源	换算系数 F_n		
	低	中等	高
空气压缩机（0.735～73.5kW）	3×10^{-7}	5.3×10^{-7}	1×10^{-6}
齿轮传动	1.5×10^{-8}	5×10^{-7}	1.5×10^{-6}
扬声器	3×10^{-2}	5×10^{-2}	1×10^{-1}
柴油机	2×10^{-7}	5×10^{-7}	2.5×10^{-6}
电动机（1200r/min）	1×10^{-8}	1×10^{-7}	3×10^{-7}
泵（高于1600r/min）	3.5×10^{-6}	1.4×10^{-5}	5×10^{-5}
泵（低于1600r/min）	1.1×10^{-6}	4.4×10^{-5}	1.6×10^{-5}
燃气轮机	2×10^{-6}	5×10^{-5}	5×10^{-5}

2.噪声的危害

世界进入工业经济时代以来，各种机械设备的不断创造和普遍使用，使人类文明进入了一个新的阶段，带来了空前的繁荣和进步，但同时也产生了越来越严重的环境污染，噪声污染也是其中之一。噪声污染对人们的影响和危害概括为四个方面：一是强噪声可影响人们的听力并引起耳聋；二是噪声影响人们的睡眠质量和数量；三是影响人与人之间的语言交谈；四是噪声对人们的健康可引起严重影响。

1）对听力的危害

噪声对人体健康的影响是多方面的，而表现最明显的是对听觉器官的损伤，长期在强噪声环境下工作可以导致职业性耳聋。我们平时都会有这样的感觉，当进入较强的噪声环境，例如机舱，会感到刺耳难受，甚至感到耳朵疼痛，停留一段时间后会感到耳朵嗡嗡发响，连手表滴答声也听不见。如这种情况持续不长，离开这一强噪声环境后，在安静的环境停留一段时间，听力又会逐渐恢复正常，这种现象称听觉适应。但听觉器官的适应性是有一定的限度的，长期在噪声的持续作用下听力会逐渐减弱，在脱离噪声环境后，听觉恢复的时间需要数分钟，以至几小时，十几小时，这种现象称为暂时性听阈偏移，也称听觉疲劳。它是暂时性的生理现象，内耳听觉器官尚未受到损坏。相反，如果长年累月地在强噪声下工作，长期持续地受强噪声刺激，日积月累，听觉就不能恢复，而且越来越重，内耳器官发生器质性变化，形成永久性听力偏移，造成噪声性耳聋。它常与人们的职业有关，所以又称职业性耳聋，也称职业性听力损失。噪声性耳聋是轮机部船员常患的职业病之一。

噪声性耳聋主要表现在高频范围，一般在4000Hz附近时，首先听力下降，随工龄增加，会逐渐延伸到3000～6000Hz范围。由于语言频率一般在500～1000Hz之间，因此人们在主观上并未感到听力下降。当听力损失一旦影响到语言频率范围时，实际上已到听话困难的中度噪声性耳聋阶段了。一般来说，听力损失在10dB（A）之内，尚认为是正常的；听力损失在30dB（A）以内为轻度性耳聋；听力损失在60dB（A）以上者，为重度噪声性耳聋。当听力损失为80dB（A）时，即使在耳边大声喊叫也听不到了。听力损失超过25dB（A）即认为是噪声性耳聋。当人们突然暴露在极强噪声(如 150 dB(A)以上的爆炸声),就能引起鼓膜破裂,耳内出血,完全失听。

噪声性耳聋的发病率首先与噪声的强度及频率有关。噪声强度越大,频率越高,噪声性耳聋发病率也越高。其次,噪声性耳聋还与在噪声环境中工作时间的长短和从事这一工种工作的工龄成正比。一般来说,在 90dB(A)以上的噪声环境下长期工作,就有可能发生噪声性耳聋,当然这还与个人的体质有关,而大于 150dB(A)的噪声则可能使听觉器官立即遭到破坏。目前大部分以柴油机为动力的船舶,其机舱噪声级偏高,尤其是使用高增压、高转速柴油机作为主、辅机的船舶,其噪声危害更大。

2)噪声对睡眠的影响

通常来讲,人的睡眠程度分为四级。最轻的是困倦,眨眼,一级是轻瞌睡,二级是完全入睡,二级是较熟,四级是熟睡。入睡的次序是先由清醒进入一级,随着有眨眼,以后转入二级,过一些时候转入三级,再进入四级。在睡过一定时间后又很快由四级转回到一级,这时可能眨眼做梦,以后再转入二级、三级、四级。如此循环而已。一般一个循环大约是 90 分钟,循环时一级时间渐长;四级时间渐短,到最后睡醒。

噪声影响人们的睡眠质量和数量。如果噪声是连续的,可加快人们的睡眠由深睡到轻睡的回转,多梦,使熟睡的时间减少;如果噪声是突然的,可使人惊醒。这样,若经常受到噪声的干扰,就可能因睡眠不足引起头昏、头痛、神经衰弱等症。对需要休养的病人,危害更大。

连续噪声引起睡级回转的程度大致与声级成线性关系,在 40dB(A)时,大约有 10% 的人受到影响;在 70dB(A)时,受到影响的人就有 50%。突然一声响把人惊醒的情况也基本与声级成线性关系。40dB(A)的突然噪声惊醒 10% 的睡眠者。60dB(A)的突然噪声惊醒 70%。

从睡眠的角度来说,大约是 40dB(A)以下的噪声影响很小,55dB(A)的噪声就比较严重(睡眠回转 30%,突然惊醒 50%)。

3)噪声对语言交谈和思考的影响

噪声除影响睡眠之外,对人们谈话、听广播、办公、学习、上课、打电话等活动都会带来一定的影响。在语言交谈的有关活动中,大致可以说 45dB(A)以下的噪声影响很小,65dB(A)时就比较严重。在较强的噪声环境中,心情烦躁、反应迟钝,因而使工作效率降低。由于噪声能分散注意力,所以会在操作管理中出差错而引起安全事故。不同噪声对谈话干扰的程度如表 9-10 所示。

噪声对语言交谈的干扰 表 9-10

噪声级(dB(A))	主观感受	能进行正常交谈的最大距离(m)	电话通话质量
45	安静	10.0	很好
55	稍吵	3.5	好
65	吵	1.2	较困难
75	很吵	0.3	困难
85	太吵	0.1	不可能

4)噪声对健康的影响

噪声作用于中枢神经系统,能使大脑皮层兴奋与抑制失调,引起神经衰弱和消化不良等疾病。除此之外,噪声还会使交感神经紧张,引起恶心、呕吐、头部悸动、眼球振动、视觉模糊、心脏病、高血压、心跳加快、心律不齐、动脉硬化等心血管疾病。这些现象都是在产生噪声性耳聋的声级以上很多才能产生,如果能做好听力保护工作,上述生理反应就不会产生。实践证明,长期在强噪声下工作的人,头昏、失眠、多梦等神经衰弱病状,以及肠胃消化系统疾病和心脑血管等病症普遍增多,这也是与一些医疗卫生部门健康调查的结论相一致的。所以,我们不能忽视噪声对健康的危害,尽可能做到控制噪声和加强自我保护。

五、船舶噪声的控制

随着现代工业的迅速发展,噪声已成为污染环境的公害之一。噪声污染的控制是环境学的一项重要内容,是国家工业及科学技术水平的一个重要指标。任何声学系统的主要环节是声源、传输途径和接受者。它们之间既有正作用,也有反作用。例如一个机器装在屋角,声功率输出就会加大;一个报告人面对听者增多时就会自动提高嗓门等等。因此,情况比较复杂。控制噪声就应当从声源噪声的控制、传播途径的噪声控制和接受者的噪声防护设备使用三方面着手。既要对这三部分分别进行研究,又必须把这三部分作为一个整体系统。噪声控制就是在符合经济和操作条件下,使接受者在其所在地获得允许噪声环境的技术。具体采取哪一种或哪几种措施,则应从经济、技术及满足要求等方面综合考虑决定。

控制噪声,最积极、最根本和最有效的办法是从声源上去考虑,研究发声机理、限制噪声的发生成了近年来最受重视的问题。控制声源噪声的方法:减少激振力的幅值,减少系统各部件对激振力的响应,改变工作条件等。例如从船舶动力装置设计的角度出发,应选用低噪声的主机和机械设备,改进机器的动平衡,隔离声源的振动部分,使用阻尼材料,改进润滑或改变共振频率,破坏共振等,对气流噪声和撞击噪声的研究,近年也颇有进展。

当设备一旦选定之后,声源的声级大小亦就基本上决定了,此时若想减少声源的噪声是很困难的,可行而有效的办法是对设备作适当的布置,减少噪声源对其他区域的影响,使噪声在传播途径上得以控制。在传播途径上控制噪声主要是阻断和屏蔽。声波传播的能量随距离加大而衰减。

传播途径中的控制是最常用的办法,因为一旦机器设计制造和安装完毕,再从声源上控制噪声就受到局限,在传输途径中处理却容易实现。例如隔声、隔振、吸声等都是有效措施,可以起到事后补救的作用。在工厂设计及船舶上层建筑布置中,合理布置可对降低噪声干扰起到重要作用,船舶居住舱室应与机舱等噪声源尽量隔离。使用机罩、消声器等从接近声源处降低噪声,用不同材料使传输途径不连续以控制结构噪声等,都是行之有效的好办法。

从声源和传播途径上无法控制噪声,或已经采取了控制措施,仍不能达到规定的效果时,而工作人员又必须在高噪声环境下工作,这时唯一的办法是缩短工作时间或对接受者人耳进行保护。特别是在机器多而人少(例如船舶机舱),对接受者的保护是重要手段。人们可以带上护耳器(耳罩或耳塞),防声头盔或在隔声间(如机舱集控室)内值班操作,对一些灵敏仪器(如雷达、电脑、电子显微镜、灵敏仪表等),也可用隔声、隔振加以保护。

采取噪声控制措施,必须在船舶设计和建造各个阶段认真考虑。使用可靠的噪声预测技术,分析所要选用的各种设备,事先考虑各主要减噪措施,定出最佳的声学设计效果。如航行船舶上噪声污染已经形成,再更换或修改机械设备,所需代价无疑将更大。

从船体设计的角度来看,首先要使总布置合理,使那些要求较高的舱室尽量远离声源舱室,船体尾部线型同螺旋桨的配合要良好,舱室结构上应尽可能采用隔声、吸声性能良好、价格便宜的材料。

经验表明,欲降低船舶舱室噪声,在制定技术方案或设计画图时,应当在设计初始阶段就开始采取防噪声措施。若在技术设计或施工设计阶段特别是在批量生产的过程中再来采取防噪声措施，其效果是不好的，因为在这时可采用的许多有效的防噪声结构（如隔离空舱、弹性甲板室等）往往要求改变船舶的总布置和主尺度，而这在技术设计阶段通常已是不允许的。

1. 一般的降噪方法

1）吸声

若舱室内的声源由于声波的多次反射，使噪声级较同样的声源在露天的噪声级为高，可增高十几分贝。如用吸声材料装饰在舱室内表面上，或者设置吸声结构悬挂吸声体，则舱室内的噪声就会得到一定程度的降低，这种利用吸声材料和吸声结构来降低室内噪声的降噪技术称为吸声。材料的吸声性能常用吸声系数表示，它是指声波入射到材料表面时，被材料吸收的声能与入射声能之比，用 α 表示。一般材料的吸声系数在 0.01 ~ 1.00 之间。只有当吸声系数 $\alpha > 0.2$ 的材料才能称为吸声材料。吸声材料的种类很多，根据材料的类型和吸声原理基本上可分为多孔吸声材料和共振吸声材料两大类。

（1）多孔吸声材料。在多孔材料中，组成材料的筋络之间的细微空隙占有着材料体积的极大部分，从材料表面到材料内部，这些空隙组成了许多微小通路，当声波入射到这种材料表面，大多由孔隙进入到材料内部，使空隙中的空气分子和纤维受激发而振动，由于空气本身的粘滞作用和空气与孔壁及纤维之间的摩擦作用，就使声能转变为热能而消耗掉。同时小孔中的空气和孔壁与纤维之间的热传导而引起的热损失也是声衰减的原因。因此在选用多孔吸声材料时，要注意材料的多孔性。由于多孔材料的孔隙尺寸与高频声波的波长相近，所以它对高频声吸声效果好，对低频声效果较差。由此可见，对于一些气泡孔不相连通的多孔性材料如常见的聚苯乙烯和聚氯乙烯泡沫塑料，只能用作隔热、隔振，而不能作为吸声材料。

吸声材料的选择，除了吸声系数外，尚需考虑温度、湿度对材料性能的影响，以及材料的强度、耐腐、防火，以及可装饰性能和加工性能。为使吸声材料充分发挥作用，应将它布置在最容易接触声波和反射次数最多的表面上，如天花板、地板、天花板与侧墙及侧墙的交接处。通常天花板和地板的反射次数要比侧墙多一倍。吸声材料还广泛地用于管道、阀门、流体混合腔或通风系统中。

多孔吸声材料的吸声效果最好，被普遍采用，它分纤维型、泡沫型和颗粒型三种。纤维型多孔吸声材料有玻璃纤维、矿渣棉、毛毡、甘蔗纤维、木丝板等。泡沫型吸声材料有聚氨基甲酯酸泡沫塑料。颗粒型吸声材料有膨胀珍珠岩和微孔吸声砖等。

（2）共振吸声结构。多孔吸声材料对于高频声有较好的吸声能力，但对低频声的吸声能力较差。在实践中，利用共振吸声原理，制成了共振吸声结构，用以吸收低频声能。共振吸声结构主要有薄板共振吸声结构、单个空腔共振吸声结构、穿孔板共振吸声结构和微穿孔板共振吸声结构等。

不穿孔的各种薄板，使它的周边固定，背后留有一定厚度的空气层，就构成了薄板共振吸声结构。薄板共振吸声结构用板状材料（如塑料、石棉、胶合板等薄的气密板）装在刚性壁板前面一定距离处，两者之间为空气层，那么由于声波入射而使板振动，并使板后的空气层也发生振动，空气层内部的摩擦阻尼造成能量损失而引起吸声作用。当入射声波的频率与薄板系统（包括空气层）的固有频率相等时将发生共鸣。在共鸣频率附近（对声波而言为低频段）吸声系统最大，约 0.2 ~ 0.5。而在其他频率的吸声系数迅速降低。空气层厚度增加，共鸣频率降低。

单个空腔共振结构由腔体和颈口组成，称作亥姆霍兹共振器。

穿孔板共振吸声结构可以看作是许多单孔共振腔并联组成。薄板材料上钻一定孔径的孔,并在其后以一定厚度的空气层作间隔而安于板壁上,利用声波在孔的摩擦损耗,失去能量来达到吸声的目的。板上的孔距较小时,发生声波干涉现象,板后的空气层由于弹性作用,发生共鸣吸收。它的吸声频率与板厚、腔深和穿孔率有关。这种多孔板以共鸣频率为中心在较广的吸声范围内有更高的吸声率。孔径减小时,吸声率略有提高,气层厚度增加,则吸声率峰值频率向低频方向移动。为了扩大其吸声频带,常在穿孔板后衬贴织物或填放多孔吸声材料,则高频段的吸声率也有提高,最大吸声率可达 0.80 以上。同时,为提高其吸声性能,可选用两层穿孔板组成的吸声结构。

对于高温、潮湿和腐蚀气体的空间用吸声材料,往往因浸蚀作用经过一段时间就会失效,用上述吸声结构又不能满足宽频带吸声的要求,这时可用金属微穿孔板。微穿孔板吸声结构是一种新型吸声结构,它是在普通的穿孔板结构基础上发展而来。微穿孔金属板的板厚和孔径均在 1mm 以下,穿孔率为 1% ~3% (普通型为板厚 1.5 ~10 mm,孔径为 2 ~15 mm,穿孔率为 0.5% ~5%),穿孔板与板后空腔组成吸声结构,它具有较宽的吸声频带和吸声能力。金属微穿孔板的吸声系数和宽带都较穿孔板好,且外表美观,易于清洗,适用于高温、有腐蚀性气体和特殊条件。但加工复杂、造价高,使用中微孔易堵塞。

在动力机械中,由于它的阻力损失小而用于控制气流噪声,但其制造成本高,易被油污气流堵塞。因此,应根据实际情况合理使用。

目前在船舶上应用最广泛的是用多孔吸声材料制成的平板型吸声结构,如图 9-4 所示。

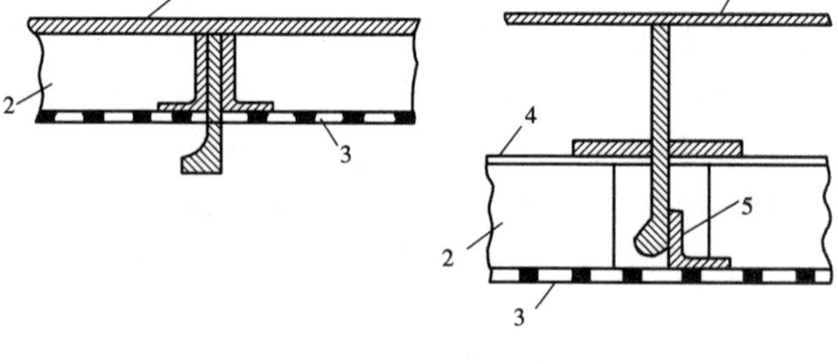

图 9-4

1-船体构件;2-吸声材料;3-穿孔护板;4-网布;5-衬条

在这种结构中,吸声材料或是紧贴在船体的板壁上,或是留有一段距离。为防止多孔材料受到机械损伤,用多孔板保护之。

需要指出,用吸声方法处理噪声,只能减少反射声,对声源直接发出的直达声不起作用,因此若原来舱室吸声系数已不低,或声源直达噪声很高,则用吸声处理对降低舱室噪声不明显。钢板的平均吸声系数为 0.01,若钢板表面全部换上吸声系数为 1 的吸声材料,则噪声的最大降低值为

$$\Delta L_p = 10\lg\frac{1}{0.01} = 20 \qquad (\mathrm{dB})$$

实际上 $\alpha = 1$ 是达不到的,因此用吸声方法一般只能降低室内噪声 6 ~10dB,最大不会超过 15dB。因此,当原来房间的吸声效能较高时,如果还用吸声处理来降噪,就不会达到预期的效果。可见,吸声处理方法只是在容积不大,原来吸声效果较差、混响声较强的舱室才能充分发挥其减噪作用。

2)隔声

利用墙板、门窗、隔声罩等隔声构件将噪声源与接受者分隔开来，使噪声在传播途径中受阻以减弱噪声的传递，这种方法称作隔声。它是有效而又应用十分广泛的办法。把需要安静的场所与外界噪声隔离开，称为被动隔声。把噪声源用周围围护构件封闭或隔离开来，使噪声传不出去以减少对周围环境的污染，称为主动隔声。一般研究的隔声就是主动隔声。

按噪声传递方式可分为空气传声（简称空气声）和固体传声（简称固体声）或结构传声两种。空气声指声源直接激发空气振动而产生的声波，并借助空气介质直接传入人耳。固体声是指声源直接激发固体构件振动而发出的声音。固体构件的振动（如锤击地面）以弹性波的形式在墙壁及楼板等构件中传播。在传播中向周围空气辐射发出声波。实际上，声音的传播往往是空气传声和固体传声两者的组合。

将噪声源与环境隔离的常用方法是隔声屏和隔声罩。隔声屏和隔声罩的材料与吸声材料正好相反，一般是刚性的，即不吸声的材料。当空气声入射到隔壁上时，隔声原理为：首先，在壁面上将一部分入射声能反射回原来空间；其次，透过隔板之间的孔道成缝隙传递；再次是一部分声能由于隔壁材料的吸声作用而被耗损；最后一部分是使隔壁振动的能量。对于实心的均匀墙体，其隔声能力决定于墙壁的单位面积重量，其值越大，隔声性能越好。隔声罩是抑制机械噪声的较好办法，隔声罩由罩板阻尼涂料和吸声层构成。罩板一般用 1 ~ 3 mm 厚的钢板，也可用密度较大的木质纤维板。罩壳用金属板时要涂一定厚度的阻尼层。在罩板上垫衬吸声材料，这样可以加倍地增加隔声量。由于一般实际机器的屏罩，最低频率总是低于噪声频率的，因此围壁的隔声特性一般总是属于质量控制型的，即是要大而重的围屏。但是对于某些小的隔声屏罩则基本上是属于刚度控制的，即噪声频率低于围壁及其构成元件的基频。因此根据噪声的频率，设计合适的封闭或隔离屏、罩是很重要的。

为了使机器周围环境的噪声污染减小 20dB，通常必须使用完全封闭的围壁。对于一般的机械和电力设备，如图 9-5 a）所示的隔声罩总能提供满意的隔声效果。围壁必须避免共振，或者用阻尼来减小其振动，且不与声源的任一部分接触。声源与其基座之间还应有弹性隔振措施，以减小结构声的传输。实际的隔声效果也与放置声源与围壁的房间的声学性质有关。密封的隔声罩能防止声的渗漏，但有些设备不可能全封闭时，也可以做成非封闭式的，如图 9-5 b）所示，例如电机噪声源风扇一端装上局部性的罩，当然效果比全封闭的要差，这种隔声罩里衬往往还装上吸声材料来提高其高频消声效果。

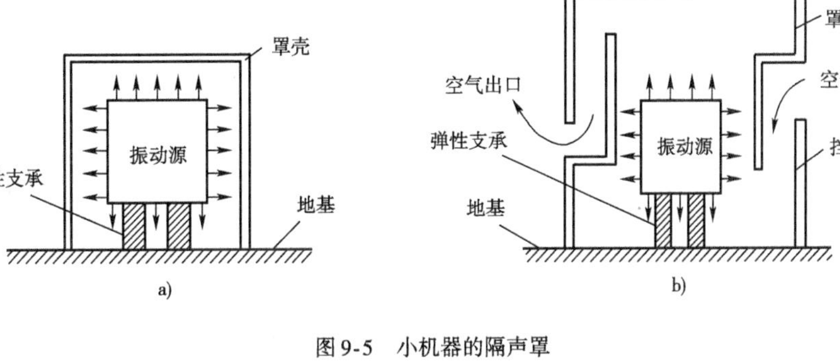

图 9-5　小机器的隔声罩

由于要使隔声罩的传递损耗提高 5dB 左右，隔声壁的重量就要加倍。这样隔声结构很笨重。为此常采用有空气夹层的双层隔声结构，在用料相同的情况下，双层壁隔声罩的隔声效果可增大 5 ~ 10dB。如隔声罩用的钢板太薄，罩壳面积又很大，而罩壳与机器或基础是刚性连接时，隔声罩可能变成一个噪声放大器，这种情况应引起特别注意。在加工隔声罩时，要注意隔声罩的密封，但在热力机械中都有进、排气和冷却管道等，这些管道将隔声罩与外界连通，对隔声十分不利。因此，在进风口和排气口处还应装上由钢板、阻尼层、吸声层等组成的专门的消声装置。

3）消声

消声器是一种允许气流通过而使声能衰减的装置，把它装设在空气动力设备的气流通道上，可使该设备的噪声得到有效的控制和降低，它是防治空气动力性噪声的主要方法。在船舶上，消声器主要用于柴油机的进、排气系统（包括增压器），也可用于通风空调设备。

消声器应当满足消声性能好、空气动力性能好（阻损小）、结构性能好（坚固耐用、重量轻、体积小）三个要求。消声器的形式很多，一般可分为三类：吸收式消声器、反作用式消声器和阻抗复合式消声器。

（1）吸收式消声器。吸收式消声器是通过吸声材料来降噪的，它利用吸声材料的吸声作用使沿通道传播的噪声不断被吸收的装置。噪声降低量取决于该噪声的频率、管道长度和吸收材料的厚度等。从电学的角度，这种消声器相当于电路中的电阻，所以又称阻性消声器。阻性消声器的消声量除与材料的吸声系数有关外，还与通道面积相关。通道面积大，高频声波以窄声束的形式沿通道传播，很少或根本不与吸声材料相接触，致使消声量急剧下降。

最简单的吸收式消声器是管式消声器，如图9-6所示。它的特点是气流不转弯，直通过去，不仅结构简单，而且空气动力性能好。但仅适用于气流流量不大的场合。一般情况下，单个管式消声器的消声量不会超过30dB。

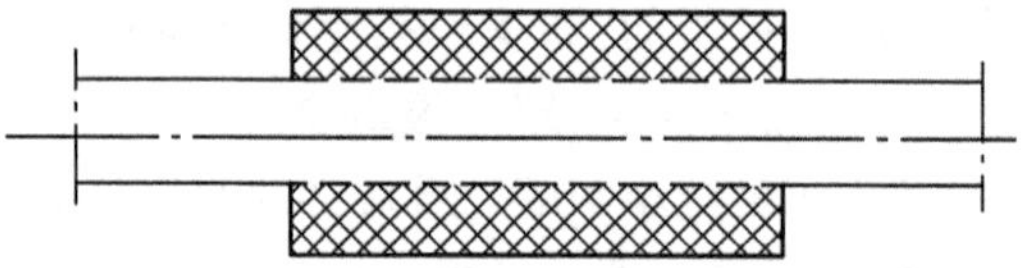

图9-6　管式消声器

当气流流量增大、消声要求较高时，就要采用将多根小管并联的各种结构形式的消声器，如蜂窝式、片式、折板式、声流式等。其中以声流式消声器（图9-7）最佳，它的吸声材料按正弦形状或近似正弦形状排列，即使声波由于多次反射而增加吸收，提高了消声效果，又可使气流顺畅的流过，减小对空气动力性能的影响。但这种消声器加工较复杂，造价较高。

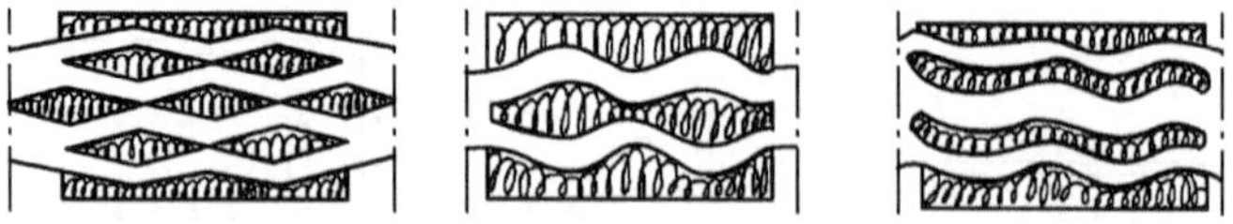

图9-7　声流式消声器

吸收式消声器的优点是能在较宽的中、高频范围内消声，特别是对刺耳的高频声有突出的消声作用；缺点是在高温、水蒸气以及对吸声材料有浸蚀作用的气体中，使用寿命较短，对低频噪声消声效果较差。另外若管道截面过大，波长很短的高频声将以窄声束的形式传播，很少或根本不与吸声材料接触，从而使某些高频噪声的消减量大为降低。

由于吸收式消声器消声频带宽，消声量大和制作简单并且性能稳定，所以广泛应用于罗茨鼓风机、叶片式鼓风机、各种离心式风机和空压机等的进、排气的消声装置中。

（2）反作用式消声器。反作用式消声器是用一个或多个小室来反射和衰减入射的声能，它主要借助于通道截面的突然扩张或设置旁通共振腔使噪声降低的装置。反作用式消声器与吸收式消声器不同，它内部不装任何吸声材料，仅依靠管道截面积的改变，共振腔或旁路管等在声传播过程中,引起声阻抗的改变而产生声能的反射与消耗。从电学的角度,这种消声器相当于电路中的电抗,因而又称为抗性消声器。其示意图如图9-8和图9-9所示。

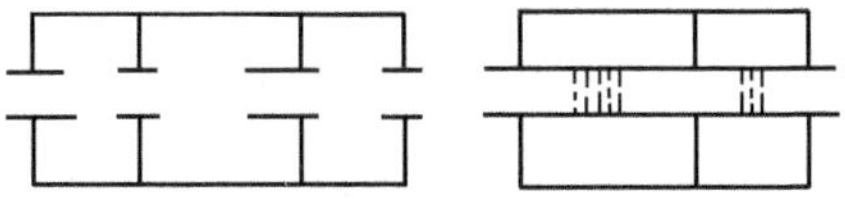

图 9-8

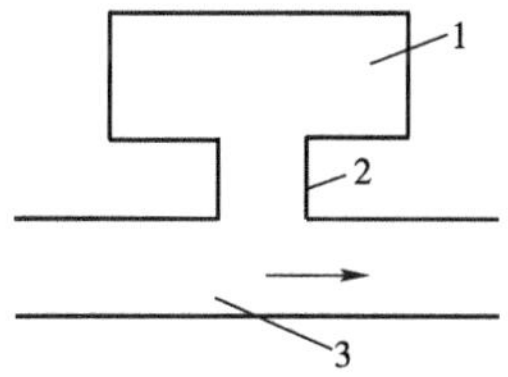

图 9-9

1-共振室;2-孔颈;3-管道

扩张室消声器的消声原理是两个连续截面的面积突变,在腔室内出现多次的反射而产生新的干涉现象,从而使噪声降低。共振式消声器由一个孔颈与共振室组成。共振室中的空气作为弹簧,孔颈中的空气作为质量而组成一个振动系统。其消振原理是在共振频率范围内,迫使相应进入的噪声波在共振器内振动,一部分能量由于孔颈中的质量和颈壁的摩擦而被吸收。在共振频率附近,消声量很大;离开共振频率较远的噪声频段,其消声量急剧下降。为了能在较宽的频段降低噪声,可在一个管路上设计几个频率不同的共振室,使其互相补充而提高消声效果。

当噪声包含离散声时,反作用式消声器最有用,因为通常它们是窄带装置。在气流不够清洁,或许会堵塞、粘住阻性消声器的地方,应用反作用式消声器是有生命力的。这种消声器经济且压力降小,多用于内燃机或柴油机的进、排气消声装置中。

反作用式消声器的优点是具有良好的低、中频消声性能,构造简单,耐高温、耐气体腐蚀和冲击腐蚀;缺点是消声频带窄,对高频声消声效果差。

(3)阻抗复合式消声器。为了在一个宽阔的频率范围内得到良好的消声效果,可以综合对低、中频有效的抗性消声器和对高频有效的阻性消声器组成阻抗复合式消声器,它既有吸声材料,又有共振器、扩张室等滤波元件,消声量大,消声频率范围广,其示意图如图9-10所示。

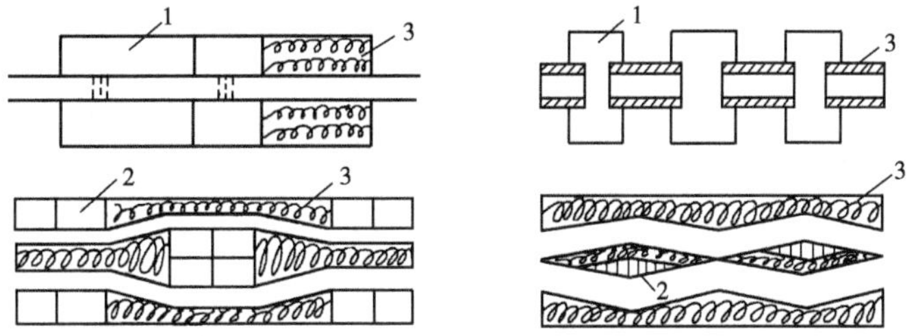

图 9-10

1-扩张室;2-共振器;3-吸声材料

船舶柴油机的进气系统包括增压器,一般均采用阻性或阻抗复合式消声器。对于船舶柴油机的排气系统,由于接触的是高温气体,其中还含有油质,因此妨碍在排气管内采用吸声材料,一般均采用抗性消声器或阻抗复合式消声器。消声器在排气管路内的布置位置对它的消声效果有很大的影响,放在管路长度中央效果最差,因为排气管多半是敞开式的,其自然基频和高次谐波的振动节点常位于管长中央,所以装在这个区域内的消声器对减低管子自振声波的效果最小。一般可将消声器放在离排气管末端约四分之一管长处。将消声器直接连接在排气总管上效果较好,因为在消声器后排出的气流是稳定的,它不致引起管内振动。近年来有的船舶将整个烟囱设计为一个吸收式消声器。

此外在设计消声器时还应注意管道内气体流速对消声器性能的影响。流速过大不仅可以能将吸收式消声器中的吸声材料吹掉,而且会改变声传播的规律,产生新的噪声(再生噪声)。

所以,各式风机消声器,按气流的压力分为高压、中压和低压等类型,多采用阻性消声器及微穿孔板式等。空压机消声器,主要用于进气消声,加在空气滤清器的前后,有抗性、阻抗组合式及微穿孔板组合式等。鼓风机消声器,多用阻性或阻抗组合式。高压排气放空消声器,多用小孔扩散消声器,阻抗组合式与微穿孔板式等。内燃机排气消声器,多采用抗性或微穿孔板组合。

4)隔振与减振阻尼

噪声是由振动产生的,并且还可以通过固体结构进行传播。未来控制振源振动,防止振动在固体中的传播,减小噪声,就要采取一定的隔振措施。隔振的主要方法是在振源与结构之间装设隔振装置,如柴油机与机座之间和柴油机的排气管道与船体结构之间的连接等。

从机器部件发射的噪声大量地来自大面积板的振动,特别在其共振时更为严重。对于这类大面积的振动,可以在薄的钢板上紧紧贴上或喷涂上一层内摩擦阻力大的粘弹性、高阻尼材料,如沥青,石棉漆,软橡胶或其他粘弹性高分子涂料配制成的阻尼浆,这种措施称为减振阻尼,它是噪声与振动控制的重要手段之一。

阻尼材料抑制板的振动,同样是利用材料的内损耗原理,当振动作用在涂以阻尼材料的金属板面上,金属板面作弯曲振动时,阻尼层也随之振动,一弯一折使得阻尼层时而被压缩,时而被拉伸,阻尼材料内部分子的相对位移,由于摩擦而损耗一部分振动能量,减弱了金属板面的弯曲振动,从而降低了金属板的噪声辐射。

阻尼层与金属板面的结合一般有两种方法。一种是将阻尼层涂料直接涂在金属板的一面或两面,称为自由阻尼层;另一种是在振动金属板上粘贴一层弹性材料的阻尼层,其外再覆盖一金属片,称为约束阻尼层。共振时,阻尼层一面受到约束层的约束,另一面又随结构的振动而使阻尼发生了较大的剪切变形,故又称剪切型阻尼层。两种阻尼层相比,自由阻尼层工艺简单,费用低,计算简便,但约束层的抑制效果好。

对于一定厚度的金属板,阻尼层的减振性能与涂层的厚度有关,阻尼层涂的越厚越好,但过厚又使板的重量加大,故在实际的工程当中阻尼层的厚度一般为金属板层的2~4倍。

目前对空气噪声一般采取消声、隔声和吸声处理;而对结构噪声的主要隔声措施是减振、隔振等。

2. 船舶防噪声主要措施

船舶噪声的防护,必须在船舶设计时就应加以考虑,因为在以后阶段,采取减噪措施要受到很大限制。

船舶噪声控制问题的解决办法:首先是使用噪声小的主机、辅机和螺旋桨,并且能合理地安置噪声源,使其向船舶传播较少的声音和振动能量。其次是合理进行船舶舱室的布置,把要求噪声小的舱室尽可能离噪声源远一些。由于船舶结构有利于噪声及其振动的传播,因而只靠采用小噪声机器和依赖相应的噪声源及舱室连系的布置,是不可能达到令人满意的声学环境的,还必须在船舶舱室里采用吸声、隔声和隔振设施。

船上的噪声主要来自机舱,而机舱的噪声几乎总是来自主机和辅机的振动,以及将燃气或空气从这些机械中吸入与排出的风机噪声和流动噪声。因此,描述船上噪声降低的变化总是从机舱中噪声的产生和抑制开始的,其降低噪声的途径是:将机器或整个机舱与船上其他部分隔绝开来,增加噪声在结构中的传输损耗,使之传到居住舱室的噪声很小。

1)机舱噪声控制对策

机舱是船舶动力装置的集中地,主辅机等各种机器设备发出的噪声,响遍整个舱室,经久不息。在大型低速柴油机为主机的机舱里,其噪声主要是空气噪声;以中速柴油机为主机的机舱,其噪声由强度相当的空气噪声和结构噪声混成;以高速柴油机为主机的机舱里,则主要是结构噪声。因此,必须针对实际情况,综合考虑,对进、排气口,管壁的空气噪声,可首先采用消声器和绝缘层,对于小型机器,可将其全部围起来。加围壁措施是利用声源与围壁内表面间的空层作为减少声振动的介质。这使声辐射仅在声源隔离间内部进行,可有效地减噪。为使声振动隔离良好,其隔离空间必须足够大。同时,围壁应有好的隔声性能,以免空气噪声穿透围壁。为防止围壁内声反射叠加,围壁内表面还应具有吸声性能。在机舱的上下甲板及四周装吸声材料。

对主机的结构噪声,一般通过减振支承来减噪。在小型高速主机上可采用弹性支承,采用橡胶或特殊塑料等,将机器与船体隔开。但对大型主机,目前仍难于实施。

此外,对大型主机采取的声振控制措施尚不完善。要从人的方面采取措施防止听力受害。在机舱内设置集中控制室是普遍采取的有效办法。在集中控制室内噪声可控制在75dB以下,就能提供一个较好的的工作环境。

对于机舱集控室的隔声结构,应同时考虑空气噪声和结构噪声的隔声问题,必须了解两者的具体传播途径,加以妥善隔断才能获得理想的隔声效果。

2)居住舱室噪声控制对策

在进行船舶舱室总布置时,应遵循两个基本原则:

(1)噪声要集中在规定的区域内,最好在船尾部;

(2)把对噪声要求高的舱室尽可能远离噪声源的集中区域。

在一般情况下,对居住舱室产生影响的几乎全部来自机舱的结构传播噪声。因此,隔声措施是解决居住舱室减噪的主要办法,即切断与有噪声源舱室结构体的联系,如采取浮筑结构,在承重楼板与地面之间夹一弹性垫层并把上下两层完全隔开,不使地面层与任何基层结构(包括墙体)有刚性连接。这样,对撞击隔声和空气隔声都非常有效,适宜于安静要求高的情况。如果把居住舱室装在隔振支撑上,也非常有效,现在已有不少船舶采用。不过把居住舱室同机舱在结构上分隔开来,对中、高频噪声有用,在低速机的船上作用不大。

3)甲板区的消声

船舶露天甲板区域,有机舱中的风机从甲板上吸入空气和主、辅机的排气所产生的噪声。它们的噪声级高达85~94 dB,直接影响驾驶台工作人员的工作和船员休息,而且对港口和航道的周围环境产生严重的噪声污染。

对于机舱吸、排气引起的低频噪声,可以采用消声器。但是一般的消声系统,很难使噪声降低30 dB(尤其对低频噪声)。常采用反作用式消声器,尺寸虽大一些,但减噪效果较明显,可达到标准要求。

在露天甲板上,噪声控制的范围要求达70~50 dB。

最后需要说明的是,船舶噪声常与船舶振动相伴而生,一旦船舶振动激起船体某种振动方式的结构共振时,通常其影响不仅是带来某种不舒适感,而且会损坏船体结构,这对航行中的船舶是一个致命问题。

第二节 减少船舶压载水传播的有害水生物和病原体

一、有害水生物和病原体的传播与危害

船舶是按照载货在水上航行设计和制造的，如果船舶没有装货，或者已经在某一港口卸下了部分货物并开往它的下一停靠港，就必须进行压载使船舶能有效和安全地运转，船舶压载水的加装和排放的整个操作过程如图 9-11 所示。

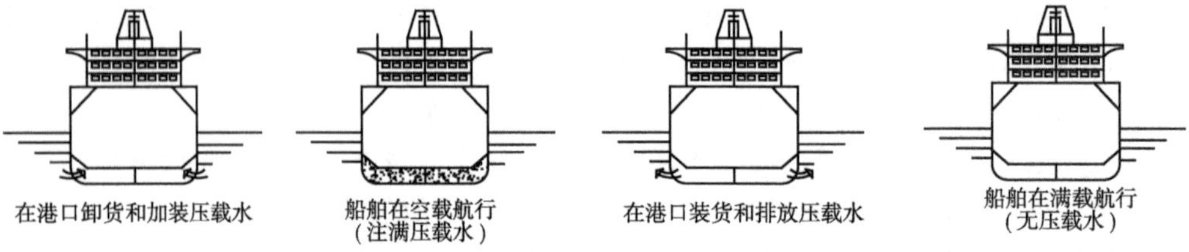

图 9-11 船舶压载水操作过程

当几千年前人类首次造船的时候，压载物是固体的，一般使用岩石、砂子或金属。大约从 1880 年前后，船舶已经主要使用水作为压载物，因为水更容易利用，更便于装卸，因此也比固体压载更有效和经济。当船舶没有装货时，它装满压载水。而装货时，压载水就被排放了。压载水装在船上的压载舱中，压载舱通常位于船体的两边和底部。在压载水泵的帮助或在重力作用下，压载水通过通海吸水阀箱进入船舶的压载舱。通海吸水阀箱入口覆盖着格栅或滤网板以防止大型的外来物体进入船舶的压载管系，对各种海水泵和设备进行保护。

在过去的半个世纪里，船舶压载水携带的有害水生物和病原体在暴发的广度和破坏性上已经显示出戏剧性的增长，并且所有的迹象表明这种情况将继续发生。几乎毫无疑问，不断发展的航运使不断增长的压载水通过船舶在全世界转移，不断提高的船速提高了水生生物种存活率。

船舶运输了世界上超过 90% 的货物，据估计，每年约有 30 ~ 50 亿吨压载水通过约 85000 艘船舶在世界范围内转移。根据船舶大小和用途的不同，每条船可以携带几百升到超过 13 万吨的压载水。压载水在船舶中的分布取决于船舶设计标准、尺度和强度。不同的船舶携带的压载水数量越来越多，现在研究表明 $1m^3$ 的压载水可以包含 50000 个浮游动物种类或 1000 万个浮游植物细胞，这可能在世界的另一个部分定居下来并成为一个有害的水生生物种。

船舶在港口或附近加装的压载水可能包含多种生物体。当在到达港为了装货而排出压载水的时候，那些生物体也同时被排到了一个新的环境中，一些水生生物种离开它们的原栖息地后能够建立新的种群并潜在地威胁当地物种并/或引起大型的生态和环境损害，引起对人类的威胁，并对经济造成了严重的影响。海洋物种一旦入侵并在当地扎根就几乎不可能根除它们。

船舶压载水中含有的外来物种已被证实对当地的环境、生态和人类健康构成了严重威胁：如 20 世纪 80 年代，一种外来的热带绿藻被传播到地中海，这种海藻很快取代了当地的海草并影响了鱼苗和无脊椎动物生长的自然环境。1984 年，这种海藻只覆盖了摩洛哥水域 $1m^2$ 的面积，但是到了 1993 年其覆盖水域已达到了 1300 公顷，1996 年扩大到 3000 多公顷，可见其蔓延速度之快。现在这种绿藻已占领了法国、西班牙、意大利和克罗地亚沿岸数千公顷的水域。美国西海岸的旧金山湾被认为是世界上外来物种数量最多的聚集地，截至 2004 年旧金山湾已发

现了总计212种外来物种。欧洲的圆虾虎鱼造成了五大湖地区原生物种群减少了近50%。生长在亚洲北部的藻类(Undaria pinnatifida)已入侵南澳大利亚,并疯狂生长,迅速取代本地海床生物群落。

二、船舶压载水处理的原则

压载水处理的主要目的是防止外来水生物(细菌、病毒、藻类、原生生物、软体动物和鱼类等)对排放地的入侵,避免因水生物入侵对生态环境、经济和人的健康造成危害。所以选择处理压载水的方法时应遵循以下技术原则:

(1)保证船舶的稳性和强度以确保船舶和船员的安全;

(2)对环境无二次污染,不破坏生态平衡;

(3)能有效地杀死潜在的入侵生物,尤其是已经被发现的有害生物;

(4)现有技术上可行,对船舶结构改动较小;

(5)操作简单,易于实船操作;

(6)费用较低。

三、压载水公约与船舶压载水控制、管理指南的关系

IMO于1997年以A.868(20)决议形式通过了一个《关于控制和管理船舶压载水,减少有害水生物和病原体传播的指南》。随着新公约《国际船舶压载水和沉淀物控制与管理公约》的通过,原来指南的地位将发生如何变化?虽然人们经常将A.868(20)决议及其指南称为是自愿性的,但根据国际法,由联合国负责海运规则的组织IMO大会一致通过的该指南实际上确实具有一定的法律地位。该指南的第11节要求各个国家通过本国立法实施或执行其中的有关规定。根据《联合国海洋法公约》,沿岸国可以按照国际上普遍接受的标准来制定法律保护海洋环境。毫无疑问,A.868(20)决议符合这一要求。

A.868(20)决议和指南为我们提供了一整套实际措施。如果完全实施,将会大大地减少通过船舶压载水的有害水生物和病原体的传播。该指南为各国实施压载水的管理措施提供了一个完整、标准、国际认可和正式接受的基础。从法律角度上看,公约的通过并不影响A.868(20)决议的地位。各国仍然可以继续实施该指南。新公约并未明确规定公约将取代A.868(20)决议,将来公约生效了,只要不相互矛盾,各国仍可同时实施新公约和A.868(20)决议。当然,如果真的存在矛盾,应适用公约的规定。考虑到公约在实际实施方面很大程度上是基于A.868(20)决议制定的,为实施公约和指南所采取的行动并不会削弱公约的作用,相反,会使各个沿岸国更好地为其做好准备。为此,在目前公约还未生效的情况下,IMO还是建议各海事机关现在就朝着实施公约的方向做准备。

针对压载水管理公约的通过和将要生效,各国主管机关加强了对压载水的管理力度。但由于压载水处理技术还不成熟,在公约生效之前和之后一段时间内压载水海上置换还是压载水管理的一种主要方法。

四、船舶压载水控制、管理指南

IMO A.868(20)决议,《关于控制和管理船舶压载水,减少有害水生物和病原体传播的指南》的主要内容有:指南的目标与背景,培训和教育,船舶和港口国程序,记录和报告程序,船舶操作程序,港口国考虑事项,港口国强化实施和监督,关于压载水更换的未来

考虑，压载系统设计。指南有两个附录：附录 1 为压载水报告格式；附录 2 为关于海上更换压载水安全方面的指导。以下介绍指南中船舶和港口国程序、记录和报告程序、船舶操作程序等三个部分。

1. 船舶和港口国程序

1）船舶程序

（1）携带压载水的船舶应配备帮助减少有害水生物和病原体传播的压载水管理计划。该计划的目的应是提供安全和有效的压载水管理程序。

（2）压载水管理计划应具体到每艘船舶。

（3）压载水管理计划应包括在船舶的操作文件中。该计划应特别涉及以下几个方面：

①本指南的相关部分；

②处理设备的相关批准文件；

③注明所要求的记录；

④可取样点的位置。

2）港口国程序

（1）应提供使用对环境安全的方法处理压载水沉积物的接收和处理设施。

（2）将压载水排入港口国接收设施或处理设施作为一种可接收的管理方式。愿意使用这种方法的港口国当局应保证该设施的足够性。

2. 记录和报告程序

1）船舶程序

（1）如果港口国当局要求进行具体的压载水管理程序或处理方法，但由于天气、海况或操作上不可行，无法做到时，船长应尽早向港口国当局报告此事，若可行，应在进入该港口国管辖水域之前进行。

（2）为便利对各船上压载水管理和处理的监督，船上应指派一名高级船员保存相应的记录，并确保船上压载水管理或处理已得到实施并进行了记录。

（3）当加装或排放压载水时，应至少记录日期、地理位置、船舶压载水或货舱编号、压载水温度和盐分浓度及所装压载水数量或排放数量。记录应可供港口国当局查阅。

（4）船舶压载水管理计划应说明压载水或沉积物各取样点的位置及合适的通路。这样做可使船员在港口国当局官员要求对压载水或沉积物取样时能够提供最大限度的协助。

2）港口国程序

（1）港口国应向船舶提供以下资料：

①港口国关于压载水管理的详细要求；

②替代性更换区域的位置和使用条件；

③任何其他的港口应急安排；

④对压载水及相关沉积物进行环境安全式处理的接收设施的使用、位置、容量及适当的收费。

（2）为帮助船舶采取预防措施，港口国应告知当地船舶代理人或船方，关于船舶应尽量减少加装压载水的区域和情况，例如：

①发生有害生物和病原体蔓延、造成危害或已知有害生物或病原体数量的区域；

②流行浮游生物开花（藻类花，例如，赤潮等）的区域；

③附近的污水排放口；

④附近的疏浚作业；

⑤潮汐流变浑浊的时间；

⑥潮汐涌入较差的区域。

3. 船舶操作程序

1)预防措施

(1)尽量减少带入有害水生物、病原体和沉积物。当加装压载水时，应尽量避免带入可能有害的水生物、病原体和可能含有此类生物的沉积物。在某些区域或情况下，当可行时，应尽量减少或避免加装压载水。例如：

①按指南建议，港口国所确定的区域；

②夜间，当水底浮游生物易在水体中上升时；

③非常浅的水域；

④推进器易搅起沉积物的区域。

(2)及时清除沉积物。可行时，应根据船舶压载水管理计划的规定，在深海或在港内或于船坞内，在受控制的条件下进行压载舱的清洁工作。

(3)避免非必要的压载水排放。如果为便利货物安全操作，必须在同一港口加装和排放压载水，应注意避免不必要地排放在其他港口加装的压载水。

2)压载水管理方法

(1)压载水更换。近岸(包括港口和河口)生物被排放到深海中，或深海生物被排放到近岸水域通常都不能存活。当在海上进行压载水更换时，应考虑关于更换压载水安全问题，并建议遵照以下做法：

①可行时，船舶应在深海，开阔水域并尽可能远离海岸处进行压载水更换。如不可能做到这一点，应遵照地区协议制定的要求进行，特别是在离岸 200n mile 以内的区域更应如此。按照要求，所有压载水均应排放掉，直至泵吸丧失为止。如可能，应使用扫舱泵或喷射器。

②使用注入顶出法在开阔海域将压载水泵入压载舱或货舱并使舱内压载水溢出，应至少向舱内泵入 3 倍于舱容量的海水。

③两种在开阔海域更换压载水的方法均不可行时，可按港口国所接受的方式在指定的区域进行压载水更换。

④港口国批准的其他压载水更换方法。

(2)不排放或尽量少排放压载水。在不可能实施压载水更换或其他处理方法的情况下，压载水可被保留在压载舱或货舱内，如不能做到，船舶应按港口国应急计划的要求排放最少量的压载水。

(3)排放至接收设施。如果港口国提供了压载水和沉积物的接收设施，这些设施应酌情予以使用。

(4)应急的、新的技术和处理方法：

①如果某些新的和应急的处理方法和技术被证明合适可行，这些方法和技术可替代或与目前方法联合使用。此类处理方法可包括热处理法、过滤法和紫外线处理法及港口国接受的其他消毒方法。

②有关压载水新的管理技术和相关的控制设备的使用结果及其有效性应通知 IMO，以便进行评估并酌情包括在指南中。

五、船舶压载水管理

直到20世纪90年代初期，通过船舶压载水传播有害水生微生物和病原体的问题变得明显，适当的压载水管理，能大大减少有害水生物和病原体引起的风险。为了将在国外港口的有害水生物和病原体的传播和引入威胁降至最低，船舶压载水管理可分成四类(图9-12)：

压载水无排放：船舶在港口国管辖水域不排放压载水。

压载水更换：航行期间船上现有压载水的泵出和“清洁”海水的替代。

船上压载水处理：通过机械、物理、化学方法处理压载水，这些方法杀死、清除或使微生物或病原体无害化。

压载水隔离：把船舶压载水泵到岸上接收设施中，以进行后续的处理和/或清除。

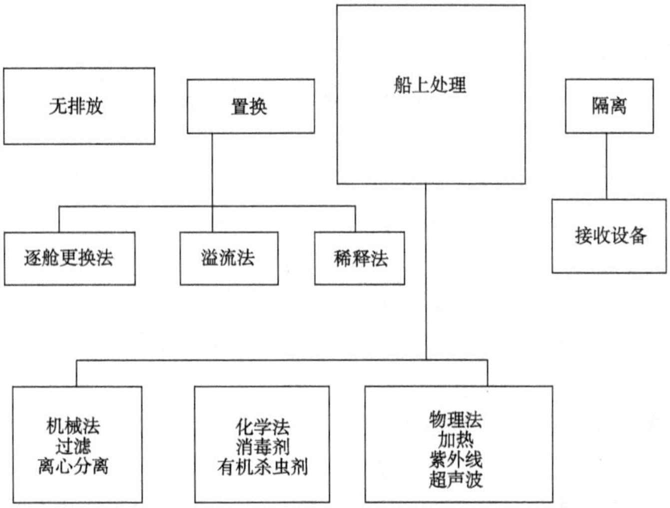

图9-12　船舶压载水管理方式

1. 压载水无排放

压载水无排放是指船舶在港口国管辖水域不排放压载水。

优点：这种方法避免了进入到当地水体的排放，并且不影响船舶的强度、稳性和吃水差。

缺点：这种方法对于大部分船舶不实用，由于在许多情况下，这将减少货物装载能力，特别是对于载货船舶，例如油船和散货船，需要在装货港排放压载水以装载货物。

2. 海上压载水置换

海上压载水置换常用的方法有三种：逐舱更换法、溢流法和稀释法。所有这些方法必须依照国际海事组织指南/公约和船舶压载水管理计划操作。在可能的情况下，船舶应当在深水区、公海和离岸尽可能远的地方进行压载水置换。具体的应用要求是：船舶在航途中，水深500 m以上，距岸超过200 n mile或离岸航行超过48 h的航程，对在港口水域或沿海打入的压载水，通过逐一更换法或用3倍于舱容水量注入顶出法更换成大洋海水，来达到减少船舶压载水传播外来生物的危险。这是因为大洋海水与沿岸水相比，生物种类和沉积物都较少，而且几乎没有导致人类疾病的微生物；而且盐度等环境因子差别较大，即使其中的生物进入沿海港口国水域也很难存活。

(1)逐舱更换法。逐舱更换法是指一个接一个地彻底排出压载舱中的压载水，并随后立即注入新鲜的海水。为了使船上的沉积物最少，所有压载水应当排放至失去泵吸力的时候，并且尽可能使用扫舱泵和喷射器。

优点：这种方法可以有效地对压载水进行几乎彻底的置换，并且现有泵系和管系的工作量只是适当地增加了一些。

缺点：这种方法需要高级船员和一般船员进行非常仔细的计划和监控，以确保船舶的整体和局部强度、稳性和吃水差维持在允许的范围内，并且与船舶压载水管理计划是一致的。由于船舶将要到开放的深海，需要考虑动态负荷的影响。这种方法依赖于天气，船员必须保持警惕。

(2)溢流法。溢流法是指压载舱的连续注入和排放，依靠船舶设计，水从各个舱的排放管系或甲板上的入口溢出，其数量至少等于排放压载水的压载舱的3倍容积，这一置换体积确保了压载舱中原有水至少置换了95%。当恶劣天气和海洋条件或结构强度不允许使用逐舱更换法时，这是一种好的可供选择的方法，前提是压载舱不承受过大压力。

优点：这种方法船员操作起来相对容易一些，并且它不像逐舱更换法那样影响船舶的纵向强度、稳性或吃水差。

缺点：不是所有的舱都设计带有一个到达溢流顶端的顶点。此外，一些舱的结构很难进行有效的冲洗，特别是多孔的双层底空间和首尖舱。为了解决这些问题，可能需要附加管系，并可能在甲板造成水的积聚，这使得这种方法在低于0℃的情况下，不切实际并对船员造成危险。泵系和管系的工作量将增大。

(3)稀释法。稀释法是指把清洁海水从压载舱的顶部泵入，同时从舱的底部用相同流速排放已存在的压载水，直至注入水的体积等于压载舱的3倍。这种方法已被广泛试验或采用，并仍需进一步完善。

优点：尽管避免了增压过大和甲板积聚水的问题，通常与溢流法的优点相似。

缺点：通常相似于溢流法的缺点。稀释法必须仍然作为试验方法考虑。

海上压载水置换操作对船舶安全会产生一定的影响。特别是逐舱更换法，在更换过程中会产生自由液面效应以及稳性降低、剪力、弯矩、强度损坏等危险，尤其是老龄船舶或在恶劣的海况条件下，由于危险性大无法实施这一方法；而溢流法需要3倍于舱容的水量，消耗过多的能量且花费很长时间，若在寒冷的天气条件下，因甲板溢流而导致结冰，对操作人员会造成附加危险。稀释法是指海上置换压载水时从压载舱顶部泵入海水，同时以相同的速率从压载舱底部将压载水泵出压载舱。此种压载水置换方法相对比排空法和溢流法更为安全。

在航更换压载水的方法除上面所述的问题外，还存在一个监督管理困难的问题。

3. 船舶压载水处理

为了更有效地控制船舶压载水传播外来生物，IMO和一些国家开展了船舶压载水处理方法的研究。压载水处理是指为杀灭、清除压载水和沉积物内的外来有害水生物和病原体，或使其失去繁衍能力而采用的机械的、物理的、化学的或生物的方法。机械处理法可通过在加装或排放过程或两个过程中都采用过滤法进行。压载水通过逐渐减少网眼的筛子，或通过“离心分离器”，滤渣或者返回海洋，或者贮存到单独的船舱里。优点是该方法不影响船舶强度、稳性或吃水差，并不依赖于天气，并且就它们能处理的微生物的大小来说，是非常高效的。该方法较适合压载水体积有限的船舶，如客船。缺点是易发生过滤器阻塞、收集的残余物的处理、船上残余物贮存空间的有限，有可能需要增加压载泵系的压力头。化学处理法可通过加装压载水后向其中大范围投放消毒剂或有机杀虫剂的形式进行，或通过投放添加剂，如铜、银离子。优点是该方法不影响船舶的强度、稳性和吃水差，不依赖于天气，并对于能处理的微生物非常有效。缺点是化学处理法将对环境产生二次污染。并且对船员的健康和安全问题、对盖舱物、管系和泵系都有不利的影响。物理处理法可通过包括加热、紫外线和超声波设备等进行压载水处理。优点是该方法不影响船舶的强度、稳性或吃水差，不依赖于天气，并对能处理的微生物非常有效。缺点是该方法对某些微生物可能不产生影响，并可能需要附加工作管系。特别对于加热法，可能对船上装载的货物、盖舱物和长期使用的管系和泵系存在不利影响。

从理论上讲许多处理方法都是有效的，如：过滤、加热、氯化或臭氧化处理、紫外照射等等，实际上现在也正在研究采用这些方法来处理压载水，并取得一定进展，但从实船应用来讲，其合理和可行性还需要进一步完善。

1）过滤处理

过滤是简单廉价的处理压载水中较大颗粒和生物的一种物理处理方法。在压载操作过程中可以通过使用船上的过滤系统把一定大小的生物从压载水中分离出来，从而起到防止和减少有害生物吸入的作用，省去了压载水更换和进一步的各种处理。因此除了可直接滤去外来生物，还可用作其他处理方法的预处理。一般来说，50 mm 的滤网能滤去浮游动物；20 mm 的滤网能滤去大部分浮游藻类，但腰鞭毛藻的休眠孢子、硅藻、原生动物、变形虫、细菌、病毒能通过 20 mm 的滤网；甚至有的硅藻休眠孢子直径仅有 3 mm 大。但只要过滤用的网目大小合适，有效性是肯定的。问题是因为压载水，尤其是沿岸打入的压载水中，含有大量的絮状物，容易阻塞滤网，需要经常对滤网进行反冲洗，既耗能又花费较多的时间。用于预处理对压载水的过滤，网目可大一些，主要滤去絮状物，以有利于进一步的过滤处理、臭氧处理或紫外线处理等。

过滤法去除大于筛孔物质的有效率为 95% ~98%，而且还可去除一部分粒径稍小的物质。目前较为有效的过滤系统是滤孔为 50 ~150μm 的楔形过滤器。过滤法被认为是一种对环境危害最小的压载水处理法，但很难用于处理大量的压载水。这种方法依赖于生物的体积大小，当微生物体积较小时过滤法就很难实现分离效果了，对于细菌等微小生物的处理效果也不好。

2）旋流（离心）分离法

旋流分离法是利用水流在管路中高速流动产生的分离作用，将液体的水和固体的生物和病原体分离开。具体地说是使液体和颗粒切向进入分离单元，形成环流。这些液体和颗粒接着就切向流出并且加速进入分离器。离心作用使颗粒比液体更加靠近分离室的边界。这些固体颗粒就会慢慢地由边界处落下，聚集在分离单元的收集室，剩下的液体由旋流的形式通过分离单元的上部出口流出，这样就达到了分离有害生物的目的。这种方法不仅可以破坏大部分的多细胞动植物的幼虫和杀死压载水中的大部分的有害微生物，而且还可以去除压载水中舱底的大部分淤泥。与过滤技术相似，旋流分离系统一般也是安装在压载泵之后，且不影响压载操作，安全性能比较好。当微生物比重与海水相接近时旋流分离法也受到限制。

3）紫外照射法

这种方法在医学上常用做表面消毒处理剂。研究表明，紫外光照射对压载水中的生物有杀灭作用。紫外线照射的方法：无毒、无副作用，并对船舶管路，泵体和船舱涂层无不利影响。紫外线在 240 ~260nm 时，尤其在 253.7nm 处对压载水中的生物和病原体有杀灭作用。水中微生物一旦受到紫外线照射，将吸收紫外线照射的能量，其实质是核酸对紫外线能量的吸收。核酸是一切生命体的基本物质和生命基础，分为核糖核酸（RNA）和脱氧核糖核酸（DNA）两大类。核酸吸收紫外线达到一定剂量时，一方面，DNA 分子发生变异，从而引起微生物体内蛋白质和酶的合成障碍；另一方面，产生的自由基可以引起光电离，从而导致细胞死亡。研究显示，大多数细菌、病毒仅接受相对较低强度的紫外线照射，当照射强度达到 10000$\mu W/(cm^2 \cdot s)$的剂量时，细胞便会被不同程度破坏而死亡。紫外线处理方法在很大程度上依赖于微生物的大小和形态。海藻由于其尺寸和颜色的原因，需要的剂量比细菌大，蓝绿海藻对紫外线抵抗性特强，杀死它需要的辐射量比杀死细菌需要的数量大 2～3 级。但混浊的水会降低紫外线的穿透力。还有些生物对紫外线有很强的抵抗性，并且经紫外线照射后有些生物可能会产生变异。

4）超声波法

用超声波控制船舶脏污可追溯到 20 世纪 50 年代，用超声波通过各种间接反应对海洋生物有致命作用。它可以产生热量、压力波的偏向，形成真空或半真空状态从而脱氧导致浮游生物的死亡。但在健康和安全方面，一些转换环节可能会产生噪声，可能还有一些目前未知的牵涉到船舶结构完整性和人员频繁接触在超声波中引发的健康方面的问题。安装一个超声波元件可能要求压载水系统的管道需要修改。而且由于运行过程中需要大量的电力，可能需要安置一个额外发电机。当超声波部件被使用的时候，有些情况下不必要的设备有可能需要停止供电。

5）臭氧法

臭氧法是一种化学方法。利用臭氧(O_3)在环境中易放出新生态氧(O)，使生物体中的酶变性达到杀灭的目的。臭氧法作用快效果明显，臭氧是一种氧化性非常强，但是不稳定的氧化剂，它能迅速杀死病毒和细菌，包括孢子，O_3 很快分解为氧，当水温 20℃时，其在水中能存在时间小于 30 分钟。这个过程依赖于 O_3 的现场产生，通过在干燥空气中高频电击产生。O_3 作用非常快，以 1～2mg/L 的量，接触 5～10 分钟即可。当水质较差时，需要的浓度需加大。在 pH 值 6.5～8.0 范围内，臭氧的反应能力非常稳定，但臭氧有很强的毒性，有一定的安全隐患，造价较高，并且对压载水系统而言还是一种潜在的腐蚀剂。

6）氯化法

氯化法是一种化学处理法。利用漂白粉、氯气及其衍生物分解产生次亚氯酸，进一步分解生成新生态氧(O)和氯气，通过氧化和氯化作用使生物和细菌死亡。氯化法的加氯设备体积小，操作简单易行，符合船上操作人员较少的特点，并且杀菌效果好。实验结果表明，有效氯为 5mg/L 处理海水能杀灭其中 99.85% 的异养细菌、100% 的弧菌和 85.2% 的粪大肠菌群；有效氯为 20mg/L 处理海水能杀灭海水中几乎所有的细菌；原生动物对氯化处理的耐受性很差，5mg/L 有效氯处理即可灭除；对浮游藻类，有的因为耐受性强，可能需要较高的有效氯含量的处理。总之，针对不同海域含有不同生物种类的海水，只要相应调整有效氯含量就可以有效地处理压载水。但氯与某些有机物化合会产生致癌物质，另外还会对管壁产生一定的腐蚀。

7）电子脉冲和等离子脉冲技术

电子脉冲和等离子脉冲的作用方式相似，对生物的破坏是基于其所产生的 X 射线和高能紫外线放射而产生的水和电子的反应。但其分解产生二氧化碳且处理费用相对比较高。

8）电解处理法

电解产生铜、银离子曾成功地用于处理淡水，特别是饮用水和游泳池中水。铜、银离子的消毒能力取决于所处理的生物种类，所处环境条件也可能扮演极重要的角色，特别是 pH 值及病毒对金属离子的耐受性。有些生物能提高对铜、银离子的忍受能力，而且高浓度的铜离子和银离子对环境有影响，需要进一步处理。这种方法存在电能消耗过大，且对船体存在电腐蚀等缺点。

9）羟基法

羟基自由基具有强氧化性，能快速地氧化分解微小生物体和生物活性物质，且羟基自由基的生产过程无污染，排放的压载水中残余的羟基在较短时间内能分解成氧气和水，不存在二次污染，有望成为有效的治理压载水的方法。羟基药剂是一种很强的氧化剂，能有效地杀死压载水的单细胞，氧化生物体产生二氧化碳。

10）加热法

众所周知，一切生物的存活都依赖于一定的外界环境，包括温度，气压，水等。海洋生物同样也受到外部环境的影响，温度对他们的影响很大。每种海洋生物都在一定温度范围内存活，超出了这个温度范围他们将不能够生存。根据这个原理采用对海水进行加热的方法来杀死其中的有害生物也是一种处理压载水的方法。从目前所进行的研究来看，温度在 38～50℃，加热持续 2～4h，可杀灭大部分的生物，但如果生物以休眠孢子形式存在的话，可能不一定被杀灭，并在合适的条件下萌发生长，这样，就需要更高的温度才能杀灭。加热大量的压载水，耗能大，必须改装管系，产生热应力，而且温度过高会产生加速舱壁锈蚀、损坏设备等其他负面作用，冬季处理效果差。

4. 船舶压载水隔离

船舶压载水隔离是指把压载水从船上泵到专门的岸上储罐或其他接受设备中，在把压载水排放到当地港口水域中或用于其他目的前，在岸上储罐或其他接受设备中对它们进行有偿处理。很多船舶携带有大量的压载水（一些船舶有超过 12 万吨的压载水），这意味着岸上设施将需要有很大的接收能力。尽管在一些港口，岸上设施是可利用的，但至少现阶段在许多港口还缺少实用性。该处理法具有不影响船舶的强度、稳性和吃水差，且不依赖于天气和压载水处理量大等优点。但缺点也是很明显的，不是所有港口都能提供接受设备，并且随着泵系和管系工作量的增加，时间长，占地面积大，设备利用率低等问题，船舶将在港口花费更多的时间，处理成本是船东难以承受的。

5. 压载水中的沉积物

船舶压载水中还存在着一定数量的沉积物。沉积物的数量主要由悬浮沉积物的数量决定，该悬浮沉积物在沿海狭窄地带中较多，并可能受天气和潮汐条件的影响。沉积物中能包含一定的有害水生物和病原体，它们中的一些可能在沉积物中休眠冗长的周期，并且随着压载水的排放可能在新的环境中形成可繁殖的个体从而变得有害。船舶对压载水中的沉积物的处理应定期在海上处理进行或在港口中将其排放到接受设备中。

1）海上沉积物处理

通常，在船舶排放压载水的操作过程中，一些沉积物也会随水排放。在排放过程时，部分的沉积物可能会变成悬浮物状，与压载水一起排放。但大多数压载水会由于船舶双层底压载舱“鸡蛋篮子”结构，而大量沉积，为此船舶双层底压载舱曾设计成称为“扇贝”的小半月孔，但仍没有完全解决压载泵抽吸沉积物的目的。并且船舶双层底压载舱或更多船舶的专用压载边舱不断增加的尺寸，使沉积物自由流向舱的船尾末端变得更加困难。

2）港口沉积物处理

船舶压载舱中的沉积物在入干船坞期间将被清除。由于受船舶船级社的规定，船舶必须定期进干船坞。在干船坞中，船级社的验船师将对压载舱结构的不同部位进行检测和测厚。此时，意味着为了允许不同部位的检测和测厚，必须清除船舶压载舱中的沉积物。因此，可能在船坞中聚集大量的沉积物。以前会简单地将沉积物通过垃圾掩埋法处理，而忽视了可能潜在的引起有害水生微生物和病原体的引入并污染和淤塞了港口。现在，由于许多国家采用了更严格的环境规定,并且越来越了解沉积物中有害水生微生物和病原体的影响,通常这些操作已被停止。公约要求当清洁压载舱时,公约缔约国应在港口为沉积物提供足够的接收设备,并进行正确的处理。

六、船舶压载水管理的研究进展

经过数十年的调查研究,人们发现大量预防措施以防止压载水携带有害生物造成的危害,这些预防措施比任何一种处理方法更加经济、有效。从原理上讲,这些预防措施都是通过尽可能少加装目标生物来减少压载水中目标生物的数量或者最大限度地减少目标生物在压载舱水中的存活率。这些预防措施有时候确实对防止外来有害生物的入侵起到了很好的预防效果,但由于影响船舶运输的因素有很多,所以还必须找到有效的压载水处理技术才能从根本上解决由于压载水所带来的危害。

对压载水处理技术的研究比较深入的国家有澳大利亚、瑞典、德国、美国、日本及挪威等国。澳大利亚在1999年召开的MEPC第43届会议向IMO递交了他们研制的决策支持系统(DSS),并作为会议文件以MEPC43/IFN.12和MEPC43/IFN.13下发致各国代表。澳大利亚的决策支持系统(DSS)仍在研制中,它能决定即将到港的船舶是否真正存在压载水方面的风险,这种风险评估基于船舶从何处吸入压载水和在哪里排出压载水,港口环境亦考虑在内,同时还考虑吸入港与排出港之间的相同性,航行时间(是否是某些物种的产卵季节等)。它能及时建议船舶是否更换压载水。

到目前为止,研究的比较好的有以下几个系统:

1. Pure ballast 压载水处理系统

Pure Ballast 系统是瑞典 Alfa Laval 公司与 Wallenius Water AB 公司共同开发,采用先进的 Wallenius AOT(advanced oxidation technology)氧化技术,在其工艺过程中不使用任何化学剂。该系统配置了二氧化钛催化剂,能在光激发时产生自由基。生命周期仅为几毫秒的自由基可分解微生物的细胞薄膜——无需使用化学剂,也不会产生有害的残留物,对环境影响小。并且,PureBallast 系统可根据船只的压舱水数量,装置一套或者多套 AOT 来对压载水装载和排放期间进行水处理,使用合理,适用范围广(设计处理能力为 $250 \sim 5000 m^3/h$)。而 PureBallast 系统的设计力求降低占地面积,便于安装和维护。此外,PureBallast 还实现了完全自动化运行,操作简单,使用寿命与船只的使用寿命相当。总之,Pureballast 系统具有不使用化学药品、可自动处理、操作简单、内置自净系统、使用及维护费用低、适用范围广等特点。

其工作原理为:压载水处理过程可分为预处理和最终处理两个阶段。首先,压载水由压载水泵通过海底门吸入,然后通过孔径 50μm 的过滤器以除去大于 50μm 的生物,而小于 50μm 的生物则在压载水通过光触媒装置时被杀死。在光触媒装置中,用紫外线照射二氧化钛(TiO_2)产生羟基(-OH),利用该自由基团夺取微生物等细胞膜内的氢元素(H),从而杀死微生物。经过 AOT 处理过的压载水,然后再通过管路送入各压载舱。虽然羟基对所有的生物毒性很强,但由于存在时间只有短短数微秒,所以不会残留在处理过的压载水中。其中,过滤器还可以消除压载舱中积聚的沉淀物,每次装压载水结束,过滤器要用海水反冲清洗,所有清洗过滤器的反冲水都在压载水装载地点直接返回海洋,所以过滤器中的沉积物不会随船到达下一个港口而造成有害污染。在最终处理阶段,即排出压载水时,压载水再次通过光触媒单元,消灭航行期间在船舱中滋生的微生物。而为了避免过滤器反冲造成二次污染,压载水排出时不再通过过滤器。整个过程无需任何准备工作或化学剂投放,完全自动化。操作员可以监控报警并可执行本地或遥控操作。过滤器与光触媒装置均备有自动清洗设备，光触媒装置的洗涤剂也不会对环境产生破坏作用。

2. Optimar 品牌的压载水处理系统

该系统是由挪威的技术贸易有限公司(Tech Trade A/ S)和加拿大的 Velox 公司合作设计的，先后经历了 6 条实船的检验，逐步完善，于 2007 年 2 月，获得了专利。同年 10 月 25 日公司宣布，通过几次测试他们的产品能够满足压载水性能标准。

Optimar 系统由采用两级处理：前级(预处理)采用过滤器，后级采用紫外线处理。滤器由四层不锈钢筛板组成，结构坚固不需要其他支撑，其特殊的内部结构保证了对浮游植物的过滤效果，便于安装可以竖直安装也可水平安装。系统压力损失低，可实现反冲洗，操作简单，便于维护，在装载和排放的过程中都可以进行处理，不影响船舶的正常运行。

第三节　船舶有害涂料污染

海洋生物附着于船底，使船底产生污垢，而增加了粗糙度，降低了船舶的航速，增加了燃料的消耗。为了防止海水介质对船底的腐蚀，保持船底光滑，防止海洋生物附着，在船底必须涂上一层防污涂料(船底防污漆)。船底防污漆是防止海洋附着生物污损，保持船底光洁的一种专用涂料。在防污漆的发展进程中，有机锡的出现和应用，曾是船底防污技术的一大突破，然而越来越多证据表明有机锡防污漆对海洋的污染正在日益加重。

一、船舶防污底

船舶在长期航行，尤其是长时间静止地停留在港内或锚地中，船体表面水线以下浸入水中的部分尤其是船底表面由于长期浸泡在水中会生锈(海水由于含盐成分高，比淡水对船舶的腐蚀影响更为严重)，并生长海藻(如绿藻或棕藻等)等植物类，藤壶、管虫、贝类等动物类，浮游物(如硅藻等)和非生物类如有机物与无机物残骸的混合物等，并且不断地致使水下部分的船舶和船底表面脏污和粗糙的现象称为污底，俗称“长毛”。

船舶污底(海生附着物)产生的危害是极大的，污底的存在是影响船舶航行的一个重要因素。污底产生的阻力称为污底阻力，它是由于污底使船体湿表面凹凸不平，大大地增加了船体表面的粗糙度，导致船体摩擦阻力及涡流阻力增加所构成的阻力。由此可见船舶污底将会增加船舶的航行阻力。众多的航海实际经验认为新船下水后 6 个月，因污底而增加的阻力可达船舶总阻力(水上部分空气阻力和水下部分水阻力)的 10% 以上，从而由船舶污底引起主机燃油消耗量增加(可能使一艘典型油轮增加 50%，一般货船增加 20% ~30%)和船舶航速降低等问题。众所周知，船舶燃油消耗的费用在船舶的营运成本中占到了相当大甚至可以说是最大的比例，燃油消耗量的增加，不仅提高了船舶的营运成本，增加了航运企业的负担，而且由于船舶航速降低的影响会延长船舶的周转周期，降低船舶的营运效率，减少船公司的投资收益。同时，污底的存在一定程度上还会增加船舶水下部分船体的腐蚀速度，进而影响船舶的使用寿命，船舶营运寿命的缩短也会减少船舶所带来的投资收益，综上所述，可知船舶污底所造成的负面影响是巨大的。为此，船舶必须设置船舶防污底系统，船舶防污底系统是指用于船舶控制或防止不利生物附着的涂层、油漆、表面、表面处理或装置。其中，使用最为普遍的是在船底涂上一层防污涂料(船底防污漆)。

据记载，早在公元前 3 世纪的木壳船时代，人们便利用焦油、石蜡、沥青树脂和铅等包裹在船壳上保护船不受污损。1618 年丹麦国王首次使用铜板作为船体的防污材料，铜包裹技术得以逐渐推广。随着钢铁船只的出现，铜对钢铁船壳的加速腐蚀，最终废止了铜包裹的防污技术，但由此人们认识到了铜离子对海洋附着物的杀灭作用，随后开始以铜离子为毒料的传统海洋防污涂料的研制。

为防止海洋生物在船舶上的附着和生长，在航海史上一直是用有毒物质进行防污。人们在防污涂料中曾用过铜、砷、铅、汞，DDT 及锡等化合物作为毒剂，但其中的砷、铅、汞等毒剂毒性太大对海洋环境造成很大危害，早已被大多数国家所禁用。

我国先前曾大量使用含有 DDT 的防污漆，高峰时有占 DDT 生产总量的 5% 用于船舶防污漆的添加剂，DDT 船舶防污漆的使用除了给生产和施工企业周围环境造成影响外，还对工人的健康造成损害，因为它在人或动物体内积蓄后，不仅具有致癌、致畸、致突变性，而且还具有内分泌干扰作用。DDT 作为 POPS 公约（即《斯德哥尔摩 POPS 公约》）中受控的一种持久性有机污染物，会在海洋生物体中累积，破坏海洋生物和生态环境。我国已在 2009 年全面淘汰 DDT 在船舶防污漆上的生产和使用。

20 世纪 60 年代生产出了有机锡化合物（TBT）为防污漆的杀虫成分，它比砷和 DDT 更有效，而且毒性要小。早期含 TBT 的防污漆，是将 TBT 脂基质中，当船体上的防污漆与海水接触时，TBT 就会溶出而进入海水中分散到树脂基质中，杀死藤壶、软体动物和藻类等海洋生物。由于 TBT 是自由分散在防污漆中，无法控制其溶出释放速度，所以这种防污漆在开始时，TBT 溶出速度很快，防止污着的作用明显，但到了后期，随着防污漆中 TBT 越来越少，防污作用也越来越小。一般是 18 ~ 24 个月，防污漆中的 TBT 就会耗尽。到了 20 世纪 60 年代末，防污漆的生产有了一个重大的技术突破，即把 TBT 化合到聚合物基体上形成共聚物。这种防污漆的特点是，当与海水反应时，TBT 与聚合物一起释放，表层消耗完后，海水再与下一层 TBT 聚合物发生共聚体反应。这样，一层一层地消耗，从开始到最后，TBT 的释放速度较为均匀，所以在整个有效期内防污性能差不多。这种防污漆被称为“自消耗防污漆（Self- Polishing Paints）”。使用这种防污漆可使船体保持 60 个月不发生污着，大大地延长了坞修间隔。由于 TBT 在防止船体污染上的良好性能，到了 20 世纪 70 年代，大部分的海船开始采用含 TBT 的防污漆。

二、船底防污漆的组成与机理及其对水生生物的伤害

船底防污漆是由毒料、渗出助剂、基料、颜料和助剂等组成。毒料是指氧化亚铜或有机铅或有机锡化合物等；基料是以可溶性的松香或松香酸钙为主。有机锡高聚物既是毒料又是基料。高性能船底防污漆以氯化橡胶、氯醋三元共聚体、丙烯酸为基料。

含有机锡和氧化亚铜等毒料的防污漆，其漆膜与海水接触后，毒料以有机锡分子或 Cu^{2+} 的形式逐渐向海水溶解，在防污漆表面形成两层厚度约十几微米的有毒溶液“薄层”。靠毒层区内的毒料发生作用，排斥或杀伤海生物的幼虫和孢子，以达到防止污损的作用。

“毒层”内的毒料由于扩散和涡流作用而不断流失，漆膜内的毒料持续不断渗出，以补充流失的毒料并保持“薄层”内的毒料浓度，且以一定的速度向海水释放出毒料。单位时间内单位面积上毒料的渗透量称为防污漆的渗出率。

船底防污漆的主要特性是防止海生物的附着，防止船舶浸入海水部位的污损，并具有一定的防污期效。一般而言，短期效为 1 年左右，长期效为 2 ~ 4 年。

有机锡防污漆的广效性对非目标的水生生物包括生态学上和商业上的重要生物如荔枝螺、牡蛎、蚶、贻贝等带来了意想不到的伤害。三丁基锡（Tributyltin，TBT）在大约 10ng/L（1∶1

$\times 10^{-11}$)的浓度就会限制蚶幼虫的生长，即使按照毒物学的标准，这样的浓度也是极低的，TBT在低达1ng/L(或1:1 $\times 10^{-12}$)的浓度下就可引起荔枝螺(一种生活在英国南部海岸的甲壳类生物)变性，对某些珍贵生物品种诱导病理学的效应，如牡蛎、蚶和贻贝的性别变异和壳体畸变。在英国水域，已发现TBT严重地引起荔枝螺性别变异和群体衰落现象，在许多地区荔枝螺已处于消失的危险中。在美国的类似品种也以同样方式受到影响。TBT引起牡蛎壳畸变的现象在法国、英国和美国均有发现。一些研究认为有机锡防污漆的危害有可能进入食物链。由此可见，有机锡防污漆正在危害海洋生态环境和海洋养殖业。为此，世界上许多国家正从法律上对有机锡防污漆采取各种限制措施。

三、有机锡防污漆限用措施的形成

对有机锡防污漆的担忧，在20世纪70年代末期首先在法国逐渐表现出来。研究人员于1980年首次提出TBT在防污漆中使用与港湾生物的损害之间的关系。在法国游艇码头水域所养殖的太平洋牡蛎，因受来自防污漆的TBT的影响，生长遇到了严重问题：产卵减少，发育不良，壳体变异并发现受影响的牡蛎含有高浓度的锡。严峻的事实促使法国政府采取行动，法国环境部于1982年1月19日宣布禁止使用有机锡含量大于3%(按重量)的防污漆来涂装25t以下的小艇，该条例适用于大西洋沿岸和英伦海峡。其后又将禁用范围扩展到整个沿岸水域和全部有机锡防污漆，禁止在所有小艇上和总长小于25m的海船上涂装有机锡防污漆。随着这项禁令的实施，在法国的一些港湾已有数据表明，有机锡对海水和牡蛎的污染在逐渐降低，牡蛎的生长和幼牡蛎的附着逐渐趋于良好，牡蛎的发病率和钙化机制的畸变程度已明显降低，从而证明了这些措施的正确性。以后不久，在英国的牡蛎养殖业中也发现了受到影响的问题。为此，英国科学家做了大量的调查和监测工作，以检查受影响的程度。1982～1984年的监测结果显示出在英国水域(游艇活动频繁和较为封闭的水域)的TBT浓度相当高，这是防污漆的高渗出率和TBT的缓慢降解的反映，从而引起许多商业和非商业的生物种群(特别是幼体和浮游生物)的大量死亡，并影响到一些种群的生长和繁殖。1985年英国政府宣布了限制有机锡防污漆的一整套计划，又根据《污染管理法(1974)》制订了《防污漆管理条例(1985)》，并于1986年1月13日正式实施，该条例禁止零售超过7.5%的共聚体漆干膜总锡含量的防污漆。1985年9月20日，英国科学家们一致通过以20ng/L作为港湾和沿岸水域中TBT的目标浓度。但在1986年期间，许多地方的TBT浓度大幅度超过目标浓度，许多海洋生物受到进一步有害影响。为此，英国的条例不断修正，日趋严厉。直至1987年采取较严厉的限用措施之后，英国水质才有实质性的改善。

在美国水域，受到有机锡防污漆的影响也日趋明显。在限制使用之前，美国水域有30多处的TBT浓度大于或等于20mg/L，并且也已发现牡蛎壳体畸变和海蜗牛性别变异现象。1985年末，美国国会强行暂停有机锡防污漆在美国海军舰船上的使用。美国环境保护局(EPA)在确定有机锡的使用对非目标生物如贻贝、蚶、牡蛎和鱼等引起过度危险之后，着手进行了关于有机锡防污漆的"特别审查"工作。1988年7月16日，美国总统签署了《有机锡防污漆管理法(1988)》，该法案确定了以4μg/($cm^2 \cdot d$)作为暂定的TBT漆渗出率。该法案于1988年12月16日实施。在美国的弗吉尼亚州、缅因州、阿拉斯加州和加利福尼亚州，对防污漆采取了更为严厉的限制措施，即全面禁止TBT基防污漆的应用和处理。

在日本水域中，同样受到了有机锡的影响，由东京湾的监测结果表明，海水中的TBT和TPT(三苯基锡)浓度分别为4.4～1280ng/L和2.8～153ng/L。为此，日本也采取了限制措施，内容包括：

(1)禁止 TBT 用在渔网上；

(2)到 1989 年年中已禁止三苯基锡用在防污漆中。

到 1990 年 7 月 1 日，日本运输省已提出涉及防污漆制造者、船舶经营者和船厂的各项准则，以期控制和减少用在当地船厂的含锡防污漆的量(特别是 TBT 漆)。

此外在澳大利亚、新西兰、加拿大等国也在采取行动，这种限制行动已陆续在世界范围内展开。

到目前为止，各国限制 TBT 的法规主要集中在长度小于 25m 的船上，特别是游艇或娱乐艇，这些小艇由于行驶和停泊方式的原因，在港湾封闭或半封闭海域产生较高浓度的 TBT，对水质污染严重。大船航行和停泊的海域水比较深，水质交换条件比较好，TBT 油漆的毒性影响不明显。然而，在西方国家，对来自船坞和船舶修理装置的 TBT 排泄物的担忧正在增加。

四、国际控制船舶有害防污底系统公约

针对某些用于船舶上的防污底系统，特别是含有三丁基锡(TBT)的防污底系统对海洋环境构成重大危害，制定和通过一部相关的国际公约，是国际社会、政府间组织和一些海运国家努力的目标。

早在 1989 年 IMO 就意识到了含有有机锡化合物(TBT)的船舶防污漆对海洋环境的有害影响。1990 年 IMO 海上环境保护委员会(MEPC)通过了一项决议，建议各国政府采取措施对船长小于 25m 的非铝质船壳的船舶不准使用含 TBT 的防污底系统和不准使用 TBT 渗透率超过每天 $4\mu g/(cm^2 \cdot d)$ 的防污系统。1999 年 11 月，IMO 通过了一项大会决议，敦促海上环境保护委员会，作为一项紧急任务，尽快制定出一个全球性的强制的法律文件，解决船舶防污底系统的有害影响问题。该决议呼吁从 2003 年 1 月 1 日起在全球范围内禁止船舶使用的防污漆中以 TBT 作为杀虫剂，到 2008 年 1 月 1 日要完全禁止使用。本次大会还通过了早日和有效应用控制船舶有害防污底系统公约、本组织与公约有关的今后的工作、船舶防污底系统认可和试验方法、促进技术合作等 4 项决议。

2001 年 10 月，国际海事组织(IMO)在英国伦敦总部召开了国际控制船舶有害防污底系统外交大会，2001 年 10 月 5 日大会通过了《2001，国际控制船舶有害防污底系统公约》(International Convention on the Control of Harmful Anti-fouling Systems on Ships，2001)，简称：防污底系统公约或 AFS 公约，并在该公约的第 18 条明确规定了该公约的生效条件。制定和通过该公约的目的就是为了保护海洋环境和人类身体健康免受船舶有害防污底系统的不良影响，逐渐淘汰使用有机锡化合物的防污底系统，并建立新的机制防止以后的防污底系统中使用其他有害物质。而 AFS 公约的生效，无疑为我们尽早实现上述目的迈出了坚实的一步。

1. 基本条文和框架

公约共 21 条和 4 个附件。基本条文有：一般义务；范围；定义；防污系统的控制；提出修正防污系统控制的程序；专家组；科学和技术研究及监测；信息交流；检验和发证；船舶检查和违章的调查；避免对船舶的不当延误；争议的解决；修正；签署、批准、接受、核准和加入；生效；退出；公约保存人；与国际法和其他协议的关系；公约使用的文字。附件有附件 1：防污系统的控制；附件 2：初始提议须具备的要素；附件 3：全面提议中需具备的要素；附件 4：检验、《国际防污系统证书》的签发、证书的格式、证书的有效性。

2. 公约的生效条件

公约的生效条件是在合计商船总吨位不少于世界商船总吨位25 %的至少25个国家批准之后12个月生效。

公约附件1引入了IMO第A.895(21)号大会决议所提出的两个建议日期为采取控制措施的日期,即2003年1月1日为全球范围内停止在船舶上施涂充当防污底系统杀虫剂的有机化合物的日期,2008年1月1日为完全禁止船上存在充当防污底系统杀虫剂的有机化合物的日期。因此,无论公约将来何时生效,该条款都有追溯力,将约束所有在上述日期之后的施涂行为并予以相应制裁。

截止到2007年5月31日,有总计占世界商船总吨位16.63%的24个国家加入该公约。在MEPC.56次会议上,巴拿马代表团向大会宣布,该国已经完成了加入AFS公约的国内批准程序。巴拿马船舶总吨位占世界商船总吨位的21%以上,巴拿马加入公约,就使公约达到了占世界商船总吨位25%以上的25个国家加入的生效条件。同年9月17日,IMO组织通过了AFS.1/Circ.14通函并宣布,随着巴拿马政府宣布批准加入该公约,使批准加入AFS公约的国家达到了25个国家,合计商船吨位达到世界商船总吨位的38.09%,满足了AFS公约规定的生效条件,AFS公约于2008年9月17日正式生效。

3. 公约的适用范围

(1)除非在本公约中另行指明,本公约须适用于:

①有权悬挂缔约国船旗的船舶;

②无权悬挂缔约国船旗,但在该缔约国的权力下营运的船舶;以及进入缔约国的港口、船厂或近海装卸站但不属于第(a)或(b)项的船舶。

(2)本公约不适用于任何军舰、军用辅助船舶或缔约国所拥有或营运的到目前为止只用于政府非商业服务目的的其他船舶。

(3)对于本公约非缔约国的船舶,各缔约国可在必要时适用本公约的要求,保证不给此种船舶以更优惠的待遇。

4. 检验和发证

公约要求,缔约国应确保根据公约附则4的规定,对有权悬挂其国旗的船舶或其管辖下营运的船舶进行检验和发证。

适用检验和发证要求的船舶包括:

(1)从事国际航行的400总吨及以上的营运船舶(2003年1月1日前建造并在2003年1月1日或以后未曾坞修的固定或浮动式平台、浮式贮存装置FSUs、浮式生产贮存和卸货装置FPSOs等除外),经检验合格,可发给《国际防污底系统证书》。

(2)从事国际航行的小于400总吨但船长24m及以上的营运船舶,应持有一份由船东或船东代理签署的《防污底系统声明》。该声明需附有适当凭证,例如油漆收据或合同发票。

我国的国际航行船舶,中国船级社已从2003年开始船舶防污底系统的检验工作并签发防污底系统符合证明(Statement of Compliance)。公约生效前,部分国际航运公司(例如中远)的国际航运船舶,绝大部分通过了检验并获得了符合证明。

五、防污底技术及船舶防污涂料

1. 防污技术

海洋生物污损的防治方法多种多样,按防污技术所采用的原理,将其分为物理防污法、化学防污法和生物防污法。

1)物理防污法

物理防污法是指采用物理手段如提高流速、过滤、超声波等来达到防污的目的。物理防污法主要有人工或机械清除法、过滤法、加热法、低表面能涂料防污法等。

(1)人工或机械清除法:主要用于对已经附着污损生物的设施进行人工或机械清除。

(2)过滤法:利用土壤、砂砾等对海水进行过滤,滤除污损生物的卵、幼虫和饱子等。

(3)加热法:向附着了污损生物的海水系统中通入热水,用热水杀死污损生物,然后用大量海水清除残骸。

(4)超声波法:利用电子装置产生超声波来破坏污损生物的生存环境。

(5)紫外线防污法:利用紫外光杀死污损生物,从而达到防污的效果。

(6)物理防污的方法中,目前最先进的是低表面能涂料防污法。这种防污涂料的主要材料有氟聚合物和以二甲基硅氧烷(PDMS)为基料的硅树脂材料两种。利用这类材料的表面自由能低、污损生物难以附着的特性,从而达到防污的目的。这种防污涂料的最大优点是其环保无毒,不含生物杀生剂,它代表了新型防污涂料的发展方向。低表面能涂料在船舶上已有超过60个月的运行纪录。

2)化学防污法

化学防污法是指采用化学物质对海洋污损生物进行毒杀,阻止其附着。化学防污法是目前使用最广的方法。根据化学物质的加入方式,又可以将化学防污法分为直接加入法、电解法和化学防污涂料法。

(1)直接加入法:直接将一些有防污效果的化学物质加入海水中,抑制或杀死污损生物。一般加入的化学物质有液氯、次氯酸钠溶液、二氧化氯和臭氧等。

(2)加入臭氧法:是一种比较新颖的防污方法。与加入氯相比,臭氧具有更强更广的杀生作用,而且杀生速度快、无污染。臭氧防污技术有良好的发展前景。

(3)海水直接电解法:一般采用钌钛阳极,直接以海水为电解液进行电解,在阳极产生氯气,氯气与海水反应生成次氯酸盐,利用生成的氯和次氯酸盐来杀死海洋污损生物。

(4)电解重金属法:以重金属(主要是铜)作为阳极在海水中电解,重金属溶解生成重金属离子,利用重金属离子的毒性来杀死海洋污损生物。这种方法主要用于各种舰船和海洋平台的防污。

(5)化学防污涂料法:化学防污涂料法是指在结构物接触海水的表面上涂装涂料,涂料中含有化学毒性物质,在海水中这些毒性物质缓慢均匀地释放出来,抑制海洋污损生物的附着和生长。化学防污涂料可以分为溶解型防污涂料和不溶型防污涂料。

(6)溶解型防污涂料:是指涂料中的基料在海水中溶解,涂料中的毒性物质随着基料的溶解而释放出来,以此达到防污的效果。常用的涂料一般用松香为基料,毒性物质为氧化亚铜或有机锡。

(7)不溶型防污涂料:是指涂料中的基料在海水中不溶解,而毒性物质在海水中溶解释放出来阻止污损生物的附着。这类涂料的基料常采用乙烯、氯化橡胶、丙烯酸醋等合成树脂。防污涂料技术在海洋污损生物的防治上取得很好的效果,并得到广泛的应用。但由于它所用的毒性物质(主要是有机锡)对环境污染较大,随着人们环保意识的不断增强,禁用有机锡的呼声越来越高。

3)生物防污法

生物防污法是指采用生物活性物质作为防污剂来防止海洋污损生物的污损。具有防污作用的生物活性物质包括有机酸、无机酸、内脂、菇类和酚类等天然化合物。一些海洋生物如红藻、珊瑚、海绵等,生活在海中却很少受到污损,人们从这些生物中提取出活性物质用来防止海洋生物的污损,并取得很好的效果。目前生物防污法尚处于实验研究阶段,距实际应用还有一定的距离。存在的主要问题是活性物质在海水中很快就释放出去,使用寿命短。

2. 船舶防污涂料现状与发展趋势

1)无锡自抛光防污涂料

随着对含有机锡防污涂料的限制越来越严格,无锡自抛光防污涂料具有更大的市场潜力,这种涂料既克服了原有机锡自抛光涂料中因含有机锡毒性高的缺点,又具有自抛光防污涂料节能的优点。因此,该类涂料成为国际知名油漆公司积极开发和推广的产品。最先开展无锡自抛光防污涂料研究的是英国国际涂料公司,HEMPEL 公司、JOTIJN 公司、SIGMA 公司、DEVOE 公司等也先后开展这方面研究工作,并相继有产品推向市场。

第一代无锡自抛光防污涂料(TF-SPC)的研发最早始于 20 世纪 80 年代,其采用可溶和可水解的基料,配合低毒氧化亚铜防污剂,在海水的作用下,基料缓慢消蚀,不断露出新表面,溶出防污剂。值得指出,TF-SPC 主要以氧化亚铜类并加入辅助毒剂(如异唆噢琳酮、三嗪类、氧化吡淀硫醇的锌、铜络合物等)为防污剂,有研究表明,铜 + 辅助毒剂对海洋的危害几乎等同于有机锡,因此该类防污涂料最终也将被禁用。

第二代无锡自抛光型防污漆,其自抛光的产生是以离子交换产生可水解的活性表面层为基础,并在树脂中添加无机纤维确保了对抛光率的有效控制和增强了漆膜的机械强度,另外,添加适量、高效的生物活性化合物,形成稳定更新的活性表面层,从而实现更高的效能。

英国国际涂料公司提供多种无锡自抛光防污涂料进入市场,如 Inierswift655、Intersmooth 、EeoloflexsPe、Inierspeed340/640 等。HEMPEL 公司至今也已推出了 3 个系列 8 种无锡自抛光防污漆,以满足不同航行条件的船舶要求。JOTIJN 公司同样有 8 种无锡自抛光防污涂料产品可供市场。SIGMA 公司除了同样拥有几大系列多种无锡自抛光漆外,还推出了可在原有机锡自抛光漆上覆涂以满足环保要求同时降低清除原有防污漆所带来成本增加的防污漆。我国海洋化工研究院已开发出防污期效为 30 个月的无锡自抛光产品,在对 10 余艘船舶进行涂装后,该类型涂料也已经商业化。

2)低表面自由能防污涂料

低表面自由能防污涂料是利用漆膜的低表面自由能和较大的水接触角,使液体在其表面难于铺展而不浸润,达到防止海洋生物附着的目的。使用低表面自由能防污涂料即便是附着了生物,在水流的作用下,附着生物相对容易自动脱落。目前,低表面自由能防污涂料主要有含氟聚合物防污涂料和含硅聚合物防污涂料。

(1)含氟聚合物防污涂料。表面自由能小的材料污损附着较少,即低表面自由能材料有利于防污。相比较而言,有机氟高聚物的表面自由能是高聚物中最低的。有机氟高聚物是指碳链上的氢原子被氟全部或部分取代的一类有机氟化物,包括氟塑料、氟表面活性剂和氟涂料等,其中氟塑料优选聚四氟乙烯、聚全氟乙丙烯和四氟乙烯—全氟乙烯基醚共聚物。实验证明,可以采用氟树脂制备低表面自由能防污涂料,通过改善材料的表面张力来减少有机物的附着污损。

(2)含硅聚合物防污涂料。有机硅的临界表面张力虽然高于氟树脂,但成本较低。涂层表面有机硅材料的积聚,经过长时间与水浸润后,具有排斥盐分而起到半渗透膜的作用,吸水膜内的水含量低,周围盐分较高,形成与海水盐度差别较大的液膜,从而改变了附着生物的生态环境,减少海洋污损生物的附着。

中国科学院兰州化学物理研究所研制了以聚二甲基硅氧烷及环氧树脂作基料,聚四氟乙烯和石蜡油作功能填料,再加入固化剂和颜料等其他化合物的一种无毒海洋防污涂料。该种涂料具有室温固化,与防锈漆有良好的附着力,防污性能强等优点。

研究表明,虽然同为低表面能涂料,但是含氟和含硅防污涂料的防污机理有所不同。为了兼顾防污性能和涂层机械性能等,通常为有机硅改性、氟改性的各种树脂,最新的发展是氟硅共同改性树脂。

3)以碱性硅酸盐为防污剂的防污涂料

海洋污损生物适宜生长在 pH 值为 7.5 ~ 8.0 的微碱性海水中,强碱性和强酸性的环境下均不宜生存,所以在涂料中添加碱性硅酸盐防污剂,可在环保的前提下,起到海洋防污的作用。

4)含生物活性物质的涂料

(1)含天然活性生物材料的涂料。因为在海洋动植物和微生物体内,存在着具有防污活性的物质,这些物质可以防止海洋生物附着,而自身是无毒的。因此可用海洋生物提取物做防污剂,制备具有生物防污功能的涂料。例如,有资料描述了一种海绵提取物防污剂,海绵的提取物能够干扰海洋附着生物的触须运动,使附着生物在最初的附着阶段就被遏制。选择聚酯、环氧树脂、硅氧烷树脂和含氟的聚合物作为基料与海绵提取物防污剂一起制成一种防污涂料,可防止海洋生物的污损。欧洲从热带水域收集到 50 多种不同的天然物质,经过溶剂萃取,把萃取物混在无毒的乙烯基料中制成涂料进行海港挂板实验,结果证明有许多种萃取物具有防止海生物附着能力。

(2)含人工活性生物材料的涂料。为了解决天然活性生物防污材料的来源问题,人工合成活性生物防污材料已成为一项重要的研究内容。将生物制剂加入涂料中,可阻断海洋附着生物某一生长环节或改变附着生物的附着环境,以达到防污目的。

5)表面植绒型防污涂料

研究人员观察到海豚等动物生存于海水中,但其皮肤表面并没有任何生物附着,其原因是海豚皮肤上有一层十分不稳定的绒毛,致使海洋生物很难附着在上面。根据仿生学原理,通过物理方法在涂料表面植入一层类似于微细鞭绒毛的不稳定表面,可防止海洋生物附着。然而,此种方法对于绒毛的长短、粗细以及绒面的疏密分布等施工工艺还需进一步研究。

6)含纳米无机填料的防污涂料

某些纳米无机材料具有接触型抗菌作用,其杀菌机理是带正电荷的抗菌成分接触到带负电荷的微生物细胞后,可相互吸附,并有效地击穿细胞核,使细胞蛋白质变性,无法呼吸、代谢和繁殖,直至死亡。由于抗菌成分并未消耗,仍保持原有的抗菌能力,因此具有长效抗菌效果。纳米防污材料是环保和长效型防污的理想材料,通过纳米材料选择,纳米负载技术的进一步开发与完善,具有良好的应用前景。

六、公约生效对我国的影响与对策

1. 公约生效对我国的影响

AFS 公约已生效,我国到目前还没有确认加入该公约,但是根据该公约第 3 条的相关条款,对本公约非缔约国的船舶,缔约国并不给予更优惠的待遇。因此,自 2008 年 9 月 17 日 AFS 公约正式生效,AFS 公约的缔约国已结合 PSC 检查对我国进入该国的船舶进行 AFS 公约相关内容的检查，如果发现船舶违反本公约，实施检查的缔约国可以采取措施对船舶予以警告、滞留、驱除或阻止船舶挂靠其港口，这无疑会对我国的国际形象产生负面影响，并且也会影响船公司的效益。另外，因为未及时加入该公约，我国将失去对其他国家船舶进行有害防污底实施监督控制的权利，也丧失了对所属海洋水域的保护。所有这些无疑使我们处于被动的不利局面。

2. 我国对 AFS 公约的对策

综合《控制船舶有害防污底系统国际公约》对我国产生的影响，应尽快进行：

1）完善防治船舶污染的法律法规

建议在《防治船舶污染海洋环境管理条例》中增加一条，具体内容为“ 在船舶防污底系统中使用防污漆时，应当选择低毒或无毒产品，避免或减少有害防污漆污染海洋环境。海事管理机构应建立船舶防污漆对环境安全影响评价制度，未经环境安全影响评价的船舶防污漆不得在船舶防污底系统中使用。”同时在其法律责任中增加相应处罚条款，即“违反本条例规定，在船舶防污底系统中使用毒性较大船舶防污漆或者使用未经环境安全影响评价的船舶防污漆，由海事管理机构予以警告，并限期改正，情节严重的，可处以万元以下罚款。”

2）建立防污漆对环境安全评价程序和标准

无论对现在正在使用的或处于研发阶段的含有毒成分的防污漆应该有一套科学合理的评价方法，以防止用一种对环境同样有害的物质替代另一种。评价的标准中，既要考虑环境因素，还要兼顾社会、经济和航运业的行业特点。只有建立起符合中国国情的防污漆的评价程序和标准，才能做到有效控制有害防污漆对我国环境的污染。

3）在我国的海水水质标准增加对有机锡化合物的限制

由于海洋生物对有机锡的富集和积累作用，为了确保养殖或捕捞的海产品不会对食用者产生危害，一些国家在海水水质标准中加入了有机锡的浓度限制。应在科学论证和借鉴国外标准基础上，在我国海水水质标准中加入对有机锡浓度的限制。

4）加快研制和生产高效无毒低毒的船舶防污漆

新型的船舶防污漆应符合对哺乳动物低毒或无毒、在食物链中不积累、在环境中残存时间短、广谱有效性、与防污漆的基本成分相容性好和理想的性能价格比等特点。随着公约生效，新型的船舶防污漆的研究开发必然有很好的前景。国家海洋局第二海洋研究所成功研制出辣素防污漆。通过几年的浸海挂板试验和实船施涂试验，表明辣素防污漆对藤壶等海洋污损生物具有显著的防除效果，在我国高效无毒低毒船舶防污漆研制方面迈出了可喜的一步，他们的经验很值得推广。

我国作为一个航运大国，近年来环境保护意识不断增强，环境保护的法律法规不断完善。为促进航运相关产业发展，我国不仅要适应公约标准，也要参与标准的设立和制定，在公约及其指南的修订以及防污底系统的开发方面积极行动，力争取得主动权，主管机关应做好准备。

不容置疑，AFS 公约生效有着非常积极的意义，将会对世界海洋环境的保护、实现人类社会的可持续发展起到巨大的推动作用。考虑到我国作为造船、修船与航运大国的形象，加入该公约，在一定程度上可以推动相关航运业的环保技术水平提高，推动我国涂料油漆等材料行业的技术革新，同时也符合我国积极推行的“建设资源节约型、环境友好型社会”的发展目标。开发环境友好型及高性价比的防污漆是 21 世纪海洋涂料的发展方向之一，其中低表面能防污涂料、系泊型防污漆、生物仿生防污漆及纳米防污漆将是未来发展的重点所在，发展新型的海洋防污涂料技术势在必行。随着我国产品开发的不断深入,高素质的科研人才和各种配套设备的设计制造技术也要跟上。因此,我们要在这方面投入足够的人力物力,力争早日研制出我国自主的新一代防污漆。

第四节　拆船对环境的污染

一、拆船公约产生背景

拆船是造船的逆过程,是船舶回收利用的有效方式。但由于长期缺乏统一的国际标准,各国对拆船业普遍缺乏有效管控,拆船作业对安全、环境和职业健康造成严重的潜在威胁。

拆船包括岸边拆船和水上拆船。岸边拆船是指废船停靠在拆船码头拆解、废船在船坞拆解和废船冲滩(不包括海难事故中的船舶冲滩)拆解;水上拆船是指对完全处于水上的废船进行拆解。其中屡禁不止的沙滩拆船严重威胁着海洋生态环境和工人健康。

合理解决拆船对环境的污染问题并非易事。对于一艘废旧船,约99%的物品是可以回收的,绝大多数的设备还能重新利用,钢板等金属材料可以熔化后成为重要的生产资源。像孟加拉国这样的主要拆船国,他们急需废旧船只作为钢铁资源来满足国家生产建设的需要,而且这一行业还能解决大量的劳动力就业问题,甚至在某些同家,拆船业还是政府重要的税收来源。然而,除了99%可回收的物品外,另外1%剩余不可回收部分主要包括一些有害物质,比如废油、石棉、PVC塑料、氟利昂、多氯联苯(PCBs)、有机锡油漆(TBT)等,如不进行有效地回收,将对环境产生巨大危害。全球每年大约3%~4%的船舶吨位被淘汰,因此会产生大量的有害物质。对于这些有害物质的处理,许多拆船厂的处理方式非常简单,往往就是焚烧或者直接倾倒入海。如果这些有害物质得不到合适的处理,将对拆船国家的生态环境造成极其恶劣的影响。

二、拆船对环境污染及职业危害分析

1. 拆船对环境污染

(1)对水环境污染

①油类对水环境的污染。在废船拆船生产过程中,油舱、机舱、油箱、油柜、油管、液压系统中剩余的和残存的原油、燃油、润滑油、液压油和其他油料,以及含油压载水、舱底水、洗舱水、油泥、拆解前清洗机舱产生含油污水等均含有碳氢化合物(油类的主要成分)。全球拆船每年将产生4~13万吨的废油。

②电石废水对水环境的污染。拆解1t废钢船使用电石约1kg,需氧12kg,用水10L,产生电石渣1kg。

③事故排油对水环境的污染。在拆船过程中发生事故产生的油污泄漏,特别是在废油船的拆解过程中如果操作不规范,容易引起重大的油污染事故。

(2)对大气环境污染

①切割废气对大气环境的污染。船舶甲板、外板用油漆中含有多种铅的化合物如红铅、碳酸铅等作为防腐蚀剂,在拆船作业中,高温切割使船板上的油漆燃烧,产生有毒烟雾,特别是含铅蒸气,长期吸入会引起人体蓄积性慢性铅中毒。

②电石废气对大气环境的污染。拆船厂目前仍使用电石产生乙炔气体进行切割作业,电石废气中含有少量刺激性硫化氢、磷化氢气体,长期吸入会影响人体呼吸道健康。

③不规范的拆解作业产生的燃烧废气，如燃烧油船残留油渣、清抹油渣的棉纱、钢板油漆等产生的废气，另外，某些拆船厂对一些不能回收利用的固体废物采用露天燃烧的方式处理，这都造成了较大的空气污染。

④氟利昂对大气环境的污染。废船上空调系统及冷却系统中使用的制冷剂绝大多数为氟利昂。拆解过程如果不处理好，则会造成空调系统及冷却系统中残留的氟利昂泄漏到大气中。

⑤聚氯乙烯主要存在于导线绝缘外皮和舱室甲板涂层中。聚合状态下稳定无毒，但燃烧时会产生氯化氢、二恶英等多种有毒化合物。

(3)固废有害物对环境污染

①石棉。废船机舱热力管路，主辅机排气管的保温层及上层建筑的舱室隔板等部位常使用石棉制品。全球拆船每年将产生1000～3000t石棉，石棉废物对人体健康会产生有害影响，较大量或较长时间吸入石棉可能会引发肺癌、间皮瘤、石棉沉着等疾病。石棉废物不得露天堆存，必须密封包装后按照危险废物处理要求进行处置。

②重金属。废旧的电池、仪表中含有少量镉、汞、油漆涂料中含有铅等重金属。

③多氯联苯。主要存在于船上设备、电缆线等材料中。多氯联苯毒性很强而且在自然环境中无法降解，因此它们能在生物体内蓄积并威胁到食物链，其处置必须符合《含多氯联苯废物污染控制标准》的要求。

④含有机锡的油漆和涂料碎片，全球拆船每年将产生6000～20000t。

2. 拆船业的职业危害

(1)拆船业存在生产性毒物、粉尘、有害物理因素、强制体位等多种职业危害因素。慢性铅中毒为该行业较普遍和突出的职业卫生问题。目前拆除的废旧船舶一般为国外60～80年代建造，船底防污涂料多采用防腐油漆(红丹漆)，废船体漆片中测得平均含铅量达100 .9mg/kg。国内拆船厂主要采用氧乙炔气割对船体进行拆解，当气割时涂层中的铅在高温下(最高可达3500℃)以铅烟形式逸出，污染作业环境，大拆解时舱内气割作业场所铅烟浓度超标高达数百倍，岸上小拆解时铅烟浓度亦超标数倍，长期接触可引起慢性铅中毒。

(2)拆船业另一个值得注意的职业卫生问题是急性中毒事故。冷藏船(舱)的隔热层多用聚氨酯发泡塑料、沥青纸等，在切割时如有不慎或违章操作，可发生火灾，燃烧时主要产生一氧化碳，这些出事舱几乎都为密闭容器，易发生缺氧、窒息，酿成急性中毒的恶性事故。此外，废旧船舶还可能遗留有液氨瓶、氟利昂瓶、卤化剂灭火器等高压容器(瓶)，一旦爆裂均有可能造成急性中毒。

(3)拆船业工伤率和工伤死亡率均显著高于其他行业，这主要由于该行业目前机械设备简陋、手工操作多，接触易燃易爆物质多，高空、水上等特殊作业方式和环境，加上管理不善，工人缺乏安全卫生知识，有时不能严格遵守安全操作规程等原因所造成的。

三、2009年香港国际安全与无害环境拆船公约

拆船问题最早引起IMO的关注是在1998年的海上环境保护委员会(MEPC)第42次会议上，在随后的几届会议上，各成员国一致认为，IMO在拆船问题上应该扮演一个重要的角色。2002年3月的MEPC 47会议上，委员会同意制定一个建议性导则并以缔约国大会决议的形式通过。2003年7月的MEPC 49会议上，通过了拆船导则的最终草案，在2003年12月的23次缔约国大会上以A.962(23)通过。2005年7月的MEPC. 53会议上，委员会同意将拆船作为优先事项，由IMO制定一个新的强制性公约为国际范围内的拆船业提供新的法律和技术标

准。2005 年的第 24 届大会上通过了 A.980(24)决议,对原有的拆船导则进行了修改,并通过了 A.981(24)制定一个新的具有强制力的拆船公约。2009 年 5 月 15 日,国际拆船公约外交大会在香港特别行政区成功落下帷幕。外交大会正式审议通过了《2009 年香港国际安全与无害环境拆船公约》(简称《香港拆船公约》),这是第一个以我国香港特区命名的国际公约,共有 59 个国家代表签署了公约的最后文件。这个公约的签署对世界拆船业具有划时代的意义,也必将影响中国拆船业的发展。

1. 公约内容

《香港拆船公约》对船舶设计和建造、船舶营运、船舶拆解等三个涵盖船舶一生的过程都做了相应的约束,以确保船舶存最终被拆解时危害降至最低。其对船舶的具体技术要求体现在附则条款中,主要分为 3 个部分:一是船舶设计、建造、营运和维护,包括船上使用有害材料控制及控制的修正程序、成立技术小组和确定有害材料清单等;二是船舶拆解准备,包括制定拆解计划,拆船前准备等;三是检验和发证,要求营运的船舶必须接受《香港拆船公约》规定的检验,并取得相应的证书。

在公约附则的 7 个附录中,附录 1 和附录 2 都是控制使用有害材料的内容,这两个附录是公约的核心内容之一。附录 1 是一份受公约禁止的有害材料列表,列入该附录的有害材料将被禁止或限制使用。附录 2 为需要列入有害材料清单的物质列表,凡列入该表的物质若在船上安装和使用,均需要按要求在船舶有害材料清单证书的附录中予以记录。

根据目前的公约,附录 1 初步列出以下几类受控物质:石棉、消耗臭氧物质、多氯联苯和有机锡化合物(三丁基锡、三苯基锡、三丁基锡氧化物)。附录 2 中的物质主要为铅、汞和镉等重金属及其化合物、放射性物质、多溴联苯、多溴二苯醚、聚氯萘烷、氯化石蜡等。这些物质不被公约禁止使用,但是需要按照公约的规定在有害材料清单证书附录中加以记录,以便维护和拆船时予以特别注意。

2. 公约的特点

(1)强制性。由于以前所制定的公约是自愿性的,并没有引起各个国家足够的重视,而《香港拆船公约》的"第 13 条实施"中引入了"强制性缔约国履约审核机制",要求 IMO 对缔约国遵守并实施公约的情况实施监督,一旦加入公约,缔约国应考虑并开始任何必要的后续行动,自觉地接受 IMO 审核组织的审核。

(2)安全和环保性。公约一个最显著的特点就是特别注重人的安全和环境保护,从事故的预防,有害材料的安全与环境无害化拆除及管理、应急准备与反应到工人安全与培训都进行了详细的说明和规定,确保在整个拆船作业过程中切实达到安全和环保的双重目标。

(3)系统性。《安全与环保拆船规则》是公约的核心部分,规则填补了长期以来在船舶管理领域存在的真空,系统地规定了整个船舶供应链的各个环节,包括船舶的设计、建造、营运及维护、船舶拆解、检验与发证,都进行了系统的阐述,并制定了有效的执行机制。

(4)预防性。针对有害材料对人体和环境的影响,公约特别规定对有害材料的控制,除在附录 1 中列明的禁止和/或限制的各类有害材料在其所属船舶上的安装和使用外,并根据技术的进步,逐步完善公约中关于有害材料的种类和数量,这就可以有效预防有害材料的使用。

3. 生效条件

公约于 2009 年 9 月 1 日至 2010 年 8 月 31 日在 IMO 总部开放签署,加入公约的国家达到 15 个,占世界商船总吨位 40% 后的 24 个月,且这些国家在过去 10 年内的拆船总量不少于其商船总吨位之和的 3%,公约即生效。

法国驻 IMO 大使代表法国于 2009 年 11 月 19 日在 IMO 总部伦敦签署了《2009 年香港国际安全与无害环境拆船公约》,成为第一个签署《香港拆船公约》的国家。

4. 适用范围

除本公约另有规定外,本公约适用于:

(1)有权悬挂某一缔约国国旗的船舶;或在某一缔约国管辖下的拆船设施。

(2)本公约不适用于任何军舰、海军辅助船舶或其他国有或国营并暂时只用于政府非商业性服务的船舶。

(3)本公约不适用于 500GT 以下的船舶,或不适用于终身在其船旗国政府的主权或管辖内航行的船舶,但每一缔约国应确保采取适当措施,以尽可能合理和可行地保证这此类船舶按照本公约的规定行事。

(4)对于非本公约缔约国的船舶,各缔约国应在必要时适用本公约的要求,以保证不给予此类船舶更为优惠的待遇。

四、世界拆船格局与主要拆船国

1. 世界拆船业

世界拆船业始于 20 世纪 50 年代初,当时的年拆解量为 100 ~ 200 万载重吨,仅相当于 3 ~ 8 艘 VLCC 的拆解量。当时的船舶拆解主要在本国或在北欧、南欧、远东、美国以及相邻国家的经济圈内进行。例如:当时作为主要拆船国的挪威,主要拆解本国的捕鲸船和捕鲸母船等;美国拆解本国海军预备队的舰船;前苏联拆解本国的老龄渔船和军舰。进入 60 年代后,世界船舶拆解量大幅度增加,拆解船交易市场由地区经济圈扩大到全球范围,从而形成了世界拆船市场。60 年代的船舶拆解量由初期的 350 万载重吨增加到 700 万载重吨,平均年拆解量为 500 万载重吨。支撑当时拆船市场的主要是美国海军预备队的舰船,其船舶年拆解量占世界的 1/3 ~ 1/2,而且几乎都是干货船,油船的年拆解量仅占 5% ~ 29%,同时大多在美国国内拆解。1963 年美国海军预备队等政府的拆解船比例逐渐减少,而私人航运公司商船队的拆解船比例增加,从而形成了开放的自由交易的拆船市场。但拆船市场的真正形成是在 1965 年前后。1967 年拆解量达到 600 万载重吨,基本上是标准干货船。

70 年代后半期是世界油船大量拆解的时代。1975 年前拆解的船舶主要是干货船,其拆解量占总拆解量的一半以上,而油船仅占一小部分。1975 年油船拆解量第一次超过干货船,年拆解量第一次突破 1000 万载重吨大关。这是由于 1975 年世界油船市场萧条,所有尺度的油船都出现过剩,老龄的 2 ~ 3 万载重吨级透平油船首先从船队中被剔除,后来甚至连船龄 10 年左右的新型油船也被投放到拆船市场。1975 年、1976 年和 1977 年 3 年的船舶年拆解量都达到或突破 1000 万载重吨大关。1976 年起世界拆船市场中中国台湾省、西班牙和韩国成为世界三强。对大型船的拆解进行了设备投资和技术开发,从而使 1978 年世界船舶拆解量创下 2000 万载重吨的纪录,3 年中船舶拆解量增加了一倍,其中拆解数量最大的是老龄灵便型油船,其拆解量约占船舶总拆解量的 74%(1480 万载重吨)。由于油船的大量拆解使 1979 年的油船市场开始好转,与此同时,招致该年的船舶拆解量比 1978 年减少了三分之一。

进入 80 年代后,世界拆船业显得特别兴旺,其主要原因是:①世界航运业持续萧条,船舶大量过剩;②船舶的自然更新以及国新规范、规则的实施,促使大批老龄船和过时的经济性差的船舶涌向拆船市场。80 年代后半期,由于海运市场开始好转,二手船和新船价格上涨,致使世界拆船业陷入困境,80 年代末至 90 年代初,世界航运市场因经济不景气而再度疲软,旧船维持费用日益昂贵，市场对低标准船舶的排斥和抵制情绪，加之环保和安全方面的严格要求，因而拥有旧船的船东面临着巨大的压力，迫切要求拆解旧船，从而涌向拆船市场的旧船日趋增多，促使世界拆船业再度兴旺起来。

90 年代以后，航运市场起伏不定，拆船市场相应的不断变化，总体呈上升趋势。特别是 2008 年下半年金融危机席卷全球以来，一扫航运市场高涨的局面，国际航运市场正在经受着一场史无前例的浩劫。航运企业经营步入了无情的严冬，金融危机导致航运市场低迷，运价和租船费下降，船东无法承受成本压力。一些船公司宣告破产，大批船舶无货可装，已出现大量船舶集体在港口湾水的情况。为此，国内外航运企业为了减少成本压力、消减运力、增加现金流，纷纷将前几年市场繁荣时期坚持航运的高龄船舶涌入拆船市场，部分船东还紧急叫停了船舶改装业务，一些原计划改装的船也被送去拆解。国内外拆船数量急剧增长。2009 年第一周，拆船业迎来了 20 年来的最高峰，全球被拆解的船舶多达到 25 艘。2009 年一季度，已拆解船舶 237 艘，750 万载重吨。据统计，2009 年有超过 1 000 艘船待拆，南亚主要拆船国印、巴、孟三国的拆船厂今后一段时期拆解的各类船舶数量将创新高。并称业界在未来 2 年内将会是"前所未见的繁忙"。随着中国、土耳其与欧洲其他地方的加入，2009 年拆船数量会是 2008 年的 3 倍。至 2014 年前，全球将有 4300 艘船被拆解。届时全球新造船订单中，有 25% 将用于替代旧船。

2. 主要拆船国

拆船市场是航运市场顺应人类对各类物资的充分利用与再循环的要求而自然形成的一个独特的船舶市场。它的形成和存在，有利于航运、钢铁、造船等产业的均衡发展，同时，通过拆解船舶回收的各类物资可供钢铁、造船、修船、有色金属、土木工程等行业使用，从而促进了这些行业的发展。

目前，欧洲、台湾、日韩的拆船业已大大萎缩，昔日的拆船大国已逐渐被亚洲几个发展中国家所取代。全球拆船厂迄今主要集中在孟加拉、印度、中国和巴基斯坦，这四个亚洲国家年均拆船吨位之和相当于世界总量的 85%。这些国家能开展拆船业务的主要原因是：

(1) 属于发展中国家，有充足的低成本劳动力愿意从事这种肮脏和危险的工作；

(2) 有关劳动安全、健康和环保的法规不充分或未能得到执行；

(3) 钢材和废旧设备的市场需求；

(4) 长而平的滩涂和大潮差，使各种大小的废船能完整地上滩；

(5) 适宜的气候；

(6) 拥有拆船和改制加工所需的一定程度的基础设施。

1) 中国

我国拆船业起步于 20 世纪 60 年代，但真正得到发展则始于改革开放时期。国内拆船企业从小到大，优胜劣汰，不断壮大，已有了一支安全环保意识强、拆解技术较高的拆船队伍，初步形成了以珠江三角洲和长江三角洲为主、部分沿江沿海地区少量拆船厂为补充的产业格局和年拆解 300 万吨的能力。经过 20 年来特别是近几年来的发展，中国拆船业在拆解规模、机械装备、工艺技术、安全生产、环境保护和工人健康等方面都取得了令人瞩目的成绩。

金融危机造成航运和造船市场的萧条，却带来拆船市场的火爆。以淘汰老旧船舶来消减过剩运力的做法，使曾沉寂多年的拆船行业如获新生。2009 年上半年我国的拆船厂更是一派前所未有的繁忙景象，拆解各类船舶近 150 万轻吨，比过去 4 年拆船量的总和还要多。目前已发展成为世界第三拆船大国。

世界金融危机影响下国际航运市场不景气将持续 3～5 年，拆船业也将兴旺 3～5 年。并且，随着中国国内船舶报废量的逐年增加，拆船企业将从拆解进口废船为主转为拆解国内废船为主，中国拆船业凭借自身在绿色环保、资金和信誉方面的实力和优势，努力扩大市场占有率，在国际拆船市场将会获取更多的份额，发展前景看好。

2）孟加拉国

孟加拉国拆船业始于 60 年代，现已成为全球最大的拆船市场，共有约 30 余家拆船企业，其中大多集中在吉大港地区，每年拆解约 120 艘大型船舶，占全球退役大船的 45%。孟加拉国是欠发达国家，急需钢材进行建设，但国内铁矿资源贫乏。如今，拆船业就是孟加拉国的"铁矿"，拆解报废轮船炼钢已经成为目前孟加拉国满足国内钢铁需求的主要途径，孟加拉国 80% 的钢材来自拆船业。孟加拉的拆船方式主要是冲滩作业，徒手拆船，对工人和环境影响较大。

3）印度

印度拆船业始于 60 年代。最初是小规模的，孟买和加尔各答曾是拆船中心。80 年代以后，地理条件优越的阿朗地区被开发用来拆船逐步成为拆船中心。目前，全印度 90% 以上的拆船量在阿朗地区，这里聚集的 120 多家拆船厂均采用冲滩拆船方式进行废旧船舶拆解。印度拆船厂的建设资金投入远低于中国等国的拆船厂。印度主要的拆船方式是冲滩。据统计，通过冲滩拆船的方式，阿朗港从 1983 年 3 月至 2009 年 5 月共拆解 4862 艘船，累计超过 3400 万轻吨。印度拆船业的迅速崛起，是技术含量不高、工资待遇很低的工业向发展中国家转移的结果，而印度贫困人口众多，为拆船业提供了充足、廉价、稳定、熟练的劳动力资源。印度现在发展为仅次于孟加拉国的世界第二拆船大国。

4）巴基斯坦

巴基斯坦拆船业开创于 1971 年，以前巴基斯坦只能拆解小船，现在已开始拆解 VLCC。巴基斯坦的拆船基地位于南部波勒茨坦省的 Gadanl 海滩，离卡拉奇约 35km。80 年代中期是巴基斯坦拆船业的鼎盛期，共有拆船厂 70 多家，职工 3 万多。巴基斯坦的拆船业曾一度对其本国经济作出很大贡献，它使 3 万多名工人获得就业机会，为 600 多家轧钢厂提供价廉质优的旧钢材，每年为国家节省大量外汇。巴基斯坦拆船量列居世界第四位。

五、拆船技术发展趋势

目前全球拆船大国主要集中在亚洲，这些拆船大国过去的拆船方式多为沙滩拆船，我国也不例外。沙滩拆船工艺简单，无任何危废物质处理设施，废水废油随意排放，水陆污染严重，安全生产与职业健康无保障，存在严重的公共安全隐患。由于拆船公约的通过，随着法规的贯彻执行，这种原始的拆船方式将会消失。在将来河岸拆船及专用码头拆船将会得到巨大发展，这种拆船方式更加环保化。造船厂和船舶设计院、所在设计和建造船舶时会充分考虑船舶的最终处置，使用可以安全再利用的材料。最大限度减少已知的对健康和环境有潜在危害的材料的使用。限制复合材料的使用，如夹层板等。造船厂或相关材料设备厂在该船建造中向船东提供使用的材料清单，包括有潜在危害材料的标识和性质的机器位置和安全拆除方法，最后船东交付给拆船厂。依严格的技术标准对拆船厂进行资质认可，如要求具备不透水和油的地面；按高标准去除石棉材料；有足够环境保护的填埋场；有废水处理设施等。购进废船前，拆船厂应向船东索取废船上有害材料清单，做到对废船结构中存在或夹带的污染物的种类、数量、位置心中有数；对带有放射性物品、构料的废船不得购进；对化学品运输废船，要求其必须彻底清洗货舱,不得夹带化学品残留物。其次要严把验船关,要对船东提供的废船有害材料清单进行逐项核对,确保与清单相符,并对其进行放射性检验。

《香港拆船公约》的通过使全球统一的拆船法律框架得以建立,有利于各国加强对拆船业的有效管控,减少拆船对环境、人员职业健康和安全的危害。面对当前全球金融危机引发的新一轮拆船高潮,《香港拆船公约》对全球航运业更加具有非常及时、重要的现实意义,将为保障全球航运业的可持续健康发展奠定坚实基础。我国应以此为契机,完善我国有关规章制度,倡导并实施“绿色拆船”,从人员、设备、原料、工艺、管理等方面做好全面准备,实现船舶“从摇篮到坟墓”的管理,降低或消除船舶建造、营运、拆解过程中所引起的对海洋环境和人员健康造成的不利影响,推动我国拆船业的可持续健康发展。

第十章　船舶安全与防污染管理

第一节　国际船舶安全营运和防止污染管理规则

为促进国际公约的实施,加强对人为因素的有效控制,最大限度地降低海事发生率,实行安全管理方式的根本性转变,IMO 总结和借鉴了世界许多领域的现代化管理思想与管理方法,尤其是航运安全管理的经验,制定了保障船舶安全和防止污染的综合治理政策——《国际安全管理规则》。其中特别是将有关综合管理机制及船岸人员素质标准,作为防止和减少由于管理不善和操作不慎而造成海难或污染事故的根本性措施。这对于保障船舶安全航行、海洋清洁、减少不必要的船期迟滞和经济损失都很有必要。

一、制定 ISM 规则的背景

当今世界经济的发展,促使世界船舶数量、吨位和种类快速增加,但同时船舶交通事故和污染事故也频繁发生,危及船公司利益和国际经济利益,引起了国际社会的高度重视。人们曾传统地将船舶事故归咎于科技水平和产品质量,并努力改进。于是,船舶按有关标准配备救生、消防设备;油船设置专用压载舱和采用双层船壳;客船采纳结构防火;配备现代化电子助航、导航、通信设备;采用性能优良的材料和计算机技术;用质量标准控制船用产品质量等。这些措施,大大提高了船舶构造和设备的质量和可靠性,避免了诸多事故的发生或恶化。同时,IMO 用 STCW 78 公约(即《1978 年海员培训、发证和值班标准国际公约》)约束船员素质和行为。然而,20 世纪 80 年代以来,世界上船舶海难事故不断发生,且呈上升趋势。据权威统计,全世界全损船舶数量和吨位均居高不下,尤其是 1991 年全损船舶数达 182 艘/171 万总吨,平历史最高纪录。统计分析结果表明,船舶安全和污染事故 80% 是人为因素造成,且重点在于公司和船员对船舶的管理和操作不规范。由此,IMO 致力于寻找有效地控制公司和船员的人为因素的途径。结合国际标准化组织(ISO)的 ISO 9001(9004)体系,由 IMO 的海上安全委员会(海安会,MSC)于 1992 年 4 月草拟了《国际安全管理规则》,并在 1993 年 11 月 4 日的 IMO 第 18 届大会通过了 A.741(18)号决议《国际安全管理规则》,即 ISM 规则。为了保证 ISM 规则能被广泛执行,IMO 于 1994 年 5 月的 SOLAS 公约外交大会上通过 SOLAS 74 第 IX 章"船舶安全营运管理",使 ISM 规则获得了法律强制力。缔约国的相应船舶从法定日期起,若未执行 ISM 规则,将不能从事国际航行;非缔约国的船舶则不能享有比缔约国船舶更优惠的待遇。加之 IMO 先后用 A.742(18)、A.787(19)号决议对港口国赋权监控船上操作,为控制发生事故的人为因素创造了良好的条件。

二、ISM 规则的主要内容

1993 年 11 月,IMO 在第 18 届大会上以 A.741(18)号决议通过了《国际船舶安全营运和防止污染管理规则》(International Safety Management Code for the Operation of Ships and for Pollution Prevention,简称为 ISM Code ，国际安全管理规则)。实施 ISM 规则的目的是保证海上安全,防止人员伤亡或生命损失,避免对海洋环境和财产的损害。

1. ISM 规则的适用范围

(1)船舶:ISM 规则适用于所有船舶,但根据 SOLAS 74 公约第Ⅸ章的规定,属于政府经营用于非商业目的的船舶除外,即此类船舶不属于强制实施对象。

(2)公司:ISM 规则适用于船舶所有人、船舶经营管理人和光船租赁人。

2. ISM 规则的实施日期

SOLAS 74 公约第Ⅸ章规定:

(1)包括高速客船在内的客船:不迟于 1998 年 7 月 1 日;

(2)500 总吨及以上的油船、化学品液货船、气体运输船、散货船和高速货船:不迟于 1998 年 7 月 1 日;

(3)500 总吨及以上其他货船和海上移动式钻井平台:不迟于 2002 年 7 月 1 日。

属于实施对象的船舶,应于实施日期前取得《船舶安全管理证书》;相应的公司,应于实施日期前取得"符合证明"。船舶只能由持有"符合证明"的公司来营运。

注:高速船系指最大航速(m/s)等于或大于下列值的船:$3.7\ \nabla^{0.1667}$。式中:∇为相应于设计水线的排水量,m^3。

3. ISM 规则的发证

主管机关(船旗国政府)应当向符合 ISM 规则要求的公司签发(或授权签发)一份"符合证明"(Document of Compliance,DOC),对持有 DOC 的公司所属船舶,经审核确认是按照经认可的安全管理体系(Safety Management Safety,SMS)运行的,应签发(或授权签发)一份"安全管理证书"(Safety Management Certificate,SMC)。船舶应保存 DOC 副本以备查验。IMO A. 788(19)号决议进一步明确:DOC 须经 5 年一次的换证审核和每年一次的年度审核,SMC 须经 5 年一次的换证审核和至少一次的中间审核,以确认其 SMS 的符合性和有效性。

4. ISM 规则的主要内容

ISM 规则包括前言和 13 节正文:总则(定义、目标、适用范围、安全管理体系的功能要求);安全和环境保护方针;公司的责任和权力;指定人员;船长的责任和权力;资源和人员;船上操作方案的制定;应急准备;不符合规定的情况、事故和险情的报告和分析;船舶和设备的维修;文件;公司审核、复查和评价;发证、审核和监督。

前言指出,ISM 规则旨在提供船舶安全管理、安全运营和防止污染的国际标准;要求各国政府采取必要措施以保证船长在海上安全和保护海洋方面正当履行其职责;要求有适当的管理组织以满足船上高标准的安全需要;声明考虑到航运公司或船舶所有人的情况各异以及船舶营运条件的大不相同,而 ISM 规则是根据一般原则和目标制定的,用概括性术语写成,因而具有广泛的适用性;并强调高级领导层的承诺是做好安全工作管理的基础,各级人员的责任心、能力、态度和主观能动性将决定安全和防止污染的最好结果。ISM 规则的 13 节规定如下:

1)总则

"公司"系指船舶所有人,或已承担船舶所有人的船舶营运责任并在承担此种责任时同意承担本规则的所有责任和义务的任何机构或个人,如管理人或光船承租人。

"主管机关"系指船旗国政府。

本规则的目的是保证海上安全,防止人员伤亡,避免对环境特别是海洋环境造成危害以及对财产造成损失。

公司的安全管理目标是：提供船舶营运的安全做法和安全工作环境；针对已认定的所有风险制定防范措施；不断提高岸上及船上人员的安全管理技能，包括安全及环境保护方面的应急准备。

安全管理体系应当保证：符合强制性规定及规则，并对国际海事组织、主管机关、船级社和海运行业组织所建议的适用的规则、指南和标准予以考虑。

本规则的要求可适用于所有船舶。

2）安全和环境保护方针

公司应当制定安全和环境保护方针，说明如何实现公司的安全管理目标。公司应当保证船岸各级机构均能执行和保持此方针。

3）公司的责任和权力

如果负责船舶营运的实体不是船舶所有人，则船舶所有人必须向主管机关报告该实体的全称和详细情况。

对管理、从事和审核涉及安全和防污染工作的所有人员，公司应当用文件形式明确规定其责任、权限及相互关系。公司应当负责保证向指定的人员提供足够的资源和岸上的支持，以便使其能够履行各自的职责。

4）指定人员

为保证各船的安全营运和提供公司与船上之间的联系渠道，公司应当根据情况制定一名或数名能直接同最高管理层联系的岸上人员。被指定人员的责任和权力应包括对各船的安全营运和防止污染方面进行监控，并保证按需要提供足够的资源和岸上支持。

5）船长的责任和权力

公司应当以文件形式明确规定船长的下列责任：

（1）执行公司的安全和环境保护方针；

（2）激励船员遵守该方针；

（3）以简明方式发布相应的命令和指令；

（4）审核具体要求的遵守情况；

（5）复查安全管理体系并向岸上管理部门报告其不足之处。

公司应当保证在船上实施的安全管理体系中包含一个强调船长权力的明确声明。公司应当在安全管理体系中确立船长的绝对权力和责任（the Overriding Authority and the Responsibility），以便作出关于安全和防污染事务的决定并在必要时要求公司给予协助。

6）资源和人员

（1）公司应当保证船长：①具有适当的指挥资格；②完全熟悉公司的安全管理体系；③得到必要支持，以便可靠地履行其职责。

（2）公司应当保证根据本国和国际的有关规定，为每艘船舶配备合格、持证并健康的船员。

（3）公司应当建立有关程序，以便保证涉及安全和环境保护工作的新聘人员和新调至该岗位的人员适当熟悉其职责。凡需在开航前做出的指令均应当标明并以文件形式下达。

（4）公司应当保证与其安全管理体系有关的所有人员对有关规定、规则和指南有充分的理解。

（5）公司应当建立并保持有关程序，以便标明为支持安全管理体系可能需要的任何培训，并保证向所有相关人员提供这种培训。

(6)公司应当建立有关程序,使船上人员借此能够获得以一种工作语言或他们懂得的其他语言书写的有关安全管理体系的信息。

(7)公司应当保证船上人员在履行其涉及安全体系的职责时能够有效地交流。

7)船上操作方案的制定

对涉及船舶安全和防止污染的关键性的船上操作,公司应当建立制定有关方案和须知的程序。与之有关的各项工作,应当明确规定并分配给适任人员。

8)应急准备

对船上可能出现的紧急情况,公司应当建立标明、阐述和反应的程序。公司应当制定应急行动的训练和演习计划。安全管理体系应提供措施,确保公司有关机构能在任何时候对涉及其船舶的危险、事故和紧急情况作出反应。

9)不符合规定的情况、事故和险情的报告和分析

安全管理体系应当包括确保不符合规定的情况、事故和险情得到报告(至公司)、调查和分析的程序,以便改进安全和防止污染工作。公司应当建立实施纠正措施的程序。

10)船舶和设备的维护

公司应当建立有关程序,以便保证船舶按照有关规定、规则以及公司可能制定的任何附加要求进行维护。

为满足这些要求,公司应当保证:

(1)按照适当的间隔期进行检查;

(2)报告已知的不符合规定的情况并附可能的原因;

(3)采取适当的纠正措施;

(4)保存这些活动的记录。

公司应当在安全管理体系中制定有关程序,以标明那些会因突发性运行故障而导致险情的设备和技术系统。安全管理体系应当提供旨在提高这些设备和系统可靠性的具体措施。

上述措施应当包括对备用装置及设备或非连续使用的技术系统的定期测试。所述的检查和措施应当纳入船舶的日常操作性维护。

11)文件

公司应当建立并保持控制与安全管理体系有关的所有文件和资料的程序。公司应当保证:

(1)各有关部门均能够获得有效的文件;

(2)文件的更改由经授权的人审查批准;

(3)对废止的文件应及时清除。

用于阐述和实施安全管理体系的文件可称为“安全管理手册”,文件应当以公司认为最有效的方式予以保存。每艘船应当备有与之有关的全部文件。

12)公司审核、复查和评价

公司应当开展内部安全评审,以审核安全及防止污染活动是否符合安全管理体系的要求。公司应当定期评价安全管理体系的有效性,必要时还应当根据公司建立的有关程序对安全管理体系进行复查。评审及可能采取的纠正措施应当按文件规定的程序进行。除非由于公司的规模和性质不可能做到,实施评审的人员应当不从属于被评审的部门。评审及复查结果应当告知有关部门的所有负有责任的人员,以便提请他们注意。负有责任的管理人员应当对所发现的缺陷及时采取纠正措施。

13）发证、审核和监督

船舶应当由持有与该船相关的“符合证明”的公司营运。

“符合证明”应当由主管机关、主管机关认可的机构或公司选定从事营运活动的国家的政府代表主管机关签发给符合本规则要求的每个公司。该证明应当被视为该公司能够符合本规则有关要求的证据。

该证明的一份副本应当保存在船上，以便船长被要求时出示给主管机关或主管机关认可的机构查验。

主管机关或主管机关认可的机构应当向船舶签发“安全管理证书”。主管机关在签发该证书时，应审核公司及其船上管理是否按照经认可的安全管理体系运行。

主管机关或主管机关认可的机构应当定期审核经认可的船舶的安全管理体系是否正常运行。

5. 安全管理体系

ISM 规则采用目前国际通用的质量保证原理，将船公司安全运行和船舶安全操作的各项活动归纳成一套适合本公司和本船的安全管理体系，实现活动规范化，工作程序化和行为文件化；针对以往经验制定预防措施，通过定期内部审核和外来检查，不断改进，从而将一切安全和防污染活动置于严格控制之下。

ISM 规则要求国际航行船舶及负责管理的国际航运公司应当建立、实施和保持一个安全管理体系（Safety Management System，简称 SMS），并经主管机关或其授权的机构进行认证审核。凡审核合格的公司将取得“符合证明”（Document of Compliance，简称 DOC），其所属船舶在具有公司“符合证明”副本的情况下，经审核合格，可取得船舶“安全管理证书”（Safety Management Certificate，简称 SMC）。

1）SMS 的基本概念

所谓“安全管理体系”系指能使公司人员和船上人员有效地实施公司和船舶的安全与防污染方针的一种结构化和文件化的管理体系。该体系由组织机构、人员责任、工作程序、活动过程和人力财力资源等五大要素构成。

根据 ISM 规则要求，每个公司建立的安全管理体系应遵循的基本原则：

（1）安全和环境保护方针及其实施策略。安全与环境保护方针是公司安全管理的行动纲领。方针的内容包含 ISM 规则的目标、公司的目标和 SMS 目标，以及方针口号和原则性措施。方针以总经理声明的形式签发生效。方针口号：简单的有“健康—安全—环保”；又如“提高素质、保护环境、安全优质、高效创业”；再如“预防为主、保证安全、保护环境、保持健康、适任适航、优质服务”。

（2）明确规定岸上和船上各部门和岗位人员的责任、权力以及相互间的关系，不能存在责任、权力的交叉或空白和关系含糊不清的现象。

（3）达到和保持安全和防污染的高标准。SMS 必须符合 ISM 规则、SOLAS 74、MARPOL 73/78、L. L 66、STCW 95 等国际国内的强制性规定，同时还要对国际组织、国内主管机关及船级社和有关海运行业组织所建议适用的规则、指南、标准予以充分考虑。

安全管理体系的功能性要求，包括：

（1）制定安全和环境保护方针；

（2）明确公司和船长的责任和权限；

（3）指定公司与船舶联系人员；

(4)培训公司人员和船员,使他们胜任工作;

(5)定期演习,做好应急准备;

(6)维护保养好船舶和设备;

(7)报告和分析不符合安全管理体系的情况和海难事故甚至险情,不断采取改善措施;

(8)加强文件控制,保证执行现时有效规定;

(9)定期进行内部审核和接受政府主管机关或其认可机构的外部监督。

2)SMS 的文件体系

SMS 文件体系是描述 SMS 的一整套文件,是公司开展安全管理活动和环境保护活动的法定工作依据,是达到安全管理目标的最好、最切实际的方法和途径,也是防止、消除和减少事故的工具和保证。

SMS 文件体系的构成可分为两个方面三个层次。两个方面指公司和船舶;三个层次指体系文件、程序文件和运行记录。

SMS 文件体系的结构如下:

(1)公司文件体系的构成:

①第一部分:公司的方针目标,即公司在安全管理方面想要做什么。

②第二部分:体系,即公司对安全和防污染管理的组织控制要达到什么样的目标。

③第三部分:程序,即说明安全和防污染管理工作由谁做,何时做,何处做,做什么。

④第四部分:须知和相关记录,即在安全和防污染管理上怎么做的文件以及做了以后留下的记录。

(2)船舶文件体系的构成。船舶文件体系结构与公司文件相同,但体现船舶安全和防污染管理特点及对公司体系文件补充的操作性文件。

船舶文件体系和公司文件体系的原则相一致,不应存在矛盾和抵触,而应确定界面、消除重叠,合理接口,形成统一。

SMS 文件体系的层次如下:

(1)第一层次:安全管理手册。安全管理手册中包括最高领导层的政策声明、方针目标及落实 ISM 规则的各项具体要求等,其具体内容有:目标方针,组织结构,职责分工,安全与防污染的管理,人员与配备,资格与培训,文件管理,行政管理与计划,应急部署等项。

(2)第二层次:程序文件(或称专业手册/安全管理程序手册)。程序文件是基于安全管理手册,是后者的支持性文件。即把安全管理手册所规定的要求,按部门分工具体化,同时明确各部门间的相互关系。

(3)第三层次:须知文件(或称操作手册)。包括操作须知、设备使用说明、保养维修规定等指导文件,是具体说明如何进行每一项工作的文件。

SMS 文件体系的三个层次,既独立又有联系。其中“安全管理手册”等通用性文件,公司和船舶都须配置。

凡是建立和实施符合 ISM 规则的安全管理体系的船公司,在规定日期前,通过船旗国主管机关或其认可机构的审核,船舶取得“安全管理证书(SMC)”,公司取得“符合证明(DOC)”。在规定时期后,世界各港口国将按照 SOLAS 74 公约的规定,对船上所持的 SMC 和 DOC 副本进行监督检查。

三、ISM 规则的主要特点

1. 每个要素始终处于受控状态

为保持系统运行的有效性，就必须使系统中的每个要素始终处于受控状态，管理才能有效，这就是体系管理原理。

遵循现代安全管理的体系管理原理，海上安全管理就是管理者对船舶安全营运进行决策、计划、组织、指挥、协调和控制的一系列活动。任何一个船公司，只有依据其实际的环境条件，策划、建立和实施 SMS、实行体系管理时，才能达到安全目标，实现安全方针。

2. 注重过程的管理与监控

现代安全管理活动都是通过过程来展开的，安全目标的管理也要通过对组织内各种过程进行控制来实现。无论什么公司，开展什么安全管理活动，都可以把这项活动作为或分解为一个或若干个过程，其目的就在把影响安全的各项活动过程处于人的监控之下，并排除全过程所有阶段中导致不符合规定的原因。因此，任何一个公司都要识别、组织和管理其过程网络和接口，才能创造、改进和提供稳定的安全质量。

所谓过程，是"将输入转化为输出的一组彼此相关的资源和活动"。而输出是过程的结果。过程是一种增值转换，过程由一系列活动和资源(人员、资金、设施设备、技术和方法)构成，所有工作都是通过过程来完成的。为确保过程的质量，对输入端和输出端以及过程中的适当阶段应进行必要的检查、评审和验证。每个公司的存在都是为了实现价值的增值。这个增值往往是通过组织内由一系列过程构成的"过程网络"来实现的。

现代安全管理的过程监控原理，要求管理者转变观念，必须从只着眼于过程的结果转到重视管理过程本身上来，以过程质量确保安全质量，从而提高增值转换的效率和幅度。

ISM 规则具体运用了过程监控原理，所制定的 13 个条目内容形成了一个闭式的安全管理环。这个安全管理环科学地揭示了船舶营运安全形成过程的特有客观规律，构成 SMS 的各类要素，并把这些要素分解为若干个活动过程，通过制定与实施程序文件来监控这些过程，又通过编制与实施安全管理手段，使 SMS 有效地运行，从而把安全工作的重点切实转移到预防为主的轨道上。

3. 强调以人为本

ISM 规则把人作为安全管理的第一资源和安全管理体系的第一要求，重视企业安全文化建设，注意培养人的安全意识、价值观、信仰和高度责任感，强调只有不断提高人的质量，才能不断提高有关活动、过程、组织、体系及其任何组合实体的安全质量。一个公司在一流的管理者领导之下，并拥有一流的员工队伍，才会取得人的价值与社会价值的统一，安全价值与经济效益的统一。

按照现代安全管理以人为本的思想，提高人的安全意识和安全管理技能的熟练程度是最为重要的因素。而调动人的积极性、激励人、弘扬和倡导安全文化建设，是实现安全文明生产，保护和发展生产力的一项根本性举措。

四、ISM 规则的意义

IMO 以前制定的公约、规则，主要是针对船舶、设备和船员的技术标准做出的，而对现在已经暴露出的公司管理问题很少涉及。在一系列几乎都是由人为因素造成的海难中，IMO 认识到加强公司管理对船舶安全营运的重要性，必须采取有力措施，制订一个针对公司安全和防止污染事故的国际性管理标准。

制定 ISM 规则既是世界海事形势发展的需要，也是国际航运市场竞争的需要。目前国际航运市场令人关注的问题是世界商船队老龄化和方便船旗盛行。方便船旗和老龄船发生的事故是海难事故的主要部分。这些无疑是一种潜在的威胁。如果任其继续发展，将导致海事率的急剧增加，船公司也就难以在国际航运市场上生存和发展。因此航运业只有通过强化安全管理，实施 ISM 规则，才能有效地克服这种潜在的威胁。

ISM 规则的实施，既为船公司提供了改善安全管理的规范和标准，也为推进整个航运业的管理现代化提供了契机。传统的安全管理有许多弊端，如：对公司管理本身缺乏规范要求；安全管理与营运管理脱节；管理职能交叉，关系不顺和船岸衔接不畅；船岸人员的安全业务和管理素质尚待提高；忽视信息反馈的动态管理，始终处于被动的事故后管理的落后状态。总之，要改变这种状况，只有实行安全管理方式从事后型向预防型的根本性转变。通过管理的系统化、标准化和规范化，才能实现安全管理的现代化。

我国是 SOLAS 74 公约的缔约国，负有履行该公约的义务。我国实施 ISM 规则的主管机关为交通运输部，负责向公司签发 DOC。DOC 的有效期为 5 年，并执行年度审核。交通运输部授权中国船级社负责船舶 SMC 的签发，并规定只有取得 DOC 后才能签发 SMC。SMC 的有效期为 5 年，并执行至少 1 次的中间审核。交通运输部海事局作为实施 ISM 规则的主管部门，负责立法、统筹、规划、组织和协调工作，同时负责承办对公司发证，并对船舶发证工作实施监督。

五、安全管理体系的要素

ISM 规则列出了船舶安全营运管理所有阶段及其活动的 SMS 要素 13 条，构成了安全和防止污染管理闭环。对于公司内部建立和实施 SMS 的角度来看，其中主要的 11 个要素的要点和活动如表 10-1 所示。

安全管理系统的要素 表 10-1

序号	要素	要　点	主要活动
1	安全和环境保护方针	·制定公司的安全和环境保护方针，说明如何实现 ISM 规则规定的安全管理总目标； ·要求公司保证船岸各级机构均能执行和保持此方针	·安全和环境保护方针的制定、签发，并形成文件； ·阐明 SMS 目标，并综述为达到和保持这一目标的策略或主要措施； ·定期进行管理复查以保证其满足 ISM 规则的持续有效性； ·制定提高全员安全意识和安全管理技能的培训计划
2	公司的责任和权力	·船舶所有人必须向主管机关报告负责船舶营运的实体的全称和详细关系； ·以文件形式明确规定所涉及的各部门、各类人员的职责、权限和相互关系； ·保证向指定人员提供足够资源和岸上支持，以使其能履行其职责	·船舶所有人对承担船舶营运责任实体向主管机关的报告； ·确定各职能部门的安全责任、权限和相互关系； ·确定各职位的安全责任、权限和相互关系； ·进行职能和要素分配； ·处理好职能的交叉与接口； ·向指定人员提供足够资源和岸上支持的计划和措施

续上表

序号	要素	要　　点	主 要 活 动
3	指定人员	·指定人员由最高管理者决定,在管理层中产生; ·代表最高管理者直接参与建立、实施和保持SMS; ·提供公司与船舶之间的联系渠道;直接同最高管理者联系; ·有权力对维持SMS正常运行而采取措施	·指定人员的任命和职责、权限; ·指定人员与船舶全天候的联系(公开工作电话、住宅电话或其他通信手段); ·指定人员定期组织内部安全评审;并协助最高管理者组织管理复查; ·指定人员可作为公司的代表就有关SMS事项与外部联络
4	船长的职责和权力	·以文件形式明确规定船长的安全责任; ·在船上实施SMS中应包含一个强调船长权力的明确声明; ·在SMS中必须确立船长的绝对权力和责任	·强调船长权力声明的拟订、签署; ·非正常情况下船长应急处理的绝对权力行使,即有权违反所制定的程序但需要记录; ·船长事后及时向指挥机关的报告; ·船长可在任何时候要求公司提供岸基支持
5	资源和人员	·船长的资格和适任; ·配备合格、持证并健康的船员; ·对新聘人员和转岗人员的熟悉职责教育; ·保证SMS人员获得有关安全的规定、规则、指南及参考资料; ·建立支持SMS所需的人员培训程序; ·建立船上工作语言及有关SMS信息交流的程序	·每艘船舶的船员配备、包括船长的适任; ·岗位标准和熟悉职责管理要求; ·制定人员培训计划、实施培训和资格考核; ·所涉及到的各部门与培训有关人员的职责和权限; ·保存培训记录
6	船上操作方案的制定	·制定船上关键性的操作方案和须知的程序; ·要求明确规定并分配给适任人员	·制定船上特殊操作方案和须知; ·制定船上关键性操作方案和须知
7	应急准备	·建立船舶紧急情况的标明、阐述和反应程序; ·制定应急行动训练和演习计划; ·制定船舶遇险、事故和紧急局面的应急反应程序	·公司应急计划; ·船上应急计划
8	不符合规定的情况、事故和险情报告和分析	·SMS应确保不符合规定的情况、事故和险情的报告、调查和分析的程序; ·应建立纠正措施实施程序	·船长向岸上指定人员报告:事故、险情、不符合SMS的情况、修改和改进SMS的建议; ·指定人员对报告在相应管理层进行审议和评估,并采取短期的或长期的纠正行动; ·建立一种对报告进行记录、调查、评价、审议和分析并采取相应行动的制度
9	船舶和设备的维修	·应建立保证船舶按有关规定、规则及公司的要求进行船舶和设备的维护程序; ·应建立防止因突发性故障而导致险情的关键性设备和系统的标明和检测程序; ·应建立船舶日常操作性维护须知	·定期进行船舶安全检查,包括验船师登轮检查; ·对维护方面不符合规定情况的报告; ·采取纠正措施; ·保存维护和检查记录
10	文件	·对与SMS有关的文件和资料进行控制; ·确保各相关场所使用的有效版本	·文件和资料管理,控制人员的职责与权限; ·文件制定人员和审批人员的职责

续上表

序号	要素	要　　点	主要活动
11	公司审核、复查和评价	·定期开展内部安全评审，发现不符合项及时纠正，确保 SMS 有效运行； ·定期进行管理复查，由最高管理者组织评价 SMS 持续有效地满足 ISM 规则的要求	·内审的准备和实施； ·审核后的纠正行动； ·管理复查

1. 船上特殊操作

表 10-1 中要素 6“船上操作方案的制定”中，船上特殊操作系指其错误仅在已造成危险情况或事故发生时才会明显看出的操作。关于船上特殊操作方案和须知应包括旨在防患于未然的预防措施和检查。如果不正确地对待，将会导致危险状态。下述是一些常规活动：

(1)保证水密完整性；

(2)改正海图和有关出版物；

(3)主要设备(如舵机等)及备用设备的可靠性操作；

(4)维护和操作；

(5)加油操作及港内驳油作业；

(6)保持稳性，防止超载和应力集中；

(7)集装箱、货物及其他物品的紧固；

(8)船舶保安，防暴力和防海盗。

2. 船上关键操作

船上关键操作指其错误会立刻导致危及人员、环境或船舶事故或情况的操作。关键操作应严格按照须知进行，并应密切监督操作是否符合要求。例如：

(1)在限制水域或交通密集区域航行；

(2)在接近陆地水域或交通密集水域会造成突然失去操纵能力的操作；

(3)视线不良条件下航行，或气象恶劣条件下航行；

(4)危险货物和有毒有害物质的装卸和积载，如气体运输船、化学品船和油船的货物操作；

(5)海上加油和驳油；

(6)关键性机器操作。

3. 应急准备

表 10-1 中要素 7“应急准备”分为船上和岸上的应急计划。

公司应急计划包括：按应急计划行动的人员组成和职责；公司有关应急反应的动员步骤，包括建立一支应急反应队伍；建立对不同事故和险情作出反应应遵循的程序，公司保证船舶足够的岸基支持和应急响应；建立和保持船舶与岸上管理部门之间的联络程序，规定船舶报告制度和船舶报告要求；要求备妥船舶资料、布置图和安全设备随时备用；制订出现应急情况时对船舶系统询问的调查表；备妥需要通知和咨询的有关单位的名称和通信细节；船岸双方的报告方法；制订对新闻媒介和公众发布信息公告或接受询问的须知；发生持久性紧急情况时，对公司初始应急反应的后续安排。

船上应急计划包括：船上应急职责分工；为重新控制局势应采取的行动；船上使用的通信方法及保持船岸间的通信联络；向第三方请求援助的须知；通知公司和向有关当局报告的须知；应付新闻媒介和外界各方的须知。

应急计划要制定船舶遇险、事故和紧急局面的各类应急反应程序。应急计划制定中应说明如何处理涉及破损、火灾、污染、人员、保安和货物的各种紧急情况,并有所需的通信设备,充足资源,岸上机构支持保证以及保持24小时全天候联络等。应急计划训练和演习应定期举行,特别要求进行船岸一体化应急演习,以检验应急计划是否明确、有效,使参加人员具有实际应变操作和响应能力。

六、安全管理体系的建立与实施

安全管理体系的建立与完善一般要经历策划与设计,文件编制,试运行,评审与复查四个阶段。

1. 策划与设计阶段

策划与设计阶段主要应做好各种准备工作,包括学习培训,统一认识;组织落实,拟定方案;确定安全和环保方针、目标;现状调查评价;调整组织结构,配备资源等。

2. 文件编制阶段

SMS文件结构通常是由安全管理手册、程序文件、应急计划、操作须知和安全记录等一整套文件构成。结构上分成三个层次。最上层是安全管理手册,它是总体描述和实施SMS的纲领性文件。主要涉及公司全局的安全和环保方针、目标、组织结构、职责权限、决策、指令、SMS要素的准确规定和描述。程序文件、应急计划和操作须知为第二层,它既是手册的支持文件,又是手册编制的基础。程序文件详细规定了为实施SMS要素所涉及的各项职能活动范围、权力和相互关系,以及如何使用文件、如何控制等,对影响安全的活动进行全面策划和管理。第三层是安全记录,包括表格、单据和报告等,它是为已完成的活动或达到的结果提供客观证据的文件。它为SMS是否有效运行以及是否符合SMS规则的要求提供了客观证据。同时,安全记录也是制定预防和纠正措施的基础,船岸有关人员要确保记录具有可追溯性,以达到为实施证实之目的。

3. 试运行阶段

文件编制完成后,SMS将进入试运行阶段。其目的是通过试运行考验SMS文件的有效性和协调性,并对暴露出的问题,采取改进和纠正措施,以达到进一步完善SMS文件的目的。

4. 评审与复查阶段

SMS评审在体系建立的初始阶段显得更为重要。在这一阶段,SMS评审的重点主要是验证和确认SMS文件的适用性和有效性。

内部安全评审是由公司内部人员进行的对SMS的审核,其程序是:确定不合格项—提出纠正措施的建议—实施纠正措施—跟踪纠正措施—质量记录。审核的根本目的在于改进。实践证明,坚持内审是保证SMS有效运行的有力武器。

外审发证是由认证机构进行的,其目的在于对公司的SMS是否满足ISM规则的要求进行审核、发证和注册。

SMS是在不断改进中得到完善,SMS进入正常运行后,仍然要采取内部安全评审,管理复查等各种手段以使SMS能够保持和不断完善。

此外,根据《1974年SOLAS公约1994年修正案》新增第Ⅸ章“船舶安全营运管理”第6条第2款的规定,持有主管机关签发的SMC和DOC副本证书的船舶,自1998年7月1日起办理抵离业务均应接受港口国的实施ISM规则证书查验。对不具备或不符合规定的证书,或涂改、伪造证书者,港口国监督机构将依法扣留船舶,停止其国际航行业务。在进行港口国监督检查时，如果港口国监督检查员发现“明显证据”时，可以对船上应急布置表、消防演习和弃船演习、船损控制图等操作性程序进行详细检查。

5. 建立运行 SMS 的注意事项

建立、运行 SMS 中极其重要的是公司最高管理者的重视和全员参与，这同时也是建立、运行和保持 SMS 的前提。

(1)树立体系观念，确保两个一致。即明确各部门的职责权限和相互关系，努力做到 SMS 文件与 ISM 规则规定相一致，各项安全操作活动和记录与 SMS 文件规定相一致。

(2)强化程序操作，严格过程控制。按照 SMS 文件规定，着重加强各项安全防污染操作和管理，保持各项安全管理活动过程的完整控制。

(3)规范操作活动，完善各项记录。即按照 SMS 的运行要求，严守操作规程，确保各项安全管理活动记录并做到规范完备。

(4)航运公司应加强跟踪国际强制性公约、规则、推荐性标准和指南，并保证配备有效的法定文件版本。

(5)实施 ISM 规则以后给航运公司尤其是较多老旧船的公司带来管理成本上升的问题。加强成本分析、严格成本管理是航运公司实施 ISM 规则后的一项更突出的任务。

第二节　控制人为因素，减少人为差错

一、控制人为因素的重要性

控制人为因素，减少人为差错是预防海损事故，保护海洋环境的决定因素。研究海损事故的专家们一致认为，人为造成的失误是引发海损事故的重要原因。英国皇家保赔协会(P&I)对 1987 ~ 1991 年提出索赔要求的事故进行的分析表明，60% 的事故是人为失误引发的。其中涉及 50% 的货运事故，50% 的污染事故，65% 的人身伤亡事故，80% 的船舶损坏事故和 90% 的船舶碰撞事故。总共 1444 件事故，赔偿金额达 778 万美元。英国海洋污染咨询委员会对境内发生的 182 起溢油事故进行的调查表明，起因于人为失误约占 66%。澳大利亚运输部 1992 年提出的一项报告指出，已经研究过的事故中有 74% 起因为人为失误，其余则为机械或船体结构不良所致。

有人曾对我国某海运公司 1990 年 11 月 ~ 1992 年 3 月间发生的 12 件海损事故(碰撞 2 件；触礁 2 件；火灾 3 件；污染 1 件；伤亡 1 件；其他 3 件)进行过统计分析。结论发现在单一条件作用下发生的海损事故极为少数，更多的是在几个条件重叠下发生的。虽然每一事故涉及的因素各有不同，但出现率最高的因素是：麻痹大意(7 件，58.3%，包括责任心不强，管理不严，劳动纪律松弛等)；业务较差(2 件，16.69%，包括知识欠缺、经验不足等)；违章操作(2 件，16.69%，包括瞭望疏忽、有章不循、操作不当)等。

分析结果表明，引发海损事故的原因大多是人为因素造成的，是可以避免的。因此，要减少海损事故、防止船舶造成海洋污染，必须致力于减少人为差错。

二、人为失误的原因

1. 管理不善

航运公司最关心的是经济效益。由于航运持续多年不景气而进入困难时期，船东们削减

花费在船舶上的经费,造成这样一些结果:船东难以支付更新船舶的昂贵代价,以致船舶普遍老龄化。统计表明,老船发生事故的概率比新船高;船东经常更换注册船旗,以求减免税金,并在选用船员方面放宽标准,采取较大的灵活性;各国船东越来越多地雇用低工资国家船员,以替代来自劳动力昂贵的国家的船员。这些因素必然会导致航运标准的降低。

管理不善可以说是一个普遍的问题。"自由企业先驱号"海难(Herald of Free Enterprise,滚装渡轮,英国籍,1987 年 3 月 6 日比利时泽布吕赫港外倾翻,死 188 人)的直接原因是一名船员的失职,他没有通知驾驶台船首门尚未关闭。而船长则认为该门已关,命令启航。在事后调查中发现,公司有关管理部门曾接到过警告,但拒绝在驾驶室安装可以显示该门开关状态的自动报警装置。海难调查报告中指出:"该公司犯有根本的、明显的错误。公司董事会未能尽到对船舶进行安全管理的责任"。在调查一艘在美洲发生的重大溢油事故的船舶时发现,船东的过失在于雇用了数量足够、但工作漫不经心的船员。

P&I 一项报告的结论认为,多数航运公司没有成熟的航行工作指南,并缺乏有关赡养、培训、安全和福利方面的标准和规定。

而在 1981 年至 1982 年一系列涉及到船员安全的事故之后,壳牌公司对其工作程序进行了重大修改,推行加强安全管理计划,此后的 15 年中,航运安全提高了 30 倍,因此造成的时间损失减少近 90%。

2. 船员的配置

20 年前一艘货船或油轮大约配有 40 ~ 50 名船员,目前则减少到 20 名左右,其余的船员则被新技术和先进的工作方法所替代。不少国家已尝试在夜间只留一名驾驶员在驾驶台值班。

《国际海上人命安全公约》第Ⅴ章第 13 条规定要求缔约国政府必须根据保障海上人命安全的需要,对所有船只配备足够并合格的人力。保证航行安全的最起码的人数应由各船旗国政府明文规定。

美国海运研究会 1990 年有关海运安全和船员人数的研究报告认为减少船员必然会降低航运安全。这并不是说减少船员必然会发生事故,但是一旦发生船舶火灾、爆炸、搁浅或碰撞等事故,则需要船上全体人员出动作出有效的应急行动。由于船舶减员的趋势仍在持续,一旦发生事故必然导致灾难性的损失。所以从这一点说必须考虑人的因素。

缩减船员的倾向使得在航行中的船舶无法制定实际的维护和检修计划,而使问题更加恶化,现有的船员根本无暇顾及维修工作。伦敦救捞协会的调查报告指出船东削减船舶最起码的维护和修理,并有忽视船员维修方面的熟练性和经验的倾向。

雇用多国船员已是一个司空见惯的现象,使得船员国籍混杂。其最主要的原因在于需支付的费用较低。国际航运协会 1993 ~ 1994 年的一项报告曾对不同国籍船员工资作过比较。雇用一个美国船员的代价为 186 个单位,一个日本高级船员为 149 个单位,而雇用一个亚洲地区国家的船员只有 45 或 38 个单位,最低者为 28 个单位。如此巨大的差距对航运业的影响非常显著。船舶经营者可随意选用不同国籍的船员,而且要求工资最低的船员相对地说最有竞争力。

英国救捞协会曾遇到一个极为罕见的特殊情况,某船只有 11 名船员,却有 7 种国籍。他们彼此隔阂,都有一种孤独感,压力很重。

船舶发生事故时,在惊恐中,不同国籍的船员总是本能地使用本国语言,所以使用共同语言进行交流格外重要。英语已广泛用于航海,船员应该精通英语。国际海事组织已编制了一套航海标准词汇,以利船舶与岸上的联系。除了在遇到危急情况时要求船员会用英语发出和接收指令,能够听懂到底发生了什么情况外,在社会活动中,船员也应会使用共同的语言。

3. 船员方面的因素

某些船员缺乏职业道德、责任心较差,又无随时可能出现意外情况的心理准备,一旦发生海事,过度紧张,意志薄弱。这时知觉被歪曲了,危险被夸大了,责任、纪律被忘记了,处于失控状态,扩大了事态,加快了海事的发生。

航海实践证实险恶情况是极少发生的,后果严重与否主要在于船舶人员的心理与技术素质。具有坚毅、稳定、灵活的心理特征和精湛航海技术的船员,往往可以临阵不乱,妥善处理或防患于未然。纵观一些海损、污染案例,可以看出,当处于下列心理状态时,常易引起人为的失误:

(1)骄傲自满、刚愎自用。许多教训表明,在船舶操纵方面,一些驾驶人员由于工作一帆风顺,滋长了骄傲自满的情绪,少数年轻的船员血气方刚,踌躇满志,喜欢开英雄船,该慢不慢,该让不让,盲目追越,以致发生事故。海运史上有不少的事故是由于过于自信,过高估计自己的能力,不听他人劝告而造成的。

(2)麻痹、侥幸。这是各类海事中常见的原因。一些船员自认为事故毕竟是少数,不一定会发生在自己身上,或认为所在船舶设备条件好,不易出现故障,因而麻痹大意。对潜在的危险因素掉以轻心或视而不见。在麻痹、侥幸心理支配下,有些船员得过且过,不仔细瞭望,盲目依赖雷达;忽视"无妨大事"的小问题,最后酿成事故。闻名于世的"泰坦尼克(Titanic)"号冰海沉船就是典型一例。

(3)紧张害怕。紧张往往使船员的自控能力、分析和决策能力减低,动作带有较大的盲目性,容易导致海损事故或加大事故的严重性。船员由于对自己的工作缺乏自信或新船员由于航海技术知识和经验不足,遇到突然发生的意外险情时,容易出现紧张、害怕心理,以致慌乱失措,坐失良机。

(4)对抗、报复。航行中,船员遇到不如己愿的人和事,容易冲动,产生对抗、报复心理而肇事。这种对抗的情绪、逆反的心理导致置职业道德于不顾的行为,结果船沉人亡、抱恨终身。

(5)躁闷、抑郁。少数船员由于与同事关系不佳,家事纠纷或在爱情上遭受挫折等原因,产生苦恼、烦闷,表现为情绪消极、低落、沮丧,精神郁闷、心绪不宁、事事不满意,易激惹。这些人注意力不易集中,主观疲劳感甚重,影响正常工作能力,容易造成船舶碰撞、搁浅事故。

(6)疲劳。疲劳是最大的问题之一。航海是最容易使人疲劳的工作之一。船员要连续几周或几个月离家在外,甚至在短暂休假期间和休息时也不能远离工作地点。他们不得不与同事而不是可以选择的朋友打交道。如果他们生病了,可能要等很多天才能找到医生。遇到恶劣的天气,即使很疲乏了也无法休息。海上生活会产生身体上和心理上的问题,但最大的问题是疲劳问题。1993 年,别尔曼航运经济和物流研究所对 400 名船员进行的一项调查表明,大约有 40% 的船员工作负担过重或超负荷工作。疲劳起因于长时间的工作和加班加点。美国海岸警备队进行的一项研究指出了问题的严重性,该研究对 279 次事故中的疲劳问题进行分析,结果表明,疲劳在船舶事故中的影响比先前认为的要严重得多。疲劳所导致的事故占船舶事故的 16%,占人员伤亡事故的 33%。1993 年 11 月,IMO 通过的有关人员疲劳和安全的 A.772(18)决议指出,疲劳起因于长时间从事脑力或体力劳动而休息不足,不利的环境因素、生理因素和形势造成的压力或其他心理因素。此外,船员操劳过度,噪声干扰和内部的相互干扰也是促使船员疲劳的重要因素。

船上设备的技术更新无疑会使船舶安全有所改善，但同时也会带来一些负面影响。如果船舶自动导航，并由卫星定位，船员的工作则显得更加单调乏味了。目前货物运输集装箱化，集装箱装卸时间减至几小时，集装箱码头远离市区，船员登岸既无事可干，也无时间远离泊位，观光游览、调节身心、消除疲劳的机会大大减少了。

英国保赔协会分析了1992年发生的船舶碰撞事故后指出，多数事故发生在清晨4~8时，而且经常发生在拂晓前，这正是船员尚处于疲劳的恢复阶段。

三、减少人为失误的可能途径

1. 国际海事组织的努力

国际海事组织的首要任务就是制订和签署改善国际航运安全和防止船舶污染海洋的国际公约。从1959年召开首次会议以来，先后共签署了40多个国际公约、条例和法规，并且进行多次修订。这些公约和法规大多为强制性的，各缔约国均应遵守。有些国家已把这些公约纳入本国法律范畴，如同实施本国法律一样贯彻国际公约。

IMO的标准得到广泛的支持，原因在于他们有着共同的利益基础。问题是各国的海损事故发生率的统计结果悬殊，其唯一的解释是在实施这些公约要求上的差异。

国际海事组织采取积极措施予以弥补，包括：

(1)建立一个船旗国履约分委会，着重研究、讨论政府责任、船旗国履约的困难、人为因素、港口国作用等问题。

(2)从20世纪60年代起，国际海事组织的技术合作项目以咨询或其他方式向希望提高船舶管理水平的国家提供资助。1983年在瑞典马尔默建立了世界海事大学，向那些长期从事海事活动的船员提供其在本国得不到的海事业务培训，传授国际海事组织的标准，特别是保证海运安全和防止船舶造成海洋污染方面的知识。

(3)加强港口国的控制。许多IMO的公约都授予缔约国监视来访外轮是否遵守IMO要求的权力。IMO还鼓励建立一些地区性的港口国监控系统。

(4)1993年IMO制定的“国际安全管理规则(ISM)”，为各国航运公司提供了专门的管理程序。1994年5月再次对《国际海上人命安全公约》进行修订，制订出新的第Ⅸ章：船舶运行安全管理条款，包括：为船舶运行提供实用的安全管理办法和安全的工作环境；建立应付风险的安全体系；不断提高工作人员的安全管理水平，包括应付紧急事件的能力；明确了人的因素所起的作用。法规中的强制性规定，不仅可保证失误的消除，也将促使船员对他们的一切行动负责。

海上事故中人为因素的作用已成为IMO工作议程中的常规议题：IMO与国际劳工组织(ILO)一起成立专门工作组，研究海上产生疲劳的因素。由船旗国履约分委会负责开发事故数据库，为分析海上事故和确定事故原因提供数据。与美国海岸警备队(USCG)合作建立人为因素信息数据库。USCG提出Prevention Through People(PTP)计划，该计划被称作是减少事故和防止污染的专门针对人为因素的系统措施。

IMO还在讨论制定规则时采用综合安全评估(Formal Safety Assessment, FSA)。FSA被认为是评估行为风险和对那些为减少风险而作出不同选择的成本效益进行计算的系统方法。FSA包括5个步骤：危险的确定(列出所有相关事件潜在的起因和结果)；风险的评估(计算风险系数)；风险控制选择(形成管理措施以减少已确定的风险)；收效评估(确定每种风险控制选择的成本效益)；提出建议(提供关于危险的信息，其相关的风险控制选择的成本效益)。

2. 国际海员培训、发证和值班标准公约

《国际海员培训、发证和值班标准公约(STCW)》是唯一涉及到船员培训、发证和值班标准的国际法规,其目的在于把船员的标准提高到最起码的水平上。STCW 公约于 1978 年 7 月在 IMO 总部召开的国际海员培训、发证外交大会上得到通过。1984 年 4 月 28 日生效。1980 年 6 月 8 日,我国政府向 IMO 提交了批准 STCW 公约的文件。STCW 公约生效以来,对促进包括我国在内的各缔约国海员素质的提高,在全球范围内保障海上人命、财产的安全和海洋环境,有效地控制人为因素对海难事故的影响,起到了积极的作用。

1993 年国际海事组织接受国际海运联合会的建议对 1978 年的《国际海员培训、发证和值班标准公约(STCW 78)》进行全面审查和修改。全面审查的原因主要有二:由于近年来导致海上人命损失和环境污染的海上事故中,大部分可归于人的因素的介入(即人为失误),应当重点考虑与人员、培训和操作实践有关的领域,不能再像以往那样将重点置于提高船舶建造和设备的标准上;另一个原因是,传统(或现行)的船员培训与发证制度已不适应船舶技术和航运管理的新发展,靠一些修正案已不能解决问题。

STCW 公约的修改工作于 1995 年 7 月结束。与 STCW 78 相比,修改后的公约改动最大的是功能发证方法、海员适任性评估和遵章与核实机制三点。新的 STCW 公约将海员适任标准的能力归纳为以下七项功能,即:航行;货物装卸和积载;控制船舶操作和管理船上人员;轮机工程;电气、电子和控制工程;维护和修理;无线电通信。这七项功能分成三个责任等级,即:管理级、操作级和支持级。

海员的适任性主要反映在海员的实际能力上。从涉及人为失误的海事调查和港口国检查对海员的检查中发现不少海员的实际能力不符合公约的要求,也就是说海员的实际状况与其所持的适任证书所载并不相符。显然,会说而不会干或只懂而不能干对于海员这一职业的特点来说,需要从培训和发证两方面花大力气加以改善。

遵章和核实机制是用来保证及评估培训和发证符合国际认可的统一标准及这些标准得以保持的方法。具体地说,这一机制是保证各缔约国(包括其考试发证机关、航海院校、船公司等)遵守 STCW 公约,并核实各缔约国(包括其考试发证机关、航海院校、船公司等)是否遵守 STCW 公约的机制。

STCW 95 公约于 1997 年 2 月 1 日生效。按照公约的规定,各缔约国最迟应于 1998 年 8 月 1 日实施修正后的 STCW 公约及其有关规则;对 1998 年 8 月 1 日之前已经进入海员队伍的人员以及已在海员教育和培训的人员,最迟应在 2002 年 2 月 1 日前全面符合 STCW 95 及其有关规则。

3. 船员的教育

人的管理问题是一个复杂的、多方面的问题,它涉及船员所从事活动的全部范畴:船上管理、岸上管理、船舶修理厂、立法机构、认证机构、监督发证部门、海运院校以及船公司和最重要的部分——船员自己。减少人为因素引起的海损、污染事故需要各方面的合作。标准及其实施方法的完善,对改进航运安全和防止船舶造成的污染来说至关重要,而消除或减少人为的失误更是保证航运安全和保护环境的关键所在,提高航海人员的素质是最根本的途径。

1)素质教育

我国一些航海界人士指出,在掌握航海理论知识、实际操作技能和心理素质三要素中,素质是主导,是举足轻重的因素。因为素质不佳的人,面临危险和威胁可能会惊慌失措,把全船的生命和财产置之度外。他们不钻研业务,也不注意总结经验,在航行中频繁地发生责任事故。这样的海员人为地增加了航海的风险性，造成不良的社会影响。为此，加强航海类专业学生的素质教育是非常必要的。此外，在海员招工时运用心理学方法选拔、招收心理素质较好的人员，尤其是干部船员，也是值得倡导的。

职业动因教育。心理学强调人的需要，因为人的一切活动都产生于需要。有需要才会产生动机、目标和理想，并为了实现目标和理想，满足需要而表现出极大的积极性、事业心和责任感。为促进海员以积极有效的心理活动，平稳、正常的心理状态去主动适应航海的自然环境，首先帮助海员确立正确的职业动机，使他们热爱航海，乐于当海员，认识航海职业的意义和价值，产生忠于航海事业，以搞好航运事业为己任的心理需要和职业动机以及不断为之奋斗的坚定信念。航海院校也应加强学生的专业思想教育，进行人生观和苦乐观教育，使他们把航海职业与祖国的发展、自己的贡献和繁荣海运事业结合起来，从而进一步巩固专业思想增强职业动机。

学会与人相处，建立良好的人际关系。船上的人际关系特别重要。早在 1978 年 IMO 就提出，不仅需要安全操作和完好的仪器设备，而且海员间良好的人际关系，也将有利于保障船舶的安全运行。

船舶是一个分散、流动、多部门、多工种联合作业的现代化综合性企业，是一个正式的团体，良好的人际关系，将促进部门之间、船员之间的密切合作。建立良好的人际关系，必须促进船员间的心理相容，在相互关心、同甘共苦、协作工作中，心理互补，建立友谊，促进交往。良好的交往可以避免孤独给自己带来的心理障碍或诱致不正常行为，改善船上的社会风气。良好的交往也使船员很好地适应船上社会，使个人生活更充实、工作更顺利，事业成功。航海院校的学生在学校期间除了应学会学习、思考，也要学会做人，以及正确与人相处。

半军事化管理，是辅以说服教育方法的一种军事化强制性管理。这种管理的实质在于创造一个军事化的集体环境。航海院校实行半军事化管理，在培养学生的心理品质的同时，锻炼他们的体魄，养成良好的习惯，造就海员的特殊素质以适应航海职业的要求。

2）业务技术教育与培训

技术业务水平的提高在于重视业务学习和实践，并加强交流。公司和船舶都应该提供条件，使航海人员各方面的能力（包括指挥能力，避碰基本功等）都得到加强。尤其是加强在错综复杂的情况下发现问题、分析问题和解决问题的能力。无论在教学、实习、证书考试还是在航行实践的环节中，都加强对这些能力的培养、考核和监督，这是防止海损事故发生的最有效的保证。为了提高高级船员的业务水平，应不定期地将他们送到高等航海院校进修新技术，不断更新知识。

新技术有时也会带来新问题。1994 年在芬兰近海倾覆的客轮“爱沙尼亚号”（137 人获救，94 人死亡，837 人失踪）就是一例。该船装有新的雷达系统，但船员不会使用，他们未能发现屏幕上的变化。事故调查报告说：“船员使用该系统的方法导致了错误的发生，对船员在系统及其工作方面的指导和培训还不够”。现代航海在向计算机配载、电子海图、卫星通信，综合导航及无人机舱方向的迅速发展，要求高级船员能适应这种变化，及时更新知识和技术，跟上现代高科技的发展，学会运用现代高科技航海仪器和设备。

航海以英语为标准语。无论是阅读英版海图、资料或国际海事法规，还是进行对外业务交谈，航运业务处理或感情联络，我国高级船员中普遍存在着语言障碍。遇到情况不能与其他船舶用 VHF 顺利沟通，港口国检查官员上船检查由于语言原因不能很好表达、理解和交流，一些专业技能很强的船长，也会因语言不过硬而受到轻视。英语已成为评价航海技术的一项重要指标。提高航海人员英语应用能力，对于提高人员素质，避免人为差错同样有着重要意义。

3）安全教育和预防事故的心理训练

安全教育和预防事故的心理训练是防止人为事故的十分重要的一环。应使船舶人员有随时应付意外事件的心理准备，意识到尽管海损事件并不多见，但在任何一次航行中都有可能发生。海事、海损并非都能预料，肇事原因繁多复杂，人的行为总是随事故的不同而异，精确地列出船舶海损或机损事故的具体处理办法是很难做到的。但临阵慌乱的反应是非常危险的，它将加剧旅客和海员的生命危险。使每个船舶人员受到安全教育和有关训练，强化在紧急状态下心理的承受力和应变力，对预防与避免海损、海事，保证营救成功十分重要，必须予以高度重视。

4）健康教育

健康，不但是指生理功能正常（躯体健康），而且还要有良好的心理状态和良好的社会适应状态（心理健康）。航海中，海员的心理状态和心理适应能力与人、与船舶、与货物休戚相关，不容忽视。因而船员和海运院校的学生必须具有一定的医学知识，注意自身卫生保健，保持身体健康。学校开设航海心理学课程，海运企业对船员普及航海心理学知识，使他们了解自身的心理特征和保持良好的心理调节能力、适应能力与应变能力，指导自己和帮助他人培养健康的人格，以促进身体健康及保持较好的工作状态。对学员和船员进行个人卫生教育，纠正不良习惯教育和必要的性教育，并加强他们在航海中注意自我保护的意识。海运企业、船舶领导应更多地关心船员们的心理，竭诚替他们排忧解难，及时协助他们度过生活、工作和心理上的困扰时期。

4. 改善船舶的工作条件和生活条件

1）改善船舶的工作条件

由人与机械相互协调而完成一定功能的系统称为人—机系统。在人—机系统中，人同机器的关系总是相互作用、相互配合与相互制约和发展的，但起主导作用的始终是人。船舶和船员是典型的人—机系统。因机，为了能充分地发挥人和机器设备的作用，使整个人—机系统高效、可靠、安全，以及操纵的方便，船舶设计时就得充分考虑人和机器的特征与机能，使之相互协调配合，构成有机整体，达到人们生产活动的最佳效果。

船舶设计时，应根据人—机工程学的原理，进行作业空间设计、作业环境（噪声环境、热环境、气体环境等）设计，考虑人的听觉特征，重视色彩的心理效应。

可靠性和维修性思想为船舶设计提出了新的要求。如设备的可达性即是其维修性的重要指标之一。可达性表征为能够接近一个部件或元件进行修理、更换或保养的相对容易程度。设备的可达性差会降低维修作业的效率，增加作业时间和维修费用，造成差错和不安全的机会也大。

维修性设计的另一要点是防差错设计。人们通常总是采取诸如加强责任心，养成良好的工作习惯，认真执行操作、维修规章制度等措施来防止或减少差错的发生。但这样做并不能保证完全不发生差错。因为人的能力、精力毕竟有限。墨非定律认为：人们做某件事情，如果存在着发生差错的可能性，那么迟早会发生差错。即要想消除差错事件，必须消除发生差错的可能性。从根本上使出现差错的概率为零。这就要设计者在维修设计中予以充分注意，使部件本身就不具备发生差错的特性。这被称为“防错设计”。

设备在设计时，应避免或消除在使用操作和维修时造成人为差错的可能，即使发生差错也能立即发觉和纠正。外形相近而功能不同的零件、主要连接部位和安装时容易发生差错的零部件,应从结构上加以限制或者明显的识别标记,如注明安装符号或加装接合销,以防止出现倒装、反接的错误。

2)改善生活环境

为船舶人员提供清洁的住舱,空气新鲜、光线适宜和方便的生活设施。为减少颠簸和振荡的影响,住舱内的床应与船的纵轴一致,并备有与纵轴垂直的沙发,以保证船员一定睡眠深度。设计船舶时,尽可能提供一定的业余活动场所和视听装置,丰富文娱体育等业余生活,以增进船员之间的交流,促进人际关系的发展。

第十一章　船舶防污染监督管理

第一节　港口国监控

港口国监控(Port State Control,PSC,亦称港口国监督、港口国管理或港口国检查),是指世界各地的港口国当局对抵港的外国籍船舶实施的以船舶技术状况、操作性要求、船舶配员以及船员的生活和工作条件为检查内容的,以确保船舶和人命财产安全、防止海洋污染为宗旨的一种监督与控制。

目前,各港口国政府正日益严格和广泛地采取措施,对抵港的外国船舶实施港口国监控。不少抵港船舶因被发现存在严重缺陷而被警告、限期解决或被滞留。被滞留的船舶不仅会导致船期损失和承担高昂的修船费,还会使船舶、船公司、船旗国、船级社因被列入"黑名单"而遭受名誉损失。

一、港口国监控的依据和检查权限

1. 港口国监控及其依据

港口国监控是由于1978年"AMODO CADIZ"轮的触礁事故而产生。当时,该事故引起了欧洲公众与政界的极大震动,普遍认为有些船旗国政府的主管机关,在确保他们所管辖的船舶符合国际公约规定的标准方面,未能尽到职责。为此,1980年13个欧洲国家,加上欧共体、国际海事组织、国际劳工组织在巴黎开会,一致同意共同采取措施,限制并继而消除不符合国际公约船舶的航行。1982年1月召开了第二次会议,会上通过了著名的巴黎谅解备忘录(PARIS MOU)。该备忘录于1982年7月1日开始生效。该备忘录现有18个成员国:比利时、丹麦、芬兰、法国、德国、希腊、爱尔兰、意大利、荷兰、挪威、葡萄牙、西班牙、瑞典、英国、波兰、加拿大、俄罗斯联邦、克罗地亚。

由于"巴黎备忘录"组织在防止和减少低标准船继续航行方面成效显著,IMO在1991年召开的第17次大会上通过了关于"在船舶排放和控制方面加强地区合作"的决议。该决议要求全球各地区建立与"巴黎备忘录"相类似的PSC备忘录组织,并且要求各备忘录组织成员国及实施PSC的其他国家应作出安排,相互合作,从而建立全球性的PSC网络。1994年5月IMO又召开了《1974年国际海上人命安全公约》(SOLAS 74公约)缔约国政府间会议,72个SOLAS缔约国政府代表参加了大会。会议通过的决议中有一项内容为"实施新增第十一章,关于加强海上安全的特别措施(即港口国监控)"。该修正条款从1996年1月1日生效。受该项决议的影响,目前多数港口国政府已行动起来,采取各种强硬措施限制低标准船舶进入所属水域,进而阻止低于标准船舶的营运,避免港口国间不正当竞争,加强合作和信息交换。

目前港口国履行其监控职责和功能的依据为下列文件:

(1)1974年国际海上人命安全公约(SOLAS 74);

(2)经1978年议定书修订的1973年国际防止船舶污染公约(MARPOL 73/78);

(3)经1995年修正的1978年海员培训、发证和值班标准国际公约(STCW 78/95);

(4)1966年国际载重线公约(L.L 66);

(5)1969年国际吨位丈量公约(ITC 69);

(6)1972年国际海上避碰规则公约(COLREG 72);

(7)1976年商船运输(最低标准)公约(ILO第147号)。

2.港口国监控的检查项目和权限

根据相关国际公约要求,港口国监控的通常检查项目是:

(1)船舶证书、文件和手册;

(2)船体、机器和设备状态;

(3)有关机器、设备和仪器的使用和操作要求;

(4)船员配备、劳动及生活条件。

通常港口国管理人员只限于检查各种证书与资料。但若证书失效或检查人员有充分理由认为船舶不适航,船上设备所处状态不合要求或船员不合格,他们有权进行详细的检查。负责检查外籍船舶的港口国管理官员若有"充分理由"认为船长或船员不熟悉船舶的安全操作程序,有权要求检查他们对操作要求的掌握情况。检查的重点包括以下方面:如船员是否悉知应变部署表上所列的他们各自的职责;彼此间是否能很好地交流合作;消防,弃船演习;对船舶受损,失火加以控制的方法是否熟悉;是否熟悉驾驶室、货物和机器设备的操作;是否理解各手册及工作须知的内容等。

如果港口国当局在检查中发现了有可能影响安全、人员健康和污染环境的船舶缺陷,则有权要求船舶在开航前消除其缺陷,或是扣留船舶后通告船旗国采取行动。如果发现了缺陷而当地又无力解决,港口当局可以在船舶保证其缺陷不致影响安全、人员健康及污染环境的情况下放行船舶到下一港口解决,但要通知下一港口国和船旗国采取行动。

二、港口国监控的现状

目前,地区性港口国监控组织已达8个:巴黎备忘录(1982.7.1)、拉美PSC协定(1992.11.5)、亚太地区PSC谅解备忘录(1993.12.2)、加勒比地区PSC谅解备忘录(1996.2.9)、地中海地区PSC谅解备忘录(1997.7.11)、印度洋地区PSC谅解备忘录(1998.6.5)、中西非地区PSC谅解备忘录(1997.10.22)和黑海地区PSC谅解备忘录(2000.4.7)。我国是亚太地区PSC谅解备忘录的成员国。

巴黎备忘录(PARIS MOU)是全球8个区域性港口国监督备忘录组织中影响力最大的组织之一。该备忘录最初有18个成员国,到2007年已有27个成员国,其区域覆盖了欧洲沿岸和自北美到欧洲的北大西洋沿岸。1993年巴黎备忘录委员会同意挑出那些连续3年超过PSC平均扣留次数的船旗国,并把挂该国旗的船舶作为检查的重点对象。1995年又公布了23个目标船旗国作为1996年6月底前的首先监控对象。并逐步开始实行船旗国黑灰白名单制度。2007年,共有16个船旗被列入"黑名单"、27个船旗被列入"灰名单"、37个船旗被列入"白名单"。在所有80个船旗中,中国表现抢眼,不但是"白名单"成员,而且名列第四,仅次于英国、瑞典、芬兰。上述名单的确立是根据各船旗国在2004~2006年的三年滚动PSC检查中的表现而制订的。这三年中共有290艘中国旗船舶接受了巴黎备忘录的检查,仅发生2次滞留。这表明中国旗船舶的管理、保养已处于国际优秀行列,也说明多年来中国政府、中国船级社、中国船公司共同努力,改善中国旗的国际形象取得了显著的成绩。巴黎备忘录27个成员国于

2008年执行24647宗检查,其中滞留数量自2007年之1250宗稍降至1220宗;被取缔的19艘中,有18艘属于黑名单船旗国。

美国港口国管理一直由美国海岸警备队实施,近年来监控内容有所增加,强度加大。1994年5月采取主动港口国监控政策,根据船主、船旗国、船级社、PSC以往履历、船种等给各船舶打分,按分数多少确定PSC检查的先后。例如对于得17分以上的船舶在入港前就实施港口国检查,得7~16分的船舶可以进港,但PSC检查结束之前不得装卸。1994年还开始把需加注意的船旗国、船主和经营人的名字列入黑名单。如果某个企业拥有或所经营、管理的船舶在12个月内受到重大告发则将其公布在黑名单上。黑名单每年更改一次。1995年版的黑名单共有18个国家,418家船公司。在美国,中国籍船舶取得了良好的港口国检查记录。自2001年美国海岸警卫队推出"21世纪质量船舶"以来,截至2005年5月16日,已有27艘中国旗船舶取得了证书。

澳大利亚是一个严格执行港口国监控的国家,并且对船舶的安全水平施加直接影响。澳大利亚对进入本国港口的外籍船舶进行PSC检查是由分散在全国16个地方办事处的45名澳大利亚海运安全局(AMSA)检验员,在全国60多个港口和离岸码头进行PSC检查。AMSA负责实施港口国监控并公布船名、船籍、船级社等数据。在PSC体制下,AMSA至少要检查挂靠澳大利亚港口外籍船舶总量的25%。尤其是1990年前后在散货船事故频频发生的背景下,加强了港口国管理。并在1992年2月又提出对散货船及15年以上船龄的船舶严格检查的宗旨。近年来澳大利亚港口国监控的实际成绩如下:1990年检查578艘;1991年检查783艘;1992年检查1720艘;1993年检查2003艘,扣留率3.6%;1994年检查7406艘,扣留率6.4%;1995年检查2542艘,扣留率9.6%。在加强港口国管理而检查对象船舶急增的同时,扣留处分率也大幅度上升,令人注目。现在检查对象船舶约60%是散货船。

根据国际海事组织第682(17)号关于区域性PSC合作的大会决议,亚太地区的海事主管当局参照巴黎备忘录的成功经验,从1992年起开始寻求在本区域建立PSC合作组织的途径。1993年12月东京备忘录(Tokyo MOU)在东京签署。自1993年成立之初至今已经发展成为一个包括中国、日本、澳大利亚、加拿大等18名正式成员在内的港口国监督地区性组织,其宗旨在于通过各成员国之间的相互协作,在亚太地区建立有效的港口国监督机制,从而消除低标准船舶的营运,促进海上安全、保护海洋环境,确保船上的工作生活条件。东京备忘录的执行机构是根据备忘录的规定设立的委员会,负责监督和控制备忘录的运作,以及对涉及备忘录运作的事务作出决策。除了正式的海事当局外,还有以下组织或当局作为观察员出席委员会有关会议:IMO、ILO、亚太经济和社会员会(ESCAP)、巴黎备忘录和非正式成员的海事当局(所罗门群岛、美国)。2004~2006年度东京备忘录的黑—白—灰名单共包含58个船旗国。2007年,东京备忘录成员共对98个船旗的12337艘船舶进行了22039艘次检查(其中14864艘次发现了缺陷),比2006年增加了353艘次,上升了1.6个百分点。2007年本地区船舶靠泊港口总量约为18721艘,检查率为66%。因严重缺陷滞留了58个船旗的1239艘船舶,占总检查数量的5.62%,比2006年稍稍增加了5.5%。

三、港口国监控程序

为了指导和协调各国的PSC活动,IMO先后通过了若干决议。1995年11月23日IMO第19次大会,通过了A.787(19)决议,即《港口国监控程序(Procedures For Port State Control)》,它已成为各港口国进行PSC检查的基准文件。

1.《港口国监控程序》的构成

《港口国监控程序》由6章正文和7个附则构成。

(1)正文:

第1章　总则

阐明该程序的目的、适用对象、执行PSC适用公约、非公约成员国和低于公约要求长度的船舶的不优惠政策,以及给出有关定义。

第2章　港口国检查

阐明检查的一般要求、登船检查、需更详细检查的"明显理由"、PSC检查官的专业标准、资格和培训要求,给出PSC检查官的基本程序指南。

第3章　更详细的检查

阐明更详细检查的总原则,列出"明显理由"的例子,给出船舶构造和设备要求指南、MARPOL 73/78附则Ⅰ和Ⅱ的排放要求指南、操作性要求监控指南以及最低配员标准要求。

第4章　违反与滞留

内容包括低标准船的识别、缺陷资料的提交、针对低标准船舶的港口国行动、港口国采取补救措施的责任、船舶滞留指南。

第5章　报告

内容包括港口国报告、船旗国报告、根据MARPOL 73/78进行指控的报告。

第6章　审查程序

IMO对有关缺陷和纠正措施报告的评价与指导。

(2)附则:

附件1—船舶滞留指南;

附件2—根据MARPOL 73/78附则Ⅰ进行调查和检查的指南;

附件3—根据MARPOL 73/78附则Ⅱ进行调查和检查的指南;

附件4—证书和文件清单;

附件5—符合PSC程序的检查报告格式;

附件6—违反MARPOL 73/78的PSC报告格式;

附件7—船旗国对缺陷报告所作的评述。

2.《港口国监控程序》的用语定义

(1)明显理由:船舶及其设备或船员并不真正符合相应公约的要求,或船长和船员并不熟悉与船舶安全和防污染有关的船上主要操作管理程序的根据。

(2)缺陷:被发现并不符合相应公约规定的状况。

(3)滞留:当船舶或其船员状况并不真正符合适用公约,为了确保船舶在消除对船舶或船上人命构成的危险或对海上环境构成的过高危害之前不开船,港口国采取的干预行动。

(4)检查:检查相关证书和其他文件的有效性,以及检查船舶及其设备和其船员的总体状况的一种登船查访。

(5)更详细检查:当存在明显理由确信船舶及其设备或船员并不真正符合证书的详细要求而进行的检查。

(6)PSC检查官(PSCO):由某缔约国主管当局正式授权从事PSC检查的人员。

(7)低标准船:其船体、机器、设备或操作安全性实际上低于相应公约规定的标准,或者船员不符合最低安全配员证书的船舶。

(8)有效证书：由缔约国直接签发或缔约国授权组织代其签发的符合相应公约的证书，其包含准确和有效的日期，满足相应公约的规定，符合船舶、船员和设备的细节。

3. 明显依据

进行详细检查的“明显依据”包括：

(1)缺少公约所要求的主要设备或设施；

(2)检查时，船舶证书被发现一张或几张明显失效；

(3)船舶各种日志、手册或其他所要求的文件不在船上、未保持或保持有误；

(4)由 PSC 检查官的总体印象和观察发现：船体或结构严重受损或存在重大缺陷可能对船体结构、水密或风雨密的完整性构成危险；

(5) 由 PSC 检查官的总体印象和观察发现：船舶在安全、防污或航行设备方面存在严重缺陷；

(6)船长或船员不熟悉与船舶安全或防污有关的船上基本操作，或这些操作未被执行的信息或证据；

(7)有迹象表明主要船员之间或主要船员与船上其他人员之间不能够相互交流；

(8)缺少最新的应变部署表、防火控制图和客船破损控制图；

(9)遇险报警信号误发后没有适当的取消程序；

(10)收到某船可能是低标准船的报告或投诉。

4. 更详细的检查

如果船舶未携带有效证书；或者 PSC 检查官对船舶的总体印象或观察，有明显理由认为船舶或设备的状况与证书的细节有重大不符；或者船长/船员不熟悉船上主要操作程序，应进行更详细的检查。

“更详细检查”的内容分为四大部分：船舶构造和设备要求指南、MARPOL 73/78 附则Ⅰ和附则Ⅱ排放要求指南、操作性要求检查指南、最低配员标准和证书。这些指南用于指导 PSC 检查官的行动，也便于船员掌握“更详细检查”的重点，促使船方充分重视并改善船舶的安全管理状况。

PSC 检查官在进行详细检查中，应考虑以下情况：构造、机器处所、载重线勘定的条件、救生设备、防火安全、海上避碰规则、货船构造安全证书、货船无线电安全证书、不符合公约和船旗国要求的设备。关于 MARPOL 73/78 规定的排放要求的指南。附则Ⅰ第 9 条和 10 条规定禁止将油类排放入海，附则Ⅱ第 5 条规定除符合明确规定的条件外禁止将有毒液体物质排放入海。此类操作相应记录在适用的《油类记录簿》或《货物记录簿》中，记录应妥善保存以备随时查验。因此，无论何时在船舶周围的水面或水下其尾迹流中发现有油渍，缔约国应在尽可能合理可行的情况下迅速对事实进行调查以核实是否存在违反了上述排放规定的现象。

允许有毒液体物质排放入海的条件包括数量、质量和船位限制，视物质种类和海区而定。对认定违章的调查应旨在确认有毒液体物质是否已被排放，造成排放的操作是否符合该船的《程序和布置手册》(P&A 手册)。

(1)原油洗舱操作(COW)检查。MARPOL 73/78 附则Ⅰ第 13 条和第 13B 条特别要求在某些类型的原油船上对货油舱进行原油洗舱。要有足够数目的货油舱经过清洗，以使压载水只装在经过原油洗舱的货油舱内。剩余的货油舱应以循环的方式进行洗舱以控制油渣。港口国当局可实施检查以确保所有要求配备原油洗舱设备的原油运输船或船东或经营人为满足 MARPOL 73/78 附则Ⅰ第 13 条而选择安装原油洗舱设备的船舶实施原油洗舱。此外还应确保符合经修订的《原油洗舱系统设计、操作和控制规范》(A446(XI)号决议)所列明的操作性要求。这点最好能在卸货港做到。

对COW的检查旨在保证原油洗舱操作及设备手册中关于安全和防止污染的程序得以严格遵守。这种检查包括对船舶人员、文件、惰性气体系统、静电的产生、通信、甲板上渗漏、原油的适合性、防止货油进入机器处所、检查表、洗舱安排、扫舱和压载等方面的检查,可包括原油洗舱的整个操作,或仅为其中某些方面。

(2)对卸货、扫舱和预洗操作的检查。MARPOL 73/78附则Ⅱ第8条要求MARPOL 73/78的缔约国任命或授权若干检查员以实施这一规定。第8条的规定旨在从原则上确保船舶已最大限度地卸空A、B或C类有毒液体物质,并且只有当船上该物质的残留物被减少到符合排放入海的数量时方可允许出海。

除对非固化和低粘度的B类和C类物质要求进行有效洗舱代替预洗使其达到可忽视数量外,在卸货港通过对A、B或C类物质进行预洗并且将预洗的水混合物排放到岸上接收设施中,可在原则上确保符合这些条款。对某些物质可替代采用通风程序来驱除液货舱中的货物残留物。

第8条允许接收方缔约国政府对开往另一缔约国管辖的港口或装卸站的船舶免除预洗和将残留物/水的混合物排放到接收设施的要求,但应满足下述条件:

①该船在下次装货前不得清洗或压载液货舱;

②该船将在另一港口对液货舱进行预洗并将残留物和水的混合物排放到接收设施中;

③该船采用通风去除货物残留物。

从事限制航线运输的现有化学品船可根据MARPOL 73/78附则Ⅱ第5A(6)(b)条免除全部数量限制的要求。如果液货舱需要进行清洗或压载,应在卸完B类或C类物质后进行预洗,预洗的残留物和水的混合物必须排到岸上接收设施中。此种免除应在证书上注明。

船舶因其结构和操作特点不被要求进行液货舱压载并且只在进干坞或修理时才要求进行液货舱清洗,可根据附则Ⅱ第5A(7)条免除附则Ⅱ第5A条第(1)、(2)、(3)和(4)款的规定,但要满足符合第5A(7)条所提及的所有条件。因此,该船的证书应注明该船每个液货舱只许装载一个品名的物质。证书还应注明主管机关对泵系、管系及排放安排方面的免除细节。

关于有效扫舱和预洗程序包含在船舶的《程序和布置手册》中。该手册还包括在设备失灵时应采取的替代程序。

(3)发现油污染后的船上检查。船上检查的内容包括IOPP证书的检查,油类记录簿和航海日志的检查,船上其他证明文件的检查和船舶检查等。

船舶检查包括:

①船舶的设备符合IOPP证书的附录;

②取样,说明船上的位置;

③舷侧排出口附近周围的油渍;

④机舱状况和舱底水情况;

⑤油水分离器、过滤设备和报警、停止及监控装置情况;

⑥残油和集污舱内容物;

⑦大量溢油的来源。

如果《油类记录簿》第一部分(机舱处所)没能正规地完成,PSC检查官会通过提问下列有关问题获得有关资料:

①在事故报告指明的时间是否发生过排放(意外的或故意的)?

②舱底水的排放是否自动控制?

③如果是这样的话,该系统上次是在什么时间开始使用又是什么时间被转换成手动操作的?

④如果不是这样的话,上次舱底水排放是在什么日期和时间?

⑤上次处理残油是在什么日期以及如何处理的?

⑥舱底水通常是否直接排放入海,或将舱底水首先贮存在集污舱,并确认该集污舱。

⑦燃油舱最近是否用作压载舱?

5.操作性要求检查指南

如果PSC检查官在进行港口国检查时,掌握了前述的明显依据,可对以下船上操作性程序进行检查:应变部署表、语言交流、消防演习、弃船演习、船损控制图和船上油污应急计划(SOPEP)、消防控制图、驾驶台操作、货物操作、机器设备操作、手册及说明、机器处所的油类和含油混合物、油轮货舱的装卸和清洁程序、包装形式的危险货物和有害物质、垃圾等。

(1)应变部署表:

①PSC检查官可查证船员是否清楚他们在应变部署表中的任务。

②PSC检查官可查证应变部署表已张贴在全船,包括驾驶台、机舱和船员居住处等的明显位置。

③PSC检查官可要求提供当前船员名单以查证应变部署表是否最新,其他如安全配员证明等也可作为依据。

④PSC检查官可查证分派给救生艇、筏上指定船员的任务是否符合要求,并且查证每一救生艇、筏都有一位甲板部的高级船员或持证人员负责。

⑤PSC检查官可查验船员是否熟悉应变部署表中所分派的任务和执行各自任务时的地点。

(2)消防演习:

①PSC检查官可现场观看按应变部署表分派了相关任务的船员进行的演习。在同船长协商后,可以选择船上一个或多个位置模拟火灾,一个船员可派往上述位置启动火警系统或采用其他方式发出警报。

②PSC检查官将观察灭火船员到达模拟火灾现场、操作设备和扑灭模拟火灾的情况;观察参加灭火船员是否能正确地穿戴和使用消防设备,并确信装置齐全。

③演习应尽可能按真实紧急情况进行。

④被指派承担与消防演习有关的其他职责的船员,如应急发电机、二氧化碳室、喷水器和应急消防泵的船员,也应参与演习。

⑤在客船上,应特别注意分派负责关闭手动门和挡火板的船员完成任务情况。

(3)弃船演习:

①在同船长协商后,PSC检查官可以要求一只或多只救生艇、筏的弃船演习。

②演习应尽可能按真实紧急情况进行。

③如果演习时降放的救生艇不是救助艇,也应降放救助艇,计及最短登乘和降放时间。

④每一救生艇筏均应以连续可用状态存放,以便两名船员可在不到5分钟内做好登乘和降放准备。

⑤在客船上,要求所有救生艇和用吊架降放的所有救生筏能够在30分钟内完成降落。

⑥在货船上,要求所有救生艇和用吊架降放的所有救生筏能够在10分钟内完成降落。

(4)机械操作:

①PSC检查官可查证船舶负责人员是否熟悉他们职责中与下列重要机械设备有关的操作。包括:应急和备用电源、辅助舵机、舱底水泵和消防水泵和紧急情况下任何其他重要设备。

②PSC检查官可查证船舶负责人员对应急发电机、备用发电机原动机是否特别熟悉。

③PSC检查官可查证船舶负责人员是否特别熟悉,包括:本船的辅助舵机是何种型号、怎样表明哪台舵机正在工作和怎样才能使辅助舵机投入运转。

④PSC检查官可查证船舶负责人员是否特别熟悉舱底水泵和消防水泵。

⑤PSC检查官可查证船舶负责人员是否特别熟悉,包括:救生艇发动机的启动和维护、无线电设施的应急电源和完全独立电源的使用、电瓶的维护程序、应急停止装置、探火系统和报警系统的工作和水密门、防火门的操纵等。

(5)机器处所的油和油类混合物:

①PSC检查官在考虑到下述因素的情况下,可查证是否符合MARPOL 73/78附则Ⅰ的所有操作的要求,包括:产生的残油量、渣油和舱底污水贮存柜的容量和油水分离器的处理能力。

②PSC检查官将对《油类记录簿》进行检查,可判断船舶是否使用了接收设施,并注意该接收设施是否存在明显的不足。

③PSC检查官将判断负有责任的高级船员是否熟悉污油和污水的处理。船舶机器处所含油废物处理系统指南中的有关条文可用作指导。PSC检查官将考虑上述情况并判断污油柜的留空容积是否足以容纳下一航次可能产生的污油。对于主管机关免除其符合MARPOL 73/78附则Ⅰ第16(1)和(2)条的船舶,PSC检查官将核查该船的全部含油污水都贮存于船上以待其后排入接收设施。

(6)油轮货舱的装卸和清洁程序:

①PSC检查官将考虑液货船的类型和所载货物的类别,包括对油类记录簿和货物记录簿的检查,判断该船是否满足了MARPOL 73/78附则Ⅰ或附则Ⅱ的全部操作性要求。

②PSC检查官将判断该船是否已使用了接收设施并注意该接收设施是否存在明显的不足。

(7)包装形式的危险货物和有害物质:

①PSC检查官可查证船舶是否持有包装形式载运的危险货物和有害物质所要求的运输文件,危险货物和有害物质是否正确装载并隔离,船员是否熟悉紧急情况下涉及该包装货物所采取的主要行动。

②当船舶被允许携带超过允许在航程中排放数量的有毒液体物质残留物开往下一港时,应确认该残留物能被下一港接收。同时,如果可行,应通知下一港口。

③PSC检查官将判断船舶是否符合《执行MARPOL 73/78附则V的导则》中所有操作性要求,判断船舶是否使用了接收设施并注意该接收设施是否存在明显不足。

(8)垃圾:

①PSC检查官可查证是否满足所有MARPOL 73/78附则Ⅴ的要求,是否采用了接收设施并记录该类设施的不完备性。

②已出版的《MARPOL 73/78附则Ⅴ执行导则》,用于协助船舶经营人符合附则Ⅴ和国内立法的要求。

③PSC检查官可查证:船舶人员是否了解这些指南,特别是第3节"减少潜在垃圾数量"

和第 4 节“船舶垃圾处理和存放程序”；船上人员是否熟悉附则 V 规定的在特殊区域内和特殊区域外处理和排放要求并知晓按附则 V 被确定为特殊区域的地区。

6. 低于标准船舶的确认

(1)一般情况下，如果船舶的船体、机械、设备或操作安全性确实低于相应公约规定的标准，或其船员配备不符合船舶最低安全配员证明的要求，则该船被认定为低标准船。例如：

①缺少公约所要求的主要设备或装置；

②设备或装置不符合公约的有关要求；

③由于诸如管理维护不善造成的船舶或其设备的实质性受损；

④船员操作技能欠缺或对主要操作程序不熟悉；

⑤船员配备不足或船员证书不适当。

(2)如果这些明显原因的总体或单个使船舶不适航和使船舶、船上人员的生命处于危险或如果让船舶开航可对海上环境构成过高的危害，此船应认定为低标准船。

(3)根据相应公约的要求缺少有效证书将是船舶低标准的明显证据，是作出滞留船舶决定对其检查的依据。

7. 船舶滞留指南

《港口国监控程序》附件 I 的“船舶滞留指南”，用于帮助 PSC 检查官作专业判断，但其滞留标准和滞留缺陷有助于船方有重点地自查和及时纠正，从而避免船舶被滞留。

(1)船舶滞留的主要标准：

①时机：对离港开航不安全的船舶，不论船舶将在港停留多久，在第一次检查时，就应对其滞留；

②标准：如果发现的船舶缺陷足够严重，而使 PSC 检查官认为船舶离港之前必须再次登船，以确认船舶是否已令其满意地消除了缺陷时，则应滞留该船舶。

(2)可导致船舶滞留的缺陷。依据“国际散化规则”(IBC Code) 的范围有：

①运输“适装证书”中未列出的货物或没有所运货物资料。

②高压安全装置没有或已损坏。

③电气装置为非安全型设计或不符合规则要求。

④危险区域存在着电源。

⑤违反操作特殊要求。

⑥货舱装载量超过最大允许值。

⑦对敏感成品货物缺乏足够的隔热防护。

依据 MARPOL 73/78 附则 I 的范围有：

①油水分离设备、排油监控系统或 15mg/L(ppm)报警装置没有、严重腐蚀或损坏。

②污油水舱或渣油柜的剩余舱容不能满足计划航程的污油存放。

③未能出示油类记录簿。

④设有未经认可的排放旁通管路。

依据 MARPOL 73/78 附则 II 的范围有：

①无 P&A(程序和布置)手册。

②货物未分类。

③未能出示货物记录簿。

④不满足运输类油类物质的要求。

⑤设有未经认可的排放旁通管路。

8.证书及文件

在进行PSC检查时,根据适用程度,需要进行查验的证书和文件清单:

(1)国际吨位证书(1969)。

(2)客船安全证书;货船构造安全证书;货船设备安全证书;货船无线电报安全证书;货船无线电话安全证书;货船无线电安全证书;免除证书;货船安全证书;符合证明(SOLAS 74第Ⅱ-2/54条)。

(3)国际散装运输液化气体适装证书;散装运输液化气体适装证书。

(4)国际散装运输危险化学品适装证书;散装运输危险化学品适装证书。

(5)国际防止油污染证书。

(6)国际防止散装运输有毒液体物质污染证书。

(7)国际载重线证书(1966);国际载重线免除证书。

(8)油类记录簿第Ⅰ和第Ⅱ部分。

(9)货物记录簿。

(10)最低安全配员证书;适任证书。

(11)健康证书,ILO关于海员健康检查的第73号公约。

(12)稳性资料。

(13)船上油污应急计划。

(14)如果船舶入级,船级社所签发的有关船体强度和机器装置的证书。

(15)检验报告簿(散货船和油船)。

(16)以前的PSC检查报告。

(17)对于滚装客船,$A/A_{最大}$比率资料。

四、降低中国籍船舶PSC滞留率的对策和措施

为加强船旗国管理,提高船公司及其船舶的安全管理水平,尽快降低中国籍船舶在国外PSC检查中的滞留率,维护我国航运大国的声誉,我国交通运输部海事主管机关特规定下列措施,自1998年2月12日起施行。

1.船公司责任

经营国际航线的船公司应建立对所管理船舶的自查制度和船舶在国外PSC检查中被滞留的惩罚制度,设立专门的机构或人员负责船舶在国外PSC检查信息的收集、报告,明确有关船公司管理部门或人员和船舶的责任,及时纠正、消除船旗国管理和PSC检查所发现的缺陷,改善船舶的安全技术状况;当所属船舶在PSC检查中被滞留时,应按本规定的要求向船籍港海事机关报告。

对6个月内在国外被滞留一次以上(不含一次)的船舶,船公司应及时调整该船舶的经营航线或暂时退出国际航线。

船长应认真履行职责,督促、检查全体船员做好自查、整改工作,消除各种缺陷,确保船舶处于良好技术状况;当船舶在国外接受PSC检查时,应积极主动地配合检查官员的工作,尽快纠正缺陷。

对按本规定要求应进行开航前检查的船舶,船公司应向海事机关及时通报船舶动态,主动申请开航前检查,并指派专人陪同检查。

2. 开航前检查

凡航经欧洲(巴黎备忘录成员国)、美国、澳大利亚、韩国航线,属于老龄、超龄的散货船、杂货船、油船、集装箱船和在国外 PSC 检查中曾被滞留的船舶,都应实施开航前检查。

开航前检查由海事机关牵头,会同船舶检验局以海事机关实施船舶安全检查名义,依据《中华人民共和国船舶安全检查规则(1997)》,以 PSC 检查项目为主要内容进行,并对所查的缺陷,依照《外国籍船舶安全检查缺陷处理细则》进行处理。

船舶应经而未经开航前检查的,或未按要求纠正缺陷的,海事机关不予办理出口岸手续。凡经开航前检查的船舶,应将其在国外接受 PSC 检查的情况及时反馈实施开航前检查的海事机关。

开航前检查的具体做法和步骤由中华人民共和国海事局商请中华人民共和国船舶检验局作出规定。

3. 报告

凡船舶在国外接受 PSC 检查,其检查报告中"所采取的措施(Action Taken)"栏内签注"滞留(Detention 或代码 30)";或接到滞留通知书的,不论是否造成船期延误,即为船舶滞留。船舶被滞留后,船长应按其公司的规定,尽快将滞留情况报告船公司,并附上 PSC 检查报告和滞留通知书(若有时)的复印件。船公司接到船舶被滞留的报告后,应立即设法帮助船方采取措施纠正缺陷,并于船舶被滞留后的三个工作日内将船长报告的情况、PSC 检查报告和滞留通知书(若有时)的复印件等报告船籍港海事机关。

船舶被解除滞留后,船长应将缺陷纠正情况及采取的措施、船舶被延误时间等详细报告船公司。船公司接到船舶被解除滞留的报告后,应填写《被滞留船舶单船情况报告表》,并附上 PSC 检查报告和滞留通知书(若有时)的复印件,于船舶被解除滞留后的 15 日内报告船籍港港务监督和所在省、自治区、直辖市交通厅(委、办、局)。

4. 处理与处罚

对所属船舶在 PSC 检查中的滞留率超过全国平均滞留率的船公司,交通运输部将在全国范围内予以通报,并对其所属船舶由各海事机关作为重点监督检查对象进行严格控制。

对在 PSC 检查中被滞留的所有船舶,由交通运输部定期通报全国,并由各海事机关作为重点监督检查对象进行严格控制。

对所属船舶在 PSC 检查中的滞留率连续两年超过全国平均滞留率的船公司,交通运输部将取消该公司经营国际航线的资格。对 12 个月内被滞留两次以上(不含两次)的船舶,交通运输部将取消该船舶经营国际航线的资格。

船公司未按规定报告的,交通运输部将给予警告,直至撤销船公司国际航线经营资格的处理。

对船舶在国外 PSC 检查被滞留的在任船长,由海事机关将此情况记入该船长的《船员服务簿》。

对船舶被滞留后船长不报告的,交通运输部还将在全国范围内通报。这些情况将记录在案,作为审核其任职资格的相关要求。

第二节 港口监控管理

船舶抵港后,将会受到港口防污染监督管理人员(我国为海事部门)的监督检查。检查的主要内容为:船舶防污文书的齐备情况、有效期,船舶防污设备状况。港口防污染监督管理人员还审核船舶关于舱底水、压载水、洗舱水等污染物质的排放申请，向船舶签发《船舶残油接收处理证明》。认真贯彻国际国内防污法规，严格执行国内外港口防污规章，需要船舶人员做好防污文书的管理工作，保证船舶防污设备处于良好状况，做好污染物质排放的申请工作，认真准备港口防污监督管理人员的监督检查。

一、船舶防污文书管理

1. 国际防止油污证书

《国际防止油污证书》（IOPP 证书）是船舶防止油污染设备技术状况的证明文件。按照 MARPOL 73/78 规定，凡 150 总吨及以上的油轮和 400 总吨以上的非油轮船舶，当其航行前往其他缔约国时，应持有有效的《国际防止油污证书》。我国需要持有该证书的船舶所有人向船舶检验部门申请办理。该证书有效期最长为 5 年，不得展期（但我国在特殊情况下给予 3 个月的宽限期）。该证书的附件《非油轮船舶结构及设备记录》或《油轮结构及设备记录》应永久附于《国际防止油污证书》之后。船长应妥善保管《国际防止油污证书》，根据签发证书的有关条款及证书的有效期限和检验日期，如期申请船舶检验部门对本船防止油污设备进行检验换证。未经发证机关许可，船舶不得对检验所涉及的部分做任何改变（直接更换同类型设备或装置除外），否则该证书即行失效。船舶发生事故或发生缺陷，对该船的完整性或对防止油污设备的效用有重大影响时，船长或船舶所有人应及时报告发证机关，申请进行临时检验。

2. 国际防止散装运输有毒液体物质污染证书

《国际防止散装运输有毒液体物质污染证书》（International Pollution Prevention Certificate for the Carriage of Noxious Liquid Substances in Bulk，NLS）是船舶防止散装有毒液体物质污染设备技术状况的证明文件。此证书在我国由船舶检验部门签发，有效期最长为 5 年，不得展期。船长应根据签发证书的有关条款及证书的有效期限和检验日期，如期申请船舶检验部门对本船防污设备进行检验换证。

3. 油污损害民事责任保险或其他财务保证证书

按照 1969 年《国际油污损害民事责任公约》要求，《油污损害民事责任保险或其他财务保证证书》是船舶对其可能造成的油污损害具有赔偿经济实力的财务担保责任证书。在我国由海事部门在核实船东的油污损害民事责任保险文件后签发。船长应在证书到期前，及时向船公司保险部门报告证书签发期限，由保赔部门负责向有关当局申请签发新证书。船长若发现缺损，应及时向船公司保赔部门报告。

4. 油类记录簿

对于《油类记录簿》，本书前面已作专门介绍，它是船舶的重要法定文件。经船长签字证明的《油类记录簿》任何记录事项的正确副本，在法律诉讼中作为该项记录中所述事实的证据。记录簿最后一项记录用完后，应留船保存 3 年，然后送船公司船技部门。如果需要新的《油类记录簿》时，应向船舶所在港口的海事部门认购，或向船公司船技部门申领。《油类记录簿》上必须盖有核发机关的印章。国际国内都要求船舶应按规定配备《油类记录簿》；禁止记载非正式化或记载伪造事实；不得阻挠港口国主管机关对《油类记录簿》的检查；船长不得拒绝港口国主管机关对《油类记录簿》所记录事项的正确副本的签字证明要求。

5. 散装运输有毒液体船舶货物记录簿

《散装运输有毒液体船舶货物记录簿》（简称《货物记录簿》）是化学品液货船必须配备的法定文件。我国由海事部门核发。记录簿必须加盖核发机关的印章。船上对有毒液体物质进行下列任何一项作业，均应按舱填写《货物记录簿》：装货、货物内部驳运、卸货、液货舱清洗、液货舱压载、液货舱压载水排放、处置残余物至接收设备、按 MARPOL 73/78 附则Ⅱ有关规定排放残余物入海或以通风清除残余物。

每填写完一项作业，应由一名或若干名主管驾驶员签署姓名和日期，每页填写完毕，应由船长会签。最后一项记录记完后，应留船保存 3 年，然后交船公司。在检查船舶后，港口主管机关委派的监督检查人员应在记录簿上做相应的记录并签名。港口国主管机关可将《货物记录簿》中的任何记录复制副本，并要求船长书面证明该副本是该项记录的正确副本，这种正确副本得以在任何法律诉讼中将该项记录中所述事实作为证据。

6. 船舶垃圾记录簿

《船舶垃圾记录簿》由我国海事部门核发，船舶可向所在港口的海事部门认购，或向船公司申领。记录簿必须加盖核发港监的印章。船舶进行任何一项有关垃圾的作业，均应填入《船舶垃圾记录簿》。

7. 原油洗舱设备和操作手册

《原油洗舱设备和操作手册》仅适用于油轮，是造船厂根据所造特定油轮的原油洗舱系统及有关国际公约要求编制的手册，并经船旗国政府主管机关认可，加盖图章。手册由大副负责保管。该手册详细说明了与某特定油轮原油洗舱操作有关的所有必要的情况，大副在编制原油洗舱计划和进行原油洗舱时，应严格遵守手册中有关安全程序的防污规定。

8. 船舶应配备的防污染文书

根据有关国际公约、国内法律、法规和主管机关的要求，船舶应配备齐全相应的、有效的防污染文书。

(1)对于 150 总吨以上的油轮有：《国际防止油污证书》；《油类记录簿》(第一部分—机器处所的作业)；(第二部分—货油/压载的作业)；《油污损害民事责任保险或其他财务保证书》(如载运 2000t 及以上散装货油)；《原油洗舱设备及操作手册》；《船舶垃圾记录簿》。

(2)对于 400 总吨及以上的非油轮有：《国际防止油污证书》；《油类记录簿》(第一部分—机器处所的作业)；《油污损害民事责任保险或其他财务保证证书》(如载运 2000t 及以上散装货油)；《船舶垃圾记录簿》。

(3)对于化学品液货船(建造或改建成主要散装运输有毒液体物质货物的船舶)有：《国际防止散装运输有毒液体物质污染证书》；《油类记录簿》(第一部分—机器处所的作业)；《散装运输有毒液体物质船舶货物记录簿》；《船舶垃圾记录簿》。

二、港口防污染监督管理机关对船舶防污染设备的检查

凡需要持有《国际防止油污证书》的船舶，当进入中华人民共和国港口时，必须接受中华人民共和国海事部门的下列检查：是否持有有效的《国际防止油污证书》(包括所附的“船舶结构及设备记录”)；船舶防止油污的结构及设备的实际状况与证书中的记载是否相符；该船及其设备是否存在对海上环境产生不当的危害、威胁的缺陷。

防污设备的检查主要是对以下各项的检查：油水分离器(滤油设备)是否工作正常，滤芯是否堵塞；船舶管路系统是否工作正常；污油舱、柜，检查油污排放迹象，判断是否在领海、外海排放污油；油分浓度计，测定其排放油的浓度和处理速度；警报系统，检查其是否工作正常；通海阀，检查其入港前是否关闭。

海事部门对上述设备检查之后，可对到港船舶的排污设备实行铅封。施行铅封后，船方应

做到如下几点：

(1)保持铅封完好，发现铅封有损，应及时向施封海事部门报告。

(2)如需启封，事先应向施封的海事部门申请批准；在紧急情况下可自行启封，但必须在机舱日志中认真记载，并尽快向施封的海事部门报告。

(3)船舶驶离港区水域，可自行启封，并在机舱日志中如实记载启封的时间。

三、《油类记录簿》的检查

MARPOL 73/78 附则Ⅰ规定，每当船舶进行任何一项油类作业时，均应及时完整地填入《油类记录簿》。《中华人民共和国防止船舶污染海域管理条例》也规定，凡船舶未按规定配备《油类记录簿》，或《油类记录簿》的记载非正规化，或记载伪造的事实或阻挠海事部门的检查，海事部门可对其处以罚款。

由于目前船舶均已配置油污水分离装置，船舶在符合规定的条件下，通过油污水分离设备，可处理积存在其机舱舱底的油污水，因而各港口主管当局对于船舶《油类记录簿》的检查重点，都侧重于检查船舶残油(油泥)的去向。巴黎谅解备忘录的成员国，如英、德等国港口，对抵港的外国籍船舶的油渣、油泥的清除工作，检查尤为严格。他们认为，船舶的油渣处理量应根据船舶每航次实际消耗燃料油 100t 中，至少有 1t 油渣存船上(即 1%)的比例来计算。还指出，不管船舶用何种办法或方式进行油渣处理，必须有相应的油渣量存放在船上，并要求正确地在《油类记录簿》上记载，除非船舶配置有效的焚烧炉设备，否则，油渣不许排入任何水域，亦不准将油渣与其他燃料油混合后再供主机燃烧，理由是重燃料油分油机所分离出的油渣、油泥已呈泥状，没有必要再与燃油混合被烧掉。

他们的检查程序是首先登轮检查船舶防污染设备的使用情况，其中包括油水分离器、报警装置、重燃料油分油机、焚烧炉等设备是否处于正常状态。同时，对《油类记录簿》亦进行严格的检查。然后，向船方索取船舶每航次加装燃料油的《船用燃料油规格表》，以核对该燃料油中的油渣含量(主要成分是机械杂质、沥青、水分等)。然后，近似计算船舶每航次实际消耗的燃料油，再根据船上污油渣的数量为燃料油实耗量的 1% 的比例，计算出应有多少油渣留存在船上。最后，检查人员下机舱测量油渣柜所存的数量。船舶若未按 1% 将油渣留存在船上；或在核对船上现存油渣数量与在航行中处理的数量和方法时，船方提供不出任何证明、资料或合理解释(包括《油类记录簿》、燃油规格，或在国内港口清除油渣的数量单据等资料)，那么，港口当局则怀疑该轮将含油油渣排放入海，并有权追究污染海域环境的犯法行为。

四、船舶在港作业的申请

1. 船舶在港进行残油清除作业

船舶在生产过程中产生的残油、油泥或含油污水如需在港内清除，必须由所在港海事部门认可的单位进行回收处理(认可的单位名单由海事部门公布)。船舶在港内进行残余油类物质清除作业前，应向当地海事部门报告，说明作业的时间、地点、清除油类物质名称、数量及从事作业的单位，经批准后方能进行作业。船舶残余油类物质清除、回收作业的船方与从事作业的单位，应采取妥善措施，防止油类物质入海，双方应明确责任指定专人进行现场检查。清除作业结束后，船舶应将清除残油作业的情况如实填写在《油类记录簿》中。

需申领"船舶残油接收处理证明"的船舶，应在清除作业结束后，向海事部门提交书面申请，并附送《油类记录簿》和接收单位出具的载明有关残油种类、数量、时间、地点、接收方法等内容的接收单证。海事部门核实后(必要时上船核查)签发《船舶残油接收处理证明》,并在船舶《油类记录簿》上加盖残油处理签证章。

2. 船舶在港内排放舱底水、压舱水和洗舱水

如果船舶需要在港内排放压舱水、洗舱水和舱底水,事先应向港口防污染监督管理部门提出申请,说明拟排放的数量,何时何处装入,是否含有油类或其他有害物质等。

海事部门接到船舶的申请后,将派员登船查核,对船舶防污文书及其设备进行了解,必要时对设备及记录作较细致的检查,对船舶存在的违章或缺陷进行调查处理。

除因装货需要必须排放的情况外,原则上不得在港内排放舱底水和洗舱水。距水厂取水口、海滨浴场等环境敏感区域1000 m范围内不得排放舱底水和洗舱水。

国际航线船舶排放压舱水,海事部门将检查其持有的卫生检疫部门签发的合格检疫证书。如来自疫情港口,事先应经卫生处理。

经核准的排放水应清洁、无毒、无害,含油量低于15ppm。不合格的应交港口接收装置,必要时可作化验测定。

(1)排放舱底水。凡属于下列情况之一者,不允许排放:油水分离器的合格证书或设备存在缺陷;作业人员不懂得正确操作设备的;机舱舱底水未经油水分离器处理或处理后不符合排放标准的;货舱舱底水或地轴弄内积水的水质不符合要求的。

(2)排放压舱水。凡属下列情况之一者,不允许排放:油轮和散化船的压舱水未装于专用压载舱或清洁压载舱的;未使用专用泵和专用管系排放压舱水,有可能使排出水遭到污染的;压舱水水质不符合要求的;燃油舱与压载舱交替使用的。

(3)排放洗舱水。凡属下列情况之一者,不允许排放:货舱的扫舱质量不符合要求的;排放地点在水源保护区范围内的;残余物是煤炭、化肥、水泥重晶石等及上述类同物质的;残余物是硫磺、磷矿粉、磁铁粉、精铜矿粉等及上述类同物质的(这些洗舱水可留存船上,在海上按规定条件排放)。

油轮和散化船的洗舱水按MARPOL 73/78和附则Ⅰ和附则Ⅱ的规定交港口接收装置,或在公海按规定条件排放。

经海事部门审核后,如果同意船舶在港内排放舱底水、压舱水及洗舱水,船舶可先缓速排出一些,待观察后确认不会有任何油污排出时,再按正常速度排出。如海事部门认为不符合排放要求,不允许排放,船方可提出异议,申请取样化验鉴定。不准排放的洗舱水、压舱水和舱底水,应留存船上,或由港口接收装置接收处理。港口无接收处理条件的可按规定条件在指定区域排放。

船上人员应记住,载运有毒害货物的船舶,不得任意在港内冲洗甲板和舱室,确需冲洗的,必须事先申请海事部门批准。如果发现有毒害货物或其洗舱水的意外排放,应采取紧急措施,并立即报告港口防污染监督管理部门,及时通知有关单位采取措施,防止造成重大危害。

3. 船舶在港内处理垃圾

《防止船舶污染海域管理条例》规定:船舶垃圾不得任意倒入港区水域。装载有毒害货物,以及粉尘飞扬的散装货物的船舶,不得任意在港内冲洗甲板和舱室,或以其他方式将残余物排入港内。确需冲洗的,事先必须申请海事部门批准。

抵港船舶禁止使用焚烧炉焚烧垃圾。

航行中未能处理或不允许处理的垃圾,抵港后应向港口当局申请接收处理,并应做到:

(1)船舶生活垃圾的储集容器,必须有盖和不渗漏,并定期进行倾倒。

(2)船舶的垫舱、扫舱物料和各种固体垃圾,应由港口船舶服务部门进行倾倒,必须提供这些物质的品名、性质和数量,并严格和其他垃圾分开堆放。

(3)在船舶垃圾中,含有有毒害或其他危险货物成分的,船方在申请倾倒时,必须提供这些物质的品名、性质和数量,并严格和其他垃圾分开堆放。

我国船舶防污法规和国境卫生检疫法规都规定:来自有疫情港口的船舶垃圾,应申请卫生检疫部门进行卫生处理。船舶垃圾经卫生处理并获卫生检疫部门批准,即可按船舶垃圾的港口倾倒或海上处理规定处理。

留存船上的塑料制品垃圾及其他垃圾,抵港申办接收后,应在《船舶垃圾记录簿》内作记录,并向接受单位索取收据或证明,与记录簿一并妥善保存备查。

第三节　船舶污染事故的处理

船舶发生污染事故后,应迅速有效地向沿海国主管部门报告,并立即采取控制和消除污染的有效措施,将污染损害减小到最小的程度。

一、船舶污染事故的报告

国际海事组织《1990年国际油污防备、反应和合作公约》要求:

(1)发生或可能发生排油的船舶的船长或其他人员,应及时将该事件报告给最近的沿海国;

(2)船长或船上其他人员发现其他船舶或海上平台排油,或发现海面出现油渍,应及时报告最近的沿岸国。

我国《防止船舶污染海域管理条例》规定:船舶在我国管辖的海域发生污染事故,应尽快向就近的海事部门报告,在船舶进入第一港口后,应立即向海事部门提交报告书,并接受调查处理。该报告书的内容应包括:船舶污染发生的时间、地点、范围、气象、水文情况、经过情况、抢救和清除措施、原因和损害,并应附送有关的材料。

船舶发生海损事故,或有可能沉没时,船员在离船前,应尽可能地关闭所有油舱(柜)管系的阀门,堵塞油舱(柜)通气孔,防止溢油。并应在海事报告书中,说明存油的数量及通气孔的位置。

进入我国管辖海域的一切单位和个人,都有责任保护海洋环境,并有义务对污染损害海洋环境的行为进行监督和检举。所有船舶均有监视海上污染的义务。如果发现违章行为和污染事件,应立即向就近的海事部门报告。

中国远洋(集团)总公司在《防止船舶污染水域管理规则》中也规定了污染事故的报告程序:

(1)污染事故报警:

①船舶在港口或锚泊时,发现本船附近出现油渍,应按下列程序报警:

A. 立即查清肇事船舶,如确非本船造成,应立即通知有关当局;

B. 如果系本船造成油污事故,船长应尽速向有关当局报告。

②船舶在海上发生严重油污染事故时,船长应按国际防污公约规定,通过当时可利用的最快通信渠道,尽快向最近的沿海国报告。

（2）速报公司。船长应在24h内向公司船技处报告污染事故，要点如下：
①污染事故发生的时间、地点及事故发生前后附近海域气象、潮流等；
②跑、冒、滴、漏或误排油量及污染情况；
③污染的范围和污损程度；
④船上或其他方已采取和正在采取的清除措施，效果如何，以及消耗的器材；
⑤对进一步清除污染的措施及污染事故的意见和建议；
⑥向有关当局报告的时间和详细内容。
（3）污染事故报告：
①如实填写船公司《船舶污染事故报告》，内容如下：
A. 污染事故的经过、原因、污染程度、经济损失情况以及事故发生后采取的措施；
B. 对失职人员的处理意见，今后预防措施。
②船舶领导应在《船舶污染事故报告》上签署意见并速报公司船技处。
③对已发生的污染事故，船舶领导应认真教育全体船员，吸取教训，杜绝类似事故重复发生。

二、船舶污染的控制和消除

船舶发生污染事故后，除应迅速有效地向沿海国主管部门报告外，还应立即采取有效措施，控制和消除污染的危害，将污染损害减到最小程度。

我国船舶防污法规对此有不少规定，如：

船舶非正常排放油类、油性混合物和其他有害物质，或有毒、含腐蚀性货物落水造成污染时，应当立即采取措施，控制和消除污染，并向就近的海事部门报告，接受调查处理。

船舶在港口进行装卸有毒害、含腐蚀和放射性危险货物时，船方和作业单位都必须采取预防措施，防止货物落水。如发生事故，应采取紧急措施，进行打捞清除，并立即向海事部门报告，及时通告有关单位，采取措施，防止造成重大危害。

船舶在发生油污事故或违章排油后，不得擅自使用化学消油剂（即油分散剂）。如必须使用时，应事先用电话或书面向海事部门申请，说明消油剂的牌号、计划用量和使用地点，经批准后，方可使用。

船舶发生海损事故或者可能造成海洋环境重大污染损害的，我国海事部门有权强制采取避免或减少这种污染损害的措施。

中国远洋（集团）总公司《防止船舶污染水域管理规则》中，要求船舶在发生污染事故后，除应立即报告外，还应迅速采取相应的清除措施：

（1）本船造成油污事故，船长应当立即指示有关船员，按本公司《溢油应变部署表》中规定的职责，防止污染扩散，清除、回收污染物。

（2）视情况决定通知代理与有关当局联系协助清除污染物。

（3）油轮装卸货油时，发货人或收货人主动采取清除措施，船方应予配合，并指导清除工作。

（4）如属油轮发生严重的油污事故，船方应及时通过代理或者直接通知英国联合王国保赔协会，在其派驻该港代表前来现场进行清除技术指导或者事故调查时，船长应予配合。船长还应及时就近通知中国远洋（集团）总公司驻外的航运或机务代表协助处理事故。

三、污染事故的调查与处罚

1. 污染事故调查

《中华人民共和国海洋环境保护法》(第五章第三十七条)规定:在我国管辖海域航行、停泊和作业的船舶,发生污染事件的,由我国海事部门登轮检查处理。在我国管辖海域以外,排放有害物质、倾倒废弃物,造成我国管辖海域污染损害的,也适用于该调查规定。

我国海事部门《关于船舶污染事故处理程序的规定》指出:当海事部门接到船舶污染事故报告及有关报告时,应立即派人员到现场进行勘查,作出实际记录和检查报告。

《船舶污染事故现场勘查报告》的主要内容包括:船舶、气象、水文基本情况、事故性质、污染物名称及数量、取样情况和现场勘查情况;根据情况附上照片和取样程序说明。

作为处理船舶污染事件的重要依据之一的《调查、询问记录》,其内容包括:船舶和被调查人的基本情况,调查、询问的项目有:油污证书及其附件;《油类记录簿》及记录;《航海日志》;船舶检查与其他文件。

中国远洋(集团)总公司要求船舶领导及有关人员应积极配合有关当局调查、鉴别污染事故的经过和原因,澄清事故的责任。船舶发生严重油污事故时,应通过代理申请海事公证人员予以核定。特别是对污染程度、范围,对油污区船舶及其他建筑物的污损,以及对海洋生态资源损坏已采取的清除措施及费用是否合理等方面出具证书。

2. 处罚

船舶造成海洋环境污染损害,依照《海洋环境保护法》,可分别追究肇事单位和个人的法律责任、行政责任、民事赔偿责任和刑事责任。

《海洋环境保护法》规定,任何人因任何原因违反该法,造成或可能造成海洋环境污染损害的,法律规定的该类污染损害的相应主管部门可以对肇事方作出如下行政限制:责令限期治理,缴纳排污费,支付消除污染费用,赔偿国家损失。对于船舶而言,适用于消除污染费用和赔偿国家损失两项。法律规定的相应主管部门还可给出警告和罚款等行政处罚。凡违反该法、污染损害海洋环境、造成公私财产重大损失或者致人伤亡的,对直接责任人员可以由司法机关依法追究刑事责任。

《防止船舶污染海域管理条例》规定,凡由于船舶违反《海洋环境保护法》和该条例,造成或可能造成我国管辖海域和海港水域污染损害的,海事部门视其责任情节轻重和污染损害的程度,可以处以警告,或对船舶所有人处以罚款。对有直接责任的船员和其他人,应予以教育,情节严重的也可罚款。船舶发生污染事故或违章排污,经调查证据确凿者,不论其承认与否,同样按规定处理。

中国远洋(集团)总公司为了加强对船舶防污染工作的管理,加强船员的责任心,专门制订了《船舶污染事故处罚条例》。该处罚条例规定其事故等级标准参照交通运输部《船舶油污染事故等级标准》(JT 2011—91)。关于船舶油污事故等级标准的划分见表 11-1。

(1)凡不使用油水分离器排放油污水,乱倒垃圾,装卸货油或加装燃润油时跑油冒油,不按规定记录《油类记录簿》,应视情节给予批评教育,责令其大会检查或给予警告处分。

(2)凡对事故及事故隐患隐瞒不报,拖延报告或弄虚作假,避重就轻,视情节给予警告及以上处分。造成损失者,按照事故等级给予船舶领导加重处分。

(3)凡造成责任性小污染事故,给予通报批评。

(4)凡造成责任性一般污染事故,给予警告及以上处分。

(5)凡造成责任性大污染事故,给予记过及以上处分。

(6)凡造成责任性重大污染事故,给予记大过及以上处分。

(7)船舶发生责任性大污染事故或者责任性重大污染事故,将根据情节追究船舶领导和部门长的领导责任,并给予相应的行政处分。

(8)对于事故当事人的处罚决定,由船员管理部门作出并存档。

船舶油污事故等级标准 表11-1

事故等级	油　船	油船和非油船	
	货　油	船　用　油	油性混合物
重大事故	入水量≥10t 经济损失≥15万元	入水量≥2t 经济损失≥4万元	
大事故	入水量5～10t(不含10t) 经济损失5～15万元(不含15万元)	入水量0.5～2t(不含2t) 经济损失1～4万元(不含4万元)	经济损失≥2万元
一般事故	入水量0.5～5t(不含5t) 经济损失0.5～5万元(不含5万元)	入水量0.1～0.5t(不含0.5t) 经济损失0.2～1万元(不含1万元)	经济损失0.2～2万元 (不含2万元)
小事故	入水量<0.5t 经济损失<0.5万元	入水量<0.1t 经济损失<0.2万元	经济损失<0.5万元

四、污染事故的调查与处罚

按照我国海洋环境保护的法律、法规,因污染海洋环境而损害国家、集体、个人财产的公民和法人,应当承担民事赔偿责任。

船舶污染海域产生的民事赔偿责任,必须具备三个条件:

(1)要有船舶污染海洋的行为,如排放污染物,发生污染事故等,这类行为是造成海域污染损害的根源。

(2)要有造成损害的事实,如排放的污染物造成水产养殖的损失等。没有造成损害的事实,也就不存在任何赔偿责任。

(3)造成污染的行为和损害事实之间存在着客观的、必然的因果关系,即损害事实完全是或者有一部分是这类污染行为的必然结果。

《海洋环境保护法》规定:"因海洋环境污染受到损害的单位和个人,有权要求造成损害的一方赔偿损失,赔偿责任和赔偿金额的纠纷,可以由有关的主管部门处理,当事人不服的,依照《中华人民共和国民事诉讼法》规定的程序解决;也可以直接向人民法院起诉"。据此,船舶污染海域的损害赔偿可以由海事部门或人民法院处理。

船舶违反我国船舶防污法规,造成我国海域环境污染损害,海事部门可以责令船东支付消除污染费,赔偿国家损失。船舶污染海域产生的民事赔偿责任和民事赔偿金额纠纷,可以申请海事部门调解,达成书面协议;如果调解不成,海事部门可依据事实和有关规定,作出处理决定。

船舶发生污染事故,船舶所有人如能证实污染损害完全是属于下列情形之一,并已经过及时采取合理措施仍然不能避免对海洋环境造成污染损害的,可以免于承担赔偿责任:

(1)战争行为。

(2)不可抗拒的自然灾害。

(3)负责灯塔或者其他助航设备的主管部门在执行职责时的疏忽或者其他过失行为。

完全是由于第三者的故意或过失造成污染损害海洋环境的,由第三者承担赔偿责任。

第十二章　港口及海洋污染的防治

第一节　港口及海洋污染的来源

政府间海洋学委员会把海洋污染定义为："人类直接或间接地把一些物质或能量引入海洋环境(包括河口),以致产生损害生物资源,危及人类健康,妨碍包括渔业活动在内的各种海洋活动,破坏海水的使用素质和舒适程度的有害影响"。

世界上临海国家众多,海洋沿岸是发展城市、工业、渔业的好地方。海上航线又是大陆与大陆间最方便而廉价的联系纽带。工业废水和陆地上的污染物通过河流或大气的搬运最后都流向海洋;船舶、飞机和其他海上设施及活动也不可避免的直接或间接地把一些污染物引入海洋环境。凡是进入海洋并对海洋生态造成破坏影响的物质都是海洋污染物质。随着工农业的发展,海洋环境被污染的程度越来越严重。例如,海底石油工业迅速发展,海上石油运输急剧增加,海洋油污染事件也随之大量增多。另外,含各种化学毒物的工业废水以及沿海城市的生活污水、过度发展的水产养殖业的有机污染物质也大量倾注入海,以致几乎所有近海水域都遭到不同程度的污染。

一、港口及海洋污染的来源

海洋污染物质按其来源、性质和毒性,有多种分类方法。通常按污染物质来源分为以下几类:

1. 石油及其产品(包括原油和从原油分馏出的许多产品)

对海洋造成污染的主要是原油、各种燃料油和润滑油。它们通过开采、运输、炼制及使用等过程的流失而直接或间接地输送入海。据统计,每年经由各种途径进入海洋的石油烃达600万吨左右。日本1969~1971年间,沿岸海域油污染事件占海洋污染事件总数的83%。美国沿岸海域每年发生的污染事件中,也有四分之三是油污染,油污染对海底栖生物和海鸟的生存造成极大威胁。

2. 重金属

主要有汞、镉、铜、铅、锌和银等金属元素。砷和硒是非金属元素,但它们的毒性及某些性质类似于重金属,所以也把它们归入重金属污染一起研究。重金属的污染源主要是工业污水、矿山污泥和废水以及石油燃烧生成的废气中包含的重金属。这类物质往往是河口、港湾及近岸水域中的重要污染物。各种海洋生物对重金属都有较大的富集能力,可蓄积于体内而直接危害生物体或影响人类健康。

3. 农药

包括含汞、铜、砷、铅等重金属农药、有机磷农药、有机氯农药。它们主要来源于森林、农田而随水流迁移入海。重金属农药对环境的污染主要取决于其中所含有的金属元素;有机氯农药由于它们的性质稳定,能在海水中长期残留和富集于生物体内,危害尤大。

4. 有机废物和生活污水

这是一类成分复杂的污染物，包括来自造纸、食品、印染等工业生产的纤维素、木质素、果胶、糖类、脂类、生活污水、生物残骸以及围垦养殖区排放废水中的有机物质和营养盐类。它们的显著特点是不会在生物体内积累，而是消耗大量溶解氧和导致海区富营养化，甚至产生赤潮。此外，生活污水中还含有大量的寄生虫和致病菌。

5. 放射性物质

来源于核武器爆炸、核工业和核动力船舰的排污。放射性核素种类繁多，其中以 239Pu、90Sr 和 137Cs 的排放量较大。这类物质也能被海洋生物富集。它们通过射线的辐射作用对海洋生物和人类产生危害。目前海洋已被放射能大约为 2000 万居里的 90Sr 和 137Cs 及其同位素所污染。

6. 热污染

主要来源于各种工业的冷却水。热污染导致局部海区水温上升、溶解氧含量下降，影响海洋生物的正常新陈代谢，甚至使动植物群落发生变化。随着原子能发电和常规发电的迅速增长，热污染可能成为沿岸海域的一种重要污染源，导致群落结构的变化。

二、海洋污染的特点

1. 污染源广

人类活动所产生的污染物质多种多样，所有这些污染物质除直接排放入海外，还可通过江河径流、大气扩散和雨雪沉降而进入海洋，所以有人称海洋是陆上一切污染物的“垃圾桶”。例如，过去在陆上喷洒的 DDT，有一部分挥发于空气中而随大气的飘移最后沉降到海洋中；另一部分降落到地面后经雨水、河水输送入海。其他挥发性物质(如多氯联苯、石油和汞等)也有类似情况。据估计，多氯联苯(PCBS)的世界年产量曾达到 10 万吨，其中有 2.5 万吨蒸发进入大气，它们大部分最终将沉降入海(目前已禁止生产使用)。

2. 持续性强、危害大

由于海洋是地球上位能最低的区域，容易接受来自大气和陆地的污染物质，却很难将这些污染物再从海洋转移出去。一些不能溶解和不易分解的物质(如重金属和有机氯农药)会长期在海洋中蓄积，由于海洋生物的摄取而进入生物体内，并通过海洋生物的富集作用使得生物体内的污染物质含量比在海水中的浓度大得多。同时，海洋生物还能把一些毒性本来不大的无机物转化为毒性很强的有机物(如无机汞被转化为甲基汞)，而且污染物质还可以通过食物链传递和放大，对人类造成潜在威胁。

3. 扩散范围广

浩瀚的海洋是一个互相连通的整体，进入海水的污染物在海流的携带下，可从一个海区迁移到另一个海区，从沿岸、河口迁移到大洋。例如，日本八丈岛等海域漂浮的沥青团块，通过海流的搬运，可在美国和加拿大西海岸发现。

4. 防治困难

由于以上三个特点，加上海洋污染有很长的积累过程，不易被及时发现，一旦形成污染，需要耗费巨资、经过长期治理才能消除。在治理过程中，必然牵涉到工业布局、资源开发等具体问题，增加海洋污染防治的复杂性。

第二节　港口接收与处理

在保护海洋环境免受船舶造成污染的综合任务中，港口接收设施是必不可少的条件之一。MARPOL 73/78 公约的附则Ⅰ、Ⅱ、Ⅳ、Ⅴ中分别规定了接收船舶营运过程中产生的油污水、含有害(毒)物质的残余物、垃圾及生活污水的港口设施要求。满足要求的货物装卸港、站应设有足够的接收设备，以接收船舶产生的污染物，并且不能影响船舶的正常营运。

2000 年 3 月 13 日，IMO 海上环境保护委员会通过的 MEPC. 83(44)号决议给出《保证港口废物接收设施充足性的指南》，该指南指出 MARPOL 73/78 公约缔约国有责任保证在其港口提供充足的接收设施来接收船舶的废物。但同时指出，仅是提供了设施，而后来没有被充分利用，并不一定表明它们是充足的。位置不好、程序复杂、可用性受到限制及所提供服务的价格过高都是妨碍使用接收设施的因素。因此，应该保证港口接收设施：(1)在船舶挂靠港口时可用；(2)不对船舶造成不当延误；(3)位置便利，易于使用；(4)适合通常进港的所有类型的废物流；(5)使用价格不高，不会阻碍使用者使用。

一、油污水处理流程及技术

MARPOL 73/78 公约的附则Ⅰ要求原油装货码头、月均装油量超过 1000t 的成品油码头、所有建有修船厂或洗舱设施的港口、所有与含油舱底水以及其他残余物有关的港口都应设置接收设施，其容量足够接收船舶留存的全部含油污水。

在研究或选择船舶油污水净化技术时，必须了解船舶油污水的水质水量，因为水质和排放标准决定着处理方法、工艺流程和技术设施的选择，而水量和船舶排水能力决定着处理设施的规模、接收能力和处理能力等。所以了解水质水量，才能研究和采用适当的方法和技术，选择相应的工艺流程，以便经济、合理地处理船舶油污水。

1. 港口油污水处理的工艺流程

港口含油污水处理装置，主要处理油船压载水、洗舱水、船舶机舱污水及海面溢油回收的油水混合物。由于这些污水的量都很大，而且含油浓度很高，水中含油的种类及油水混合状态都比较复杂，因此，港口污水处理装置是大型的油水分离设备。

一般而言，船舶含油污水直接从船上排入隔油池，在隔油池进行一段时间的静止分离以后，大部分油上浮到水面，可通过刮油机等设备将污油推向污油池。经隔油池处理过的压载水含油量可降到 50 mg/L 以下。从隔油池出来的污水进入油水分离池或油水分离器进一步分离。经分离处理后的污水含油量降到 10 mg/L 以下，可经排水池排放入海。如排水达不到要求，可再循环处理。分离的污油可送入炼油厂或作为再生油直接使用。

油污水处理场根据所要求达到的处理质量(即排放标准)，一般可进行一级、二级和三级处理。一级处理利用重力分离法，将大部分油分离出，主要设备有除油罐或粗分离器和隔油池。二级处理采用精分离器、加压溶气气浮法、过滤法或生物法对经过一级处理的含油污水再进一步处理。三级处理一般使用活性炭吸附处理，三级处理也称高级处理或深度处理，对船舶油污水处理应用较少。

图 12-1 为某油污水处理工艺流程，处理流程为：船舶油污水—隔油池—调节池—分离池—排水池—排放。含油污水直接从船上排入隔油池，污水在隔油池停留一定时间后，大部分油上浮到水面，用刮油机将污油推向导油管，并排到导油沟，自流到污油池。经隔油池处理过

的压载水含油量可降到 50 mg/L 以下,再自流入调节池内进一步除油。污水从调节池出来。经流量控制阀进入油水分离池。油水分离池由倾斜波纹板和水平波纹板板组组成。污水经分离池处理后,含油量降到 10 mg/L 以下,经排水池排放入海。如排水不符合要求,利用回水泵打回调节池再进行处理。分离提取的污油经脱水罐脱水处理后可直接使用或送入炼油厂进一步处理。

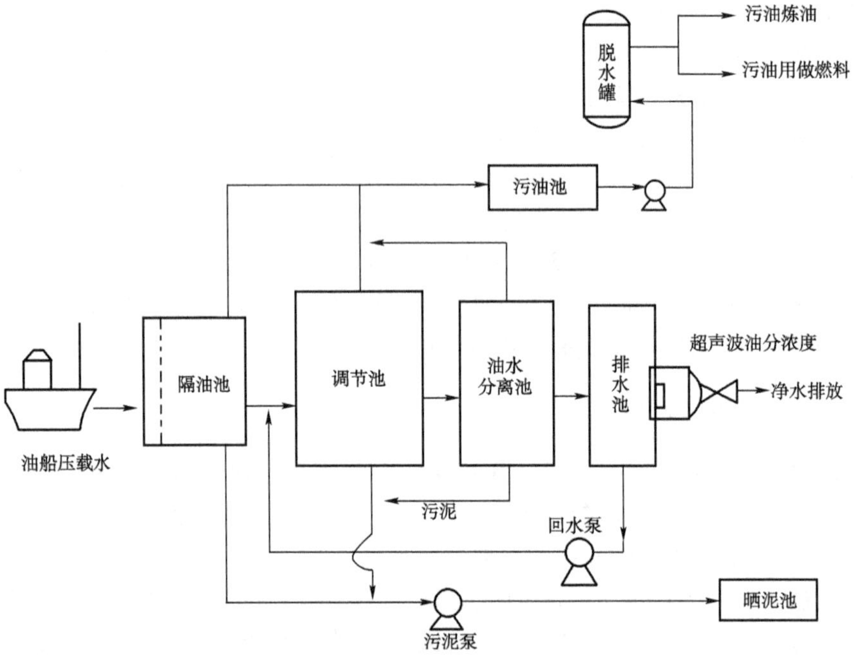

图 12-1　某油水处理厂的工艺流程

2. 港口油污水处理技术及设备

港口含油污水处理有一套较完善的流程和方法。由上述流程可知,港口油污水处理方法一般采用物理方法,常采用的有重力分离法、粗粒化法、气浮法等。

1)重力分离设备

重力分离方法是利用油和水的相对密度(比重)差及油和水的不相溶性进行油水分离的。用重力分离法能否在较短时间内将油水分离,取决于油粒上浮速度,而影响上浮速度的主要因素是油粒直径及油、水密度差。船舶压载水和洗舱水中油粒较大,重力分离可达到较好的效果。港口油污水处理设备的重力分离装置主要是隔油池,其结构较简单,价格低廉,应用广泛。

(1)平板型漂浮隔油池(API 型)。其构造较简单,如图 12-2 所示,含油污水经过整流,缓慢流过分离槽使油滴上浮并由刮板机将浮油集中至排油管后排出,处理过的废水通过溢流堰后由排水管排出。经过处理后的废水油量可降到平均 16mg/L 左右,一般作为要求不太高的油污水一级处理装置。

如果在上述平行板隔油池中插入多层平行板以加速油水的分离速度,则称之为多层平行板型隔油池(PPI 型)。平行板的间距为 100 mm 左右,它们由隔油池上面的罩子支撑。这种形式的隔油池能使被处理污水的含油量降到 10mg/L,占地面积较 API 型减少约 1/4。

(2)倾斜波纹板隔油池(CPI 型、MWS 型)。倾斜板(CPI 型),是在 PPI 型的基础上的改进,用多层平行的倾斜波纹板代替了 PPI 型的多层平行板,因此,其处理效果更为良好,结构简图见图 12-3。在倾斜波纹板中,含油污水经栅网引入进水室,将泥渣沉降后,经挡槽板流入平

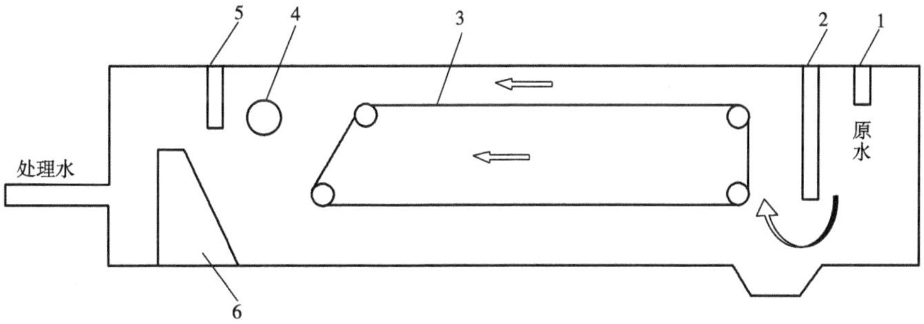

图 12-2　平板型隔油池（API 型）

1-隔油板；2-整流臂；3-链式刮板机；4-排油管；5-隔油板；6-溢流堰

行波纹板组间，油滴在板间分离出来沿着板面上浮，进入撇油器内，再由撇油器送入贮油槽，泥渣则沿平行板向下流集，处理后的废水通过可调节的溢流堰由出水管排出。泥渣可通过抽吸软管排除。油层下的油水乳液可通过定期关闭出水溢流堰，使水位增高，流入撇油管中。隔油槽和捕油坑均设有聚胺酯泡沫材料浮盖，以减少油的蒸发和散发油的气味。CPI 型隔油池的分离效果，可使出水的油分浓度在 10mg/L 以下。

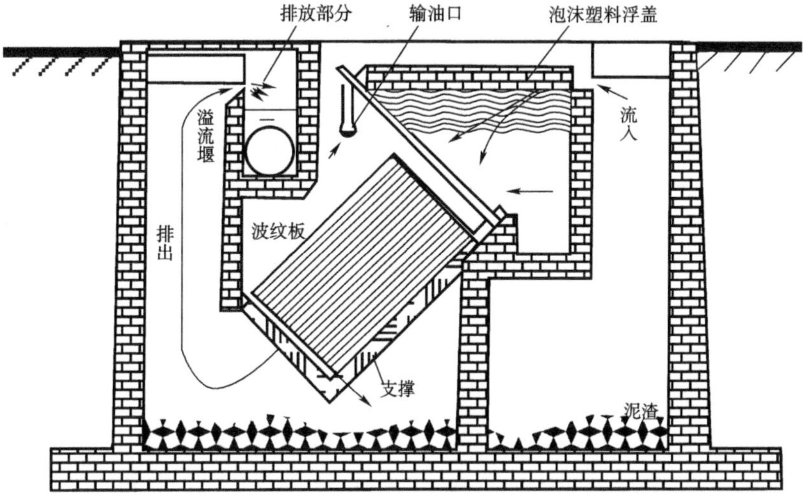

图 12-3　倾斜波纹板隔油池（CPI 型）

倾斜波纹板隔油池与一般沉淀池相比有以下优点：①充分利用了层流特性，水流在板间或管内流动具有较大的湿周和较小的水力半径，雷诺数较小，对沉淀极为有利；②极大地增加了沉淀面积，提高了沉淀效果；③在油滴上浮过程中，各断面上，自中点计算上浮距离减小，同样，这也缩短了颗粒沉降的距离，使沉淀时间大为缩短。油泥沉积于波谷，利于下滑排走，这就使斜板分离装置的处理能力提高 3 ~7 倍。斜板式隔油池比一般沉淀池高，因而其投资小、效率高、占地面积小，是一种高效的分离装置。

此外，还有一种 MWS 型多层波纹板油水分离装置，它和 CPI 型相类似，不同的是波纹板相互配置时，将相邻两波峰与波谷上下相对应，而不像 CPI 型那样将波峰与波峰上下相对应，如图 12-4 所示。MWS 型的波纹板将处理水池分隔成许多相同的管状小水池，而 CPI 型则分隔成带状小水池，因此油粒上浮平均距离缩短，水流稳

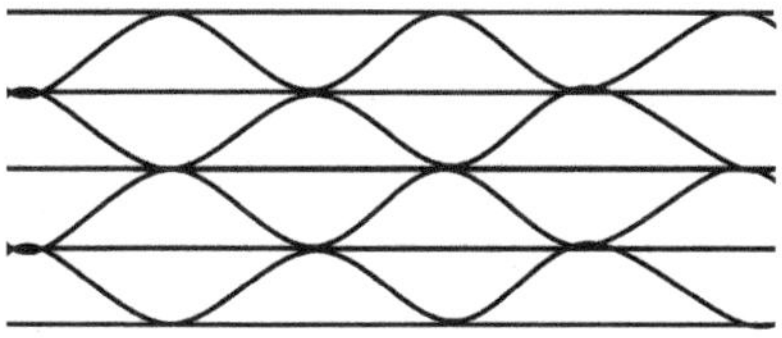

图 12-4　MWS 型波纹板布置

定，易保持层流状态且可自身支撑不要支柱，板间距可更小一些，这样对细小油粒聚结成大粒径油滴上浮分离有利，而且装置体积较小，便于布置。MWS 型隔油池的分离效果好，可使出水的油分浓度在 10mg/L 以下，甚至更低。

2）油水分离器

污水处理场所用油水分离器与船用油水分离器相比，其原理大多采用重力分离法和聚结分离法，其装置一般为大型筒体式，结构较船用油水分离器简单，价格低廉。污水处理场所用油水分离器第一级一般采用重力分离，第二级采用聚结分离。其中，聚结分离是一种精细的油水分离方法，其原理是利用油污水中的油滴在聚结材料表面被截留、成长、剥离而使细微油滴转变成粗大油粒，迅速上浮而被除去。一般情况下，聚结分离能将油污水中 5 ~ 10μm 油滴全部除去，甚至更小的油滴也能除去，效果好，设备紧凑，故占地面积小，一次投资低，便于分散处理且运行费用低，不产生任何废渣，不产生二次污染。

油水分离器的具体工作原理可参见船用油水分离器，这里不再赘述。

3）气浮分离设备

气浮就是通过产生气泡吸附污水中的细微油粒上浮，从而达到油水分离的目的。气浮按其产生气泡的方式可分为溶气法和散气法。溶气法主要采用的是加压气浮，散气法主要有叶轮气浮、布气气浮等。

加压气浮的工作原理是：油污水在加压情况下，将空气溶解于油污水中达饱和状态；然后再将污水减压至常压状态，这时空气在水中的溶解度减小，溶解于水中的空气以微小气泡的形式和较高的上浮速度释放出来。气泡在上浮过程中，将悬浮油粒粘附于气泡周围而上浮至水面，从而使油水得到分离。

加压气浮的工艺形式较多，有全部污水加压气浮（图 12-5），部分污水加压气浮（图 12-6）和处理后污水部分回流加压气浮（图 12-7）。选择工艺流程时，可综合考虑根据污水性质、水量和处理设施等因素。全部污水加压气浮与处理后污水回流加压气浮相比，所需浮选池容积小，但加压泵与溶气罐容积大。部分污水加压气浮所需溶气罐和加压泵小，但效果差。处理后污水回流加压气浮，回流水量一般为处理的 25% ~50%，所需气浮池的容积大，但加压泵和溶气罐可小些。因加压污水为处理后污水，溶气效果好。特别是处理后的水含油量比进水小，与其他两种形式比较，可大大地减小因加压泵使油污水进一步乳化的程度，以免增加处理难度，这对于含油量较高的船舶含油污水来讲尤其重要。

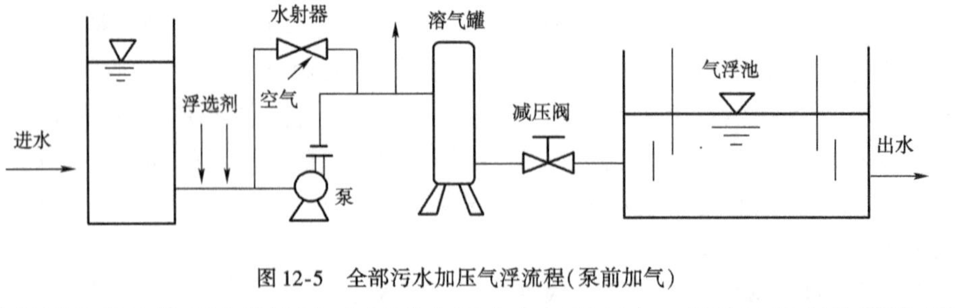

图 12-5　全部污水加压气浮流程（泵前加气）

叶轮气浮是靠叶轮高速旋转时，空气进入污水中与循环水一起被叶轮充分搅拌，形成细小的气泡；充气后的污水被甩出到导向叶片处，经过整流板稳流后，气泡垂直上升形成气浮分离，上浮的含油泡沫由不断缓慢旋转的刮板刮出。布气气浮是直接将压缩空气通入气浮池底的布气装置里，通过布气装置使空气形成细小的气泡，进入污水中，进行气浮分离。这两种气浮分离方法不需要对污水加压溶气，而是直接利用空气分散形成气泡进行气浮，因此又被称为散

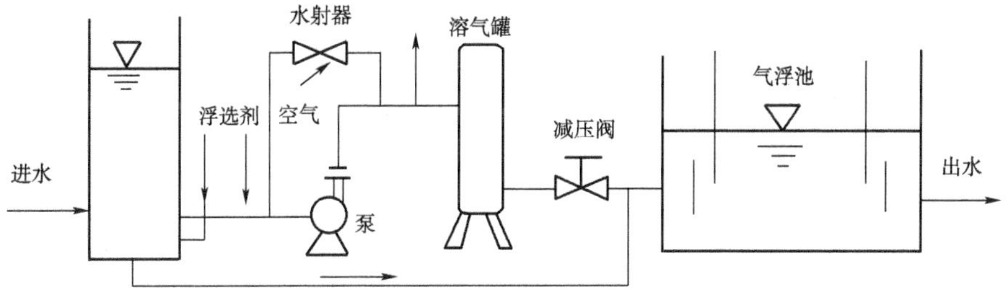

图 12-6　部分污水加压气浮流程(泵后加气)

气法。

4)过滤装置

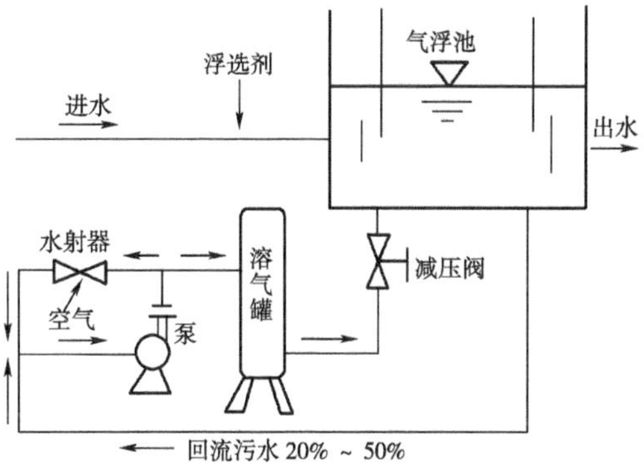

图 12-7　处理后污水回流加压气浮原理

过滤法是让油污水通过一层或数层带孔眼的过滤介质,污水在粒状多孔结构中作层流或紊流运动。当油粒与悬浮物大于孔眼则被截留,或受颗粒间紊流水流的影响吸附在颗粒缝隙上,达到油水分离的目的。当使用一定时间后,过水阻力增大,孔隙比变化,效率降低,就需要进行反冲洗,将截留物从过滤介质中除去。

过滤装置有重力式过滤池、压力过滤罐和其他过滤方式。重力式过滤池和压力过滤罐的过滤材料一般选用石英砂,对其粒径和过滤层厚度都有具体要求。其他过滤方式中也可以采用稻草编织物与焦炭配合的吸附过滤材料。

以压力过滤罐为例,为减少占地面积,多用钢板焊接成立式圆柱结构。压力过滤罐上层滤料为石英砂,下层为砾石。对石英砂的要求是,有效直径为 0.5 ~ 0.6mm,不均匀系数 $K<2$。各种直径滤料百分比为,直径 0.25 ~ 0.5mm 的占 10% ~ 15%;直径为 0.8 ~ 1.2mm 的占 15% ~ 20%;直径为 0.5 ~ 0.88mm 的占 70% ~ 75%。设计过滤流速为 16mm/s 。砂石表面在装填前要冲洗干净,正常运转 24 ~ 48h 后,要用 70 ~ 80℃ 热水进行反冲洗,把粘附在滤料上的污油冲洗掉,恢复滤料的活性。

二、散装有毒液体物质的接收与处理

港口有毒有害化学品残余物主要来自于散装化学品液货船。装运散装液体化学品的运输船和装运化学品的集装箱需要清洗时,或更换装运货种清洗时,均产生化学品污水。该类污水因含有毒有害物质,所以对其处理及接收装置均有严格规定。

1. 散装化学品残余物及污水的接收

由于散装有毒液体物质多为可挥发性化学物质,故其水溶液也同样存在挥发污染的问题,因含有毒有害物质,所以对其处理及接收装置均有严格规定。但就目前情况来看,接收洗舱污水的主要装置仍为储罐。为防止环境温度变化或装卸物料时引起大气污染,大多采用浮顶储罐或内浮顶储罐。

化学品污水贮罐是化学品污水处理工艺中的主要技术装备之一,主要用于船舶洗舱化学品污水处理的接收贮存,便于船舶及时离港,化学品污水贮存时应根据其种类分别贮存以有利于下一步处理。酸碱污水贮罐为固定立式拱顶不锈钢贮罐,其他采用不固定立式拱顶钢质贮罐,罐的容积可根据污水的发生量来定,每只贮罐罐壁上端及罐底安装有热水管道可定期对罐壁、罐底进行冲洗,贮罐均设顶透光孔、呼吸阀、安全阀、测量孔、取样口、排污阀、疏水器、避雷接地装置,盘梯、底部人孔、清扫孔、防静电设施等标准罐附件。每罐还设置进、排水装置,每罐均设有消防冷却管及与罐区消防设施相配的泡沫接口。

2. 散装化学品污水的处理装置

港口有毒有害化学品主要包括苯、甲苯、二甲苯、对二甲苯、正交二甲苯、氯苯及醇、酯、醛、酮、醚等一系列有机物和无机物,应根据各种化学物质的性质,分别采用不同的方法去除它们。港口化学品污水处理装置主要有:

1)重力分离器

港口化学品中有许多物质不溶于水或微溶于水,在用热水冲洗时随洗舱水带出,这部分物质一旦到了静止状态就与水分离,成为类油物质。类油物质性质与油相似,其相对密度(比重)略小于水,与水不混溶,此类物质中较典型的有苯类和一些酯类。对于这些物质可利用重力作用与水分离,将用于油水分离的装置稍加改进而进行化学品的分离去除。

2)生化反应器

生化法的原理是利用微生物的生命活动除去废水中各种有机物。生化法通常在有溶解氧的条件下连续培养微生物群体,通过凝聚、吸附、氧化分解等多种作用,除去化学品污水中的有机物。生物化学法作为一种化学处理方法有其特定的适用范围,通常对进水浓度和废水中有毒有害化学品的量都有具体要求,因此在进行生化处理前,最好利用其他措施除掉一部分污染物质。

3)混凝反应器

通过向污水中投加混凝药剂,使污水中的悬浮物质被絮凝成较大颗粒而沉淀下来与水分离。混凝反应多用于经生化处理后的出水中悬浮物的去除。

4)汽提塔

在适宜的 pH 值范围内,用具有大表面积的填充塔,使废水与蒸汽充分接触,使废水中的挥发性有毒有害物质扩散到气相中去,从而达到从废水中分离污染物的目的。

5)溶解型气体浮选法

将加压空气溶于水中,再使其恢复常压,空气便成为细小的气泡粘附在悬浮颗粒上,气泡上浮同时将悬浮颗粒带动上浮,达到分离的目的。

另外,还可以用砂滤、活性碳吸附等办法处理少量的有毒污水。

3. 散装化学品污水的处理实例与流程

某处理规模 $3m^3/h$ 的处理厂设有两座 $100m^3$ 的污水罐,分别接收苯、甲苯、二甲苯和氯苯等洗舱污水,主要处理工艺流程如图 12-8 所示。

污水罐中的苯类污水经苯分离器分离后进入斜板沉淀池,苯类废液进入各类苯废液罐。在沉淀池中污水进一步分离,出水进入混合反应池,并投药进行反应混凝,同时调整 pH 值,然后用泵打入气浮塔,进一步去除悬浮固体和乳化状态的苯类物质。气浮塔出水经泵打入砂滤罐,砂滤罐中水质达到排放标准的可排放出去,未达标准的污水,再进入活性碳吸附塔。活性碳吸附塔分为三级。第一级出水如达标可直接排放,否则做二级甚至三级处理,浮渣最后排到污泥池。砂滤罐要定期反冲洗,活性碳必须定期更换。

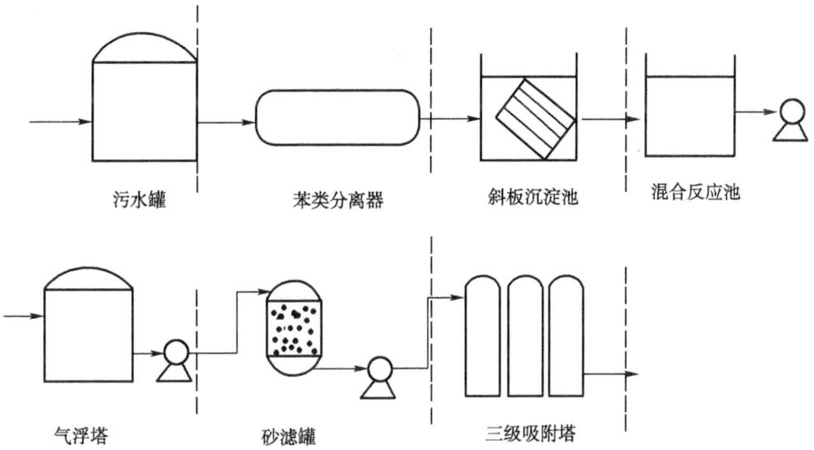

图 12-8 某化学品污水厂的处理流程

三、垃圾

船舶垃圾可由船舶自身的焚烧炉处理,也可由港口接收处理。港口可以用各种方法来解决接收和处理积存在船上的垃圾问题。对具备接收和处理垃圾设施的城市,可把垃圾收集到运输箱中,然后把它们运到城市的处理设施一并处理。在离城市设施较远的大型港口,可建立接收和处理站。处理能力根据港口(包括特殊水域)所接收的垃圾量计算。

固体废弃物处理是指通过物理、化学、生物等不同方法,使固体废弃物转化成为适于运输、贮存、资源化利用以及最终处置的一种过程。物理处理包括破碎分选、沉淀、过滤、离心分离等方式,化学处理包括焚烧、热解等方式,生物处理包括好氧分解和厌氧分解等方式。

为便于固体废弃物贮存、运输等,一般需将固体废弃物进行预处理。固体废弃物的预处理是用物理、化学的方法使固体废弃物转变成便于运输、贮存、资源化利用的一种前期工作。固体废弃物预处理,常常涉及到其中某些组分的分离,因此,也是从其中回收某些材料的过程。目前对于港口固体废弃物的预处理,一般仅对其进行压实、破碎,以利于运输和焚烧。

四、生活污水

1. 生活污水处理方法

港口对船舶生活污水的处理一般纳入港口生活污水处理系统。当前世界各国应用最广的一种二级生物处理方法是活性污泥法。该方法具有处理能力高,出水水质好等优点,但有基建费、运行费高,能耗大等问题。因此,科技人员进行了大量研究,提出了一些改进的活性污泥法,主要包括:

1)氧化沟

又称"循环暖气池"或"氧化渠",是由荷兰工程师发明,其曝气池呈封闭的沟渠形,污水和活性的混合液在其中不断循环流动,因此被称为"氧化沟"。氧化沟处理流程简单,需要的构筑物少,效果稳定可靠,运行费用低,且生成的污泥少,不需再设污泥硝化池,但是对脱氮除磷效果不太理想。

2)AB 法

即吸附絮凝—生物氧化法。由 A(吸附絮凝段)和 B(生物氧化段)两个曝气池串联而成。

A 段停留时间很短，有机负荷很高，通过吸附絮凝作用可去除约 40% ~70% BOD_5。B 段有机负荷与传统活性污泥法相近，负责去除剩余的有机物，使系统的出水水质达到要求。系统的有机负荷要比传统活性污泥法高很多。

由于 A 段曝气池溶解氧浓度较低，AB 法表现出较强的脱磷能力，在不投加化学药品的情况下，除磷效果可达 70% 左右。由于 B 段有机物负荷低，在其中会有相当的硝化作用进行，因此 AB 法的氨氮去除率也比传统的活性污泥法高。

3) A-O 流程及 A-A-O 流程

该流程是 AB 段的一种改进方法，A 段分厌氧段 A_1 和缺氧段 A_2 两类，前者主要目的是除磷，后都主要是除氮，O 段为氧化段，利用串联的形式，可以分 A_1-O，A_2-O，A_1-A_2-O 三种情况，视实际需要而定。

由于活性污泥法的一些不足，科技界也提出了一些其他方法，如生物膜法，是与活性污泥法平行发展起来的一类好氧生物处理办法。利用微生物附着生长在一定介质的表面，形成生物膜，起稳定分解污水中有机物的作用。最常用的是将生物膜法与活性污泥法结合起来，发挥彼此的长处，克服二者的不足和缺陷，效果较明显。

2. 处理设备

港口生活污水处理系统一般采用氧化沟方法，是活性污泥法的一种改进。这种处理系统主要设备包括进水泵房、曝气池和沉淀池。

1) 进水泵房

(1) 格栅除污机：设置格栅除污机的目的是清除较大的漂浮物，以达到保护水泵叶轮及减轻后续工序的处理负荷。常见的几种类型的格栅除污机有：链条式格栅除污机、移动式伸缩臂格栅除污机、钢丝绳索引式格栅除污机等。

(2) 污水提升泵：一般污水处理厂最常用的是潜水泵，它有排污能力强、无堵塞，能有效地通过较大的固体颗粒，结构紧凑、移动方便、安装简单等特点。进水泵站的污水提升泵所用的能耗占污水处理厂的第二位，仅次于鼓风机站，因此必须注意污水泵的正确选型。

2) 曝气池

曝气池是污水处理厂能耗最大的构筑物，最主要的设备为曝气装置及进出水装置。曝气设备的功能有：供氧；推动水流作不停地循环流动；防止活性污泥沉淀；使有机物、微生物、氧三者充分混合、接触。氧化沟需设置浓度自动控制装置，根据氧化沟浓度控制曝气设备的运转，使曝气装置基本符合微生物的需氧量供气，减少不必要的浪费，尽可能节约能源。

3) 沉淀池

沉淀池排泥直接影响水质处理的效果，沉淀池的平面形状有矩形和圆形两种。根据水体在池中的流向分为平流式、竖流式和横流式。排泥装置的形式随工艺条件与池的结构而有所不同，目前常用的排泥设备通常分为平流式排泥机和横流式排泥机两大类。主要有行车式排泥设备、链条牵引式刮泥机、螺旋排泥机、中心和周边传动排泥机。

第三节　溢油应急处理

海上大量溢油不仅会对环境资源造成特别严重的危害，而且对国民经济也将造成巨大的损失。由于海上溢油事故多数都是突发性事故，而且大多发生在恶劣天气、恶劣海况下，因此，溢油事故发生后，首先应该采取诸如调驳货油等手段防止石油继续泄漏；然后应尽量准确预测溢油动态，采取有效措施防止溢油扩散；然后再根据溢油场所的气象、海况条件及溢油状况等选择适当措施将溢油回收，或在海上直接处理。

海上溢油最理想的处理方法是采用机械法回收，包括机械回收装置、吸油材料等，这样既可以回收溢油，又不会产生二次污染，也不危害海洋环境。但在不可能回收的情况下，则应采取果断措施将溢油消除，诸如现场焚烧、分散剂处理、强化生物降解、沉降处理等等。在实际溢油时，处理工作并不是一成不变的，应根据溢油当时的气象、水文条件影响及溢油本身情况等，因地制宜、随机应变，采取适当有效的方法和技术处理。

一、海上溢油的运动

由于海洋的自净作用，进入海洋的溢油会随着时间的推移而逐步消失。入海后的溢油将经历漂移、扩散和风化等过程，其中风化又包括蒸发、溶解、乳化、沉降、光氧化和生物降解等一系列复杂的物理、化学变化过程。漂移和扩散过程影响溢油在海面的分布，对溢油的应急处理有非常不利的影响；风化过程最终使得溢油在海面上消失，所需时间主要取决于石油的物理和化学特性，同样也取决于溢油量、气候和海况。

1. 漂移

由于受风、海流及海况的影响而导致的溢油平行运动过程叫漂移，它是影响溢油运动的主要因素之一。漂移运动是可以预报的。一般情况下，入海石油的漂移运动矢量，约等于整个海流矢量加上 3% 的风速矢量之和。对于较厚的油层，风的影响取较大值 4% ~5%，对于薄油层则可取 1% ~2%。预报溢油漂移运动时，一般使用近岸气象台站的气象观测数据的校正数据作为风场数据。流场一般用风力、潮汐、密度及压力梯度等矢量和表示。从海流的影响来看，风海流是最重要的因素，它可以在溢油发生 24h 内制约表面油膜的漂移方向。

2. 扩散

扩散是指海面溢油在某些海洋环境条件影响下，扩散分散出去。一方面，它决定了溢油扩散面积的大小，另一方面，由于表面积增大，溢油的风化、挥发、溶解、氧化还原过程都会受到不同程度的影响，是处理溢油事故的重要组成部分。

溢入海洋的石油其最初阶段受重力影响迅速在海水表面扩散，形成油膜，然后油膜在表面张力影响下继续扩散。海面溢油扩散速度和面积受溢油量、风、海浪、海流及油的理化特性影响。海面溢油发生后，油膜在海流的作用下，开始扩散、破碎，形成无数个微小的油粒；这些小油粒与海水相互接触，在表面流的影响下，它们便会平行移动和分散。由于油比水轻，绝大部分的油粒最终会再浮上海面。也就是说，溢油的扩散过程不仅受油粒大小的影响，也受海面流的控制。

3. 风化

石油溢散到海面后其组分和性质随时间变化，最后从海面消失的过程即为溢油的风化，它是物理作用、化学氧化和生物降解等在自然状态下综合作用的结果，包括蒸发、溶解及乳化、沉降、氧化和生物降解等复杂过程。

(1)蒸发。油的挥发性决定了溢油的蒸发速度和程度。原油中低沸点组分比例越大，蒸发越快。油膜表面积越大，蒸发也越快。汹涌的海面、大的风浪及温暖的气候都会提高蒸发速率。轻原油外溢在海面上一天之后将会损失 25% ~50%。煤油和汽油等成品油溢出后，在数小时内能完全蒸发。重原油和燃料油只有很少量蒸发，而且蒸发后的残油密度和粘度都将增大,影响其状态变化及清除技术的选择。在溢油量非常大时,蒸发作用是促使海面上油大量消失的主要自然因素。

(2)溶解及乳化。溶解取决于碳原子数目。一般说来,随着碳原子数的增加,化合物的溶解度降低。当海面有碎浪时,海面浮油能很快吸收相当于其质量50%的海水,形成像巧克力冰淇淋那样颜色的水油乳化物。然后大片油膜分裂成若干小片。于是就自然地或在分散剂作用下,形成油包水或水包油乳液。油的乳化速度取决于海况,海况越恶劣,乳化速度越快。

(3)沉降。液态石油在海中沉降的首要条件是提高其密度,途径有:原油的轻或较轻组分蒸发和溶于海水中;分散粒子的形成和凝结、吸附在沉淀颗粒上,溶于水中的油组分被粒子物吸收或吸附等;沥青小球表面进一步氧化,致使形成小的致密粒子,最后沉降于海底。一般浅水海域悬浮颗粒多,石油沉降要比外海快。

(4)氧化作用。氧化作用是石油在海水中的主要化学反应。氧化作用主要发生在表层,被光和微量元素催化作用而加速。硫化物能降低石油烃的自氧化作用。石油烃的氧化速率取决于它的化学特性。氧化作用是石油在海水中的主要化学反应。氧化作用主要发生在表层,被光和微量元素催化作用而加速。

(5)生物降解。海水中含有多种海洋细菌,其中霉菌和酵母菌可吞食作为能量来源的石油。这些微生物广泛分布于海中。只有在被石油污染的水域才能发现这些喜欢以石油碳氢化合物为生的菌类。影响生物降解率的主要因素是温度、氧气及养料的供应,尤其是氮磷化合物等。每种微生物都只能降解特定的烃族。

二、海上溢油回收与处理

海上发生溢油时,除在特殊情况外,首先应采取有效措施防止溢油扩散,然后再根据溢油场所、溢油状况、气象、海况条件等采用有效的方法,将溢油回收或在海上直接处理。条件许可时,尽可能采用机械回收法回收溢油,既经济又环保。用于机械清除回收海面浮油的设备主要是围油栏和溢油回收装置等。

1.围油栏

围油栏的作用是将溢油围堵在一定的范围内,同时将水面上较薄的油层收拢集中,便于回收。围油栏改变油流方向,阻止石油流入港口、港湾和闭塞水域,保护一定的沿岸区域、海滨和休养胜地不被石油污染。还有些港口在停靠码头的船舶四周布设围油栏,以防止船舶作业时可能产生的溢油在水面上扩散,同时控制船舶排出的含油污水外溢。

溢油随时随地可能发生,当事故发生后,要求人们能尽快及时地将溢油围截住。一般地说,只要能在水面上将溢油堵停在一定地点的物体均可称之为围油栏,例如堤坝、缆绳、草绳、木板等。但由于水面情况复杂,有风、浪、流等影响,上述物品往往效果不佳。为及时将油围住,需制造专用围油栏,并应符合以下要求:

(1)使用时浮于水面上,能有效地将油围在某一个地点,上不溢下不漏。

(2)具有一定的强度,在恶劣水面条件(风、流及海浪)下能有效地工作。

(3)便于保存、运输、施放、回收和水上拖带。

(4)不易被海水、阳光和风所腐蚀,使用寿命长,损坏后容易修理。

(5)一些特殊的围油栏还要求耐高温并防火。

1)围油栏结构

一般围油栏主体部分由浮体、裙体及配重体构成。浮体用来向围油栏提供浮力,裙体起挡油作用，配重体的作用是使裙体在水中保持直立。此外，围油栏还有加强带、支撑体、绳索及连接件等部件，如图 12-9 所示。

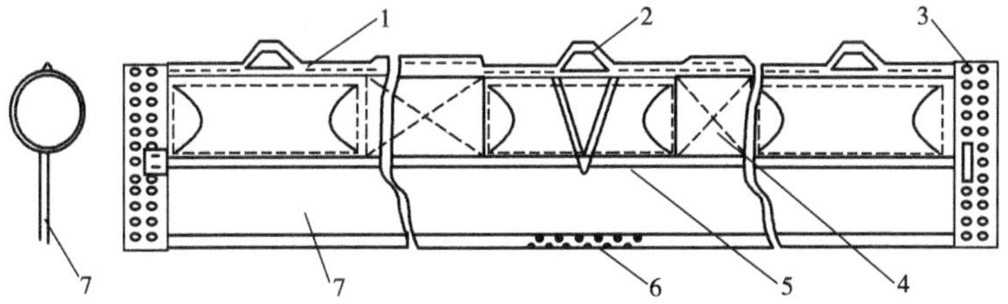

图 12-9　围油栏的基本构造

1-浮体（包布）；2-提手；3-连接件；4-加强带；5-拴锚带；6-压载（垂重链条）；7-裙体

（1）浮体。围油栏浮体的作用是为围油栏提供浮力，有固体浮体和气体浮体两种。固体浮体材料可为聚苯乙烯、聚丙烯、聚氨基甲酸酯及木片等，横截面可为圆形、三角形、矩形及梯形等。气体浮体是向气囊中冲入压缩空气或二氧化碳气体作为气浮材料，可提供比固体浮体更大的浮力。气体浮体横截面可为圆形、双重圆形及中间隔开的圆形等。

（2）裙体（又称挡油屏体）。裙体直立于水中，起挡油作用。绝大多数围油栏的裙体是由经过表面处理的合成纤维布制成的，由布基和表面涂敷物构成，布基主要有尼龙布、聚酯布、维尼纶布及棉布等，表面涂敷物主要有聚氯乙烯、氨基甲酸脂、氯丁橡胶及橡胶等。目前围油栏用得最多的是涂敷聚氯乙烯的尼龙布和涂敷氯丁橡胶的尼龙布。

（3）配重体。配重体位于裙体或挡油屏体下部，提供下坠力。由于浮体的浮力和配重体的下坠力，裙体或挡油屏体可在水中保持直立。适当选择浮体和配重体能使围油栏具有一定的水上高度和吃水深度。围油栏的配重体可用各种材料制成，其中有金属、水及砂袋等。配重体可做成棒状、块状、球状及链状等多种形状。

为完成功能，围油栏还需配备加强带、支撑体和绳索等。加强带缝合在裙体上，用来增加围油栏强度，可用尼龙、聚酯、维尼纶及聚丙烯材料制成。加强带应具有较大的抗拉强度。支撑体支撑裙体使之在水中直立不倒，其材料可用玻璃钢、不锈钢及木片等。支撑体不但要有一定的强度，而且还要有一定的弹性。绳索是围油栏承受张力的部件，抗拉强度大，比重小，能浮在水面上，大多采用丙纶绳和尼龙绳，它们的耐油性和耐海水性强。

海上围堵溢油时，一般需将多节围油栏连接使用，因此，围油栏上还需配备连接件，其作用是连接各节围油栏，通过它可以连接所需长度的围油栏。连接件种类很多，有螺杆金属板连接式、拉链式、铰链式、绊绳式及握合式等。连接件应当坚固耐用，具有一定的抗拉强度，同时能够快速连接和拆卸。

2）围油栏的种类

围油栏类型很多，但均受到一定的条件限制，不能同时满足所有要求。因此，使用时需要根据不同的情况选择最恰当的围油栏种类。常见的围油栏有下列几种分类方法；

（1）根据围油栏在水中浮沉情况分为浮上式（Floating Boom）和浮沉式（Rising and Sinking Boom）围油栏。

浮上式是指围油栏自然漂浮于海面上，它主要用于应急场合。浮沉式是指安装于固定的地方，主要是油船码头，平时沉于海底，油船靠岸后，围油栏充气上浮，将油船围住，一旦溢油时，溢油不至于扩散，油船离岸时，再放气将围油栏沉到海底。

（2）按其使用性能分为应急型围油栏和常用型围油栏。

应急型围油栏配置于油船、专用拖船、浮油回收船、围油栏作业船、岸边设施等场合，以备急用。常用型围油栏则常铺设在码头、泊位、养殖场、海水浴场等场合。

(3)按结构形式分为单体式和双体式。

单体式是指围油栏的横截面上只有一个裙体，即一般情况下所说的围油栏。双体式是指将两个单体围油栏用机械方法并行连接起来成为一个整体，平行间距 1.2 ~ 1.5m，从而大大提高滞油性能和收集油的能力。

(4)按浮体形式分为固体浮子型、气室型和固体浮子气室混合型。

(5)按作用机理分为机械式围油栏、化学围油栏、物理围油栏、吸油围油栏。

3)围油栏工作性能的影响因素

围油栏的工作性能可用围油栏的滞油条件、滞油率和耐用条件等参数表示。

滞油条件是指围油栏拦住溢油的自然条件(风、浪和水流)的最大值，在此范围内完全确保其滞油性能。

滞油率是指围油栏拦住溢油的程度，其表示法为

$$\alpha = \frac{(Q - q)}{Q} \times 100\%$$

式中：α——滞油率(%)；

Q——围油栏内的油量(m^3)；

q——从围油栏内溢出的油量(m^3)。

与滞油条件相对应的参数是耐用条件(亦称使用条件)，是指围油栏不完全失效，还能使用的自然条件(风、浪和水流)的最大值。

影响围油栏滞油效果的主要因素是水流和波浪，其次是风。

(1)水流对滞油效果的影响。水流对围油栏滞油效果的影响如图 12-10 所示。从图中可以看出，在通常情况下，由于水流的作用，在围油栏前的油层下方将产生峰波、进行波和三角波，并在靠近围油栏附近产生反转波和涡流。

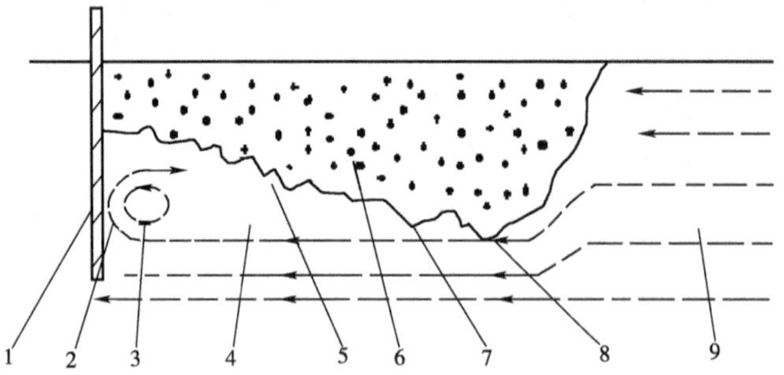

图 12-10　水流与油层断面的状态

1-围油栏;2-反转波;3-涡流;4-水流;5-三角流;6-油层;7-进行波;8-峰波;9-水流

在水流流速 V 较低的情况下，滞油、水面与围油栏之间保持平衡状态，滞油不会从围油栏底部漏走，如图 12-11a)所示。当流速增加到一定数值时，平衡状态被破坏，即当水流雷诺数达到一定值时，在液体的粘度、惯性力和摩擦力的作用下，在图 12-11b)中所示的Ⅳ区产生较大的涡流，该涡流把滞油从围油栏裙部的下面带走。试验证明存在一个临界速度 V_c，当 $V < V_c$ 时、滞油不会漏走；当 $V > V_c$ 时，平衡状态被破坏，滞油便会被带走。临界速度一般认为 $V_c <$ 1m/s。值得指出的是，流速超过临界流速，滞油开始被水流带走，但并非全部带走，即围油栏

并未完全失效。

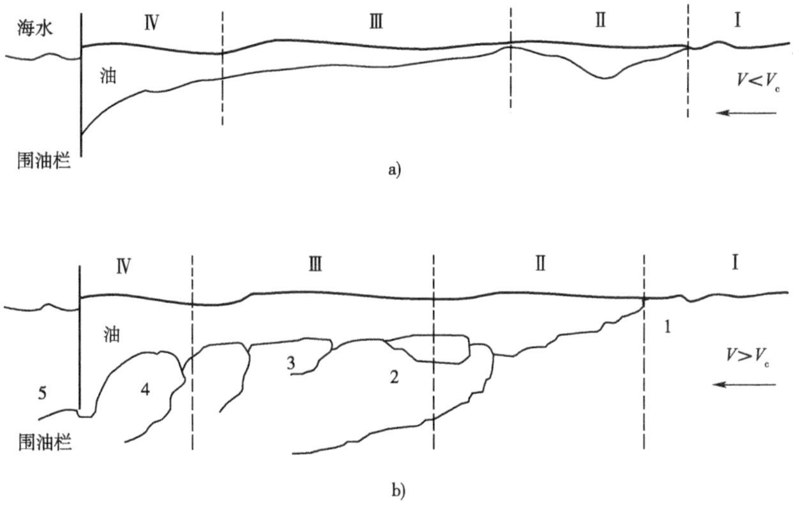

图 12-11　水流对滞油的影响

水流对滞油的另一个影响是围油栏裙体在水流的作用下，其有效吃水将减小。试验表明，当水流流速为 0.9m/s 时，裙体为 1m 的围油栏会失掉近一半的吃水。当水流流速达到1.5m/s 时，溢油将从围油栏下部漏走。为减小裙体在水流作用下的有效吃水损失，应采取增大浮力和增加配重以及配重链具有张力作用的措施。

(2)波浪对滞油的影响。一般固体浮子式围油栏在波浪中，其有效吃水和干舷在波谷和波峰处要减小，此时滞油将从围油栏上部和下部逸出，如图 12-12b)所示。因此，在围油栏的设计中，应采用适当措施提高围油栏的乘波性，使围油栏的吃水和干舷保持不变。决定围油栏的乘波性的因素很多，其中有两个因素是主要的，一个是围油栏的柔性，一个是围油栏的浮力重量比。

对于非柔性的围油栏，由于在波浪中吃水和干舷的减小，部分溢油就要逸漏。为此应采用柔性好、浮力大的充气式橡胶围油栏，这种围油栏有较好的乘波性，如图 12-12 c)所示。

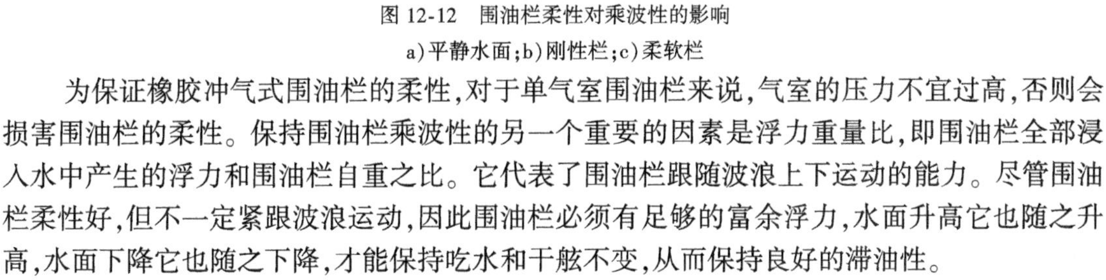

图 12-12　围油栏柔性对乘波性的影响

a)平静水面；b)刚性栏；c)柔软栏

为保证橡胶冲气式围油栏的柔性，对于单气室围油栏来说，气室的压力不宜过高，否则会损害围油栏的柔性。保持围油栏乘波性的另一个重要的因素是浮力重量比，即围油栏全部浸入水中产生的浮力和围油栏自重之比。它代表了围油栏跟随波浪上下运动的能力。尽管围油栏柔性好，但不一定紧跟波浪运动，因此围油栏必须有足够的富余浮力，水面升高它也随之升高，水面下降它也随之下降，才能保持吃水和干舷不变，从而保持良好的滞油性。

(3)风对滞油的影响。一般小于波浪和水流的影响。大风会使围油栏倾斜发生漏油，尤其是在风与浪同时作用下，滞油会从围油栏的上部退出。一些试验表明，与水流相比，风速对滞油的影响相当于水流流速对滞油影响的26% ~37%。

从大量围油栏的统计数字分析,按抗浪和抗水流性能来说,一般耐用条件是滞油条件的两倍;抗风性能则在两倍以下。

4)围油栏实例

(1)固体浮子式围油栏。固体浮子式围油栏的浮体采用轻质固体材料,浮体外层和裙体大多采用以涤纶组织布做骨架涂以聚氯乙烯树脂的双面人造革或以聚酯纤维做骨架涂以橡胶衬料等材料。浮体浮力小,抗风、浪、流的能力较差,抗拉强度、稳定性差,只能适用于平静水域或风、浪、流不大的气象海况条件下,且使用年限短,属于中型围油栏。但该种围油栏具有结构简单、加工制造容易、轻便、易操作、价格便宜等特点,在适宜的条件下,仍被采用。

(2)充气式围油栏。充气式围油栏属于轻、中型围油栏,因其浮力大、本体柔软,具有较强的抗风、浪、流的性能,乘波性、稳定性和滞油性能一般较固体浮于式围油栏为好,但价格昂贵。由于它适应气象海况的能力强、寿命长,还是得到了广泛的应用。

代表产品有丹麦 ROULUNOS 公司生产的充气式围油栏。如图 12-13 所示。该围油栏的特点是每段分成许多长约 3m 的气室,气室之间有玻璃纤维支撑杆,每段长 50 m、100m、200m,段与段之间的连接采用快速接头。平时卷绕在卷扬机上,施放时可边充气边下水,200 m 围油栏约需 25min;回收时则边放气边往卷扬机上卷绕。

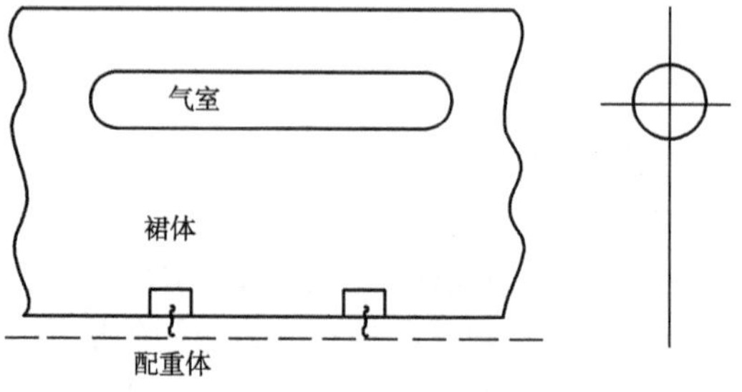

图 12-13 充气式围油栏

这种围油栏的优点是,浮力大,橡胶柔软,乘波性、稳定性、滞油性能好;由于分成许多小独立气室,某处破损,不影响整段的使用;全对称性,两面都可挡油,在应急时此优点特别重要;本体结构简单,便于加工制造。这些特点使它在世界上得到了广泛的应用。缺点是价格昂贵,施放时较非独立气室慢。

(3)固体、气体混合浮子式围油栏。单纯带有充气装置的充气围油栏的充气压力难以测量和控制,临时充气又将拖延处理紧急事故的时间,而固体浮子式又有贮存体积大、运输拖放困难等缺点,因此有些厂家综合二者的优点,发明了混合式围油栏。法国 KLEBER 公司设计制造的 BALER 322、332 型比较常见,该围油栏适用于紧急事故和频繁收回施放的场合。

(4)双体围油栏。由于单体围油栏裙体的有效深度会随着潮流的增大而减小,从而使浮油从裙体底下流走。单体围油栏滞油的临界流速小于 1kn。如果采用双体围油栏,可以在很大程度上提高围油栏的滞油能力,滞油的临界速度可以达到 1.4kn 左右。双体围油栏在 0.3m 波高和 1.4kn 水流条件下是一个高效的集油器,因此,双体围油栏主要应用于在较高潮流条件下防止溢油扩散,以及大量溢油时与集油器一起组成回收溢油系统。

(5)气幕式围油栏。气幕式围油栏属于物理围油栏,它主要由空压机、多孔管组成,即将多孔管铺设在水下,由空压机供给压缩空气,当压缩空气从管孔中选出时形成气泡上浮,同时伴随产生上升的水流,上升水流形成的表面流,使水面隆起,防止水面溢油扩散。上升气流在水面形成的反向水流能拦住 0.7kn 以下的水面溢油。气幕式围油栏有很大的优越性,所形成的气流屏障,不妨碍船舶航行,使用方便、迅速,造价低。但气幕式围油栏仅适用于狭窄而平静的水域,如水流速度大时,气泡会被吹散,不能形成气幕,无法阻止溢油扩散,而且要确保气孔不被泥沙或海生物堵塞。

(6)化学围油栏。所谓化学围油栏,实际上是一种化学试剂,常被称为集油剂。水面上的溢油由于自身的扩散压而扩散,如果在溢油的周围撒上扩散压比溢油大的物质,就可以抑制油的扩散,收缩溢油,从而将溢油集中起来,使其起到围油栏的作用,这种物质就叫集油剂,即化学围油栏。

化学围油栏特别适用于控制大面积薄油膜的溢油,它压缩溢油的最终厚度一般不超过0.5~1cm。化学围油栏的最大特点是可以迅速撒布,可作为溢油时的应急措施,先撒集油剂,再布置机械围油栏等来防止溢油的扩散。根据实验和使用经验,集油剂对防止非持续性溢油(煤油、柴油、轻油等)和重油的扩散是有效的。目前世界上有名的集油剂产品有英国壳牌公司生产的 Shell Oil Herder 集油剂和美国埃克森化学制品公司生产的 Corexit 集油剂。

除上述围油栏之外,可用吸油材料编织围油栏,不仅有挡油作用,而且还有吸油作用,由于这个特点,使得它能在海况和气象条件较恶劣情况下使用。但因为一旦吸附材料的外层浸透了油,它的回收能力迅速减小,因此一般用于较薄油层,而且要谨慎处理浸透油的吸附材料。当缺乏专用设备时,可以利用现场能够得到的材料做成简易的围油栏。如在浅水中打桩,用以支撑栅栏,或用粗麻袋装麦秸、稻草捆或其他类似的材料做成栏网。在沙滩上,可用推土机筑起沙障,并将其延伸到浅水中以阻止溢油沿着海岸线流动。

5)围油栏的铺设与使用管理

(1)围油栏的铺设。固体浮子式围油栏大多数制成 20 m 一节,充气式围油栏常常制成30m 或 50m 一节,因此使用时要把多节围油栏连接起来,在岸上或船上连接围油栏大多数采用绊绳式连接,在水中连接围油栏多数采用快速接头。固体浮子式围油栏多数采用从码头或岸边下水,一般需要 2~3 人操作。首先在岸上连接好所需长度的围油栏,然后用吊车或人工慢慢地把围油栏送下水。充气式围油栏通常使用专用的围油栏铺放船铺放。

依据用途、溢油的状况、气象、水文条件及周围环境的不同,围油栏有多种铺设方法,叙述如下:

①包围法。在码头装卸过程中跑油或者溢油初期或单位时间溢出油量不多,而且风和潮流影响较小的情况下,可采用包围法,即用围油栏将溢油源包围,使其不能外溢。使用包围法时,可铺设两道围油栏,防止溢油从围油栏漏出。

②等待法。该方法是顺着油的流向,将围油栏铺设在离溢油源一定的距离上,相对于水流成45°~60°的角度,等待拦油。此方法一般用在溢油量大、围油栏数量不足,或者风、流影响大,包围困难的情况下。根据具体情况,也可铺设二道或三道围油栏。

③闭锁法。当溢油发生在港口、河流或狭窄航道时,可用围油栏将水路封闭,防止溢油扩散,称为闭锁法。

④诱导法。诱导法是利用围油栏将溢油引导到能进行回收作业或者污染影响小的海面上再进行进一步处理的方法。一般用在溢油量大,风、海流影响大,不可能在溢油现场拦油的情况下,或者为了保护海岸、特殊海域的情况下。

⑤移动法。当溢油水面的水深较深或风、海流大,不可能使用锚固定围油栏时,或者溢油在海面漂流的范围广的场合,可采用两艘拖船成 U 形拖带围油栏,将溢油转移到合适的地点进行再处理。这种方法称为移动法。

上述几种方法是围油栏的基本铺设方法,实际应用中应根据具体情况灵活运用,可单独使用,也可同时综合应用。在铺设围油栏时,要注意围油栏与水流方向的夹角。在流速大于 1kn(即 0.5m/s)、围油栏与水流方向垂直的情况下,一般围油栏无法围住溢油。然而若将围油栏与水流成一定夹角铺设,则即使流速达到 3kn(1.5m/s),也可用围油栏改变溢油流向,而油不从围油栏里溢漏。在不同流速下,防止溢油跑漏所采用的围油栏与水流方向的最大夹角见表12-1(计算基础为该围油栏跑油流速为0.7kn)。

围油栏与水流方向的最大夹角 表12-1

水流速	(kn)	0.7	1.0	1.5	2.0	2.5	3.0
	(m/s)	0.35	0.50	0.75	1.00	1.25	1.50
最大夹角(度)		90	45	28	20	16	13

(2)围油栏的拖带。拖带围油栏的形式有3种;直线拖带、曲线拖带和U形拖带。直线拖带是单船拖带,围油栏呈直线行进,它主要用于围油栏的铺设和回收。曲线拖带也是单船拖带,围油栏呈曲线行进,它主要用于铺设围油栏。U形拖带是双船拖带,围油栏呈U形行进,它主要用于扫油和转移溢油。拖带的速度根据围油栏的长度、拖带的形式和当地的海流的情况确定。根据资料所获得的经验数据见表12-2。

拖带速度表 表12-2

拖带方式	围油栏长度	最大拖带速度
	m	kn
直线	<200	<4
	<500	3
曲线	<200	3
	<500	2
U形	<200	2
	<500	1

当拖带分节的U形围油栏时,围油栏应该采用奇数节,防止在围油栏的中心部位有连接点,因为油能容易地从该连接点逸散。

为了保持被拖带的围油栏具有所需要的外形和扫油所需要的非常低的速度,最好采用专用船拖带围油栏。不仅两条拖船中的每一条都需要以遏制溢油的最低速度来拖曳围油栏,而且要具有低速下的最大机动性。拖点一般选在围油栏连接部的中部。

(3)围油栏固定。在固定围油栏时需用锚。锚定围油栏可用各种类型的锚,但一般常用的是海军锚、丹福斯锚、四爪锚和单臂锚锚定。围油栏的一般步骤:待围油栏在水中展开呈一定形状后,操作人员乘小船锚定围油栏。首先将锚绳的一端拴在围油栏的固锚座上,并在锚绳约5m处系上一个浮帆。然后将锚绳的另一端拴上锚,并把锚放在小船,最后载着锚的小船垂直驶离围油栏,待锚绳拉紧后将锚投入水中。

需要经常对围油栏的锚泊状况进行检查和调整。应及时清除掉被拦截住的油和杂质,否则将严重降低围油栏的性能。如环境温度偏高时,充气式围油栏白天要适当放掉一些气,夜间再进行补充。此外还需采取一些预防措施,如通知航行人员或放置标志灯。

(4)围油栏回收、维修及贮存。围油栏使用完毕后应回收。起锚后,应使用拖船将围油栏拖回码头或岸边,并解开围油栏节与节之间的连接。回收后的围油栏需进行清洗,一般用水冲洗或高压蒸汽冲洗,有时需要刮去附着物(海生物)。当有损坏时,应对围油栏进行适当维护和修补。存放时避免阳光直接照射,这对于延长其使用寿命及确保及时投入使用都是至关重要的。

2. 油回收装置

油回收装置是用来回收水面浮油的。油回收装置通常由集油装置、某种形式的浮体或支撑装置以及一台回收用的油泵组成。比较复杂的设计则配备有自航设备、两个以上的回收装置及总体贮存装置或油水分离装置。根据油的回收能力,一般可将回收装置分为小型、中型和大型3种,它们的油回收能力分别为小型小于10t/h,中型10~200t/h,大型大于200t/h。

根据油回收装置的工作原理可分为以下几种类型:

1)吸附式

可分为吸附带式集油器和吸油绳式集油器,其中吸附带式以马尔科(MARCO)油回收装置为代表,吸油绳式以美国油拖把公司(Oil Mop Inc.)研制的油拖把为代表。图12-14为吸油绳式油回收装置简图,连续的吸油绳用吸油材料制成,一端置于水中。吸油绳在动力的驱动下,自下而上地运动。当水面有浮油时,其油被粘着在吸油绳上。吸油绳运动到上方时,油被辊子挤压下来,进入贮存容器中。

2)粘附式

粘附式溢油回收装置由一些能粘附石油而同时又不吸水或少吸水的材料,如聚丙烯、聚氨酯以及某些型号的铝合金制成。浮油粘附在半潜鼓筒和转盘构架的表面上或粘附在无限长的传送带上,然后借助紧压的刮削器将油刮入集油器。这种设备的工作效率取决于粘附在鼓筒或转盘单位长度上的油膜厚度、鼓筒及转筒的旋转速度。用这种方法收集的石油或石油制品,其含水率很小,因而无需沉淀器和分离器。

科马拉12K型转盘式溢油回收装置(Komara 12K)是粘附式油回收装置的代表(图12-15),在环形的由液压马达驱动的套轴上安装32个转盘,转盘用亲油材料制成。当转盘垂直油层表面旋转时,油被粘着在圆盘上;当转到水面以上位置时,由盘面两侧固定不动的刮片将油刮下,经导槽引流到中间的集油箱中。集油箱里的油再通过软管,由工作船或岸上的油泵抽走。

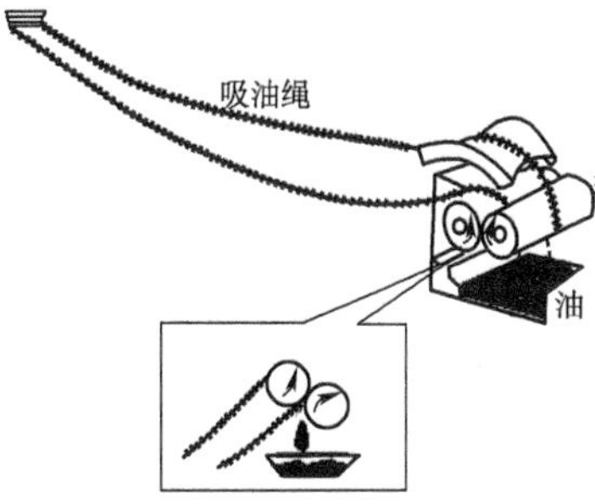

图12-14　吸油带式集油器

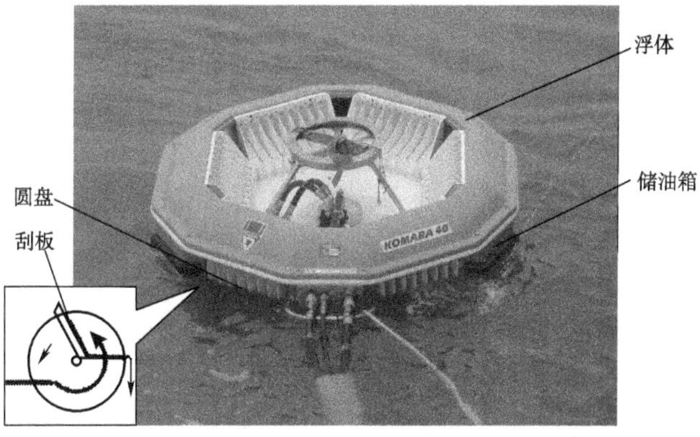

图12-15　转盘式集油器

3)导入式

导入式油回收装置的工作原理是把容器中的液位降低到低于周围水位,而使一定厚度的表面水层流向油收集柜,从而收集溢油,包括倾斜板式和堰式两种类型。

(1)倾斜板式集油器。图12-16为倾斜板式集油器示意图,当集油器移动或对着迎面来流时,石油被水下传送带的斜面吸入,由于石油具有附着力作用和受流体动力作用便粘附在斜面上。由于石油与水的密度不同,石油从输送带输入到下面的开口的集油容器后浮在上面,而余水经集油容器底部的孔流出。粘积在输送带斜面上的石油通过集油器时便被刮刀刮下。根据集油器的集油程度,用泵将沉积的油抽吸到储油器或油船中。

这种集油器可装在船的前部，当船以2～4kn速度前进时或水流速度为2～4kn时，使用效果较好。被收集的石油含水率不超过1%～2%，适合回收中粘度的油。

(2)堰式集油器。以英国埃索研究中心的斯勒普油回收装置(Slurp Oil Skimmer)为代表(图12-17)，当具有围堰的容器置于水中时，其内外形成水位差、调整容器的浮力，使围堰位于油水分界面处，则油就会自动流入容器；或者，当具有堰的装置在水中前进时，调整堰的高度，使堰的顶端位于油水分界面处，则油就能流入集油装置。进入容器或装置的油被泵抽入储油装置中运走。斯勒普油回收装置适用于港内，对轻质油是一种较好的油回收装置，但遇有粘度大的油或油中有渣滓时则不便于回收。

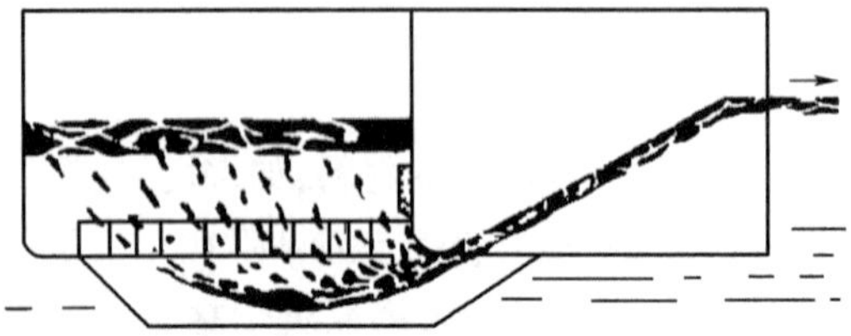

图12-16　倾斜板式集油器

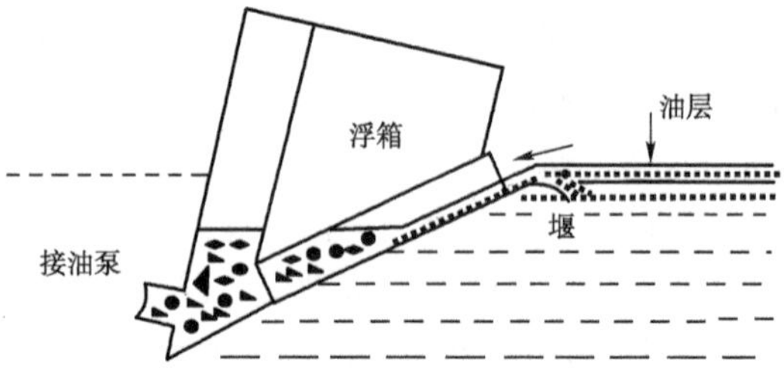

图12-17 堰式集油器

4)螺旋输送式

以比利时"盖姆斯托别里"螺旋输送式油回收装置和法国康卡尔诺港使用的"西克林-1"型机动集油浮动工具为代表，螺旋输送式集油器采用变螺距的螺旋输送机。当螺旋输送机转动时，油膜直接进入螺距逐渐减小的螺圈之间，使油慢慢地积聚起来，至最后一圈时，油层最厚，所以可用泵抽走，将油回收，如图12-18所示。

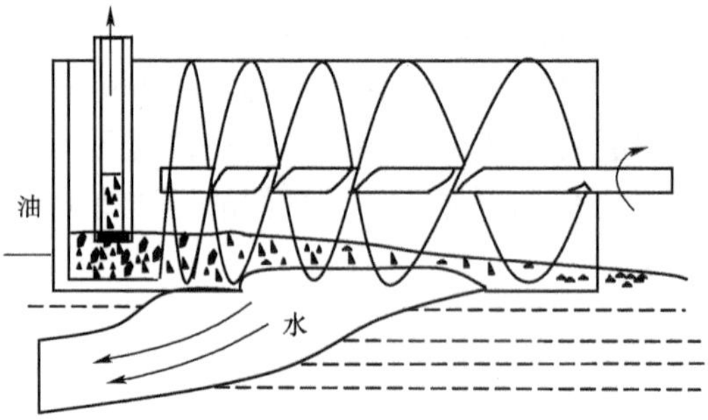

图12-18　螺旋输送式油回收装置

5)离心式

(1)漩涡式集油器。以法国"沃尔捷克斯"集油装置为代表，水线以下安装叶轮，当叶轮旋转时，形成稳定漩涡；由于油比水的密度小，在向心力的作用下，石油将在漩涡中心聚积；聚积的石油可以用泵抽到集油容器中。

(2)水力涡轮机式集油器。以法国阿尔斯托姆大西洋公司的西克洛涅特油回收装置为代表，通过叶轮旋转或含油水以切线方向进入筒体等方法，使含油水在筒体中旋转，形成漩涡。由于油比水轻，油水被离心力分离，分离后的油集中在筒体顶部。然后用泵将油抽入储油装置中，将水排出筒体。

6)其他型式的油回收装置

其他型式的回收装置还包括网式和真空吸引式。网式集油器应用较多的是拖网式，用于无法用其他装置回收的高粘度高倾点的油块。真空吸引式溢油回收装置采用类似吸尘器的原理通过真空抽吸作用回收溢油，其特点是：(1)无活动的机械部件，因此故障少。它适用于回收中等粘度的油，回收高粘度油较困难；(2)装置可以小型化，用于海滩或岩岸回收溢油。

3. 吸油材料

吸油材料是一种内部孔隙多，密度小，能漂浮在水面的通过吸收和吸附作用捕集回收海面浮油的材料，一般作为浮油清除工作的补充手段。从广义上讲，凡能吸油的多孔固体都是吸油材料。从狭义上讲,吸油材料应具有亲油疏水的特性,材料比容较大,使用后能够被较妥善的处理。

对吸油材料的性能一般规定如下:

(1)吸油重为自重的6倍;

(2)吸水重低于自重的1.5倍,或每立方厘米吸水0.2g以下;

(3)保存过程中不变质、不腐烂;

(4)吸油后较长时间保持原形;

(5)容易回收,从水面捞起不发生松散现象;

(6)可被燃烧处理,燃烧时不产生大量有害气体。

1)吸油材料的种类

吸油材料按其材质可分为无机材料、天然有机材料及人造高分子材料3种。

无机材料包括云母、滑石、浮石、石藻土、硅、高岭土、粘土白云石、重晶石、珍珠石等。无机材料价格便宜,容易获得,但吸油性能差。多数无机材料加工成细颗粒状使用,便于从船上倾倒入海,或用喷射装置撒在水面,但回收起来困难,只能用细筛和细网。被无机材料吸着的油可焚烧除去,但无机材料本身不燃,也不能再利用。

天然有机材料包括锯末、稻糠、草席、干草、树皮、谷壳、碎纸、玉米芯粉、棕榈纤维、天然海绵、羽毛、椰壳等。天然的吸油材料大多数源于植物,因此廉价,但不易保存,受潮易腐烂,使用后的处理也比较困难。吸油的性能比人工合成的吸油材料差。这类材料最适用于吸着风化的原油或重质油,不宜用来吸着低粘度的油。大多数天然有机材料是吸水的。如果它们长时间留在水中,浮力逐渐变小、最后会下沉,结果给材料的回收带来困难,因此吸油后要立即捞出。

人造高分子材料包括纤维型(聚丙烯纤维、聚乙烯纤维、尼龙纤维、聚酯纤维等)和泡沫型(聚氨酯泡沫塑料、聚苯乙烯泡沫塑料、聚氯乙烯泡沫塑料、聚丙烯泡沫塑料、酚醛等)。对于低粘度的油,可用细的聚丙烯纤维。对于高粘度的油,宜用粗的聚丙烯纤维或聚丙烯加入人造纤维。聚氨酯吸油材料恢复性能好。

2)应用吸油材料的注意事项

吸油材料主要应用在以下场合:①溢油未扩散时清除围油栏以外的油;有两道围油栏时,清除两道围油栏之间的油;②利用油回收机械收油使油层变薄,回收效率下降时,用吸油材料吸附较薄油层的油;③当溢油到达岸边及不易处理的狭窄海域时,用吸油材料吸附;④吸油材料还可用于对水面上的浮油进行阻拦或作记号。

使用吸油材料时要注意选择合适的吸油材料,并且需要密集使用,使用后要及时回收,撒出的吸油材料最好在24h内回收。

4. 分散剂

溢油分散剂是一种清除水面油污的化学药剂,用来将海面的油膜乳化分散在离水面深度数米以下的水域中。微小的油粒易被水中的溶解氧氧化,被微生物降解,从而加快了水体的自净速度。

分散剂的关键成分是一种表面活性剂,其分子结构中一部分是亲油的,一部分是亲水的。当分散剂被均匀地喷洒并混合于浮油中时,这些分子通过减弱油—水表面张力的方式排列于油—水界面。这促使浮油成为细小的分散液滴,这些油滴的总表面积远远大于原有油膜表面积。分散剂的第二个功能是阻止分散后的油滴又重新聚合。这是由于表面活性剂在油水界面停留足够长的时间,犹如液滴之间的一座屏障,可阻止它们的不规则碰撞,从而阻止了油滴再聚合。分散剂使水中浮油形成许许多多极微小的油粒。粒径通常在 20μm 以下。好的分散剂能使油粒分散至直径在 1μm 以下,形成高度稳定的乳化液,这样既不会形成树脂凝结块,也不会玷污动物羽毛和砂粒。

对用来配制分散剂的表面活性剂要求具备这样一些条件:对溢油分散性好;生物降解性好,对海洋生物毒性低;与溶剂的相溶性好,低温时不凝固析出;价格低廉,一般认为酯型表面活性剂乳化分散性好,毒性小,如脂肪酸聚氧乙烯酯和失水山梨醇聚氧乙烯脂肪酸酯类。

现在使用的分散剂主要有两种类型:

(1)烃类溶剂分散剂或普通型分散剂,这类分散剂以烃类为溶剂,含有 15% ~20% 表面活性剂。要求纯分散剂用于油面而不能用海水预先稀释,因为稀释将使其失效,典型的使用剂量比率为 1:1至 1:3(分散剂:油)之间。

(2)浓缩或自混合分散剂,以醇或乙醇为溶剂,通常含有浓缩度较高的表面活性剂。它们可以纯分散剂使用或者用海水预稀释使用。典型的使用剂量比率在 1:5至 1:30(纯分散剂:油)之间。

1)分散剂的使用条件

分散剂的使用是受到严格控制的,需经国家有关部门批准后才能使用,并规定使用分散剂的场合为:在机械回收无效或无法进行机械回收的情况下,且认为使用分散剂能减少对环境危害的情况下;当存在火灾或爆炸危险,生命财产受到重大威胁的情况下,此时分散剂的用量不受限制。所使用的分散剂必须符合本国规定的性能标准,且经国家指定部门检验认可的合格产品。

使用分散剂时,需要考虑使用时间以及地点的限制,还要注意使用现场的具体情况,如溢油区域的气象、水文、海况、溢油状态、油膜类型、乳化程度、油膜厚度等。

溢油分散剂适合于处理大面积的厚度较薄的溢油。一般情况下,溢油分散剂处理油膜厚度为 0.025 ~1mm 时效率最高。化学分散剂对不同种类的油分散效果不同。一般认为,溢油分散剂适合处理粘度小于 2000 cSt 的流动的油品,随着溢油粘度的增加,其处理效果下降。溢油分散剂不适合处理稳定的油包水乳化液,以及倾点接近或高于水温的油品,它对粘度高含水多的“奶油冻”无效。当溢油有可能发生火灾、爆炸等危险,危及人命或造成财产重大损失时,特别是当溢油是汽油、轻质成品油和轻质原油等油品时,则应迅速投放溢油分散剂。

水温是影响油粘度的敏感参数。当油温由 15℃下降至 5℃时,溢油分散剂和油的粘度都增大 2 ~5 倍,自然溢油极难被乳化。另外,水温下降,能增大油水界面的界面张力,也不利于油的乳化。因此,在较寒冷海域使用溢油分散剂应严格注意水温参数。溢油分散剂对油包水乳化液的乳化能力与油的包水率有关。如果包水率在 30% 以上,或者溢至海面的原油漂流数天后,特别是观察到溢油的颜色明显变浅时,就不可考虑使用溢油分散剂作为治理溢油的化学药剂了,因为此时,分散剂已经无法分散溢油了。

在海况和气候恶劣的外海等开阔水域时,使用机械设备回收溢油,其油回收率极低,因此常常使用溢油分散剂来处理溢油。溢油分散剂处理溢油的最佳海况是 0.2 ~0.3m 浪高。在最敏感的海上环境和淡水水域则禁止用分散剂;在近海海域则应尽量避免使用分散剂。

2)分散剂的喷洒方法

要使分散剂获得较好的清除效果,除了分散剂本身需具有良好的分散性能外,还需配备性能优越的喷洒设备及配备适宜的喷洒技术。选用何种喷洒方法,主要取决于分散剂的类型、溢油的位置、面积的大小以及喷洒分散剂的喷洒设备及其载运工具有效利用率。

通常采用船舶或飞机来进行喷洒。船舶喷洒时,可采用专用喷洒装置或用消防泵代替。

喷洒臂应设在船首,以提高分散效果。船舶喷洒有一定的局限性,特别表现在处理能力低和难以从船上正确判断油膜的位置这两方面。相比之下,采用飞机进行空中喷洒具有处置迅速,便于监视油膜范围,处理能力大,分散剂利用率高,以及对分散剂处理情况能做出较好评价等优点。采用飞机喷洒时,其喷洒装置由风力驱动泵和喷洒臂组成。目前,直升机、单引擎或多引擎固定机翼的飞机已成功地应用于空中喷洒分散剂作业中。对飞机的要求是:①有低空飞行能力;②航速可保持在 50 ~ 100kn;③操纵性能良好;④具有较大的装载能力。

此外,在溢油的回收与处理时中还可以使用凝油剂使溢油凝固,选用合适的微生物对溢油进行降解,紧急和特殊情况下还可利用溢油的可燃性在现场燃烧溢油,喷洒比重大的亲油性物质使溢油沉降等方法。然而,无论从哪种角度来说,机械回收法都是清除海上浮油的最好方法。因此,当溢油事故发生时,首先应考虑采用机械回收的方法,即铺设围油栏,使用浮油回收装置及吸油材料回收溢油。各种方法均可同围油栏结合使用,使海面溢油厚度增加,以便于回收,然后再通过分离器将油水分离。当然,当机械方法受海面状况、天气条件的影响,回收效率很低的情况下,也要考虑采用其他方法,但使用时应确认各种方法所产生的危害低于石油污染,以尽可能地降低溢油的危害。

三、影响海上溢油处理的因素

影响海上溢油处理的因素主要是溢油的种类、数量,溢油的水域和当时的海况等因素。

1. 溢油的种类

溢油物理特性主要有相对密度、粘度、倾点和闪点。石油一般可分为 A、B、C、D 四种类型(表 12-3)。

石油分类表　　表 12-3

类型	粘　度	相对密度	外　观	理化性质
A	低粘度,扩散迅速	轻质燃料油和轻质原油(相对密度 0.80 左右)	清澈、透明、流动性好;气味大,扩散快,可以通过简单搅动从表面除去	易燃,蒸发速度极快;新鲜原油毒性很大,倾向于形成不稳定乳状液,对各种材料的渗透能力强。适用于大多数处理技术
B	中等高粘度的石蜡基油类	中等含蜡基原油及其冶炼中间品;油包水乳化物(相对密度 0.83 ~ 0.90)	中等高粘度的含蜡油,可用低压水冲洗从表面除去	通常可以表面除去;对材质的渗透性随温度升高而增大;毒性取决于挥发性组分所占的比例
C	高粘度,扩散速度慢的油类	残质燃料油;中等高沥青含量的原油和混合基原油;风化油(相对密度 0.90 ~ 0.93)	呈棕色或黑色,不透明,粘稠的柏油状,不能通过搅动办法从表面除掉	高粘度、相对密度大、难以从表面除去;可形成稳定的乳化物;渗透性差;毒性小;风化后可沉降;回收困难
D	在环境温度下呈不流动状态的油类	残质油和重原油;风化油和油包水乳化物(相对密度大于 0.93)	柏油块或蜡块	不扩散,大多数常规回收设备不能使用,不加热不能泵送;曝晒于太阳下也可熔化和流动

1)溢油的相对密度和挥发性

一旦发生溢油就需要立即鉴定溢油类型,以便选择适当的处理方法。对于汽油、石脑油、煤油和柴油等非持久性油,能迅速从海面消失,因此可任其自然消散。当存在火灾或爆炸的危险时,可使用分散剂来消除溢油;也可喷洒凝油剂,控制油的挥发和扩散,降低溢油区内油的蒸汽压,降低油气浓度,有效地防止火灾的发生,并且油凝固后可采用网式油回收装置进行回收。对于持久性油,可根据其粘度、倾点和溢油面积来决定溢油处理的方法。

2)溢油的粘度

对于低粘度、低倾点的油,在有可能引起火灾以前,作为应急措施,喷洒溢油分散剂使溢油分散乳化于海面下是很有必要的。但低沸点成分几乎挥发完了之后,是否使用溢油分散剂,需根据现场情况而定。此时可以考虑使用围油栏、集油器、吸油材料等装置回收溢油。

中粘度油在条件允许的情况下,可采用分散剂来处理。另外,导入式、吸引式、吸附式和离心式油回收装置都有较好的回收效果。如果溢油在海上漂浮数日,由于风浪的作用,油层中含有大量的微细水滴,含水量达70%以上时,形成了油性乳化油,其粘度达100000 cSt以上,相对密度接近于1。这样高粘度的浮油采用上述回收方法显然是无效的,可采用高粘度油及凝固油的回收方法进行回收。

环境温度时,粘度在2000~6000 cSt之间的高粘度油比较适合于用吸附式集油器回收。此外还可采用导入式、离心式等油回收装置。粘度>6000cSt的凝固油可使用倾斜板式油回收船或网式油回收装置回收凝固油及固体垃圾。

3)倾点

有些原油虽然其粘度值很小,但其倾点却相当高,接近或高于环境温度,对于这些油的处理方法应当注意:如果溢出油的倾点高于气温,则这种油溢出后必呈不流动状态,故可用网式回收法回收。如果溢出油的倾点比气温低,且温差不超过5℃(假设传热温差为5℃),此时溢油与环境之间的热交换率很小,几乎为零,从而使得溢油处于虽然能流动,但流动性非常差的状态。对待这种油,可采用吸附式集油器回收,也可考虑使用大型围网技术来包围回收。如果溢出油倾点低于气温5℃以上,达到了基本传热温差的要求,此时溢油与环境之间热交换率较大,热交换速度较快,溢油将处于较好的流动状态,此类油可采取吸附式集油器、吸油材料等方法回收,也可用分散剂来分散。

2. 溢油的数量

溢油的数量在一定程度上决定着所需处理设备的多少和总的清除费用。按数量的大小可将溢油的规模划分为3等。

1)小规模的溢油(<5t)

这种情况多属于油船装卸时的跑、冒、漏和小型油船事故以及岸上油罐溢油事故等。大多是在港区内发生的溢油,一般海况比较平静。事故一旦发生,应立即铺设围油栏防止扩散。如果有火灾危险,应喷洒凝油剂固化溢油,再用网式回收法回收;没有火灾危险时,则应尽量以回收为主,并使用吸油材料、简易撇油器或小型的集油器等设备进行人工回收。如果允许的话,应该考虑用喷洒分散剂的方法迅速分散溢油。

2)中等规模的溢油(50~1000t)

50~1000t的溢油范围包括的船舶事故比较广泛,多半是油船或油驳在近岸水域、锚地等处触礁、碰撞等原因引起的,因此其溢油水域一般是近海水域或码头、港湾等处,一般情况下回收都是可能的。首先应该采取驳油、堵漏等方法阻止溢油源进一步溢油,同时应该用围油栏将溢油源包围,防止溢油扩散、污染更大的水域。然后,动用中、小型油回收船、集油器等机械回收工具回收溢油,最好是将机械回收方法和集油剂、凝油剂结合起来使用,效果更好。在回收后期,可利用吸油材料吸附薄油膜,在非养殖场、渔场等海域,还可用分散剂来消散薄油膜。

3)大规模的溢油(>1000t)

凡涉及1000t以上的溢油,由于不能及时回收如此大量的溢油,很可能遇上大的风浪、流的作用,溢油扩散的区域可能会超出一个省市的海岸线范围,从而需要广泛的地区间合作。

在处理方法上,由于溢油量大,扩散的范围广,在海况、气象条件允许的情况下,要迅速有效地回收,应该调用大型的油回收船或临时安装油回收器的拖船、渔船、军用舰只等。若单船回收能力小,则船只数量就要多,以保证迅速有效地回收溢油。

在处理之前,需要准确估计溢油量。油船破损事故可根据载重吨位和破损油舱的吨位来估算溢油量,油管破裂可根据油在裂口处的流量和进油时间推算。其他类型溢油可根据直接观测所得到的海面油膜的厚度及扩散的半径来估算。

3. 溢油水域的影响

溢油发生在不同水域产生的影响是不一样的,因而溢油清除活动也有所不同。

1)远海(距最近陆地12n mile以外)

由于远海地区的海域比较开阔,溢油的处理活动应根据溢油的行为动态、溢油的性质及海况来确定。首先要根据海况对溢油的行为进行较准确的预测。如果能够确定溢油不会漂向保护区,没有重要资源会受威胁,只需继续监视浮油的动态。在对溢油动态进行准确预测的基础上,要采取措施遏制溢油的扩散。首先应用围油栏迅速把溢油围拢起来,以防止进一步扩散。围油栏的选用和铺设方法应根据上一节的原则来选用。

大部分机械式海面溢油回收装置只能在平静的海况下才能使用,并且需要辅助设备和训练有素的工作人员,同时耗资很大,因此当油膜较薄时,采用喷洒溢油分散剂将是比较有效的办法。如果油膜较厚(大于1mm),宜采用机械回收办法,应根据海况和油的种类选择合适的溢油回收设备。尽量选用易于运输或可以自运行、构造简单、经久耐用、操作简便、安全性能好、回收效率高、价格低廉的回收设备和方法。

在远海风浪大的场合,如果不能采用物理方法回收溢油,可以考虑使用溢油分散剂或焚烧处理。溢油分散剂借助风浪的搅拌作用,乳化分散效果较好。

2)近海(距最近陆地12n mile以内)

在近海,随着溢油的发现,应该立即开始下列活动:

(1)识别和发现溢油源。如果能够发现溢油源,则应及时调驳溢油舱内的油,以减少溢油数量,同时铺设围油栏。如果事故源不能及时发现,应首先设置围油栏以减少受溢油影响的区域。在应急的情况下,如缺乏必要的应急设备,可以利用现场能够得到的材料自制简易的围油栏。

(2)识别溢油品种,确认其是否有爆炸危险及含有有毒性质。对于高辛烷值汽油和喷气燃料,应首先用船和围油栏防止油品扩散,以使油品自然挥发,也可使用凝油剂或溢油分散剂对溢油进行处理,以防止火灾和爆炸的危险。

在确定溢油的数量和预测溢油的动态之后,如果有某些重要资源需要保护,则要确定采用最佳防护措施,把人和设备进行有效地定位,以确保不会造成更大问题。

3)特殊区域

港湾、码头、航道、河流和浅水区域等特殊区域各有特点,需根据具体情况来决定使用不同的溢油回收装置。

码头、港湾水域的特点是风、浪、流较小,技术设备容易得到,但由于地形复杂,边角较多,更适合于小型油回收装置。在狭窄航道及河流等地发生溢油时,可用围油栏将水路封闭,防止溢油扩散,然后进行回收。

4. 海况的影响

海况的影响,一方面表现在影响溢油的动态。溢油进入海面后,受风和海流的作用很快便会发生漂移和扩散,海浪的作用会使浮油与水混合。油中所含的轻组分会陆续挥发,残油中剩下的组分虽已无商业价值,但对环境影响很大。另一方面,恶劣的海况将直接影响设备的处理效果。目前所使用的防止溢油扩散的围油栏和回收装置,在风浪、潮流大的场合清除效果都很差。一般的围油栏只适用于风速 10 m/s、浪高 1m、潮流 1kn 以下的场合。大型围油栏可在风速 15m/s、潮流 2kn、波高 2m 的海况下使用。当风、浪、流超过这些数值时,油回收装置的回收效率就会明显下降,甚至不能回收溢油。在海况恶劣、风浪较大的情况下可采用倾斜板式、吸附带式或旋涡式油回收装置,还可以利用浮动式防波堤设法减小溢油现场的波浪影响,把溢油地区围出一个相对平静的水域,然后利用撇油器进行油回收和清除海面溢油的工作,以免溢油随波逐流向海岸漂移,而污染海滩。

第四节　溢油应急计划

对任何成功的作业,尤其是对紧急事故应急作业来说,预先周密地制订计划是一项重要的准备工作。溢油事故是无法预测的,为了应付突发性的溢油事故,对可能发生的溢油事故中需要采取的行动事先做出周密的部署,以便一旦发生溢油事故,能及时控制和有效地清除溢油污染,这便是应急计划。

根据溢油的区域、严重程度及治理能力,应急计划大致可分为地区、国家、国际等,大到国际合作,小到一个具体的有可能发生溢油的单位,如沿岸工厂、油码头、船舶、钻井平台或产油平台等。

溢油应急计划的目的是在污染事故发生时提供及时和足够的反应措施,从而将溢油对环境的损害减到最小。因此,应急计划就是要建立一个程序,使得所有有关的部门,不管是政府机关还是工厂企业,均可在事先委派的权威人士的指挥和协调下,调集他们的资源快速地投入到溢油对策反应中。这样,无论是单个炼油厂还是整段海岸线,都可保证和维持足以防止、围截、清除任何可能发生在该溢油应急计划所覆盖区域内的溢油事故所需要的通信网络,人力和物力资源,以及相应的抗击溢油的对策措施。

一、应急计划的结构和功能

溢油应急工作涉及了环境、社会、经济、政治、政策、技术、外交、司法、行政等诸多方面, 为了达到较佳的应急指导效果, 需要结合各方面在一定时间和空间的具体情况, 在应急计划中体现能充分发挥各方面作用的具有可操作性的应急反应和应急准备方案。为满足这一要求而编制的应急计划不仅涉及面广, 而且内容相当庞大。因此, 在编制研究中有必要按照下述的溢油应急指导功能, 将计划内容加以综合调整, 形成布局合理、层次分明、便于使用者查询的应急计划结构,见图 12-19。

一般地讲,无论应急计划的范围是地区、国家,还是国际的,虽然它们的篇幅和内容随着区域的大小和风险程度而变化,但它们应遵循同一格式。同一格式有助于人们理解计划,也有助于统一并确保应急计划顺利地从一个层次转到另一个层次。格式可参见本章附录《国际应急计划建议大纲》。

1. 总则

其功能为规定能代表各有关方面共同利益的应急计划目标,明确应急计划所涵盖的内容、编制

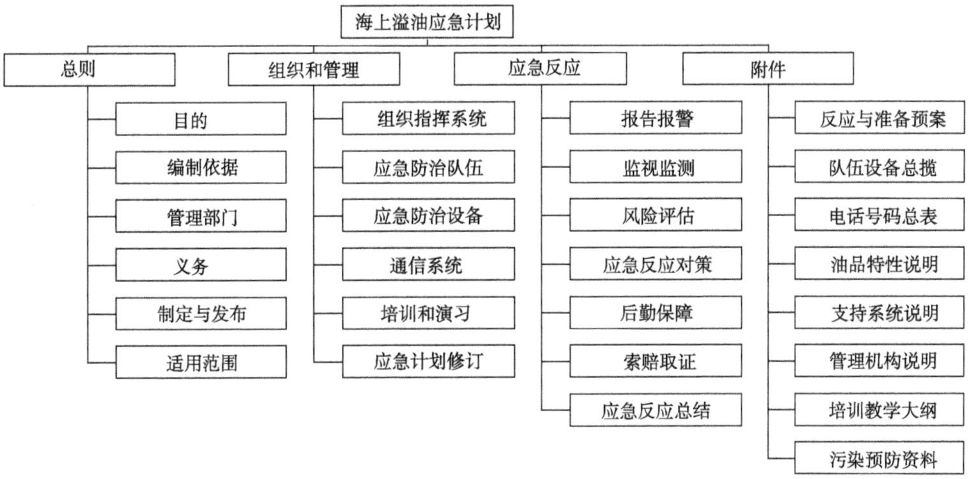

图 12-19　海上溢油应急计划的主体结构

依据和适用范围，由此奠定海上溢油应急计划研究、编制和实施的基础。其中的共同目标包括：①保护生态环境和资源，防治溢油事故污染损害，保护人体健康和社会公众利益，促进社会、经济和交通运输可持续发展；②履行国际公约义务建立溢油应急组织指挥系统和应急反应系统，配备相应的设备，一旦发生溢油事故，可迅速有效地作出应急反应，控制和清除溢油污染。

2. 组织和管理

其功能为根据溢油应急的需要，建立溢油应急组织指挥系统；规定不同层次和类型的部门及人员在溢油应急防治中的职责和应发挥的作用；确定溢油事故应急等级和相应的组织指挥安排；阐明不同国体、政体及溢油应急辖区之间的应急合作方式与要点；分阶段规划溢油应急防治队伍、各类应急反应设施和高新技术应急支持系统的建设和管理方案；对应急培训、演习和计划修订等方面作出部署。

3. 溢油应急反应

溢油应急反应全过程的主要内容包括：溢油事故报告、报警；海面溢油漂移扩散监视监测和模拟预测；污染风险及环境影响评估；应急反应决策；溢油污染控制与清除作业；敏感资源保护对策实施；污染损害索赔取证；应急反应评估与事故案例总结。为了保证上述应急反应过程得以高效、有序地实施，需要采用如下的应急计划研究和编制方法，即规划以高新技术为依托的海上溢油应急反应系统，设计相应的应急反应流程图，并对具体的应急反应步骤加以综合协调和实用化设计，直至形成具有可操作性的计划实施方案。

有关溢油控制与清除的计划实施方案要点　　表 12-4

步骤	选择适宜对策	明确作业限制要求	处置回收油及油污物
计划实施方案要点	➢ 溢油清除原则 ➢ 备选对策简介 ➢ 对策选择参考表 ➢ 适宜条件参考图 ➢ 围控与清污技术指南 ➢ 辅助设施及配套设备	➢ 围油栏围控 ➢ 撇油器回收 ➢ 化学分散剂喷洒 ➢ 现场焚烧 ➢ 岸线清除作业 ➢ 自然分散降解及恢复	➢ 回收与处置管理程序 ➢ 回收油再利用 ➢ 分离处置油污水 ➢ 直接填埋 ➢ 增强生物降解 ➢ 存储注意事项

4. 附件

附件的功能是对计划正文作出的必要补充和说明，包括应急报告表、应急准备、应急反应和污染损害预防预案、相关基础资料和数据、各类技术支持系统的资源分布和建设、完善方案等，以进一步加强应急计划的实用性和可操作性。

二、技术支持及管理

海上溢油应急防治是一项具有复杂性的系统工程，应用如信息技术、模拟预测技术等高新技术，可大大提高系统的运作效率，显著提高应急计划的科学性、前瞻性、实用性和可操作性。实施方案中不仅要包括技术方面的内容，而且还应配套相应的管理方案，如：规划机构设置、人员配备与培训、设备添置、财政预算；规定海上溢油应急指挥部的相应职责；相关政府的配套立法和行政规定提出有关要求。对技术支持而言应包括：

1. 通畅的通信联络系统

由全球海上遇险与安全系统（GMDSS）、海事卫星、公用通信设施有线通信和无线移动通信和海岸电台组成，用于确保溢油事故的报告、报表和通报以及溢油应急反应中各种信息能及时、准确、可靠地传输。

2. 高效的监测监视系统

溢油监视监测系统由船艇监视、定翼飞机、直升机、飞艇和卫星遥感监视、浮标红外监视及报警、现场溢油跟踪、现场取样监测等技术手段组成，用于具体确定溢油的位置、性质、规模、扩散方向，为应急决策、清污行动和索赔取证提供依据。

溢油防治的监视报警主要对港口和水域航行的一切船舶以及锚地停泊的船舶进行动态监视，确定船位、船舶溢油地点、污染范围、溢油性质，根据出事地点的水文气象、船舶状况，进行实时分析，预测预报浮油流向、流速及分布情况。

3. 智能信息系统

由溢油模拟预报模型、环境敏感图（记录并显示于计算机上的敏感资源分类与分布）和溢油应急专家系统组成。主要的智能支持功能如下：综合溢油的规模、控制难度、理化特性、对环境资源的威胁程度等因素，结合有关方面领导和专家的经验，确定事故应急等级；采用溢油模型模拟和动态显示溢油轨迹及归宿的时空分布；根据现场环境条件、环境敏感图及可调动的人力物力资源，优化溢油围控与清污方案；依据一定的环境质量标准评价溢油的环境影响，采用生态系统模型评估环境资源的损失；应用环境敏感图估计受损资源的范围、受损程度与恢复方案；辅助快速浏览和查询溢油应急计划，提供演习与模拟训练平台等。

国际应急计划建议大纲

100 引言
- 101 背景
- 102 意图及目的
- 103 范围及地理区划
- 104 缩写
- 105 定义

200 政策与责任
- 201 情报交换
- 202 确定国家主管当局和联络点
- 203 主导作用的承担
- 204 反应计划
- 205 联合训练及演习

300 反应行动
- 301 溢油监视与预报
- 302 要求援助
- 303 联合反应行动
- 304 消油剂的使用

400 报告与通信
- 401 初始报警系统
- 402 污染报告
- 403 后期事故报告

500 后勤与后备
- 501 基金
- 502 海关、移民
- 503 清除费单据
- 504 计划的修改

附件 1 指明地理区划及参加国责任范围的地图

附件 2 指示出有可能的溢油源及环境敏感区的地图

附件 3 通信计划

附件 4 设备清单及专业人员名单

附件 5 参加国的国家应急计划

其他附件

参 考 文 献

[1] 江彦桥. 海洋船舶防污染技术. 上海：上海交通大学出版社,2000
[2] 殷佩海. 船舶防污染技术. 大连：大连海事大学出版社,2000
[3] 钱闵. 油船安全知识与安全操作(第三版). 大连：大连海事大学出版社,2006
[4] 周在青. 船舶防污染法规与实务. 大连：大连海事大学出版社,2006
[5] 陈宝忠,等. 海洋船舶轮机管理. 大连：大连海事大学出版社,2004
[6] 陈文先,等译. [苏]C. M. 努努帕罗夫. 船舶污染海洋的预防. 北京：国防工业出版社,1984
[7] 张莉. 油船排油监控系统简介. 船舶设计通讯,2008 年 6 月
[8] 王新全. 远洋船舶油类作业记载. 航海技术, 2004 年第 5 期
[9] 黄忠秀. 船舶与港口水域防污染. 北京：人民交通出版社,1999
[10] 中国船级社上海规范研究所. 船上海洋污染应急计划编制指南,2007
[11] 李又明. 海船防污法规与实务. 香港：黄河文化出版社,1992
[12] 陈伟炯. 船舶安全与管理. 大连：大连海事大学出版社,2000
[13] 防治船舶污染海洋环境管理条例,北京：中华人民共和国国务院令,2009
[14] 乔冰,等. 海上溢油应急计划的编制研究,2000 年船舶防污染法规研讨会论文集,2000
[15] 国际海事组织. 中国船级社译. 73/78 防污公约综合文本 2002 版. 北京：人民交通出版社,2002
[16] 廖铭胜,编译. IMO 通过国际船舶压载水管理公约. 2004
[17] 交通环保. 天津：交通部环境保护科技情报网,2000 ~ 2010
[18] www. imo. org
[19] www. msa. gov. cn
[20] www. itopf. com
[21] www. globallast- china. org/chinese